I0042630

F

44104

RÉPERTOIRE GÉNÉRAL

DES

CAUSES CÉLÈBRES

ANCIENNES ET MODERNES.

IMPRIMERIE DE FÉLIX LOCQUIN ,
rue N^{le}-D.-des-Victoires, 16.

1955.200.

REPERTOIRE GENERAL

DES

CAUSES CÉLÈBRES

ANCIENNES ET MODERNES,

RÉDIGÉ PAR UNE SOCIÉTÉ D'HOMMES DE LETTRES,

SOUS LA DIRECTION

DE B. SAINT-EDME,

AUTEUR DU DICTIONNAIRE DE LA PÉNALITÉ, ETC., ETC.

Membre de l'Institut historique, de la Société française de Statistique universelle, de l'Académie de l'Industrie, etc.

DEUXIÈME SÉRIE. — TOME CINQUIÈME.

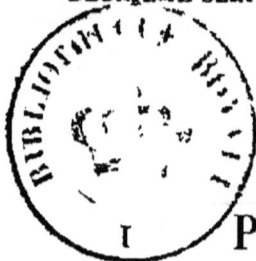

72

PARIS.

LOUIS ROSIER, ÉDITEUR,

19, RUE GUÉNÉGAUD.

1835

RÉPERTOIRE GÉNÉRAL

DES

CAUSES CÉLÈBRES.

TRUMEAU,

ET

LA FILLE CHANTAL-LAVANDIÈRE.

Le 28 ventôse an XI (19 mars 1803) comparurent devant le tribunal criminel du département de la Seine, Trumeau et la fille Chantal, sa concubine.

L'acte d'accusation faisant parfaitement connaître tous les faits de cette cause, faits que n'ont contredits en aucune façon les interrogatoires et les débats de l'audience, nous allons le donner en entier.

Acte d'accusation dressé par le directeur du jury du canton de Paris, près le tribunal criminel du département de la Seine,

« Contre les nommés Henri-Augustin Trumeau, âgé de cinquante-quatre ans, marchand épicier, place Saint-Michel, à Paris;

« Et Françoise Chantal-Lavandière, âgée de vingt-trois ans, couturière, demeurant chez ledit Trumeau, accusés d'avoir empoisonné Rosalie Trumeau.

« Nous, soussigné, Emmanuel-Marie-Amédée Lebeau, juge du tribunal de première instance du département de la Seine, et l'un des directeurs du jury d'accusation, séant au Palais-de-Justice à Paris.

« Vu la déclaration du jury d'accusation, étant en suite de l'acte d'accusation dont la teneur suit :

« Le substitut du commissaire du gouvernement près le tribunal criminel, exerçant près le tribunal de première instance du département de la Seine, soussigné,

« Expose qu'en vertu des mandats d'arrêt délivrés, le neuf du présent, par le cit. *Marmotan*, directeur du jury d'accusation, les nommés,

« Henri-Augustin *Trumeau*, marchand épicier, âgé de cinquante-quatre ans, place Saint-Michel, à Paris;

« Et Françoise *Chantal-Lavandière*, âgée de

vingt-trois ans, couturière, demeurant, lors de
son arrestation, chez ledit Trumeau, ont été conduits aux maisons d'arrêt de la Force et des Madelonnettes ; que les pièces concernant les susnommés ont été déposées au greffe du tribunal ; qu'aussitôt la remise desdites pièces, les prévenus ont été
entendus par le directeur du jury sur les causes de
leur détention ; que le plaignant dénommé dans
lesdites pièces ne s'étant point présenté dans les
deux jours de la remise des prévenus dans lesdites
maisons d'arrêt : après avoir vérifié le genre de
délit dont est question, et le délit étant de nature
à mériter peine afflictive, le substitut du commissaire du gouvernement près le tribunal criminel,
exerçant près le tribunal de première instance du
département de la Seine, entendu préalablement,
il a été rendu, ledit jour 9 ventôse, présent mois,
une ordonnance par laquelle le directeur du jury
a traduit les prévenus devant le jury d'accusation ;
qu'en vertu de cette ordonnance, ledit substitut a
dressé le présent acte d'accusation pour, après les
formalités requises par la loi, être présenté au jury
d'accusation.

« Ledit substitut déclare en conséquence qu'il
résulte de l'examen des pièces et de sept procès-
verbaux annexés à ce présent acte, ce qui suit :

« Le 21 nivôse dernier, le citoyen Caron, officier de santé, se rendit, vers les sept heures du
soir, dans le domicile du prévenu Trumeau, épicier, rue de la Harpe, qui l'avait fait appeler pour
donner des secours à Rosalie Trumeau, sa fille

aînée, âgée de vingt-cinq ans, qui depuis huit heures
du matin était indisposée et incommodée par de
fréquens vomissemens. Le citoyen Caron pénètre
dans la chambre de Rosalie, où il la trouve
dans son lit (elle jouissait alors de toutes ses facul-
tés intellectuelles); elle se mit sur son séant et lui
dit que depuis le matin elle avait vomi souvent
sans éprouver de grandes douleurs d'estomac ; elle
ajouta qu'elle était sujette à de pareils vomissemens
et à la migraine. Le cit. Caron n'apercevant, dans
l'état où était alors Rosalie Trumeau, qu'une simple indisposition, se contenta d'ordonner une potion
anti-spasmodique, et se retira aussitôt. Il y avait
à peine une heure qu'il avait quitté Rosalie, lorsque sa jeune sœur, Marie Trumeau, entre chez lui,
et lui annonce qu'elle venait de mourir. Le cit.
Caron, surpris de cet événement qu'il était loin
de prévoir, se rend sur-le-champ chez Trumeau,
qui lui dit *sans émotion :* Montez vite dans la
chambre de ma fille. Il y entre, et voit avec le
plus grand étonnement cette infortunée qui était
privée de la vie : elle était dans son lit, dont les
draps et les couvertures étaient *bien bordés et bien
arrangés.* Il sort de cette chambre funèbre, des-
cend près de Trumeau à qui il dit : « Cette mort
m'effraie ; il faut que j'aille faire au magistrat de
sûreté ma déclaration : l'honneur vous commande
impérieusement d'y venir avec moi. » Trumeau
refuse de *s'y rendre,* en lui répondant : cela serait
un embarras, coûterait des frais, et je ne suis pas
riche ; que dira, que pensera le quartier ? nous

verrous demain. Le lendemain, le citoyen Caron
se transporte chez Trumeau, et l'invite derechef
à le suivre chez le magistrat de sûreté. Il lui répond :
J'attends mon frère pour pouvoir y aller. *Trois
fois consécutives* le cit. Caron revient chez Trumeau, et l'invite toujours à se rendre chez l'officier
public. *Il éprouve toujours un refus persévérant.*
Il y avait cependant chez lui un parent qui pouvait le suppléer momentanément. Trumeau offrit
d'envoyer à sa place ce parent qui était fort jeune.
Le cit. Caron se rendit seul chez le magistrat de sûreté du onzième arrondissement , le cit. Saus-
say, devant lequel il fit sa déclaration, le requé-
rant de se transporter chez Trumeau pour y constater la mort de sa fille Rosalie. Ce magistrat obtempéra sur-le-champ à cette invitation. Il s'y
rendit, accompagné du cit. Caron et du cit. Bu-
rard, officier de santé exerçant près de lui. Trumeau lui déclara que sa fille aînée Rosalie, qui
était morte de la veille, avait éprouvé dans la ma-
tinée des envies de vomir; qu'elle avait moins mangé
qu'à son ordinaire; qu'il lui avait fait faire du
thé; que voyant le soir que le mal ne se passait
pas, il avait fait appeler le cit. Caron, qui lui avait
ordonné une potion dont elle avait pris deux cuillerées; que *trois quarts d'heure après elle était
morte.* Il ajouta qu'elle devait se marier incessamment de son consentement, et *qu'elle n'avait aucun motif de chagrin,* à moins que ce ne fût celui
de voir que le commerce n'allait pas, ce qui les
rendait moins heureux qu'autrefois. Le magistrat

de sûreté, suivi des officiers de santé sus-nommés, entre dans la chambre de Rosalie Trumeau. Elle était dans un lit *qui n'était nullement dérangé*. Près de son corps inanimé, était une femme chargée de la garder. Les officiers de santé furent invités par le magistrat à l'examiner : ils déclarèrent et constatèrent que la mort avait dû être violente, ce qui était démontré par le raidissement extraordinaire de ses bras et de ses mains, dont la contraction était sensible jusque dans les doigts ; par le renversement et la rotation forcée de la cuisse droite, portée violemment sur le ventre du côté gauche; par la couleur des lèvres qui étaient d'un brun noir; par la sortie de la portion de la langue, aussi d'un brun noir, pressée fortement en tous sens par les dents, et enfin par la chaleur considérable à la région de l'estomac. Ces symptômes déterminèrent les officiers de santé à demander au magistrat que le cadavre fût ouvert. Il obtempéra à leur demande, et cette opération fut remise au lendemain vingt-trois.

« Avant de sortir de la chambre où était le cadavre, le magistrat y fit une perquisition dans les meubles et effets : *il n'y fut rien trouvé qui eût quelque rapport à ces recherches*, à l'exception d'un vase contenant le reste de la potion ordonnée la veille par le citoyen Caron. Le 23 nivôse, il fut procédé par les officiers de santé susdits, en présence du magistrat de sûreté, à l'ouverture du cadavre. La poitrine et le ventre ouverts présentèrent extérieurement une phlogose ou inflammation, le foie plus volumineux, la matrice dans l'état naturel, mais affectée extérieurement d'un tubercule dur et résistant, de la grosseur d'une noix, les poumons flasques et légèrement adhérens, et l'ovaire droit malade. Quant à l'estomac, il ne présentait rien de particulier à l'extérieur; mais on trouva dans sa capacité la valeur de trois demi-setiers de liquide d'une couleur noire, et comme du sang décomposé, dans lequel était une très-grande quantité de matière comme cuivreuse et d'une espèce grisâtre, paraissant métallique, et ressemblant sous les doigts à du sable. Ces liqueurs et matières furent mises sur-le-champ dans un flacon cacheté et scellé du sceau de la police judiciaire, et du cachet de la famille de Rosalie Trumeau. L'estomac était, dans son intérieur, totalement dénué et complétement phlogosé, ses membranes nerveuses entièrement détruites et toutes les parois considérablement chargées des mêmes substances délétères ou corrosives ci-dessus décrites. Le tout fut enlevé et renfermé dans un second vase scellé comme le premier. Les susdits officiers de santé terminèrent leur opération et leur procès-verbal en constatant, en exprimant qu'il leur était démontré que Rosalie Trumeau était morte parce qu'elle avait avalé une substance délétère quelconque. Immédiatement après cette opération, l'un des chirurgiens qui venait d'y procéder et qui avait déjà remarqué que la figure de Trumeau n'offrait aucun signe de douleur, s'approcha de lui, et lui demanda s'il avait chez lui du poison.

Trumeau répondit *qu'il n'en avait pas*. Quelques momens après, étant rentré dans la boutique, il lui demanda s'il avait de l'arsenic; il répondit qu'il en avait, et il atteignit un tiroir dans lequel était un papier qui en contenait quatre onces qu'il remit au chirurgien. Celui-ci remarqua, à la forme du papier, que cet arsenic ne devait pas y être renfermé depuis long-temps. Trumeau lui dit qu'il n'avait pas permission d'en vendre, mais qu'il avait été autorisé anciennement à en acheter pour détruire des rats; à quoi il n'avait pas réussi. Cet officier de santé compara aussitôt le grain de cet arsenic à celui trouvé dans l'estomac de Rosalie; il lui parut semblable : il le fit remarquer à Trumeau, qui ne répondit rien. Ce paquet fut également mis sous le sceau du magistrat de sûreté et sous le cachet de Trumeau. Le vase contenant le reste de la potion, trouvé comme il a été dit ci-dessus dans la chambre de Rosalie, fut également scellé et cacheté, pour être le tout analysé par les professeurs et laborateurs du laboratoire de chimie de l'École de médecine de Paris. Le 24 nivôse, il fut procédé à cette opération par les susdits, en présence du magistrat de sûreté, des officiers de santé ayant ouvert le cadavre, et du prévenu Trumeau. Les deux vases contenant, l'un l'estomac du cadavre ouvert la veille, et l'autre les liqueurs, substances et matières extraites lors de cette ouverture, leur furent remis, ainsi que le reste de la potion. Après avoir soigneusement opéré sur le tout, ils ont déclaré ainsi que l'exprime le procès-verbal, que la matière trouvée sous la forme du petit grain dans l'estomac, et qui tapissait une partie de son intérieur, était un véritable acide arsénical, connu dans le commerce sous le nom d'arsenic blanc; qu'une semblable matière formait le sédiment trouvé au fond de la liqueur extraite de l'estomac; que la quantité de cette matière trouvée, tant dans l'estomac, que dans la liqueur qu'il contenait, était plus que suffisante pour produire l'empoisonnement et la mort de Rosalie Trumeau; que la potion ne contenait rien d'étranger à l'ordonnance prescrite par l'officier de santé, et rien de préjudiciable à la position où se trouvait alors la malade; qu'il manquait environ à cette potion une once de fluide équivalent à deux cuillerées. Trumeau, qui avait déclaré au magistrat de sûreté, le 22 nivôse, qu'il ne supposait à sa fille aucun motif de chagrin qui eût pu la porter à se donner la mort, avait cependant donné à penser, par cette déclaration, qu'il était possible qu'elle se fût livrée à cet acte de désespoir, en voyant que leur commerce était moins florissant qu'autrefois, et qu'ils étaient dans une position moins fortunée. A peine a-t-il fait cette déclaration, qu'il se transporte chez le magistrat de sûreté, accompagné du citoyen Henri Trumeau, Nicolas Méjean et Henri Kuslain, et qu'il y fait une autre déclaration tendant, par la manière dont elle était conçue, à élever des soupçons contre Françoise Chantal Lavandière; il y exprime que depuis le décès de son épouse, qui eut lieu depuis trois ans, il avait fait la connaissance de cette jeune personne qui arrivait de son pays pour se placer à Paris; qu'après avoir continué à la voir rue du Four-Saint-Germain, où elle demeurait, il s'était décidé, il y avait un an, à la faire venir chez lui pour y travailler, et pour éviter toutes dépenses; que Rosalie, sa fille aînée, avait vu avec peine cette jeune personne, qui était à peu près de son âge, s'installer dans la maison; ce qui avait donné lieu à quelques contrariétés, et notamment à des querelles; que cependant la plus grande intelligence paraissait régner entre elles depuis un mois; qu'il venait de lui conseiller de se retirer momentanément chez une de ses amies, rue de la Harpe, n° 494. Cette déclaration, ainsi que nous venons de l'exprimer, était d'autant plus propre à exciter des soupçons contre la fille Françoise Chantal Lavandière, que Trumeau avait dit et répété plusieurs fois, le même jour, en présence du citoyen Caron, qui était venu le chercher vainement pour aller chez le magistrat de sûreté, que sa fille Rosalie était incapable de s'être empoisonnée elle-même, et que pour lui il était innocent, et que sa conscience était pure. Cependant Trumeau changea tout à coup de langage. Une de ses sœurs se rend chez lui ledit jour 22 nivôse, d'après une lettre qu'il lui avait écrite. A peine est-elle arrivée, qu'il lui demande si elle croyait que sa fille eût assez peu de religion pour s'empoisonner elle-même. Le lendemain 23, jour de l'ouverture du cadavre de sa fille, jour de deuil et de douleur pour sa famille, Trumeau semble vouloir encore propager et suggérer cette même idée à tous ceux qui l'approchent. Il dit à plusieurs personnes, en montrant la chambre où étaient les restes sanglans de sa fille, du sein de laquelle on venait de retirer ces matières brûlantes et corrosives qui avaient dévoré son existence : « La voilà « cette malheureuse, cette gueuse de victime, qui « s'est empoisonnée elle-même pour me mettre « dans l'embarras. »

« La fille Chantal était alors présente. On l'entend dire à Trumeau : « Je ne puis pas être soup- « çonnée ; je ne savais pas même que vous eussiez « de l'arsenic dans votre boutique, où je ne pa- « raissais jamais : le soupçon ne peut tomber que « sur vous ou sur votre jeune fille. » Cependant Trumeau, dans toutes ces circonstances, et avant qu'on l'accusât, parlait de son innocence, de la droiture de sa conscience, en faisant des démonstrations et des exclamations qui paraissaient forcées à ceux qui l'entendaient ; il prenait Dieu à témoin de la pureté de son cœur ; et pendant toutes ces protestations, cet homme, qui parut insensible aux personnes qui l'entouraient, ne porta aucune trace de douleur sur son front, qu'elles examinaient et remarquaient avec attention : sa voix ne semblait n'avoir de force que pour insulter à la mémoire de sa fille, en lui prodiguant les épithètes de malheureuse, de gueuse de victime, et en élevant contre elle les faux soupçons du suicide.

« Les personnes qui connaissaient Rosalie Trumeau, et qui ont été entendues en leurs déclarations, bien loin de concevoir de tels soupçons contre elle, ont déclaré que sa respectable mère avait inculqué dans son âme des vertus qu'elle mettait en pratique, et qui les faisaient aimer et respecter dans tout le quartier ; que les sentimens de religion qui l'animaient étaient trop purs pour que l'on pût penser qu'elle eût terminé sa carrière par un crime.

« La vigilance du ministère public s'est appliquée à découvrir les traces qui auraient pu indiquer que Rosalie eût fait couler dans ses veines le poison qui termina ses jours ; ses recherches n'ont produit aucun indice. Il n'y avait dans sa chambre, ainsi qu'il a été dit plus haut, qu'un seul vase contenant les restes de la potion antispasmodique narcotique, destinée à calmer les efforts qu'elle faisait pour vomir dans la journée du 21 nivôse. Les autres vases concernant les différens besoins, que la jeune Marie Trumeau avait portés et laissés dans la chambre de sa sœur, en avaient été enlevés par d'autres que par elle. L'infortunée Rosalie redoutait et semblait présager la mort cruelle qui devait bientôt la frapper. Elle avait dit à différentes époques et à différentes personnes : « Si je ne préparais moi-même les alimens qui me nourrissent, je craindrais d'être empoisonnée. '» Trumeau n'aimait point Rosalie ; il lui avait souvent reproché de ressembler à sa mère, et d'avoir cabalé avec elle contre lui. Il la maltraitait, ainsi que sa jeune sœur, et toutes les deux éprouvaient des privations, et manquaient des choses les plus nécessaires dans la maison paternelle, où existait une étrangère (la fille Chantal), qui se portait envers elles à des violences que Trumeau père autorisait en donnant tort à ses filles. Un jour, la fille Chantal poussa ces violences jusqu'à traîner la jeune Trumeau par les cheveux, parce qu'elle avait voulu s'opposer aux fureurs qu'elle exerçait à tort sur Rosalie, que ladite Chantal menaça, en lui disant : Tu passeras par mes mains. Cette même menace avait été faite par Trumeau à Rosalie huit jours avant sa mort. Quatre jours avant qu'elle mourût, il fit éclater contre elle une grande colère, parce qu'elle exigeait des comptes sur les biens de sa défunte mère, et parce qu'elle lui témoigna quelques mécontentemens de ce qu'il avait pris des arrangemens pour hypothèquer une maison qui faisait partie de ce bien. Il la traita de fille dénaturée, qui ne songeait qu'à elle ; il lui prodigua encore plusieurs autres noms injurieux. Depuis cette scène, il ne lui parla pas, si ce n'est la veille de sa mort, qu'il l'embrassa en s'allant coucher. Les jours précédens, elle s'était présentée chaque soir, en se couchant, pour lui donner le même baiser; toujours il l'avait repoussée. Trumeau a dit dans sa défense, relativement à cette circonstance : « Sur mon Dieu et sur ma conscience, c'est ma fille qui m'a boudé, et c'est moi qui le premier l'ai embrassée. »

« Ce fut le lendemain que Rosalie se plaignit qu'elle éprouvait des maux de cœur, et qu'elle n'avait point dormi pendant la nuit. (Ils avaient soupé la veille avec des pruneaux et de la raie au

beurre noir, que Trumeau père avait fait cuire,
et qu'il servit aux convives.) Ils se mirent à table
pour déjeuner avec du café que Rosalie avait préparé, selon son usage. Trumeau s'en versa, et en
versa à la fille Chantal. Rosalie se servit ensuite;
elle en prit quelques cuillerées. Quelqu'un étant
entré dans la boutique, elle s'y transporta pour
servir; mais tourmentée par les maux de cœur,
elle fut obligée d'appeler son père pour la remplacer. Elle essaya encore de continuer son déjeuner, et ne pouvant y parvenir, elle invita sa
jeune sœur à en profiter. Trumeau s'y opposa, en
observant qu'elle pourrait en être incommodée,
ayant mangé du raisin. Rosalie était alors recherchée en mariage par un jeune homme qui venait
dans la maison depuis six semaines. Il y entra le
jour de sa mort; il la trouva pâle et bien changée;
(il était alors trois heures du soir.) Elle lui serra
la main et l'embrassa, en lui disant : *Je suis bien
malheureuse chez mon père.* Trumeau avait donné
à ce jeune homme l'assurance que son mariage serait terminé dans la semaine, et qu'il avait remis
en conséquence ses titres à un homme de loi.

« Trumeau s'était présenté vers le 10 nivôse
chez le cit. Caillau, homme de loi. Il ne lui remit
aucun titre; il borna sa visite à le consulter sur
des arrangemens relatifs au projet qu'il avait, disait-il, de marier sa fille. (Trumeau n'avait pas
fait d'inventaire après la mort de sa femme.) Le
cit. Caillau lui dit que, pour établir sa fille, il devait commencer par faire cet inventaire pour

constater l'état de sa fortune. Trumeau ne retourna plus chez le cit. Caillau.

« Cependant Rosalie, qui désirait ardemment ce mariage, qui se plaignait chaque jour des obstacles qui paraissaient devoir le reculer, engageait instamment son prétendu à terminer le plus promptement possible avec son père, sans le contrarier; elle lui témoignait le plus vif désir de quitter la maison paternelle, où elle n'éprouvait, disait-elle, que des peines.

« Telle était la situation morale de Rosalie Trumeau, lorsqu'elle fut enlevée, à la fleur de son âge, à la société, dans laquelle elle avait fait briller des vertus, à sa famille qui la chérissait, et à un mariage vers lequel tendaient tous ses désirs, parce qu'elle le regardait comme devant terminer tous ses maux. Les circonstances qui ont précédé et accompagné ses derniers momens demandent, pour l'instruction des jurés, des détails suivis. Ce fut, ainsi qu'il a été exprimé ci-dessus, vers les sept heures du soir, le 21 nivôse, que le cit. Caron vit Rosalie. « Il ne remarqua en elle aucun symptôme qui an- « nonçât alors l'action du poison, et qui pût faire « penser que dans deux heures elle n'existerait « plus. » Elle ne se plaignait que de maux de cœur, que de vomissemens qui l'incommodaient depuis le matin. Le cit. Caron se contenta donc d'ordonner une simple potion antispasmodique. La jeune Marie Trumeau alla chercher cette potion chez l'apothicaire; elle la remit à son père, qui la monta dans la chambre de Rosalie, lui en fit prendre une cuillerée, et descendit aussitôt. A peine Rosalie eut-elle pris cette cuillerée, qu'elle se sentit fortement oppressée, et ressentit une soif brûlante. Elle demanda un verre d'eau et de vin. Marie Trumeau fut le chercher, et le reçut des mains de son père, qui le prépara en y mêlant de l'eau tiède ; elle le porte à sa sœur, qui a encore la force de se mettre sur son séant, et qui le boit avec une grande avidité. Déjà ses yeux se ferment et ne distinguent plus les objets. Une seconde cuillerée de potion est encore donnée un quart d'heure après à Rosalie, par la jeune Trumeau, qui lui sert presque aussitôt un autre verre d'eau et de vin, mais qu'elle ne boit pas aussi ardemment que le premier. Marie s'éloigne de ce lit de douleur et laisse sa sœur, *le visage tourné à l'opposé du mur, et le lit dans un état assez dérangé.* Il était alors neuf heures. Marie était occupée à préparer le souper. La fille Chantal était assoupie près d'un secrétaire dans la petite salle. Trumeau, qui n'était pas monté dans la chambre de sa fille depuis qu'il lui avait fait prendre la première cuillerée de potion, dit à la jeune Marie d'aller voir Rosalie; mais elle revint presque aussitôt dire à son père qu'elle avait appelé sa sœur plusieurs fois, et qu'elle ne lui avait pas répondu. Trumeau se rend avec Marie dans la chambre de Rosalie, et s'assure qu'elle n'existe plus.

« Il est à observer que Françoise Chantal ne monta pas une seule fois dans la chambre de Rosalie; elle refusa même, d'après l'invitation de Trumeau, de lui donner un remède : elle était endormie lorsque Trumeau et Marie vinrent lui apprendre que Rosalie était morte. On voit par la déclaration d'un des officiers de santé qui procédèrent à l'ouverture du cadavre, que Rosalie avait dû être empoisonnée le matin et le soir ; qu'ayant beaucoup rejeté dans la journée, il était probable qu'elle s'était débarrassée de la première substance délétère qu'elle avait prise, et que c'était celle qu'elle avait avalée le soir, après la visite du cit. Caron, qui lui avait donné la mort.

» On voit, à l'appui de cette déclaration, que Rosalie qui, jusqu'à l'instant de prendre la première cuillerée de la potion, n'a éprouvé que de légères douleurs, est, aussitôt qu'elle l'a prise, fortement oppressée et brûlée par une soif dévorante : elle boit avec avidité un verre d'eau et de vin préparé par son père, et presque aussitôt ses forces l'abandonnent, et ses yeux se ferment à la lumière. La jeune Marie, conduite par la curiosité, porte ses lèvres sur le vase qu'elle tient des mains de son père, et qui contenait l'eau et le vin qu'elle portait à sa sœur ; elle en avale une gorgée, et elle ressent de violentes douleurs d'estomac, et éprouve quelques jours après des vomissemens et toujours des maux d'estomac. Marie Trumeau avait encore avalé une gorgée de thé que son père avait préparé pour Rosalie. Trumeau avait porté lui-même plusieurs fois de cette boisson à sa fille.

« Marie Trumeau ne voulut plus rester chez son père ; elle se retira chez une de ses parentes, qui lui fit donner des secours par le cit. Caron. Tru-

meau fit tous ses efforts pour que ce chirurgien ne
la traitât pas : il en avait indiqué un autre.

« Pendant la douloureuse agonie qui précéda
la mort de Rosalie, son père, ainsi que nous l'a-
vons déjà dit, ne monta point dans sa chambre; sa
dernière visite eut lieu pour s'assurer de la mort de
sa victime.

« Cependant la jeune Marie Trumeau s'était
transportée chez le cit. Caron pour lui annoncer
cette fâcheuse nouvelle. On sait qu'il s'empressa
d'accourir, et qu'il trouva l'infortunée Rosalie dans
son lit, dont les draps et les couvertures étaient
bordés avec soin, la tête tournée contre le mur,
tandis que quelques instans auparavant Marie
Trumeau avait remarqué que son visage était
dans un autre sens, et que le lit était en désordre.

« Qui avait opéré ce changement? Était-ce Trumeau ou la fille Chantal? Mais rien n'établit que
celle-ci ait alors monté dans la chambre de Rosalie : c'était donc Trumeau qui avait cru effacer
par-là les preuves des convulsions que Rosalie avait
éprouvées, et donner ainsi le change sur la véritable cause de sa mort.

« Interpellé à cet égard, il répond *qu'il n'a pas
raccommodé, qu'il n'a pas touché ce lit.* On lui demande s'il a préparé quelques boissons pour le
soulagement de sa fille. Il répond d'abord négativement; il dit que c'est sa jeune fille qui lui a préparé du thé et du bouillon coupé, *seules boissons
qui lui ont été données* et portées par elle; qu'il
ne lui a rien porté par lui-même. Plus tard, il

change de système : il déclare qu'il était monté dix fois pour donner du thé à sa fille ; il convient lui avoir préparé deux verres d'eau et de vin qu'il a remis à la jeune Marie pour les lui porter.

« Après la mort tragique de Rosalie, plusieurs personnes du quartier conçurent des soupçons contre Trumeau ; l'une d'elles, en apprenant cette nouvelle, s'écria : « Au! LE MONSTRE! c'est lui qui l'a empoisonnée. Leurs invitations, pour qu'il se rendît chez le commissaire de police, afin d'y faire sa déclaration, furent aussi pressantes que l'avaient été celles de l'officier de santé. Il résista aux unes comme aux autres. Il avait dit à une personne qui était venue chez lui après la mort de Rosalie, qu'il avait conservé ce qu'elle avait rejeté ; et on ne trouva dans sa chambre aucun vase, pas même le pot de nuit dans lequel elle avait vomi ; ce qui donnait à penser qu'on avait cherché à effacer et à détruire tout ce qui pouvait offrir des renseignemens et des indices à la justice. Trumeau a continué sa défense, en disant qu'une femme qui était chez lui avait jeté ce qui était dans le vase de nuit de Rosalie, et qu'il lui en avait fait des reproches. Quant au reste de la tasse de café que sa fille n'avait pu achever, et qu'il n'avait pas voulu qu'elle donnât à sa jeune sœur, il a déclaré que ce café avait été donné par la fille Chantal à un petit épagneul. La fille Chantal a nié le fait, en disant que ce fut Trumeau qui donna lui-même ce café à ce petit chien. Enfin, il a été demandé audit Trumeau comment il se faisait que,

ne vendant point d'arsenïc, il n'eût pas caché ce
poison avec plus de soin, en lui observant que le
papier qui le renfermait non-seulement n'était
pas lié, mais même était mal plié.

« Il a répondu à ces observations qu'il avait été surpris lui-même, lorsqu'il remit ce paquet à la justice,
de voir qu'il ne l'avait point plié de cette manière.

« On se rappelle que lorsque Trumeau remit ce
paquet d'arsenic au magistrat de sûreté, il ne témoigna alors aucune surprise sur la manière dont
il était plié.

« On se rappelle encore que ce fut à ce moment
même que la fille Chantal dit en présence de Trumeau et de plusieurs personnes, qu'elle ignorait
qu'il y eût de l'arsenic dans la boutique, où elle
n'était jamais. Enfin, on se rappelle que quelques
momens avant de remettre ce poison, Trumeau
avait dit à un des chirurgiens qu'il n'avait point
de poison chez lui. La jeune Marie Trumeau a
bien déclaré qu'elle savait qu'il y avait de l'arsenic
chez son père; mais elle a dit qu'elle ignorait où
il était déposé. On voit par l'instruction que Rosalie Trumeau ne resta qu'un instant dans la boutique le jour de sa mort, et qu'elle y alla pour servir quelqu'un pendant qu'elle déjeunait, qu'elle se
coucha vers les dix heures du matin, qu'elle descendit dans la salle vers les trois heures de l'après-
midi, d'après les instances de sa sœur, et qu'elle se
recoucha vers les quatre heures; que ce fut depuis
sept heures, c'est-à-dire depuis le moment où elle
prit la potion qui lui fut donnée par son père, et

l'eau et le vin qu'il lui prépara jusqu'à la neuvième,
qu'elle expira, que le poison fit le plus de progrès.

« Cependant Trumeau dit, dans une circonstance, à la fille Chantal, relativement à la manière
dont le paquet contenant l'arsenic était plié :
« C'est drôle de trouver ce paquet dans l'état où
il est. Je ne m'étonne pas si ma fille aînée a fait
sortir sa sœur deux fois la veille. » La jeune Trumeau a déclaré que sa sœur Rosalie ne l'avait point
envoyée deux fois dehors la veille de sa mort, et
qu'elle ne chercha aucunement à l'éloigner de la
maison.

« Trumeau avait chez lui, en l'an II, une nièce
âgée de seize ans, appelée Marie-Jeanne Cervenon.
Cette jeune personne mourut subitement chez ledit
Trumeau, le 6 fructidor de cette année, à deux
heures du matin. Le chirurgien de la maison fut
appelé; il vint vers les dix heures du matin : il
trouva Trumeau dans sa boutique; il lui dit, aussitôt qu'il arriva, qu'on avait trouvé sa nièce morte
et étendue par terre. Le chirurgien étant entré
dans la chambre, vit le cadavre de cette jeune
personne sur un lit; ses membres étaient dans un
état de contraction qui lui fit penser que cette
mort n'était pas ordinaire. Il le témoigna à Trumeau, qu'il invita à appeler un commissaire de
police. Ce commissaire fut effectivement appelé;
mais le chirurgien de la maison, qui avait d'abord
vu le cadavre, ne fut plus appelé; ce fut un autre
chirurgien qui fit un simple rapport verbal. Le
cadavre ne fut pas ouvert. Depuis cette époque,

Trumeau cessa d'employer le chirurgien de la maison; il ne lui paya même pas quelques visites qu'il lui devait. Il a été observé à Trumeau qu'il avait déclaré dans ses interrogatoires qu'il était le tuteur de cette nièce. Il a répondu « qu'il avait fait cette déclaration au hasard, et qu'il n'était point son tuteur. » Il lui a encore été observé qu'il devait justifier de l'état de la fortune de sa nièce, lorsqu'elle entra sous sa tutelle, ainsi que de la reddition de ses comptes après sa mort; qu'en outre, il devait encore justifier que cette mort avait été légalement constatée. Il a répondu à ces observations, « qu'il avait cru ne pouvoir rien justifier, et qu'il ne devait prendre aucune précaution. » On remarque plusieurs contradictions dans les réponses de Trumeau. Il répond aux observations qui lui sont adressées à ce sujet : « Je ne me souviens pas de ce que j'ai dit ni fait à cette époque... » Puis, après avoir réfléchi, il ajoute : « Il ne faut pas aller par trente-six chemins ; je vais vous dire la vérité tout entière. J'étais malade lors de la mort de ma nièce ; je pris médecine le soir. Ce même soir, ma nièce se plaignit de coliques, et dans un moment de la nuit, sur les cinq à six heures du matin, j'entendis quelque chose tomber. J'allai dans sa chambre, et, l'ayant vue étendue par terre, je rassemblai toutes mes forces, et la plaçai sur son lit. (Cette nièce n'était pas fort aimée de ma femme ni de ma fille.) Voilà la vérité, comme Dieu est au ciel. » Françoise Chantal, après avoir dit qu'elle présumait que Rosalie Trumeau s'était empoisonnée elle-même, a déclaré dans ses derniers interrogatoires qu'elle avait observé que Rosalie pensait avec plaisir que le mariage qu'elle était sur le point de contracter la rendrait heureuse ; que, d'un autre côté, son père lui parlait sans cesse de l'embarras dans lequel ce mariage le jetait pour le moment ; qu'elle, Chantal, s'était bien aperçue que Trumeau ne faisait rien pour le terminer.

Françoise Chantal a poursuivi sa défense, et a dit qu'elle connaissait Trumeau depuis deux ans ; qu'après l'avoir entretenue en chambre garnie pendant neuf mois, il l'avait amenée chez lui depuis près d'un an ; qu'elles ne s'était déterminée à cette action que d'après les vives instances de Trumeau ; que dans les premiers temps de son séjour dans la maison de ce dernier, elle avait eu quelques difficultés avec les demoiselles Trumeau, mais que depuis six semaines elles se parlaient amicalement ; que trois ou quatre jours avant la mort de Rosalie, il y eut entre elle et son père une altercation, parce que Trumeau, ne pouvant acquitter un billet, avait dit à sa fille qu'il avait été contraint de déléguer une rente sur la maison dont lui et ses filles étaient propriétaires ; que le jour de sa mort Rosalie n'ayant pu achever sa tasse de café, voulut la donner à sa jeune sœur ; que le père s'y opposa, en lui disant de la réserver, et qu'elle la prendrait dans une heure ; qu'elle ne savait pas que Trumeau eut de l'arsenic chez lui, et qu'elle l'avait engagé, de concert avec plusieurs personnes, à faire sa déclaration chez le commissaire de police de la mort de sa fille ; que l'intention de Trumeau était de partir pour Bordeaux ; qu'il lui en manifesta l'idée, ainsi qu'à sa jeune fille, le soir de la mort de Rosalie ; que Trumeau lui avait dit, trois ou quatre mois avant la mort de sa fille, qu'il ne l'aimait pas, parce qu'elle ressemblait à sa mère, à laquelle elle s'était réunie contre lui.

Françoise Chantal, après avoir refusé dans ses deux premiers interrogatoires de faire aucun aveu qui pût être contraire à Trumeau, a déclaré dans les derniers que la troisième nuit qui suivit la mort de Rosalie, elle était couchée avec Trumeau dans la petite salle du bas ; qu'elle s'aperçut qu'il était singulièrement agité ; qu'elle lui demanda la cause de cette agitation ; qu'il lui dit plusieurs fois : Qu'ai-je fait ! qu'ai-je fait ! ah ! mon Dieu, qu'ai-je fait ! Je suis un monstre, je suis perdu ; que cette déclaration la fit tressaillir ; qu'elle lui demanda ce qu'il avait fait ; qu'alors il dit : Oh ! le malheureux thé ! le malheureux thé ! en ajoutant, avec des exclamations affreuses et des efforts déchirans : « C'est dans la première cueillerée de potion et dans le thé que j'ai empoisonné ma fille. » Françoise Chantal a poursuivi, en disant qu'elle n'avait fait un aveu aussi tardif, et qui cependant avait failli souvent lui échapper, que parce qu'elle sentait combien il lui était pénible et cruel de dénoncer pour un crime aussi atroce un homme avec lequel elle avait vécu dans une si grande intimité ; qu'elle devait dire avec la même vérité que Trumeau avait passé cette triste nuit

dans une violente agitation, et en prononçant des
phrases souvent interrompues par des sanglots et
des larmes. » Françoise Chantal a encore dit « que
le matin qui précéda la nuit dans laquelle Trumeau lui fit cet aveu, il lui dit, étant dans la boutique : *Voilà le malheureux tiroir où elle a pris le
poison*, et que dans la nuit, lorsqu'elle lui reprocha ces paroles, après l'aveu qu'il venait de lui
faire, il lui repliqua : *Il faut toujours dire de
même.* Françoise Chantal, avant de faire une déclaration à la justice, était sombre et rêveuse.
Après l'avoir faite, elle rentra dans la maison d'arrêt, ayant un air gai, et elle s'écria avec effusion
de cœur : « Je suis bien soulagée, je suis débarrassée d'un grand fardeau ! »

« Françoise Chantal épancha ses secrets dans le
sein d'une détenue renfermée avec elle. Elle lui
dit que Trumeau étant couché avec elle, la
troisième nuit de la mort de sa fille, et voulant obtenir ses faveurs, lui dit : En voilà une de
perdue, il faut en avoir une autre, et que ce fut
après les avoir obtenues qu'il lui révéla, en se tirant les cheveux, qu'il avait empoisonné sa fille.

« Françoise Chantal avait encore dit à cette
même personne que lorsqu'elle fut appelée par le
magistrat de sûreté, Trumeau lui avait dit : Oh çà !
tu sais bien qu'il faut toujours dire qu'elle s'est
empoisonnée elle-même.

« Le visage de Trumeau, a déclaré Françoise
Chantal, n'annonçait pas la tristesse lorsqu'il lui
apprit que Rosalie sa fille était morte. Trumeau

lui avait dit, le jour qu'il lui fit ces aveux : *Les malheureux comptes m'ont tourné la tête.* Françoise Chantal, après avoir répété trois fois dans ses interrogatoires les déclarations relatives aux aveux que lui fit Trumeau d'avoir empoisonné sa fille, a été mise par le directeur du jury, le cit. Marmotant, en présence de Trumeau. Elle a dit devant lui qu'elle persistait dans ses déclarations, et qu'elle les réitérait. Trumeau a répondu : Je n'ai point commis ce crime; c'est ce qui fait mon soutien et ma consolation. Il a déclaré qu'il croyait Françoise Chantal incapable d'avoir empoisonné sa fille, et qu'elle ne connaissait pas même le tiroir qui contenait l'arsenic. Après cette réponse de Trumeau, Françoise Chantal a été interpellée derechef de déclarer si elle persistait dans ses déclarations. Elle a répondu : J'y persiste toujours et entièrement. Trumeau a été interrogé par le directeur du jury le lendemain de sa confrontation avec Françoise Chantal; et cette fois il imagina d'établir sa défense en disant que le lendemain de la mort de sa fille Françoise Chantal lui avait paru fort agitée, qu'elle se montra plusieurs fois dans la boutique malgré lui, et parla d'envoyer chercher Chauveau-Lagarde ou Caillau; que cette conduite, à laquelle il avait réfléchi la nuit précédente, lui avait inspiré des soupçons, et qu'en supposant que sa fille ne se fût pas empoisonnée elle-même, il ne pouvait y avoir que la fille Chantal qui eût attenté à sa vie, lui étant innocent, et sa jeune fille incapable d'un pareil crime; que la fille Chantal avait d'ailleurs calculé ses ressources, et qu'elle pensait bien qu'en mariant sa fille il serait obligé de vendre son fonds, et qu'elle craignait qu'il ne fût réduit à la plus extrême indigence; qu'il pensait que la fille Chantal avait pu, pendant qu'il descendait à la cave, où il avait été très-souvent, prendre l'arsenic et s'en servir. Françoise Chantal, interrogée depuis sur ces diverses circonstances, a déclaré qu'elle n'avait point entendu parler de Chauveau-Lagarde avant d'être détenue; que le jour de la mort de Rosalie elle n'était pas restée un seul instant dans la boutique, et que Trumeau ne pouvait aller souvent dans sa cave, comme il l'avait déclaré, car il n'y avait rien. Trumeau continue sa défense, en disant qu'il n'avait pas fait d'inventaire après la mort de sa femme, parce qu'il craignait les affaires et les dépenses; qu'il avait eu le désir d'établir sa fille, qu'il n'avait jamais menacée, et contre laquelle il n'avait point d'antipathie; que seulement, quelques jours avant sa mort, il lui avait dit, relativement aux arrangemens qu'il avait pris avec le cit. Bizot, arrangemens qui lui déplaisaient, qu'elle n'aimait pas son père; que le jour de la mort de sa fille, il lui fit donner du thé, et lui en donna lui-même, et qu'il envoya chercher le chirurgien Caron quand il vit qu'elle allait plus mal; qu'il ne monta pas avec lui dans la chambre de sa fille, mais qu'il fut bien content quand le chirurgien lui dit en descendant que cela ne serait rien; que, n'étant pas coupable du crime affreux dont on l'accuse, il n'a pas cal-

culé ce qui s'est passé ; qu'il se rappelle bien que sa
jeune fille lui avait fait part de l'avidité avec laquelle
elle avait bu l'eau et le vin ; mais qu'il ne se rap-
pelait pas qu'elle lui eût dit qu'elle ne voyait déjà
plus ; qu'il n'était pas monté à cette nouvelle,
mais seulement quand sa fille vint lui dire que sa
sœur ne répondait plus ; qu'il monta alors seul,
avec un flambeau à la main, et le triste pressentiment qu'elle n'existait plus ; qu'il avait eu ce pressentiment d'après ce que lui avait dit la jeune fille.
Voilà ce qui est, a-t-il ajouté, comme Dieu est au
ciel. Qu'il trouva sa fille morte ; qu'elle avait le
visage tourné du côté du mur, comme une personne
qui dort, étant bien couverte et le lit en bon ordre. Il a été demandé à Trumeau s'il n'était pas
monté dans la chambre de sa fille avant d'éloigner
la jeune Marie Trumeau, pour qu'elle allât prévenir le cit. Caron. Il lui a été observé qu'il résultait de l'instruction que lorsque cette jeune personne monta dans la chambre de Rosalie pour la
dernière fois, qu'elle avait le visage opposé au
mur, et que le lit était dérangé . « Cette dernière
observation est terrible, a répondu Trumeau, et
je n'ai monté que quand ma fille m'a dit que sa
sœur ne répondait plus. Cette observation semblait jeter le soupçon sur moi, et je déclare sur
mon âme et sur mon Dieu que je n'ai pas commis
un crime aussi atroce. Trumeau a déclaré qu'il
avait effectivement dit que sa fille s'était empoisonnée , mais qu'il ne s'était point servi du mot de
gueuse , et que s'il avait dit d'abord qu'il était inno-

cent, il avait dû le dire, sentant son cœur pur; que
s'il s'était opposé à ce que le sieur Caron fût chargé
de soigner sa jeune fille, c'est parce qu'il avait négligé l'aînée. Trumeau a déclaré qu'il croyait avoir
employé une once d'arsenic sur les quatre qu'il
avait achetées, il y a huit ans, chez le sieur Hardi,
apothicaire. Cet arsenic a été pesé devant Trumeau :
il s'est trouvé deux onces cinquante-quatre grains.
Le sieur Hardi avait d'abord exprimé dans sa première déclaration qu'il n'avait vendu que deux onces
d'arsenic à Trumeau ; mais entendu une seconde
fois, il a déclaré qu'il n'osait point assurer ne lui
en avoir pas vendu quatre onces, n'ayant aucun
moyen d'éclaircir ce fait. Trumeau a continué sa
défense, et a dit que lorsque le chirurgien lui demanda s'il avait du poison chez lui, il l'engagea à
voir dans la chambre de sa fille, où il y avait de l'é-
métique. Il a été observé à Trumeau qu'il avait
d'abord répondu qu'il n'avait pas de poison ; qu'é-
tant arrivé dans la boutique, la même question lui
ayant été faite, en lui demandant s'il avait de l'arsenic, il avait répondu *Oui;* et il avait été chercher
le tiroir où il était; que le chirurgien lui ayant
fait remarquer que cet arsenic était du même
grain que celui trouvé dans l'estomac de sa fille,
il n'avait rien répliqué à cette observation.

« Trumeau a d'abord dit : Je n'ai rien à répondre, je ne me rappelle pas cela; puis il a dit : Oui,
je me rappelle que le médecin fit cette comparaison; mais j'étais trop troublé par la vue des bo-
caux, pour répondre à cette observation.

Il a encore été observé à Trumeau que lui, qui
a dit si souvent avoir la mémoire infidèle, et ne
s'être pas servi de cet arsenic depuis huit ans, avait
cependant trouvé sur-le-champ le tiroir dans lequel il était, étant mal enveloppé dans un papier
portant pour étiquette *vert-de-gris*. Trumeau a
répondu : Il était dérangé ; mais, hélas ! je ne sais
par qui. Ma conscience est pour moi. Quant au tiroir, je ne pouvais pas ignorer qu'il en contenait :
un marchand doit connaître l'état de sa boutique.
Trumeau a déclaré qu'il n'avait point couché avec
la fille Chantal après la mort de sa fille. On voit
par l'instruction que Trumeau coucha la seconde
nuit qui suivit la mort de Rosalie, avec la
fille Chantal, dans une chambre voisine de celle
où était le cadavre de sa fille, et que Trumeau
même, ainsi que la fille Chantal, invitèrent une
personne qui gardait le corps de Rosalie, à fermer
la porte de la chambre où étaient ses restes. Trumeau a encore ajouté à sa défense, en déclarant et
disant que les déclarations de la fille Chantal étaient
fausses, et qu'elles avaient été dictées par la vengeance, aussitôt qu'elle avait eu connaissance de la
lettre qu'il avait écrite à sa jeune fille. Dans cette
lettre écrite par Trumeau, depuis son arrestation,
à la jeune Marie Trumeau, il dit qu'il renonce
pour toujours à celle qui depuis deux ans fait
tous ses malheurs. Enfin, Trumeau a toujours
persisté à déclarer qu'il n'était point coupable du
crime dont il est prévenu. ,

« Il résulte de tous ces détails pris dans les pièces

du procès, et rassemblés dans ce présent acte d'accusation, que Rosalie Trumeau, âgée de 25 ans,
fille de Henri-Augustin Trumeau, est morte le
21 nivôse dernier, vers les neuf heures du soir;
que sa mort, aussi prompte que violente, a été
causée par un minéral caustique et corrosif, connu
vulgairement sous le nom d'arsenic blanc; que le
cadavre de Rosalie ouvert, il fut trouvé dans son
estomac, qui était entièrement rongé et phlogosé,
une grande quantité de cette substance métallique
qui, comparée à l'arsenic trouvé chez Trumeau,
présenta à un des officiers de santé qui ouvrirent
le corps de Rosalie le même grain et la même
identité; que Trumeau, qui resta muet lorsqu'on
lui fit remarquer le résultat de cette comparaison,
avait, quelques momens avant qu'elle eût lieu, dit
d'abord à l'officier de santé qui la fit, qu'il n'avait
pas de poison chez lui; que le papier qui envelop-
pait l'arsenic remis par Trumeau, et sur lequel on
lisait *vert-de-gris*, était mal plié, et semblait annoncer que ce poison subtil n'y était pas renfermé depuis long-temps; que Trumeau, qui a
fait dans le cours de l'instruction l'observation
qu'il n'avait pas reconnu dans la forme de ce paquet les plis qu'il avait faits, ne fit, lors de la remise dudit paquet qui était dans un tiroir très-
élevé, aucune réflexion qui eût rapport à cette observation; qu'aucune circonstance n'établit au procès
que les demoiselles Trumeau et Chantal, seules
personnes qui habitaient la maison de Trumeau,
eussent connaissance de l'endroit où était déposé

cet arsenic, qu'on ne pouvait atteindre qu'en s'ex-
haussant beaucoup à l'aide d'un marchepied ; que
Rosalie, qui n'était point aimée de son père, qui la
maltraitait et lui reprochait de ressembler à sa
mère, morte depuis trois ans, avait été menacée
par lui, quelques jours avant sa mort, de passer
par ses mains, menace qui lui avait été faite encore
par la fille Chantal, vivant depuis trois ans en
concubinage avec ledit Trumeau, qu'elle avait
rendu père, quelques jours avant le décès de Rosalie, d'un enfant que ledit Trumeau a reconnu ; que
Trumeau, qui offrait dans sa maison et sous les
yeux de ses filles, dont la plus jeune est à peine
âgée de seize ans, l'exemple de l'immoralité et
d'une union illicite, autorisait, par son silence, la
fille Chantal, qui, abusant de sa position, se portait envers les demoiselles Trumeau à des violences
et à des voies de fait; que Rosalie, à l'époque de sa
mort, était recherchée en mariage, depuis six semaines, par un jeune homme avec lequel elle désirait ardemment de s'unir, parce qu'elle regardait
cette union comme devant mettre un terme aux
peines qu'elle éprouvait dans la maison paternelle;
que Trumeau, dont la fortune était considérablement dérangée, et qui n'avait point fait faire d'inventaire pour en constater l'état depuis la mort de
sa femme, avait promis à ce jeune homme de l'u-
nir à Rosalie dans la semaine qui la vit mourir;
qu'il est établi par l'instruction que le prétendu de
Rosalie était leuré par des promesses que Trumeau
n'avait pas ou du moins n'annonçait pas avoir le

projet de réaliser, puisque ledit Trumeau qui était
allé chez le citoyen Cailleau, homme de loi, le 10 nivôse, pour lui parler de ce mariage, n'y retourna
plus depuis, le citoyen Cailleau lui ayant dit qu'il
devait, avant d'établir sa fille, faire un inventaire de
son bien ; que Rosalie, qui avait de tristes pressentimens sur la mort qui devait la frapper, avait dit
qu'elle craindrait d'être empoisonnée si elle ne préparait elle-même sa nourriture; que la veille même
de sa mort, Rosalie dit à une personne que
son mariage se ferait tout de suite, si elle voulait
se désister de toutes prétentions sur son bien, et
en laisser la jouissance à son père pendant sa vie;
que quelques jours avant sa mort, Rosalie eut une
scène violente avec son père, parce qu'elle lui avait
fait quelques reproches de ce qu'il avait pris des
arrangemens pour hypothéquer leur maison; que
Trumeau, depuis cette scène, ne parla plus à Rosalie, et la repoussa chaque fois qu'elle se présenta
pour lui souhaiter le bonsoir ou voulant l'embrasser; que la veille de sa mort, seulement, Trumeau
embrassa sa fille en allant se coucher; que le lendemain, 21 nivôse, Rosalie, qui avait passé une
mauvaise nuit, éprouva, depuis huit heures du
matin jusqu'au soir, de fréquens vomissemens,
qui, jusqu'à l'arrivée du cit. Caron, officier de
santé que Trumeau envoya chercher, ne présentèrent aucun caractère grave; que le cit. Caron,
qui vit Rosalie vers les sept heures du soir, ordonna une simple potion antispasmodique, et se
retira en disant que l'indisposition de Rosalie était

peu de chose; que ce fut depuis l'instant que Rosalie prit la première cuillerée de cette potion, qui
lui fut donnée par son père, qui ne vint plus près
d'elle, mais qui lui envoya deux verres d'eau et de
vin qu'il lui prépara, qu'elle fut tourmentée par
de violentes convulsions qui précédèrent sa mort,
qui eut lieu vers les neuf heures ; que Trumeau,
qui connaissait la situation douloureuse de Rosalie,
qui lui fut annoncée par sa jeune fille, ne céda point
alors à la voix de la nature, qui devait, pendant
une si terrible agonie, l'appeler et le fixer près de
son lit de mort; que Marie Trumeau, qui avait
porté à Rosalie le thé, l'eau et le vin préparés par
son père, ayant avalé une gorgée de chacune de
ces boissons, a été affectée depuis par des vomissemens et tourmentée par des maux d'estomac, et a
reçu des secours du cit. Caron ; qu'à l'appui de ces
circonstances, on voit, par la déclaration de la fille
Chantal, que Rosalie fut empoisonnée par son père
dans la première cuillerée de potion et dans le thé
qu'il lui prépara ; que Trumeau, interrogé sur ces
circonstances essentielles, a nié d'abord avoir lui-
même préparé aucune boisson pour sa fille, qui
n'avait pris que du thé et du bouillon coupé qui
lui avait été apporté par sa sœur ; qu'il est convenu
depuis lui avoir préparé du thé et de l'eau et du
vin, et de lui avoir porté au moins dix fois de cette
première boisson ; que le lit dans lequel était couchée Rosalie était dérangé lorsque sa sœur s'éloi-
gna d'elle, vers les neuf heures du soir, et qu'elle
avait alors le visage tourné à l'opposé du mur ; que

ce désordre, qui avait dû nécessairement être produit par la pénible agonie de Rosalie, était entièrement réparé lorsque le cit. Caron arriva quelques momens après; qu'il la vit dans l'état d'une personne qui vient de s'assoupir paisiblement, ayant la tête à moitié couverte, le visage tourné vers le mur, les couvertures étant bien bordées et arrangées; que la troisième nuit qui suivit la mort de Rosalie, son père, déchiré par les remords, laissa échapper, à travers les sanglots et les larmes qui l'oppressaient, un pénible aveu qu'il fit à la fille Chantal, avec laquelle il était couché; qu'il dit : « Ah ! qu'ai-je fait! qu'ai-je fait! Ah! mon Dieu! « qu'ai-je fait! Je suis un monstre ! je suis perdu! « Oh! le malheureux thé ! le malheureux thé ! » Ajoutant avec des exclamations déchirantes : « C'est dans la première cuillerée de potion et « dans le thé que j'ai empoisonné ma fille! »

« De tout ce que dessus et des autres parts, il résulte que le nommé Henri Augustin Trumeau et Françoise Chantal Lavandière, sont prévenus d'homicide commis volontairement par poison et par complicité.

« Sur quoi les jurés spéciaux ayant sous les yeux les procès-verbaux et les pièces du procès qui, conformément à la loi, doivent être remis, auront à déclarer s'il y a lieu à accusation contre les susnommés, à raison du délit mentionné au présent acte. Fait au palais de Justice à Paris, le 11 ventose an II de la république française, *signé* RION.

La déclaration du jury est *oui*, il y a lieu. A Paris, le 11 ventôse an II, signé RUAULT, chef du jury.

« Vu la déclaration affirmative du jury, je requiers qu'en conformité des articles 256 et 262 de la loi du 3 brumaire an IV, il soit décerné ordonnance de prise de corps contre les accusés, et qu'ils soient sur le champ transférés et écroués en la maison de justice. A Paris, au palais de Justice, le 12 ventôse, an II de la république française, *signé* RION.

« Vu pareillement le réquisitoire ci-dessus, ordonnons, en vertu des articles 258 et 262 de la loi du 3 brumaire an IV, que Françoise Chantal Lavandière, âgée de 23 ans, couturière, native de Dieppe, département de la Seine-Inférieure, demeurant place Saint-Michel, n° 107, taille d'un mètre 66 centimètres, visage ovale, nez aquilin, cheveux et sourcils châtains, yeux gris-bleu, front petit, menton rond et bouche moyenne, détenue en la maison d'arrêt des Madelonnettes, sera prise au corps, transférée et conduite en la maison de Justice près le tribunal criminel du département de la Seine, sur les registres de laquelle elle sera écrouée et recommandée.

« Mandons aux huissiers du tribunal mettre à exécution la présente ordonnance dont sera donné copie à la susnommée, et qui sera notifiée tant à la préfecture de police, qu'à la mairie de l'arrondissement du domicile de l'accusée.

« Fait à Paris, au palais de Justice, le 12 ventôse an II de la république française.

« *Signé*, Lebeau, et scellé. »

Après la lecture de cet acte d'accusation, qui
dura près de deux heures, les accusés furent interrogés, et quelques témoins entendus.

Cette affaire criminelle occupa cinq audiences.
Nous ne rapporterons point les débats auxquels
elle donna lieu ; ce ne serait qu'une répétition fas-
tidieuse des faits si laborieusement examinés dans
l'acte d'accusation.

Après l'audition de tous les témoins, Gérard,
commissaire du gouvernement près la Cour de
justice criminelle, prit la parole, et dans un réquisitoire éloquent et improvisé, il s'attacha à prouver par toutes les circonstances de la cause, rap-
prochées avec beaucoup d'art, que, des quatre
individus composant le ménage de l'accusé, le seul
coupable était Trumeau, dont la fille Chantal pouvait être complice ; il fit voir que l'intérêt, l'abominable intérêt, ce mobile de toutes les actions,
était le motif de l'horrible homicide commis par le
plus dénaturé des pères.

Me Maugeret, défenseur de Trumeau, déploya
dans son plaidoyer autant de talent que d'adresse ;
il chercha à persuader que Rosalie Trumeau s'était
elle-même empoisonnée : « Je sens, dit-il, tout
l'embarras de ma cause ; je suis réduit ou à troubler la cendre, ou à flétrir la mémoire d'une
fille vertueuse, d'une vierge pure, ou à laisser

croire que toutes les lois de la nature ont été
violées, et qu'un forfait dont le nom est ignoré
dans les fastes de notre langue, dont les annales
criminelles ne présentent presque qu'un seul exemple, a été commis.

Nous regrettons de ne pouvoir suivre tous les
développemens donnés par Me Maugeret à ce plaidoyer. Me Julienne se distingua aussi dans la défense de la fille Chantal. Il démontra jusqu'à l'évidence qu'il était impossible que Trumeau fît confidence de son exécrable dessein à cette fille, qui
ne put donc être sa complice.

Le président résuma les débats avec clarté et
précision; enfin, le 2 germinal, après deux heures
de délibération de la part du jury, l'arrêt suivant
fut rendu :

« Vu la déclaration unanime du jury, portant
qu'il est constant qu'il a été commis un homicide sur la personne Rosalie Trumeau;

« Que Henri-Augustin Trumeau est convaincu
d'avoir commis cet homicide; qu'il est constant
qu'il l'a commis volontairement; que l'homicide
a été commis par poison;

« Que Françoise Chantal Lavaudière n'est pas
convaincue d'avoir aidé et assisté le coupable dans
les faits qui ont préparé l'homicide;

« L'ordonnance rendue aujourd'hui par le vice-
président du tribunal, porte que Marie-Reine-
Françoise Chantal-Lavandière est acquittée de
l'accusation; qu'elle sera mise en liberté sur le

champ, si elle n'est détenue pour autre cause; qu'il sera sursis à l'exécution de la présente ordonnance, pendant 24 heures, aux termes des articles 424 et 444 du Code des délits et des peines.

« Le tribunal, considérant que les faits ainsi déclarés constans par le jury, constituent un crime d'empoisonnement, prévu par l'article 12 de la section du titre 2, de la 2e partie du Code pénal, et conformément audit article, dont il a été fait lecture par le président,

« Condamne Henri-Augustin Trumeau à la peine de MORT.

« Ordonne, conformément à la première disposition de l'art. 4 du titre 1er de la 1re partie du code pénal, qu'il sera conduit au lieu de l'exécution revêtu d'une chemise rouge.

« Ordonne que le paquet d'arsenic blanc et la fiole contenant une potion, déposés l'un et l'autre au greffe, et ayant servi à conviction au procès, seront brisés et détruits aux termes de la loi, etc. »

Là fille Chantal fut ramenée la première à l'audience. Par un mouvement inexprimable, elle tressaillit après avoir entendu la lecture de l'arrêt. Le président lui adressa ensuite la parole en ces termes: « Que la terrible épreuve que vous venez de subir vous serve de leçon pour l'avenir. Vous allez être rendue à la liberté, prenez garde d'en abuser; allez expier dans la retraite le scandale que vous avez donné; cherchez à reconquérir l'estime publique.

que vous avez perdue ; prenez, devant cette auguste
assemblée, l'engagement sacré de rentrer dans votre famille, pour y vivre désormais en fille sage et
vertueuse. »

Trumeau fut ensuite introduit ; il entendit le
jugement qui le condamnait à perdre la tête sur
un échafaud, avec l'hypocrite sang-froid qu'il
avait conservé pendant le cours des débats ; mais
lorsque le président lui demanda s'il avait des observations à présenter sur l'application de la loi,
il dit d'une voix étouffée : « que la terre s'entr'ouvre, qu'elle m'engloutisse si je suis coupable ! » Et
en se retirant, il ajouta : « Tremblez, vous venez
de condamner un innocent. »

Trumeau se pourvut en cassation contre le jugement ; il fut extrait de la Conciergerie pour être
transféré à Bicêtre, où il devait rester jusqu'à ce
que le tribunal de cassation eût prononcé.

Le 15 du même mois, ce tribunal rejeta le pourvoi, et le 17, Trumeau fut conduit en place de
Grève.

Un prêtre d'âge et de mœurs respectables, l'abbé
Pacot, a raconté à l'un de nous que la fille Chantal,
quelques années après son jugement, malade et à
toute extrémité, avait fait appeler un ecclésiastique
pour lui confier qu'elle était l'auteur du crime ;
qu'elle lui avait juré sur la croix que Trumeau
était innocent, et que les juges avaient commis une
erreur épouvantable en le condamnant à mort.
L'abbé Pacot prétendit tenir du prêtre lui-même,
qu'il refusa de nommer, toutes les circonstances

de cet aveu. La fille Chantal survécut à sa maladie, mais on ignore ce qu'elle est devenue.

Nous citons cette anecdote comme historiens, et peut-être est-il inutile de dire que nous ne l'oserions garantir, quelle que soit la foi que nous paraisse mériter celui qui l'a racontée.

PROCÈS

DE MOREAU ET AUTRES.

Moreau n'avait de courage d'homme que sur un champ de bataille; hors de là, mari faible et citoyen sans énergie, il se laissait aller à l'influence des petites passions de ses entours et aux intrigues des ambitions déçues.

Il s'était prêté aux événemens de brumaire, et avait reçu du premier consul le commandement du Luxembourg.

Depuis ce moment le repos avait fui pour lui; sa femme et sa belle-mère lui adressaient des reproches incessans, car elles admettaient qu'il eût pu aisément s'emparer du pouvoir dont il avait aidé Bonaparte à se saisir.

Ses amis, d'un autre côté, le poursuivaient de la même pensée; et, en haine du consul, Lecourbe, Fournier-Sarlovèze, Desperrières, Bernadotte surtout, le poussaient au mécontentement, à la haine, à l'ambition. De ces quatre républicains sévères, un seul l'était vraiment; c'était Lecourbe.

« Tandis que de ce côté on pressait Moreau de courir aux armes, d'appeler les troupes à la rébellion
par la puissance de sa voix, sa belle-mère, sa femme,
étrangères à ces mouvemens belliqueux, mais voulant pourtant parvenir au même but, essayèrent
d'obtenir par la ruse ce qu'elles ne croyaient pas
que l'on dût emporter par la violence. Je ne sais
qui leur mit en tête de porter leur gendre et leur
époux au trône de l'Italie, en le faisant chef de la
république cisalpine. Moreau était connu à Milan,
on l'y aimait, quoiqu'il y eût sali son nom en per-
mettant qu'une courtisane le portât ; on connaissait sa modération et ses qualités personnelles, et
l'on se reposait sur son épée de la garde du sceptre
qu'on lui confierait, n'importe sous quel titre,
qu'on le fît consul, président ou doge. Ces deux
femmes tournèrent donc leurs batteries de ce côté ;
et madame Moreau, aussi imprudente qu'ambi-
tieuse, un jour que Joséphine lui demandait ce
qu'elle désirait pour son mari, laissa échapper le
but de ses secrètes pensées. J'étais là ; je fus plus
frappé de ce qu'elle venait de dire que l'épouse du
premier consul elle-même ; et dès que je pus me
rapprocher de Bonaparte, je lui contai ce que j'a-
vais entendu.

« Ah ! me dit-il, avec un sourire malin, notre
« ami voudrait tâter de la souveraine puissance !
« Qu'en ferait-il ? Elle ne tarderait guère à tom-
» ber en quenouille, à moins que quelques intri-
« gans ne fussent là pour la ramasser. Non, par-
« dieu ! je ne lui donnerai pas l'Italie ! Il faut

« absolument que ce beau pays suive en tout la
« destinée de la France (1). »

Et la consulta réunie à Lyon, le 26 janvier 1802,
nomma le consul président de la République Ita-
lienne. Et six mois plus tard un sénatus-consulte
le proclama consul à vie. C'était de la sorte que
Bonaparte avait cru mettre fin aux espérances de
la famille et des amis de Moreau, comme à celles
des partisans d'un autre ordre de choses.

La colère de madame Moreau n'eut plus de
bornes. Elle n'aurait cependant pu la faire passer
entièrement dans le sein de son mari, sans une
circonstance qui l'aigrit lui-même au dernier
point.

Au mois de janvier 1803, Moreau donna un bal,
auquel il invita le consul et sa famille. Madame Læ-
titia décida ses enfans à ne point s'y rendre. Les
Moreau en furent indignés ; ils firent retentir Paris
de leurs plaintes. Dès ce moment, Moreau ne dis-
simula plus son inimitié.

Au commencement de 1804, je fus appelé aux
Tuileries ; je trouvai Napoléon tout agité. « Eh
« bien ! me dit-il en m'apercevant, nos anciens
« amis ne se gênent pas ; ne pouvant me com-
« battre à force ouverte, ils tentent de m'assassi-
« ner. Est-ce là un art bien noble, bien Français,
« bien digne d'un roi? Que vous en semble? Et
« croyez-vous qu'il eût fallu me les préférer? »

---

(1) *Mémoires d'un pair de France* (Fabre de l'Aude), 1830,
t. III, p. 50-51.

Il m'apprit, ce que j'ignorais encore, la découverte du complot de Pichegru, de Georges Cadoudal et de Moreau...

« Ah ! l'on conspire contre moi, s'écria-t-il ; on
» veut me tuer par trahison. Eh bien ! on verra ce
« que je peux faire ; je frapperai un coup qui les
« foudroiera tous..... Et Pichegru, le traître ! il
« passera mal son temps. Et Moreau, le sage Mo-
« reau, le républicain par excellence, conspirant
« pour ramener parmi nous toutes les inepties de
« l'ancien régime ! ce n'est pas un homme, c'est
« moins qu'une femme, puisqu'il se laisse mener
« par la sienne et par sa mère. Le beau coton qu'il
« va jeter, et dans quelle position il me place !
« N'importe ; je m'en tirerai. Je me mettrai de
« côté pour ne voir que la France ; car enfin, c'est
« contre elle, plus encore que contre moi, que l'on
« cabale. Le jour où ces personnages triomphe-
« raient, les Anglais seraient maîtres à Paris (1). »

Personne n'avait cru à la trahison de Moreau,
pas même le consul, quelque tendance qu'il eût
d'ailleurs dans l'esprit à admettre comme fondés
des rapports contraires au général.

Après le 18 brumaire, ne lui avait-il pas confié
le commandement des armées du Danube et du
Rhin? A son retour, rendu indispensable par la
paix de Lunéville, ne lui avait-il pas fait don d'une
épée magnifique et d'une paire de pistolets, *sur*

____

(1) *Ibid.*, p. 72 à 76.

lesquels il regrettait de n'avoir pu, faute d'espace, graver les noms de toutes ses victoires ? Ne lui avait-il pas accordé un traitement de retraite de 40,000 francs? Lors de la création de la Légion-d'Honneur, n'avait-il pas voulu l'attacher des premiers à cet ordre? Ne lui avait-il pas offert la dignité de maréchal de France? Ne se prêta-t-il pas plusieurs fois à un rapprochement demandé par Moreau?

C'est qu'il estimait Moreau, qu'il accusait uniquement sa belle-mère (madame Hulot) et sa femme de ses inégalités d'affection et de caractère; qu'il le supposait incapable d'entrer dans un complot contre le pays en faveur des Bourbons. Aussi, quand Réal lui proposa de faire arrêter Moreau, s'y opposa-t-il sans hésiter. Mais pourtant, lui dit Réal (1), si Moreau conspire avec Pichegru? — C'est alors bien différent, répondit le consul; produisez-en la preuve, montrez-moi que Pichegru est ici, et je signe aussitôt l'arrestation de Moreau. — La preuve était facile à donner : Moreau fut arrêté le 25 pluviose an XII (15 février 1804).

Pichegru, convaincu d'avoir voulu traiter de son armée et de la France avec le prince de Condé et le prétendant (2), déporté à Cayenne par suite

(1) Par un arrêté du premier consul, le conseiller-d'état Réal avait été attaché au département du grand-juge ministre de la justice, et spécialement chargé de l'instruction et de la suite de toutes les affaires relatives à la tranquillité et à la sûreté intérieure de la république.

(2) Nous avons sous les yeux les deux lettres que ce prince

des événemens du 18 fructidor, parvenu à s'é-
chapper de Sinnamari, était arrivé à Londres et
y avait formé avec Georges Cadoudal une liaison
politique, qui suivit bientôt un vaste projet de
conspiration dans le double but de se défaire du
consul, et de ramener les Bourbons au trône.

Tous deux sentirent le besoin de s'assurer de
quelques hommes connus, et Moreau mécontent
leur parut une conquête non moins facile qu'importante; Moreau, que des premières avances de
Pichegru, dans les dispositions où il se trouvait,
devaient probablement flatter.

Un abbé David, oncle du général Souham et

écrivit à Pichegru, de Riegel et de Mulheim, les 24 mai et
9 juin 1796, dans lesquelles, *cédant au besoin de son cœur,*
il lui dit : *Vous avez su allier la bravoure du maréchal de
Saxe au désintéressement de M. de Turenne et à la modestie de M. de Catinat.* La bravoure! c'est une monnaie commune à tous nos généraux. Le désintéressement! il était
extrême, en effet : Pichegru se contentait du gouvernement
de l'Alsace, du château de Chambord, d'un million en argent et de 200,000 livres de rentes, de la terre d'Arbois,
qui devait prendre le nom de Pichegru, de douze pièces de
canon, et du grand cordon rouge de l'ordre de Saint-Louis.
La modestie! il se croyait le premier général des temps mo-
dernes, le seul qui pût sauver la France et opérer le mouvement contre-révolutionnaire.

Au surplus, qu'il fût au-dessus de Maurice, de Turenne
et de Catinat, peu importe : le directoire lui ordonne de
passer le Rhin, il franchit le fleuve; mais il fait battre son
armée, des Français! par les Autrichiens, dans l'intérêt de
la plus infâme trahison!

de Lajolais, fut l'intermédiaire choisi. Il est probable que Moreau l'écouta, puisque cet abbé ne fut arrêté, à Calais, qu'à son second voyage; puisque Lajolais, continuateur de la mission de l'abbé, s'étant rendu en Angleterre, décida Pichegru et Georges à passer en France avec leurs gens.

Les conspirateurs logèrent dans des appartemens secrets qu'on leur avait préparés à l'avance; Moreau vit plusieurs fois Pichegru et Georges.

Quelques arrestations éclairèrent le gouvernement.

Nous devons ici autre chose qu'un récit des faits, qu'on pourrait accuser d'exagération : nous allons donner les pièces de cette grande procédure, soit entièrement, soit par extrait, soit par analyses fidèles, selon leur importance; et nous indiquerons, par leur ordre de dates, les pièces et les faits qui ont précédé le jugement.

Et en première ligne nous plaçons le rapport que le grand juge ministre de la justice adressa, en février 1804, au premier consul :

« CITOYEN PREMIER CONSUL,

« De nouvelles trames ont été ourdies par l'Angleterre; elles l'ont été au milieu de la paix qu'elle avait jurée; et quand elle violait le traité d'Amiens, c'était bien moins sur ses forces qu'elle comptait que sur le succès de ses machinations. Mais le Gouvernement veillait; l'œil de la police

suivait tous les pas des agens de l'ennemi : elle
comptait les démarches de ceux que son or ou ses
intrigues avaient corrompus. Enfin, la toile paraissait achevée; déjà, sans doute, on s'imaginait
à Londres entendre l'explosion de cette mine qu'on
avait creusée sous nos pas. On y semait du moins
les bruits les plus sinistres, et l'on s'y repaissait
des plus coupables espérances.

« Tout à coup les artisans de la conspiration
sont saisis; les preuves s'accumulent, et elles sont
d'une telle force, d'une telle évidence, qu'elles
porteront la conviction dans tous les esprits.
Georges et sa bande d'assassins étaient restés à la
solde de l'Angleterre; ses agens parcouraient encore la Vendée, le Morbihan, les Côtes-du-Nord,
et y cherchaient en vain des partisans, que la modération du Gouvernement et des lois leur avait
enlevés. Pichegru, dévoilé par les événemens qui
précédèrent le 18 fructidor an V, dévoilé surtout
par cette correspondance que le général Moreau
avait adressée au Directoire, Pichegru avait porté
en Angleterre sa haine contre sa patrie. En l'an VIII,
il était avec Villot, à la suite des armées ennemies,
pour se rallier aux brigands du Midi. En l'an IX,
il conspirait avec le comité de Bareuth; depuis la
paix d'Amiens, il était encore le conseil et l'espoir
des ennemis de la France. La perfidie britannique
associe Georges à Pichegru; l'infâme Georges à
ce Pichegru que la France avait estimé, qu'elle
avait voulu croire incapable d'une trahison! En
l'an XI, une réconciliation criminelle rapproche

Pichegru et le général Moreau, deux hommes
entre lesquels l'honneur devait mettre une haine
éternelle. La police saisit à Calais un de leurs
agens (1), au moment où il retournait pour la seconde fois en Angleterre. Cet homme est sous sa
main, avec toutes les pièces qui constatent la réalité d'un raccommodement inexplicable alors, si
les nœuds n'en avaient pas été formés par le
crime.

« A l'arrestation de cet agent, le général Moreau paraît un moment agité. Il fait des démarches
obscures pour s'assurer si le Gouvernement est
instruit. Mais tout se tait ; et lui-même, rendu à
sa tranquillité, il tait au Gouvernement un événement qui a droit d'alarmer sa surveillance ; il le
tait, lors même que Pichegru est appelé publiquement aux conseils du ministère britannique, lorsqu'il s'unit avec éclat aux ennemis de la France.
Le Gouvernement ne voulut voir dans son silence
que la crainte d'un aveu qui l'aurait humilié,
comme il n'avait vu dans son éloignement de la
chose publique, dans ses liaisons équivoques,
dans ses discours plus qu'indiscrets, que de l'humeur et un vain mécontentement. Le général
Moreau, qui devait être suspect puisqu'il traitait
avec l'ennemi de sa patrie, qui, sur ce soupçon
plus que légitime, eût été arrêté à toute autre
époque, jouissait tranquillement de ses honneurs,

_____

(1) L'abbé David.

d'une fortune immense et des bienfaits de la République.

« Cependant les événemens se pressent. Lajolais, l'ami, le confident de Pichegru, va furtivement de Paris à Londres, revient de Londres à Paris, porte à Pichegru les pensées du général Moreau, rapporte au général Moreau les pensées et les desseins de Pichegru et de ses associés. Les brigands de Georges préparent dans Paris même tout ce qui est nécessaire à l'exécution des projets communs. Un lieu est assigné entre Dieppe et le Tréport, loin de toute inquiétude et de toute surveillance, où les brigands de l'Angleterre, conduits par des vaisseaux de guerre anglais, débarquent sans être aperçus, où ils trouvent des hommes corrompus pour les recevoir, des hommes payés pour les guider, pendant la nuit, de stations en stations convenues, et les amener jusqu'à Paris. A Paris, des asiles leur sont ménagés dans des maisons louées d'avance, où sont des gardiens affidés ; ils en ont dans plusieurs quartiers, dans plusieurs rues, à Chaillot, dans la rue du Bac, dans le faubourg Saint-Marceau, dans le Marais.

« Un premier débarquement s'est opéré : c'était Georges avec huit de ses brigands. Georges retourne sur les côtes pour assister au débarquement de Coster Saint-Victor (condamné par le jugement rendu sur l'affaire du 3 nivôse), et de dix autres brigands. Dans les premiers jours de ce mois, un troisième débarquement s'effectue : c'est Pichegru, Lajolais, Armand-Gaillard, frère

de Raoul, Jean-Marie, un des premiers affidés de
Georges, et quelques autres brigands de cette espèce. Georges, avec Joyau, dit d'Assas, Saint-
Vincent, et Picot, dit le Petit, vont au devant de
ce troisième débarquement : la réunion se fait à
la ferme de la Poterie. Un quatrième débarquement est attendu. Les vaisseaux sont en vue; mais
les vents contraires les empêchent d'approcher :
il y a peu de jours encore qu'ils faisaient les signaux
de reconnaissance.

« Georges et Pichegru arrivent à Paris; ils sont
logés dans la même maison, entourés d'une tren-
taine de brigands, auxquels Georges commande.
Ils voient le général Moreau; on connaît le lieu,
le jour, l'heure où la première conférence s'est
tenue; un second rendez-vous était convenu, et
ne s'est pas réalisé; un troisième, un quatrième
ont eu lieu dans la maison du général Moreau.
Cette présence de Georges et de Pichegru à Paris,
ces conférences avec le général Moreau, sont cons-
tatées par des preuves incontestables et multi-
pliées. Les traces de Georges et de Pichegru sont
suivies de maison en maison. Ceux qui ont aidé à
leur débarquement, ceux qui, dans l'ombre de la
nuit, les ont conduits de poste en poste, ceux qui
leur ont donné asile à Paris, leurs confidens, leurs
complices, Lajolais, leur principal intermédiaire,
le général Moreau, sont arrêtés : les effets et les
papiers de Pichegru sont saisis, et la police suit
ses traces avec une grande activité.

« L'Angleterre voulait renverser le gouvernement, et, par ce renversement, opérer la ruine de la France, et la livrer à des siècles de guerres civiles et de confusion. Mais renverser un gouvernement soutenu par l'affection de trente millions de citoyens, et environné d'une armée forte, brave, fidèle, c'était une tâche à la fois au-dessus des forces de l'Angleterre et de celles de l'Europe : aussi l'Angleterre ne prétendait-elle y parvenir que par l'assassinat du premier consul, et en couvrant cet assassinat de l'ombre d'un homme que défendait encore le souvenir de ses services.

« Je dois ajouter que les citoyens ne peuvent concevoir aucune inquiétude. La plus grande partie des brigands est arrêtée, le reste en fuite et vivement poursuivi par la police. Aucune classe de citoyens, aucune branche de l'administration n'est atteinte par aucun indice, par aucun soupçon.

« Je ne donnerai point de plus amples développemens dans ce rapport : vous avez vu toutes les pièces ; vous ordonnerez que toutes soient mises sous les regards de la justice. »

Ce rapport n'avait pas d'autre but que de faire connaître à la nation les motifs de l'arrestation de Moreau. On attribua cette mesure à la jalousie du consul ; il n'en était rien pourtant. On a vu plus haut qu'il avait exigé des preuves de Réal avant de prendre un parti. Voici la pièce principale qui fut mise sous ses yeux : c'est une décla-

ration de Bouvet-de-Lozier (1), arrêté le 22 plu-
viôse-12 février.

« Déclaration que je fais au grand-juge.

« C'est un homme qui sort des portes du tombeau, et encore couvert des ombres de la mort,
qui demande vengeance de ceux qui, par leur
perfidie, l'ont jeté, lui et son parti, dans l'abîme
où il se trouve.

« Envoyé pour soutenir la cause des Bourbons,
il se trouve obligé, ou de combattre pour Moreau,
ou de renoncer à une entreprise qui était l'unique
objet de sa mission.

« Je m'explique :

« Monsieur devait passer en France pour se
mettre à la tête du parti royaliste, Moreau promettant de se réunir à la cause des Bourbons. Les
royalistes rendus en France, Moreau se rétracte; il
leur propose de travailler pour lui, et de le faire
nommer dictateur.

« L'accusation que je porte contre lui n'est appuyée peut-être que de demi-preuves. Voici les
faits ; c'est à vous à les apprécier :

« Un général qui a servi sous les ordres de

---

(1) A.-H. Bouvet-de-Lozier, né à Paris en 1769, servait
comme officier au commencement de la révolution. Il émigra, rejoignit l'armée de Condé, et passa ensuite en Angleterre. Les Bourbons lui donnèrent le grade d'*adjudant-général de l'armée royale*, lorsqu'ils l'envoyèrent en France
pour concourir à l'exécution du complot de Georges Cadoudal.

Moreau, Lajolais, je crois, est envoyé par lui auprès
du prince à Londres : Pichegru était l'intermédiaire. Lajolais adhère, au nom et de la part de
Moreau, aux points principaux du plan proposé.
Le prince prépare son départ. Le nombre des
royalistes en France est augmenté, et dans les
conférences qui ont lieu à Paris entre Moreau,
Pichegru et Georges, le premier manifeste ses intentions, et déclare ne pouvoir agir que pour un
dictateur, et non pour un roi : de là l'hésitation, les
dissentions, et la perte presque totale du parti
royaliste.

« Lajolais était auprès du prince au commencement de janvier de cette année, comme je l'ai appris par Georges ; mais ce que j'ai vu, c'est le 17
janvier, son arrivée à la Poterie le lendemain de
son débarquement avec Pichegru, par la voie de
notre correspondance, que vous ne connaissez que
trop.

« J'ai vu encore le même Lajolais, le 25 ou le 26
janvier, lorsqu'il vint prendre Georges et Pichegru
à la voiture où j'étais avec eux, boulevard de la
Madeleine, pour les conduire à Moreau, qui les
attendait à quelques pas de là. Il y eut entre eux
aux Champs-Élysées une conférence qui déjà nous
fit présager ce que Moreau proposa ouvertement
dans la suivante, qui eut lieu avec Pichegru seul,
savoir, qu'il n'était pas possible de rétablir le roi ;
et il proposa d'être mis à la tête du gouvernement,
sous le titre de dictateur, ne laissant aux royalistes
que la chance d'être ses collaborateurs et ses soldats.

« Je ne sais quel poids aura près de vous l'assertion d'un homme arraché depuis une heure à la mort qu'il s'était donnée lui-même, et qui voit devant lui celle qu'un gouvernement offensé lui réserve ; mais je ne puis retenir le cri du désespoir, et ne pas attaquer l'homme qui m'y réduit.

« Au surplus, vous pourrez trouver des faits conformes à ce que j'avance, dans la suite de ce grand procès où je suis impliqué.

« De laquelle déclaration, faite devant le grand-juge ministre de la justice, lecture a été faite au déclarant, lequel la reconnaît parfaitement conforme à ce qu'il vient de dicter en notre présence ; persiste à déclarer qu'elle contient vérité ; et a signé.

« Paris, le 14 février 1804, à minuit. *Signé* Bouvet-de-Lozier, adjudant-général de l'armée royale.

Le grand-juge ministre de la justice.

Signé RÉGNIER.

Dans l'interrogatoire que Réal fit subir à Bouvet-de-Lozier, le 30 pluviôse-20 février, ce dernier dit :

« Je crois que depuis long-temps Pichegru et Moreau entretenaient des correspondances entre eux ; et ce n'est que sur la certitude que Pichegru donna au prince que Moreau étaierait de tous ses moyens un mouvement en France en leur faveur, que le plan suivant fut vaguement arrêté : le rétablissement des Bourbons, les conseils travaillés par Pichegru, un mouvement dans Paris, soutenu de la présence du prince, une attaque de vive force dirigée contre le premier consul, la présentation du prince aux armées par Moreau, qui d'avance devait avoir préparé les esprits.

« D. Quels sont les motifs qui vous déterminent à penser que Moreau eût donné son adhésion à ce plan?

« R. Le prince avait reconnu l'insuffisance des moyens des royalistes. Il ne voulait agir qu'autant qu'il eût été certain d'être soutenu d'un parti dans l'armée républicaine. Ce que j'ai vu, ce que j'ai consigné dans ma déclaration, me prouve que c'est Moreau qui avait promis de lui ménager ce parti. Georges m'en avait fait part dès avant l'arrivée de Pichegru, comme un de nos moyens de succès.

« D. Croyez-vous que ce ne soit que sur les promesses de Moreau à Pichegru que Georges soit arrivé en France?

« R. Je n'en ai aucun doute, puisqu'il confirma toutes les espérances que l'on avait conçues sur Moreau.

« D. A quelle époque le prince était-il attendu?

« R. Le prince ne devait venir en France qu'après avoir connu le résultat des conférences entre les trois généraux, et après une réunion complète et un accord parfait entre eux pour l'exécution. »

Moreau fut interrogé le jour même de son arrestation, et le 19 février et le 8 mars. A cette dernière date, il écrivit une longue lettre au premier consul. Dans ces interrogatoires et dans cette lettre, il nie formellement avoir des relations avec

Georges Cadoudal et Pichegru, directement ni indirectement; il affirme qu'il ignore si ces hommes sont à Paris, si l'abbé David a jamais été à Londres; il prétend n'avoir vu Lajolais, il y a deux mois, que pour apostiller ses demandes d'emploi; il soutient que Fresnières, son secrétaire (1), ne lui a jamais parlé de Georges ni de Pichegru.

24 pluviôse-14 février. — Arrestation de Rolland (2).

25 pluviôse-15 février. — Arrestation et premier interrogatoire de Moreau. — Premier interrogatoire de Rolland. Il déclare qu'il a logé pendant deux nuits Pichegru, amené par Lajolais; que Pichegru ne lui a dit autre chose, sinon qu'il passait par Paris. — Arrestation et premier interrogatoire de Lajolais (3), dont voici la déclaration :

---

(1) Le 26 pluviôse - 16 février, Réal invita le préfet de police à faire arrêter Fresnières, qui avait assisté la veille à l'apposition des scellés chez Moreau. On venait d'apprendre ses relations avec Joyau, l'aide-de-camp de Georges. Les interrogatoires de Lajolais, de Couchery et de Léridan confirmèrent et précisèrent ces relations. Fresnières s'était caché; on ne put le saisir.

(2) Henri-Odille-Pierre-Jean Rolland, né à Dieppe en 1759. Il se lia d'amitié avec Moreau et Pichegru, au commencement de la révolution, alors qu'il était aux armées en qualité d'entrepreneur-général des vivres. Il était intéressé dans l'entreprise des équipages militaires de l'armée des côtes, lors de son arrestation.

(3) Frédéric Lajolais, né à Weissembourg en 1761, général de brigade, compromis dans la première trahison de

« Je suis lié depuis très-long-temps de l'amitié
la plus franche avec le général Pichegru ; je lui con-
serverai éternellement les mêmes sentimens. Ses
malheurs, son exil non mérité, me le rendaient
encore plus cher, et me rendaient ses intérêts encore plus sacrés. Je savais depuis quelque temps,
et par l'intermédiaire d'un ami commun, l'abbé
David, que Pichegru et Moreau, long-temps divi-
sés, étaient enfin réconciliés. J'ai vu Moreau plusieurs fois l'été dernier, et dans les différentes
conférences que j'ai eues avec Moreau, cette réconciliation a été confirmée. Moreau m'a témoigné
le désir d'avoir une entrevue avec Pichegru ; je me
suis chargé de la procurer. A cette époque la guerre
entre la France et l'Angleterre n'avait point éclaté.
Après la déclaration de guerre, conservant le même
désir, mais ne pouvant plus facilement effectuer
le passage de France en Angleterre, je suis allé par
Hambourg jusqu'en Danemarck, et je suis passé à
Londres sous la qualité de négociant allemand.
J'ai vu Pichegru à Londres ; je lui ai parlé du désir de Moreau de conférer avec lui. Il me déclara
qu'il était dans la même intention, et qu'il saisi-
rait l'occasion d'un pareil rapprochement pour
quitter enfin l'Angleterre. A peine quinze jours
étaient écoulés, que l'occasion de repasser en
France se présenta, et nous en profitâmes pour

Pichegru, fut alors arrêté, traduit à un conseil de guerre,
et acquitté en 1800. N'ayant pu obtenir de service, il s'employa à réconcilier Moreau et Pichegru.

arriver ensemble. Je le quittai à une ferme qui est
aux environs de Gamache. Je vins à Paris directement, et Pichegru suivit une route que je ne connais pas pour y arriver. Il me fit savoir son arrivée.
Il logeait alors momentanément à Chaillot; c'est
de là qu'à trois ou quatre reprises, les conférences
entre Moreau et Pichegru eurent lieu : la première
fois sur le boulevard de la Madeleine : un second
rendez-vous fut manqué; la seconde et la troisième
conférence eurent lieu dans la maison même de
Moreau, à Paris, rue d'Anjou. Je n'ai assisté à aucune de ces conférences. J'ai profité de la première
circonstance offerte pour enlever Pichegru à la
maison de Chaillot. Il a demeuré pendant deux
jours chez Rolland, et je l'ai retiré ensuite dans la
maison que j'occupe rue Culture-Sainte-Catherine :
il y resta jusqu'au lundi de cette semaine; j'ignore
où il s'est retiré... Voilà tout ce que je sais. Mon
seul désir est que ces deux grands hommes puissent
se réunir d'effet comme ils le sont d'intention aux
travaux qui signalent le gouvernement du chef de
cette grande république. »

26 pluviôse-16 février.—Second interrogatoire
de Lajolais, qui explique toutes les circonstances de
l'entrevue de Moreau et de Pichegru sur le boulevard de la Madeleine. — Il a conduit Pichegru deux
fois chez Moreau.

27 pluviôse-17 février. — Troisième interrogatoire de Lajolais, confirmatif des précédens. Il
ajoute qu'il descendit à Londres, au petit village
de Brampton, chez Pichegru, où il trouva Cou-

chery et le comte d'Artois, qui dit au moment de
sortir, et en parlant de la France : *Si nos deux
généraux peuvent bien s'entendre, je ne tarderai
pas à y arriver.* — Il a passé trois semaines chez
Pichegru, qui l'a accompagné à son retour en
France, où ils sont arrivés le 16 janvier. « La cha-
loupe, dit-il, nous conduisit à la marée montante
au pied de la falaise, où nous trouvâmes une corde
au moyen de laquelle nous montâmes. Nous étions
six ou sept, savoir : *Pichegru*, sous le nom de
Charles; Ruzilion, sous celui de *Major; Jean-
Marie*, sous celui de *Lemaire;* un autre, sous celui
de *Richemont* ou *Debray; Armand* et moi. » Il
ajoute, au sujet d'une entrevue chez Moreau :
« Pichegru rentrant parut mécontent; et s'ouvrant
un peu, contre son ordinaire, il me dit : *Il paraît
que ce b.....-là a aussi de l'ambition, et qu'il
voudrait régner. Eh bien! je lui souhaite beaucoup de succès ; mais, à mon avis, il n'est pas en
état de gouverner la France pendant deux mois.*
Depuis ce temps, je n'ai point eu connaissance
d'aucune entrevue nouvelle. Voilà tout ce que je
sais relativement à Moreau et Pichegru. Si la mémoire me fournit d'autres faits, je promets de les
rapporter avec la même franchise.

« Quant à Georges, son but m'a paru être le rétablissement pur et simple de la monarchie en
France. C'est pour arriver à ce but, qu'il était
parti de Londres il y a plus de six mois. Il avait
tout son monde dans la Picardie et dans Paris.
Pour réussir dans son projet, il voulait, après

avoir assassiné le premier consul, tuer tout ce qui lui montrerait de l'opposition. Je crois qu'il a beaucoup de monde à sa disposition, soit dans la Picardie, soit ailleurs. Pendant le temps que Georges était encore ignoré à Paris, il fit sonder Moreau par l'intermédiaire de Villeneuve, breton, il y a à peu près deux mois. Ce Villeneuve, fort lié avec le secrétaire de Moreau, nommé Fresnières, s'adressa à celui-ci; mais Villeneuve n'obtint de Moreau, par le canal de son secrétaire, que des réponses évasives. On répondit de sa part à Villeneuve que lui Moreau était au plus mal avec le consul; qu'il ne se porterait jamais à aucun assassinat contre la personne du consul, mais bien à tout ce qui serait nécessaire pour le bonheur de son pays. Georges attendait encore vingt-deux personnes bien armées qui devaient débarquer, et qu'il devait faire arriver à Paris. Il y a huit jours environ que des personnes de la suite de Georges disaient que leur général voulait porter un coup dans peu, ou sortir de Paris pour se retrancher dans une campagne aux environs, ou bien gagner le chemin de la Bretagne; et j'entendis dire par les mêmes, dans une chambre voisine de celle où je me trouvais : il faut nous glisser dans les Tuileries; et j'ai cru aussi remarquer dans ce qu'ils ont dit, qu'ils ne sont pas sans moyens ni sans projets sur la route de Boulogne. »

29 pluviôse-19 février.—Second interrogatoire de Rolland. Lajolais, avant son départ, lui a parlé du rapprochement qui s'était opéré entre

Pichegru et Moreau. — Il a été complimenter Moreau à ce sujet. — Il le revit encore après l'arrivée
de Pichegru, une première fois, pour le prier de
le loger, et une seconde fois pour lui demander au
nom de Pichegru un rendez-vous qu'il indiqua
pour le lendemain au soir. Il ajoute :

« Je rentrai chez moi vers les dix heures du soir,
le jour où Pichegru avait eu avec Moreau la conférence où mon cabriolet l'avait conduit. Pichegru
de retour me fit alors entendre qu'il avait des projets bien différens de ceux que je lui supposais. Il
me dit avoir vu les princes en Angleterre, être
chargé de faire à Moreau des ouvertures à cet
égard, avoir causé de cet objet avec lui, mais que
n'étant pas tombés d'accord, il me priait de le voir
le lendemain ; de lui demander déterminément
s'il voulait conduire un mouvement royaliste, ou,
dans le cas contraire, ses gens à lui agissant, s'il
voulait s'engager à mettre l'autorité dont il se trouverait investi en des mains légitimes aussitôt qu'il
le pourrait. Je ne sais si Pichegru s'aperçut de
l'effet que produisit sur moi cette ouverture.
J'allais sans doute balbutier quelques observations,
lorsque, réfléchissant qu'un secret de cette nature
devait ne pas être impunément contredit, je pris le
parti de me retirer, sous le prétexte du besoin de
repos. Certes, il me fut impossible de fermer l'œil
de toute la nuit. J'aperçus le gouffre dans lequel
ma confiance m'avait plongé, le danger de faire un
pas en avant ou en arrière ; et le jour parut sans
que j'eusse pu prendre une résolution fixe. Dans

le jour cependant il fallut aller faire à Moreau la fameuse ouverture à laquelle je n'osai plus me refuser. J'espérais, je ne sais pourquoi, que ce général me tirerait d'embarras. Voici à peu près la réponse qu'il me fit : « Je ne puis me mettre à la « tête d'aucun mouvement pour les Bourbons. Ils « se sont tous si mal conduits, qu'un essai sembla- « ble ne réussirait pas. Si Pichegru fait agir dans « un autre sens, et, en ce cas, je lui ai dit qu'il fau- « drait que le consul et le gouverneur de Paris « disparussent, je crois avoir un parti assez fort « dans le sénat pour obtenir l'autorité : je m'en « servirai aussitôt pour mettre tout son monde à « couvert; ensuite de quoi l'opinion dictera ce « qu'il conviendra de faire : mais je ne m'enga- « gerai à rien par écrit. » Il me dit en outre, dans la conférence, que depuis la première ouverture de Pichegru, il avait parlé à plusieurs de ses amis. Cette réponse ne me laissant plus de doute, je ne dus m'occuper que de trouver un moyen adroit pour me mettre à l'écart, sans toutefois inspirer méfiance. J'allai chez une dame de ma connaissance, madame Dumoret; je la priai de me faire écrire par sa fille, dont l'écriture se rapproche de celle d'un homme, une lettre dont je fis la minute, et qui portait en substance : Saint-Omer, le, etc. « Monsieur, l'indisposition de M. Bredt s'aggra- vant, il me charge de vous prier de venir le plus tôt ici avec des fonds, en passant par Montreuil et Boulogne, pour y inspecter les équipages, » etc. Je rentrai avec cette lettre que je communiquai à

Pichegru, après lui avoir rendu la réponse de Moreau, qui ne parut pas le satisfaire pleinement; mais il se détermina à sortir de chez moi le soir même; et pour que cela ne fût pas différé, Lajolais fut invité à dîner avec nous. Ils partirent ensemble vers sept heures. Mon domestique les conduisit jusqu'à la porte de l'hôtel, où ils prirent un fiacre pour se rendre rue Culture-Sainte-Catherine, où ils me firent promettre de venir avant mon départ, parce que, devant recevoir des fonds, je ne pouvais en fixer le moment. Le lendemain, j'allai chez Moreau le prévenir que je partais : je pris en effet une feuille de route que j'ai encore, que j'offre de remettre, et que je voulus montrer à Pichegru, à qui je parlai du danger de son entreprise, dont je désirais le dissuader. En effet, me répondit-il, il pourrait être prudent de songer à la retraite. J'entendis ces mots avec grande joie, et je rentrai chez moi pour faire mes dispositions de départ, fixé pour le lendemain soir; mais en sortant de mon lit j'éprouvai, dans un mouvement que je fis, une douleur de reins qui augmenta en une heure, de manière à m'ôter l'espoir de pouvoir soutenir la fatigue de la route. Lajolais, qui voulait sans doute s'assurer si j'étais parti, vint le matin, et me trouva à mon grand regret. Il venait me dire que, ne pouvant communiquer avec Moreau, il désirait que je donnasse à ce général son adresse, afin qu'il pût y envoyer son secrétaire Fresnières, avec lequel ils conviendraient d'un rendez-vous pour se rencontrer. Quelque peine que j'eusse à

me tenir en voiture, je fis ce dernier message, et
n'ai revu depuis Lajolais qu'un moment chez moi,
sans qu'il pût me rien dire, parce que j'avais du
monde, sinon que Pichegru devait quitter .... sans
que j'entendisse bien si c'était Paris ou son logement. »

30 pluviôse-20 février. Quatrième interrogatoire de Lajolais. « J'ajoute à ce que j'ai dit dans les
interrogatoires précédens, qu'en remettant à Moreau, l'été dernier, la lettre de Pichegru, dont
j'ai rappelé le contenu dans mon interrogatoire
du 27, ce dernier, Pichegru, m'avait également
chargé de prendre des renseignemens près de Moreau, sur la détention de David. Moreau me dit
alors que David avait été arrêté à Calais au moment où il allait s'embarquer pour l'Angleterre; il
m'ajouta les expressions suivantes. *La police a mis
la plus grande perfidie dans la manière dont ils
l'ont arrêté : il a été long-temps sans qu'on ait pu
communiquer avec lui; mais depuis quelque temps
j'en reçois assez fréquemment des nouvelles par
l'intermédiaire de mon secrétaire, qui connaît un
nommé* Vitel, *neveu de* Fauche-Borel, *qui a la
facilité d'entrer au Temple.* »

Il déclare avoir vu George deux fois, et avec lui
Ruzilion, Saint-Vincent, Villeneuve (Joyau),
Pichegru.

5 ventose-25 février. Cinquième interrogatoire
de Lajolais. Fresnières a été chez lui, après le départ de Rolland, pour voir Pichegru de la part de
Moreau.

8 ventôse-28 février. Arrestation et premier interrogatoire de Pichegru. Nous croyons devoir insérer l'interrogatoire en entier.

D. Comment vous appelez-vous? — Je m'appelle Pichegru.

D. Vos prénoms? — Je n'en ai pas.

D. Vous avez des prénoms? — J'en ai un, Charles.

D. Quel est votre âge? — Quarante-trois ans.

D. Quel est votre dernier domicile? — Paris.

D. Depuis quel temps êtes-vous de retour à Paris? — Six semaines à peu près.

D. Où étiez-vous avant d'y arriver? — En Angleterre.

D. Depuis quel temps y étiez-vous? — Depuis deux ans.

D. Où demeuriez-vous en Angleterre? — A Brompton, près de Londres.

D. Quelles personnes voyiez-vous habituellement à Londres? — Tout le monde.

D. N'y avez-vous pas vu quelques-uns des princes français? — Oui.

D. Pourriez-vous vous rappeler les noms de ceux que vous y voyiez habituellement? — Je les voyais tous.

D. N'avez-vous pas vu souvent le ci-devant comte d'Artois? — Pas plus souvent que les autres.

D. Quel a été votre motif en quittant l'Angleterre pour arriver en France?

R. Il y a dix ans que je suis sorti de France par l'effet des démarches de Bonaparte, dont la haine

date de l'époque du 13 vendémaire, pour m'être
expliqué sur cette journée en véritable Français,
et qui, me regardant probablement comme un
obstacle à son ambition, concourut spécialement
aux événemens de fructidor, en m'éloignant ainsi
de la France. Depuis cette époque, j'ai parcouru
divers pays étrangers; et en dernier lieu je me suis
retiré en Angleterre. Fatigué d'un éloignement aussi
prolongé de mon pays, fatigué des calomnies que
les journaux français multipliaient sur mon compte,
disant tantôt que j'étais à la tête des armées étrangères, tantôt à la tête des conseils, j'ai cru ne pouvoir mieux faire que de rentrer en France. Voilà
tout ce que je puis vous dire.

D. Lorsque vous étiez en Angleterre, vous avez
correspondu avec plusieurs personnes en France:
quel était le but de cette correspondance? à quelles
personnes était-elle adressée?

R. Je n'ai correspondu avec qui que ce soit.

D. Vous avez correspondu avec l'abbé David.
— Non.

D. Il en est convenu. — Je n'ai correspondu
avec personne.

D. Vous avez écrit à Lajolais.

R. Je n'ai point correspondu avec Lajolais : mais
pour ce que j'ai dit sur David, je me rappelle que
par un intermédiaire, il me fit dire qu'il voulait
faire une nouvelle édition de mes Campagnes; il
me demandait des matériaux dont il voulait augmenter cette édition. Je lui fis répondre que je n'a-
vais point ces métériaux, et que d'ailleurs l'ouvrage

lui-même précédemment publié, n'ayant point été fait convenablement, je ne voulais rien donner pour augmenter la nouvelle édition.

D. Il a été entre vous question d'autres objets que de cette seconde édition : David s'était chargé de négocier près de vous une réconciliation. — Cela est faux.

D. David déclare qu'il a négocié auprès de vous pour opérer une réconciliation entre Moreau et vous. — C'est faux.

D. Vous annoncez que vous êtes rentré en France, parce que vous étiez las des bruits que les journaux faisaient courir contre vous : vous êtes arrivé avec un tout autre motif. — Non.

D. Lajolais a été vous voir à Londres, il y a environ deux mois et demi. — Je ne l'ai pas vu.

D. Cependant il déclare vous y avoir vu, avoir logé chez vous à Brompton, être resté chez vous près d'une quinzaine de jours : il annonce qu'il a vu diverses personnes. — Il peut annoncer ce qu'il veut.

D. Ce système de dénégation ne convient ni à la vérité, ni, je l'ajouterai, à votre situation ; ce système n'est pas digne des souvenirs qui s'attachent à votre nom ; la vérité seule devrait être dans votre bouche. Je vous rappelle à ce que vous devez à votre réputation : quels projets vous amenaient en France?

R. Je n'ai rien à vous dire que ce que je vous ai dit.

D. Vous avez reçu, il y a plus de six mois, le

même Lajolais et son épouse; ils en sont l'un et l'autre convenus.

R. Cela n'est pas. Je les ai vus l'un et l'autre pendant la paix, il y a près de deux ans, à Londres.

D. Lajolais a déclaré dans son interrogatoire qu'il s'était trouvé chez vous à Brompton, il y a deux mois, et qu'il y avait vu votre ancien collègue Couchery, et le ci-devant comte d'Artois. — Cela n'est pas.

D. Avec qui étiez-vous repassé d'Angleterre en France? — Tout seul.

D. Par quelle voie? — Par un vaisseau.

D. Quel était le capitaine de ce vaisseau? — Je ne le connais pas.

D. Vous devez cependant le connaître, car vous avez quitté Londres avec lui; vous êtes arrivé avec lui au port où vous vous êtes embarqué. Lajolais était en troisième dans votre voiture. Le nom du capitaine est Wright, dites la vérité.

R. La vérité est ce que je vous ai dit.

D. N'avez-vous pas fait la traversée avec Lajolais et avec plusieurs autres Français? — Non.

D. A quel endroit êtes-vous abordé? — A Dieppe.

D. Vous ne dites pas la vérité. — Je la dis.

D. Les compagnons de votre voyage vous seront confrontés; ils vous prouveront que vous avez débarqué à la falaise de Biville, et que vous n'avez pas débarqué à Dieppe. — Je les attends.

D. Par quelle route et avec qui êtes-vous arrivé à Paris?

R. Je suis arrivé seul par la route de Dieppe à Paris.

D. Est-ce à pied ou en voiture?

R. C'est une voiture particulière.

D. Vous ne dites pas la vérité; vous avez fait la route par des chemins de traverse, souvent à travers champs, la nuit, de ferme en ferme. — C'est faux.

D. Ces faits vous seront prouvés. Plus de quarante témoins, tant hommes que femmes, arrêtés pour vous avoir donné asile, vous prouveront ce que je viens de vous dire; plusieurs savaient qui vous étiez; la plupart seront consternés de reconnaître, pour avoir voyagé avec des brigands, le conquérant de la Hollande.

R. Ce que vous avez dit ne peut pas être vrai.

D. Avec qui êtes-vous entré à Paris? — Seul.

D. Vous conduisiez donc la voiture? — Oui.

D. Où avez-vous logé en arrivant?

R. Dans une maison où était logé Lajolais.

D. Vous ne dites point la vérité; vous avez logé dans une maison sise dans le bas de Chaillot; ce n'est point avec Lajolais, c'est avec Georges et quelques brigands, ses complices. — Cela n'est pas vrai.

D. Quel a été votre second logement à Paris?

R. J'en ai eu plusieurs successivement, dont je ne connais point ni le site ni le nom.

D. Ce que vous dites peut s'appliquer à quelques-uns des logemens que vous avez occupés ces jours derniers, mais ne peut s'appliquer au second logement où vous vous êtes réfugié; car celui qui vous a donné asile est un de vos plus intimes amis; c'est un homme qui, dans le moment même où il souffrait à cause de vous, avait le courage de vous avouer son ami; cet homme a déclaré qu'il vous avait reçu, qu'il vous avait logé pendant deux nuits et trois jours : cet homme c'est Rolland.

R. J'ai été chez Rolland, dont je ne connais point le logement.

D. N'avez-vous pas demeuré chez lui pendant le temps que je viens de vous indiquer? — Un jour et deux nuits.

D. Lorsque vous étiez chez Rolland, vous avez été fairé quelques visites. — Non, je ne sortais jamais.

D. Vous êtes sorti dans son cabriolet. — Je vous demande pardon.

D. C'est un fait que Rolland et son domestique avouent, dont Lajolais a été le témoin. — Je le nie.

D. Vous avez été conduit sur le boulevart de la Madeleine par Villeneuve, le jour ou le lendemain de votre arrivée à Paris : dans la même voiture étaient avec vous Georges et Bouvet; le premier sous le nom de la Rive, le second sous le nom de Rivière. — C'est faux.

D. Vous avez chargé Rolland d'aller de votre part conférer avec le général Moreau. — C'est faux.

D. Rolland en fait la déclaration formelle.

R. Je ne peux pas dire autre chose que ce que j'ai dit.

D. Vous avez eu vous-même plusieurs confé-rences avec Moreau; la première, qui fut très-courte et où se trouvait Georges, eut lieu sur le boulevart de la Madeleine; la seconde chez Moreau lui-même : elle est attestée par le témoin qui vous y a conduit; la troisième a eu lieu encore chez Moreau; vous y avez été conduit dans le cabriolet de Rolland par le secrétaire de Moreau; des té-moins irrécusables attestent ces faits; vos dénéga-tions ne peuvent les anéantir : mais ces dénégations conduisent nécessairement à penser que ces entre-vues avaient un objet criminel.

R. Tout ceci est absolument faux.

D. Connaissez-vous Moreau?

R. L'univers entier sait que je le connais.

D. Êtes-vous réconcilié avec lui?

R. Qu'est-ce qu'une réconciliation? Elle n'a lieu entre militaires que quand ils se sont arrangés, et nous n'en avons pas eu l'occasion. Tout ce que je puis dire à cet égard, c'est que j'ai appris que Mo-reau ne voyait plus de même œil certains événe-mens, et qu'il était fâché d'avoir concouru au 18 fructidor.

D. Avez-vous vu Moreau depuis votre arrivée à Paris? — Du tout.

D. Avez-vous vu Georges à Paris? — Du tout.

D. Avez-vous fait une partie de la route depuis

la ferme de la Poterie jusqu'à Paris avec Georges?
— Non.

D. N'est-ce pas en sortant de chez Rolland que
vous avez été loger chez Lajolais? — Je le crois.

D. N'avez-vous pas été visité chez Lajolais par
Georges et une partie de ses complices? — Non.

D. Cependant Lajolais le déclare.

R. Il peut déclarer ce qu'il veut; il ne peut pas
me faire dire ce qui n'est pas.

D. N'avez-vous pas dit à Lajolais en revenant
de chez Moreau, lors de la troisième conférence,
et en parlant de Moreau : *Ce b.... là a aussi de
l'ambition; je crois qu'il veut régner!*

R. Cette question est répondue puisque je n'ai
point été chez Moreau.

D. Combien de fois avez-vous écrit au général
Souham depuis que vous êtes en Angleterre?

R. J'ai déjà eu l'honneur de vous dire que je
n'avais correspondu avec qui que ce soit.

D. Vos amis reconnaissent que vous leur avez
avoué que vous n'êtes arrivé en France que pour
changer le gouvernement qui existe; pour rétablir
les Bourbons sur un trône que vous-même vous
avez détruit; pour anéantir la république dont
vous avez été un des fondateurs; pour assassiner
les trois consuls et le gouverneur de Paris; que
dans cet infernal projet vous vous êtes lié avec des
hommes autrefois vos ennemis. Vous n'avez pas
hésité à flétrir les lauriers cueillis par vous dans la
Hollande et sur le Rhin, en vous réunissant à de
vils assassins dont vous avez été le compagnon de

voyage, avec qui vous avez erré d'asile en asile depuis plus de deux mois. Ces aveux vous les avez
faits; ces projets, vous les avez avoués ; vos amis
eux-mêmes, dont vous avez fait vos victimes, les
avouent et vous en accusent. Oserez-vous les nier?
— Je les nie complétement.

D. A qui avez-vous, ces jours-ci, donné d'abord
neuf mille francs, ensuite mille francs, enfin hier
cinq mille francs, tant en argent que billets? — A
personne.

D. Où avez-vous couché l'avant-dernière nuit ?
R. Je ne puis vous dire ni le site, ni le nom de
la maison, ni des personnes.

D. Avez-vous vu Couchery le jeune à Paris? —
Oui je l'ai vu.

D. N'avez-vous pas dîné plusieurs fois avec lui
chez Lajolais? — Oui, une fois ou deux.

D. Avez-vous vu votre frère? — Oui.

D. Combien de fois ? — Deux fois.

D. Qui était avec vous lorsque vous l'avez été
voir dans son domicile? — Lajolais et Couchery.

D. Connaissez-vous de Fresnières? — Non.

D. N'avez-vous pas été avec lui en cabriolet?
— Non.

D. Connaissez-vous Lahorie ?_— Je l'ai connu
autrefois.

D. L'avez-vous vu depuis que vous êtes à Paris?
— Du tout.

D. Si vous n'étiez venu en France que pour
faire cesser des bruits calomnieux, pourquoi vous
cachiez-vous?

R. Parce que si je ne m'étais pas caché, j'aurais été arrêté sur-le-champ. Un homme proscrit doit se cacher.

D. Si vous étiez sûr d'être arrêté en France, pourquoi avez-vous tenté d'y rentrer?

R. Parce que je suis fatigué d'être en pays étranger, sous le poids de la calomnie.

D. Bien des Français frappés comme vous en fructidor, sont rentrés en France, ils y occupent aujourd'hui les premières places de l'état; puisque vous vouliez rentrer en France, pourquoi n'avoir pas imité leur exemple, et quitté une terre peuplée par les plus cruels ennemis de votre patrie? Pourquoi au moins n'avez-vous pas choisi un asile dans les pays neutres? pourquoi suis-je obligé d'accoler sans cesse dans un même interrogatoire les noms de Georges et de Pichegru?

R. Bien des Français sont rentrés en France, parce qu'il y ont été rappelés, et je ne l'ai point été. Je n'ai quitté l'Allemagne que parce que l'on m'y a poursuivi; l'on a voulu m'arrêter à Bareuth, j'ai été obligé de me réfugier en Angleterre. Si vous accolez les nom de Georges et de Pichegru, c'est que cela vous plaît, car je ne m'accole point à Georges.

D. Savez-vous que Georges ait été en France et dans Paris depuis que vous y êtes?

R. Je l'ai entendu crier dans les rues.

D. A qui appartenaient les billets de banque d'Angleterre qui ont été saisis chez Lajolais? — A moi.

D. A qui appartenait un médaillon auquel étaient jointes deux lettres de change trouvées également chez Lajolais? — A moi.

D. A qui appartenait une petite croix semblable à une croix de Saint-Lazare, trouvée dans un petit portefeuille saisi chez Lajolais? — A moi.

D. Avez-vous vu depuis votre arrivée l'adjudant Ramel? — Non.

D. En terminant cet interrogatoire, je vous invite, je vous somme même, au nom de votre propre honneur, de dire, sur les questions que je vous ai faites, la vérité; je vous invite à ne pas nier des faits qui, évidens et prouvés, ajoutent à un délit grave, sans doute, le vernis déshonorant du mensonge. Je vous le répète, le système qui peut convenir à des fripons obscurs ne convient point à l'homme qui, comme vous, s'est vu à la tête des armées républicaines, et a rempli l'Europe de ses exploits. Les crimes qu'on vous reproche, et qui sont prouvés, sont odieux sans doute; mais réfléchissez que vous ajoutez à ces crimes quelque chose de bas et de flétrissant, en persistant dans d'inutiles dénégations.

R. La seule réflexion que m'inspirent ces observations, c'est que vous prenez beaucoup sur vous en taxant mes réponses de faussetés, et en me faisant des insinuations contraires à la vérité.

9 et 10 ventôse (28 et 29 février). Second et troisième interrogatoires de Pichegru, et confrontation avec lui de Bouvet de Lozier, de Picot et de Lajolais. Il nie connaître les deux premiers, et

s'être trouvé avec eux et Georges à la ferme de la Poterie, malgré les affirmations réitérées des deux prévenus. — Il reconnaît comme lui appartenant les objets saisis chez Lajolais.

15 ventôse-6 mars. — Arrestation et déclaration de Ruzilion (1).

DÉCLARATION. — Nous, conseiller-d'état, préfet de police, avons fait comparaître par-devant nous un individu qui vient d'être arrêté à l'instant, et

---

(1) *François-Louis* RUZILION, dit *le Major* ou *le Gros-Major*, naquit à Yverdun, pays de Vaud, en 1748. De sa terre des Rochats, située sur la frontière de France, il favorisait la sortie et la rentrée des émigrés. On le connaissait parmi les hommes que le prince de Condé avait chargés d'agiter la Franche-Comté, la Bresse et le Lyonnais ; et il était assez haut placé auprès de Wickham, celui-là qui avait à sa solde cinq mille agens de trouble répandus en France. Lorsqu'il fut question d'un coup de main sur Besançon, Ruzilion acheta et cacha chez lui les armes et la poudre nécessaires. Quand de Précy revint de Vérone, Ruzilion fut son agent. A la recommandation de de Précy, Wickham le chargea d'une mission auprès de Pichegru, et depuis il resta leur intermédiaire, suivit Pichegru à Paris, et y demeura avec lui jusqu'au 18 fructidor. A son retour à Berne, dénoncé à Brune, ce général le fit arrêter et conduire à Paris. On l'enferma au Temple. Ayant obtenu sa liberté, il se rendit à Yverdun et reprit sa correspondance de trahison. Le comte de Caylus étant chargé de la suite de cette correspondance, Ruzilion rejoignit Pichegru, qui était avec Wickham, ne le quitta plus, le suivit en Suisse, en Allemagne, en Angleterre, et l'accompagna jusqu'à son débarquement en France. Après le rétablissement des Bourbons, Ruzilion devait être fait colonel et commandant d'une légion.

qui nous a dit s'appeler François-Louis Ruzilion, né à Yverdun, canton du Léman, lequel nous a déclaré qu'étant à Londres, où il a resté depuis environ l'année 1800, ayant fait seulement divers voyages en Allemagne, à Munich, Francfort et autres endroits de la Souabe, Pichegru lui proposa, il y a environ neuf semaines, de venir avec lui à Paris; qu'en conséquence, ils s'embarquèrent à bord du bâtiment du capitaine Wright, qui les débarqua à la falaise de Biville, lieu où l'on était dans l'usage de faire tous les débarquemens de ce genre; qu'ils étaient environ six de ce débarquement, dont le nommé Rochelle, un Polignac (le plus grand des deux frères), Pichegru et Lajolais; qu'il ne se rappelle pas le nom des autres en ce moment, mais qu'il nous les déclarera dès qu'il s'en souviendra; qu'il est forcé de nous déclarer qu'à son regret il s'est réuni avec eux pour opérer en France le renversement du gouvernement actuel; que Polignac lui a fait connaître que c'était l'objet de son voyage; qu'il était d'accord avec Georges, Pichegru et Moreau, pour y parvenir, et que les moyens étaient assurés; qu'il nous déclare qu'il n'a accepté de se lier ainsi avec Pichegru que parce qu'on ne lui avait pas tenu parole lorsqu'il avait demandé de servir de tous ses moyens le gouvernement actuel de France; que le général Brune lui avait promis de le laisser tranquille chez lui, et qu'au lieu de lui tenir sa promesse, il l'avait fait enfermer au Temple; qu'il a tout lieu de croire que c'est surtout avec le ci-devant comte d'Artois

que Pichegru a préparé tous ses moyens; que c'est
le baron de Roll qui a présenté lui Ruzilion au
comte d'Artois; qu'il croit que le baron de Roll,
qui a un régiment en Angleterre, n'a pas quitté ce
pays; qu'il ne peut nous déclarer où est Georges
en ce moment; qu'il le croit cependant encore à
Paris; mais qu'ayant cessé de demeurer avec lui
depuis environ un mois, qui est à peu près l'époque
où Georges et Pichegru quittèrent la maison de
Chaillot, où lui Ruzilion a demeuré avec eux pendant trois ou quatre jours, il ne sait pas où s'est
réfugié Georges, lui Ruzilion ayant presque toujours couché chez des filles, et jamais deux nuits
de suite chez la même; qu'il ne connaît pas assez
Paris pour pouvoir nous désigner les rues et encore
moins les lieux : nous a affirmé la présente déclaration contenir vérité; et a signé avec nous ces
présentes. *Signé* Dubois et François-Louis Ruzi-
LION.

Et ledit jour, 15 ventôse, onze heures du soir,
ledit François-Louis Ruzilion nous a déclaré, pour
ajouter à sa précédente déclaration et pour l'expliquer, que c'est le général Lajolais qui, en arrivant
à Londres, a déclaré que le général Moreau, mécontent du gouvernement du premier consul, désirait et voulait aider de tout son pouvoir à le renverser; mais que depuis que Georges et Pichegru
étaient arrivés à Paris, et avaient vu le général
Moreau, ainsi que les deux Polignac et le ci-devant
marquis de Rivière l'ont dit au déclarant, ledit général Moreau avait dit qu'il voulait bien coopérer

de tous ses moyens au renversement du premier
consul, mais non pas pour arriver aux fins que
Lajolais avait promises au comte d'Artois, lors de
son voyage à Londres ; et a signé avec nous la présente addition de sa déclaration, qu'il affirme sincère et véritable.

Signé Ruzilion et Dubois.

17 ventôse – 8 mars. Troisième interrogatoire
de Moreau, par lequel il persiste dans ses précédentes déclarations. — Il écrit au premier consul,
et lui explique la nature de ses anciennes liaisons
avec Pichegru, comment il instruisit le gouvernement du directoire de la trahison de ce général.
Il avoue que des propositions au nom des *princes
français* lui ont été faites depuis la paix ; mais il
persiste à nier toute participation à la conspiration
actuelle, et à protester de son innocence.

18 ventôse – 9 mars. Arrestation, premier et second interrogatoires de *Georges Cadoudal* (1). —

---

(1) Fils d'un meunier, il terminait ses études à Vannes,
lorsque la révolution éclata. Ayant pris parti dans l'insurrection bretonne, et s'y étant fait remarquer par son courage,
il fut fait officier au siége de Granville. Après la déroute du
Mans et de Savenay, il alla prendre le commandement des
insurgés de son canton, avec lesquels il continua la guerre.
Arrêté, emprisonné à Brest, et s'étant sauvé, il obtint, à
quelque temps de là, la division du Morbihan. Sa bravoure,
ses talens militaires, attirèrent les regards de tous ; et, lors
de la pacification, on lui offrit du service dans les armées
républicaines. Il hésitait ; mais ayant reçu des instructions se-

Premier interrogatoire, subi devant le préfet de
police :

D. Quels sont vos nom, prénoms, âge, lieu de
naissance, profession et domicile actuel?

R. Je m'appelle Georges Cadoudal, âgé de
trente-cinq ans, natif de Brech près d'Auray, département du Morbihan, militaire, sans domicile
à Paris.

L'ayant fait fouiller, sur lui se sont trouvés cin-
quante-un billets de 1,000 francs de la banque de
France, douze billets de 500 francs de la même
banque, un billet de 500 francs du comptoir com-
mercial de l'hôtel de Jabach, le tout enveloppé
dans une note non signée ni datée; dans une bourse
de soie violette, cinq pièces d'or de 48 livres tour-
nois.

Une montre de chasse à boîte d'or, à calotte et
à pompe, double cadran pour les secondes; un
poignard à manche d'ébène, garni en argent, lame
à quatre quarts, fourreau en argent, adapté et
cousu au-dedans du revers de l'habit; une épingle
d'or montée d'un diamant; deux balles de calibre
de fusil; un porte-crayon en or; un cure-oreille
en or; une petite poire à poudre garnie en cuivre,

---

crètes de Londres, il se rendit dans cette ville, où l'accueil-
lirent les princes français et le ministère anglais. On sait que
l'idée de la machine infernale lui appartient autant qu'à
Conzié, évêque d'Arras. L'entreprise n'ayant pas réussi, il
revint en France avec Pichegru.

doublée de maroquin rouge, deux petits paquets de cartouches.

D. Vous étiez porteur de deux pistolets au moment de votre arrestation; vous en avez fait usage, et vous avez tué un citoyen lorsqu'il s'est présenté pour arrêter et saisir la bride de votre cheval.

R. J'ai tiré mes deux coups de pistolet au moment où l'on m'a arrêté; j'ignore ce que sont devenus mes pistolets.

Second interrogatoire :

.Et le même jour, 18 ventôse an XII,

Nous, conseiller d'état, préfet de police, avons fait comparaître pardevant nous Georges Cadoudal, et l'avons interrogé ainsi qu'il suit :

D. Que veniez-vous faire à Paris? — Je venais pour attaquer le premier consul.

D. Quels étaient vos moyens pour attaquer le premier consul? — J'en avais encore bien peu; je comptais.en réunir.

D. Vous avez demeuré à Chaillot? — Je ne vous dirai pas où j'ai demeuré.

D. Connaissez-vous Pichegru? — Je l'ai connu à Londres.

D. Vous l'avez vu à Paris; vous avez été ensemble à Chaillot; nous en avons la certitude. — Je ne vous répondrai point là-dessus; je n'étais logé nulle part.

D. De quelle nature étaient vos moyens d'attaque contre le premier consul? — Des moyens de vive force.

D. Aviez-vous beaucoup de monde avec vous?
— Non; parce que je ne devais attaquer le premier
consul que quand il y aurait un prince français à
Paris : il n'y est point encore.

D. Vous avez, à l'époque du 3 nivôse, écrit à
Saint-Réjant, et vous lui avez fait des reproches
de la lenteur qu'il mettait à exécuter vos ordres
contre le premier consul. — J'avais dit à Saint-
Réjant de réunir des moyens à Paris; mais je ne
lui avais pas dit de faire l'affaire du 3 nivôse.

D. Quels étaient les quatre hommes que vous
vouliez introduire au palais des Tuileries? — Je
n'y ai voulu introduire personne; le premier consul était sur ses gardes, et mon intention n'a jamais été de faire assassiner le premier consul dans
le palais des Tuileries, en y introduisant quatre
hommes.

D. Depuis quel temps êtes-vous à Paris? — Je
crois qu'il y a environ cinq mois. Je n'ai passé que
peu de temps à Paris; j'ai été me promener, mais
je ne dirai pas où. D'ailleurs, vous me tenez; il y
a eu déjà assez de victimes, et je ne veux pas être
cause qu'il y en ait davantage.

Lecture faite de l'interrogatoire, etc.

Et le même jour, le juge Thuriot le soumit à un
interrogatoire dont voici l'extrait :

D. Quel était donc votre projet et celui des
conjurés? — De mettre un Bourbon à la place du
premier consul.

D. Quel était le Bourbon désigné? — Charles-

Xavier-Stanislas, ci-devant Monsieur, reconnu par nous pour être Louis XVIII.

D. Quel rôle deviez-vous jouer lors de l'attaque? — Celui qu'un des ci-devant princes français, qui devait se trouver à Paris, m'aurait assigné.

D. Le plan a donc été conçu et devait être exécuté d'accord avec les ci-devant princes français? — Oui, citoyen juge.

D. Vous avez conféré avec ces ci-devant princes en Angleterre? — Oui, Citoyen.

D. Qui devait fournir les fonds et les armes? — J'avais depuis long-temps les fonds à ma disposition; je n'avais pas encore les armes.

D. Pichegru n'était-il pas dans cette conspiration? — Je n'en ai point connaissance.

D. Moreau n'y était-il pas? — Je ne l'ai jamais vu ni connu.

D. Avez-vous eu des relations avec Pichegru? — Je l'ai vu deux ou trois fois à Londres, sans parler du projet que je viens de vous révéler.

D. N'avez-vous pas voyagé avec lui en France, et ne l'avez-vous pas vu à Paris? — Non, citoyen, je n'ai pas voyagé avec lui, et ne l'ai point vu à Paris.

D. En quel lieu avez-vous été arrêté aujourd'hui à Paris? — Je ne sais à quel endroit; je sais seulement qu'on a dit que c'était près de l'Odéon.

D. Que s'est-il passé au moment de votre arrestation? — J'étais dans un cabriolet lorsqu'on se présenta pour m'arrêter. J'étais muni de deux pistolets chargés. J'ai tiré deux coups. Après avoir tiré le premier sur un homme qui s'était jeté à la bride de mon cheval, j'ai sauté par terre ; un autre homme ayant couru après moi, j'ai tiré le second coup. On a prétendu que j'avais tué un homme ; je l'ignore.

D. Quel motif a pu vous déterminer à tirer un coup de pistolet sur un homme ? — La nécessité de repousser la force par la force.

D. N'est-ce pas parce que vous étiez convaincu qu'il était impossible que vos projets criminels ne fussent à découvert, et pour vous soustraire aux recherches de la justice? — J'ai tiré sans réflexion.

D. Que sont devenus les pistolets que vous aviez sur vous? — Je l'ignore ; je crois qu'ils sont tombés.

D. Pourquoi étiez-vous muni de ces deux pistolets? — Pour ma défense personnelle.

(On lui représente un poignard qu'il reconnaît pour celui qu'il portait lors de son arrestation , et qu'il avait acheté en Angleterre.)

D. Tous les chefs de la conspiration ne sont-ils pas porteurs de pareils poignards? — Je ne connais point d'autres chefs que moi.

D. N'avez-vous point pour domestique *Louis Picot?* — Je n'ai pas de domestique.

D. Les hommes à la solde des chefs de la conspiration ont-ils de pareils poignards ? — Je ne connais point d'hommes à la solde de prétendus conspirateurs.

D. Au lieu d'attaque de vive force, n'était-ce point *avec un poignard* de cette nature que, se-

condé par des conjurés, vous vous proposiez d'assassiner le premier consul? — Je devais l'attaquer
avec des armes pareilles à celles de *son escorte* et
de sa garde.

D. Des uniformes n'étaient-ils pas commandés
pour enrégimenter ceux qui étaient dans la conspiration et devaient sonner le tocsin de la guerre
civile en France? — Je n'ai commandé aucun uniforme; si d'autres en ont commandé, cela ne me
regarde pas. Je vous observe que, la preuve que
je ne voulais pas engager la guerre civile, c'est que
je venais pour exécuter le plan à Paris, lorsqu'il
m'était possible d'armer les citoyens contre les citoyens dans d'autres parties de la France.

D. N'avez-vous pas, depuis peu, voyagé dans la
Bretagne? — Non, citoyen.

D. Combien avez-vous fait, depuis deux ans, de
voyages en Angleterre et d'Angleterre en France!
— J'ai été une fois en Angleterre et suis revenu en
France.

D. N'étiez-vous pas, en Angleterre, à la tête d'un
corps armé payé par le trésor anglais? — Non, citoyen. Plusieurs officiers que je commandais dans
l'ouest sont passés en Angleterre; mais ils n'y
étaient point employés : je ne l'étais point davantage.

18 ventôse - 9 mars. Arrestation et interrogatoire de Léridan (1), qui fut encore interrogé le 19

---

(1) *L. Léridan*, né à Vannes le 13 août 1777, servit d'a-

et le 21. — Il résulte de ces interrogatoires que Léridan connaissait Georges depuis trois mois, qu'il le voyait avec Joyau et autres à une réunion qui se tenait rue de Carême-Prenant; que Georges ne lui a pas dit ce qu'il venait faire à Paris; qu'il avait loué la voiture et le cheval saisis le jour de leur arrestation. — On le confronte avec Verdet, qui logeait Georges, et où il a vu Pichegru, portant le nom de Charles. — On le confronte avec Pichegru; il le reconnaît pour l'avoir vu plusieurs fois chez Verdet, rue de Carême-Prenant, et à Chaillot, chez Georges; mais toujours sous le nom de Charles. — Il déclare qu'au mois de brumaire dernier il a été envoyé auprès de Rennes pour remettre à Raoul (1) environ 300 louis; que lorsqu'il a été prendre Georges, avec son cabriolet, en face du Panthéon, Georges était accompagné de Joyau, de Burban-Malabri et de Saint-Vincent; qu'il a été une fois chargé, par Joyau, de porter une lettre à Fresnières; qu'il avait souvent entendu parler qu'on attendait un prince; qu'il avait vu venir chez Georges, à Chaillot, un jeune homme qui

---

bord comme conscrit dans le premier bataillon de la légion de l'Ouest, se fit remplacer, et vint à Paris étudier le commerce chez un négociant qui faillit. Il se lia alors avec quelques agens de George, entre autres Saint-Vincent et Joyau. Il était dans le cabriolet de George au moment de son arrestation.

(1) *Lahaye-Saint-Hilaire*, dit *Raoul*, dont le nom a figuré dans le procès de la *Machine infernale*.

avait environ son âge, était très-bien vêtu, très-
intéressant de figure, avait une manière distinguée;
qu'ayant entendu parler du prince, et ne lui disant
pas ce qu'était ce jeune homme, il pensait qu'il
était possible que ce fût ce prince dont il avait
entendu parler (1).

8 germinal - 29 mars. Nouvel interrogatoire de
Couchery (2). — Il a vu Pichegru rue de Carême-
Prenant et à Chaillot; il a rencontré, dans ce dernier lieu, Georges, Joyau et Saint-Vincent. Fresnières est venu chez Rolland chercher Pichegru
pour le conduire chez Moreau. Il sait que Pichegru a été deux fois chez Moreau. Il a eu connaissance de l'entrevue qui a eu lieu, boulevart de la
Madeleine, entre Moreau, Pichegru et Georges.

9 germinal - 30 mars. Confrontation de Moreau avec Rolland. Celui-ci persiste dans ses déclarations. Moreau avoue enfin avoir reçu Pichegru chez lui. Il avoue que Pichegru lui parla des
ci-devant princes français. — Troisième interrogatoire de Rolland, qui déclare que Couchery
accompagnait Pichegru quand celui-ci fut amené
chez lui par Lajolais. — Confrontation de Rolland
avec Pichegru, Moreau et Lajolais.

10 germinal - 31 mars. Déclaration de Cou-

---

(1) On crut dans le temps qu'il s'agissait du duc d'Enghien.

(2) Né en 1772 à Besançon. Précédemment employé dans
les bureaux du général Moncey. Il était frère de J.-B. Couchery, député du Doubs au conseil des Cinq-Cents.

chery au conseiller d'état Réal. Voici les passages saillans de cette déclaration.

« Le général Lajolais vint à Paris l'été dernier ; je le vis. Il m'annonça que le général Pichegru l'y envoyait pour savoir si le général Moreau était dans les dispositions qu'il avait montrées à David. Lajolais devait, en ce cas, se rendre à Londres : il passa ici beaucoup plus de temps qu'il ne pensait, parce qu'il manqua d'argent. Ce que je pus conjecturer du succès de sa mission, c'est que l'amitié de Moreau pour Pichegru s'était réveillée avec force, et qu'il brûlait d'avoir l'assurance d'une parfaite réconciliation. J'aperçus en même temps que, soit circonspection, soit faute d'aucun projet formé, le général Moreau avait borné là ses ouvertures. Le général Pichegru n'avait jusqu'alors laissé aucunement entrevoir qu'il pensât à venir ici, et personne de nous n'imaginait qu'il pût en avoir l'idée ; enfin Lajolais partit... Jusqu'au retour qui se fit avec le général Pichegru, je ne reçus ni n'entendis pas un mot, ni ne vis personne qui me donnât aucune nouvelle, si ce n'est que je reçus une lettre de Hollande pour presser le départ du général Lajolais, en route déjà depuis long-temps, mais arrêté en Allemagne par les mêmes embarras qui l'avaient retenu à Paris. Un dimanche matin, le général Lajolais entra chez moi : comme il y avait quelqu'un, il me dit à l'oreille, en m'embrassant : *Le général arrivera ici ce soir ou demain.* En effet, le lundi, à onze heures du matin, un jeune homme, que j'ai su depuis être Saint-

Vincent, vint chez moi avec un billet du général Pichegru à Lajolais. Celui-ci, qui était en ce moment avec moi, fit une réponse, au bas de laquelle je témoignai en peu de mots l'impatience où j'étais d'embrasser M. Charles (c'était entre nous le nom du général). Le lendemain, mardi, il me répondit par le même messager, qu'il ne pouvait encore me voir, parce qu'il n'était pas chez lui. Cependant Saint-Vincent me donna un rendez-vous pour le jour d'après, au soir, entre sept et huit heures, dans un café, à côté de l'hôtel de Bordeaux, rue de Grenelle-Saint-Honoré. Je m'y trouvai avec Lajolais. Saint-Vincent nous y prit, et nous conduisit à un fiacre, où je reconnus d'abord le général. Un ou deux autres individus y étaient. — Je sus après que l'un des deux était Georges. On fit toucher aux petits spectacles; et du boulevart, nous allâmes à pied dans une maison faubourg du Temple. J'y restai peu; à peine embrassai-je le général : nous dîmes quelques nouvelles; en me quittant il me remit dix louis. Je retournai trois ou quatre fois dans cette maison, dans l'espérance d'y revoir le général : ce fut inutilement; j'y allais toujours avec Lajolais. La dernière fois, celui-ci, qui avait vu Moreau, était convenu d'une entrevue (c'est la première). Villeneuve (1), à qui il le dit, voulait aller sans lui chercher le général Pichegru, et le conduire sur le boulevart de la Madeleine;

_____

(1) C'est Joyau.

Lajolais ne voulut point, et ils sortirent ensemble.
On paraissait dès-lors vouloir isoler de nous le général, ou craindre de nous faire connaître les lieux
qu'on habitait avec lui. Je sus de Lajolais, le lendemain, que Villeneuve l'avait déposé au lieu du
rendez-vous, et était allé chercher le général. La
voiture revint pleine; Moreau venait d'arriver. Lajolais lui conduisit en hâte Pichegru; mais ils ne
faisaient que s'embrasser, que Georges arrivait
déjà : cet incident rendit l'entrevue courte et froide.
Pendant quelques jours je ne sus rien du général :
j'étais inquiet; quoique sa présence ici ne fût point
connue, elle ne pouvait rester long-temps igno-
rée. Enfin Saint-Vincent parut un matin; il m'indiqua pour le soir, sur la place Louis XV, un rendez-vous pour Lajolais et pour moi; nous nous y
trouvâmes, et fûmes conduits à Chaillot. Deux
jours après, nous accompagnâmes le général Pichegru chez le général Moreau (deuxième entrevue). Georges dit quand nous partîmes : *Aujour-
d'hui il* [Moreau] *ne se plaindra pas; je n'y serai
point.* Pendant l'entrevue nous restâmes, Lajolais
et moi, dans un salon pendant qu'ils étaient dans
un cabinet. Pichegru nous dit, lorsque nous
fûmes dans la rue, qu'il était *fort content.* Nous lui
parlâmes alors du désir que nous aurions qu'il
quittât ses compagnons; il nous montra la même
envie, et Lajolais lui proposa de parler à Rolland.
—La parole fut portée par Lajolais, le lendemain; je n'y étais point : Rolland promit; en
conséquence, dès le soir même nous allâmes cher-

cher Pichegru, et nous le déposâmes *hôtel du Commerce*. Ce fut pendant son séjour en cet endroit qu'eut lieu la troisième entrevue, où il fut conduit par Fresnières : il en revint, comme je le sus le lendemain, assez mécontent.

Après trois jours passés dans cet hôtel, il témoigna qu'il y était mal à son aise, et alla chez Lajolais, qui avait loué un appartement rue Culture-Sainte-Catherine, sous le nom de *Levasseur ;* il y resta jusqu'au lundi gras, qu'il alla chez madame Gille. Le mercredi 25 pluviôse, j'appris l'arrestation de Lajolais, chez qui je me présentai. — Je me rappelai alors lui avoir entendu dire la veille que ce même jour il avait rendez-vous avec Fresnières dans les environs du passage Feydeau : j'y allai pour prévenir celui-ci de l'arrestation de Lajolais : il m'apprit celle du général Moreau ; et nous nous quittâmes sans rendez-vous ultérieur, car il était très-effrayé. — Je devais ce jour-là dîner avec le général Pichegru chez madame Gille. Je n'y allai que le soir : je lui annonçai les deux arrestations. A la nouvelle de celle de Moreau, il fit un geste d'étonnement et de douleur, et ne dit rien. — Depuis qu'il ne demeurait plus avec Georges, je n'avais vu que deux fois Saint-Vincent chez Lajolais, où il vint voir le général Pichegru. Pendant qu'il y était, nous nous tenions dans une pièce voisine. M. de Rivière et MM. de Polignac y sont venus aussi. La conversation était vague, parce que le général Pichegru est très-réservé et que je suis extrêmement peu curieux.

C'est à peu près dans ce temps que j'ai reçu de
Francfort une lettre signée *Rodolphe*, contenant
12,000 francs de lettres de change. Cette lettre en
renfermait une de mon frère, antérieure au départ du général, et n'en faisant aucune mention.
Il me disait d'employer cinquante louis pour moi,
et de tenir le reste en réserve. Je fis part de cette
lettre au général : il me dit de toucher, sans s'expliquer davantage. Je commençai donc à courir
pour cette rentrée; mais j'avais à peine recouvré
3,000 francs, que Lajolais fut arrêté. N'osant plus
me montrer alors, et n'ayant trouvé personne qui
ne s'effrayât de la seule proposition de s'en charger, je brûlai le reste. — Lajolais arrêté, je restais
seul pour le général ; je le voyais tous les soirs. Il
ne resta pas constamment chez madame Gille : il
passa de temps à autre une ou deux nuits dans des
maisons que je ne connais point. Je l'ai accompagné dans divers endroits (non dans des maisons)
où il avait des rendez-vous; je le laissais avec
M. de Rivière et avec une autre personne que je
ne connais pas; je l'attendais dans une place convenue, et je le reconduisais à son asile. — Il fut
arrêté. Depuis ce moment, je n'ai vu personne qui
tînt de près ni de loin à toutes ces affaires..... —
J'ai bien à peu près connu que Georges et ses
gens devaient agir contre le premier consul. Où,
et quand? je n'en sais rien. Quelle part devaient y
prendre les généraux Pichegru et Moreau? je dirai
ce que j'en ai pu deviner. — J'ai la certitude que
Pichegru se voyait avec peine, en quelque sorte,

entre les mains de Georges... Quant à Moreau, la
dernière entrevue avec Pichegru les avait mécon-
tentés l'un et l'autre : cependant, ils s'étaient rapprochés par le moyen de Fresnières, sans se voir.
— Après l'arrestation de Moreau, Pichegru s'est
trouvé nécessairement fort embarrassé. J'ignore
entièrement ce qui a pu être agité dans les entre-
vues postérieures de celui-ci avec Georges ; le général m'a parlé seulement, mais comme d'un château en Espagne, du désir qu'il aurait eu de délivrer
son ami, sans me laisser entrevoir qu'il en eût ni
qu'il espérât d'en avoir les moyens. »

10 germinal - 31 mars. Confrontation de Pichegru avec Rolland. Pichegru ne veut faire aucune
observation sur les déclarations de Rolland, et celui-ci persiste dans ces mêmes déclarations.

11 germinal-1er avril. Confrontation de Léridan avec Joyau, Georges et Burban. — Il les reconnaît.

12 germinal - 2 avril. Confrontation de Couchery avec Moreau. Couchery persiste dans ses
déclarations précédentes, et Moreau en nie les circonstances.

29 germinal-19 avril. Confrontation de Moreau avec Lajolais. Celui-ci persiste dans les faits
consignés dans ses cinq interrogatoires. Moreau
avoue enfin avoir reçu Pichegru, accompagné de
Lajolais et de Couchery.

Enfin, le 8 prairial an XII - 11 mai 1804, les débats commencèrent devant la Cour criminelle, composée ainsi qu'il suit :

Hémart, *premier président ;* Martineau, *président ;* Desmaisons, Rigault, Bourguignon, Lecourbe, Laguillaumye, Selves, Thuriot, Granger, Clavier et Dameuve, *juges.*

A l'ouverture de l'audience, qui a lieu à dix heures un quart du matin, le premier président demande aux quarante-sept prévenus leurs noms, prénoms, âge, professions et demeures. Ils répondent dans l'ordre de l'acte d'accusation.   ᵑ

Le premier président ordonne ensuite au greffier de lire l'acte d'accusation ; la séance entière est employée à cette lecture.

Voici un extrait de cet acte important, dont l'impression a exigé huit supplémens du *Moniteur,* ou 350 pages de la collection du procès. On sentira que nous avons dû donner quelque extension à cet extrait, car en même temps que l'accusateur public a résumé les charges avec une exactitude scrupuleuse, il a donné, par les preuves qui sont la base de son travail, la mesure des débats qui suivirent.

« Le commissaire du gouvernement, accusateur public près le tribunal criminel et spécial du département de la Seine :

« Après avoir examiné toutes les pièces du procès instruit par le cit. Thuriot, l'un des juges du tribunal criminel du département de la Seine,

nommé par ordonnance du président dudit tribunal, en date du 16 ventôse dernier ;

« Contre 1° *Georges* Cadoudal, âgé de 35 ans,
s'étant dit d'abord natif de Brech, et ensuite de
Vannes, dép. du Morbihan, sans état, sans domicile en France (1).

« 2° *Athanaze-Hyacinthe* Bouvet de Lozier, âgé
de 35 ans, natif de Paris, propriétaire (2).

« 3° *François-Louis* Ruzilion, âgé de 52 ans,
natif d'Yverdun, canton de Léman, ex-mili-
taire (3).

« 4° *Etienne-François* Rochelle, âgé de 36
ans, natif de Paris, sans état et sans domicile en
France (4).

_____

(1) Voir p. 81.
(2) Voir p. 54.
(3) Voir p. 78.
(4) Dit *Rochelle-Brun*, dit *Richemont*, né à Paris, en
1768 ; fit ses études au collège de Grassins. Cadet, en 1787
et 1788, au 1er régiment de chasseurs, il était clerc d'un
procureur au Châtelet à l'époque de la révolution. Capitaine de la garde nationale, il passa sous-lieutenant au 102e
régiment, déserta, et arrivant sur le Rhin, servit dans le régiment de Rohan, à la solde de l'Angleterre. Après plusieurs campagnes à l'armée de Condé, il rentra en France.
Devenu aide-de-camp de Danican, il l'aida dans son entreprise du 13 vendémiaire. Ayant pris la fuite, il ne reparut
en France qu'en l'an 6, fut arrêté comme prévenu de tentative d'assassinat sur Barras, contrefit le fou, fut transféré
enchaîné à l'Hôtel-Dieu, d'où il s'évada le 11 novembre 1798.
Arrivé en Angleterre, on le plaça sous la direction de
Contye, premier aide-de-camp du prince de Condé. Bien-

« 5° *Armand-François-Heraclius* POLIGNAC, âgé
de 51 ans, établi en Russie, natif de Paris, sans domicile en France (5).

« 6° *Jules-Armand-Auguste* POLIGNAC, âgé de
23 ans et demi, sans domicile en France (6).

« 7° *Abraham-Charles-Augustin* D'HOZIER, âgé
de 28 ans et demi, sans état, domicilié à Paris (7).

---

tôt après, on le chargea de venir chercher Lajolais à Paris,
le conduire à Londres, et enfin de suivre Georges et Pichegru
à leur débarquement à la falaise de Biville.

(5) *Armand-Jules-Marie-Héraclius de Polignac*, capitaine de dragons à peine âgé de 16 ans, en 1789, époque
de son émigration. Il fit toutes les campagnes de l'armée
de Condé, s'attacha particulièrement au comte d'Artois,
qui l'envoya en France, pour aider à l'entreprise de
Georges.

(6) *Auguste-Jules-Armand-Marie de Polignac*, frère du
précédent, qu'il accompagna en France. On le dit fils naturel du comte d'Artois, auquel il s'était attaché pendant
l'émigration.

(7) Né à Paris, en 1775. Fils du généalogiste d'Hozier.
Page de Louis XVI, auprès duquel il resta jusqu'au 10 août.
Enfermé à Chartres pendant la terreur, il alla ensuite rejoindre les Vendéens. En 1799, il servait sous Limoelan,
et fut nommé alors colonel d'état-major. Après 1800, il passa
sous les ordres de Georges, et fut compromis dans l'affaire
du 3 nivose. L'actrice Richardi, prévenu qu'il devait être
arrêté à la sortie du spectacle, le fit évader. Revenu à Paris,
il se mit à la tête d'un manège et d'un établissement de voi-
tures, afin de seconder les desseins de ses amis. Il alla prendre
les ordres de Georges en Angleterre, et revint à Paris
en 1802, pour y préparer des logemens secrets et y faire

« 8° *Charles-François de* RIVIÈRE, âgé de 59 ans, natif de la Ferté, dép. du Cher, se disant colonel au service de Portugal, sans domicile en France (8).

« 9° *Louis* DUCORPS, âgé de 46 ans, natif de Saint-Piat, canton de Maintenon, dép. d'Eure-et-Loir, se disant homme de confiance (9).

« 10° *Louis* LÉRIDAN, âgé de 16 ans, natif de Vannes, départ. du Morbihan, ex-commis négociant (10).

« 11° *Louis* PICOT, âgé de 28 ans, natif de Josselin, dép. du Morbihan, se disant postillon, sans domicile en France (11).

---

des approvisionnemens d'armes et de poudre. Ce fut lui qui fit entrer Georges dans Paris.

(8) Né en 1765. Marquis. Connu avant la révolution, sous le nom de *Riffardeau*. Emigra, servit dans l'armée de Condé, et s'attacha au comte d'Artois, qui le chargea de plusieurs missions secrètes pour la Vendée et la Bretagne. Il est venu à Paris avec Georges et Pichegru.

(9) Ouvrier qui prit parti parmi les rebelles du Sancerrois, qui en firent un capitaine. Condamné à dix ans de fers, il parvint à s'évader après une captivité de treize mois, et se retira à Orléans, où des agens royalistes le découvrirent. Il embrassa leur cause. Ce fut lui qui dirigea Georges, Pichegru et leurs amis, lors de leur débarquement à la falaise de Biville.

(10) Voir p. 87.

(11) Capitaine chouan, passa en Angleterre après le traité d'Amiens, et s'attacha à Georges, avec lequel il revint en France. Il avait été, à cause de sa cruauté, surnommé le *boucher des bleus*.

« 12° *Victor* COUCHERY, âgé de 32 ans, natif de Besançon, dép. du Doubs, ex-employé (12).

« 13° *Henri-Odille-Pierre-Jean* ROLLAND , âgé de 45 ans, natif de Dieppe, dép. de la Seine-Inférieure, intéressé dans l'entreprise des équipages militaires de l'armée des côtes (13).

« 14° *Frédéric* LAJOLAIS, âgé de 39 ans, natif de Wissembourg, départ. du Bas-Rhin, ex-général de brigade, demeurant ordinairement à Strasbourg (14).

« 15° *Jean-Victor* MOREAU, âgé de 40 ans, natif de Morlaix, dép. du Finistère, général (15).

« 16° *Pierre* DAVID, âgé de 55 ans, natif de Lubersac, dép. de la Corrèze, ex-curé d'Uzerche (16).

« 17° *Michel* ROGER, âgé de 53 ans, natif de

---

(12) Voir p. 89.
(13) Voir p. 58.
(14) Voir p. 58.
(15) Suivre tout le procès.
(16) Né en 1749, il fut curé de Pompadour. Partisan de la révolution, il devint membre de l'administration départementale de la Corrèze. De 1792 à 1797, il fit partie de la légation envoyée dans le Valais pour traiter avec le roi de Sardaigne, et resta dans ce pays en qualité de garde magasin des troupes françaises. Après le 18 brumaire, il obtint l'emploi de secrétaire-général de la préfecture des Pyrénées-Orientales. Nommé, en 1801, vicaire-général de l'évêque de Limoges, il ne se rendit point à son diocèse, et entreprit la réconciliation de Moreau avec Pichegru. La police le fit arrêter à Calais, le 2 frimaire an xi - 23 novembre 1802, comme il se rendait en Angleterre.

Toul, dép. de la Meurthe, sans état et sans domicile en France (17).

» 18°. *Michel* Hervé, âgé de 50 ans, natif de Rennes, dép. d'Ille-et-Vilaine, ancien cordonnier, se disant charcutier, demeurant à Rennes (18).

» 19°. *Claude* Lenoble, âgé de 47 ans, natif de Harel, dép. de l'Aube, se disant commis d'entrepreneur de bâtimens.

» 20°. *Jean-Baptiste* Coster, âgé de 33 ans, natif d'Epinal, dép. des Vosges, se disant ancien militaire, sans domicile en France (19).

---

(17) Dit *Loiseau*. Emigré. Servit sous Puisaye, en l'an VIII. Son frère ayant été tué, il passa sous les ordres de Georges qui le fit commandant de sa cavalerie. Après la pacification, il retourna en Angleterre. Lors du 3 nivose, il était à Rennes et servait d'intermédiaire pour la correspondance de Limoëlan, Saint-Réjant et Georges. Il parvint à se soustraire aux recherches de la police, et repartit pour Londres. Il revint en France avec Hervé, pour concourir à la conspiration de Georges.

(18) Né en 1750. Était cordonnier dans le régiment de la reine avant la révolution. La découverte de la conspiration de la Rouairie, le força de s'expatrier. Il se trouva à l'affaire de Quiberon, se sauva une seconde fois en Angleterre, et ne revint en France, avec le précédent, que pour participer à la conspiration de Georges. C'était un homme féroce.

(19) *Coster Saint-Victor*. Servit d'abord dans le 8ᵉ régiment de chasseurs à cheval. Il déserta en 1791 et émigra. Rentré en France, il fit la première guerre de chouans sous Puisaye. Poursuivi comme déserteur et fabricateur de faux passeports, il fut remis à la gendarmerie pour être conduit à Avranches. Il échappa à ses gardes et se réfugia en Angleterre. Coster suivit Puisaye au Canada. Rappelé par Couzié, évêque

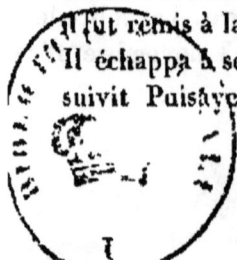

» 21°. *Yves-Marie-Joseph* Rubin Lagrimaudière, âgé de 27 ans, natif de Rennes, dép. d'Ille-et-Vilaine, propriétaire, sans domicile connu en France (20).

» 22°. *Victor* Deville, âgé de 31 ans, natif de Rouen, dép. de la Seine-Inférieure, sans état et sans domicile en France (21).

» 23°. *Armand* Gaillard, âgé de 29 ans, natif de Querville, près Rouen, dép. de la Seine-Inférieure, sans état et sans domicile en France (22).

---

d'Arras, il se joignit aux assassins du 3 nivose. Décrété d'accusation, il se sauva de nouveau en Angleterre, et ne revint en France qu'avec Georges.

(20) Né en 1777. Surnommé *Lallemand*. Il émigra avec son frère en 1792, servit dans l'armée de Condé, revint en Vendée, puis se rendit à Londres. Il reparut en France en 1799, pour y organiser une insurrection arrêtée par le cabinet de Londres. L'insurrection n'eut pas lieu, et il resta caché à Rennes jusqu'au débarquement de Georges, qu'il vint rejoindre à Paris.

(21) Fils d'un laboureur. Dit *Duroc*, dit *Tamerlan*, dit *Toto*. Il servit dans le bataillon de la *Montagne*, envoyé de Rouen contre les Vendéens, passa aux chouans, et fut chargé par Mallet de l'organisation militaire d'une partie de la Normandie. Vivement poursuivi par les tribunaux pour pillages de diligences, il se sauva en Angleterre. Il est revenu avec Georges.

(22) Né en 1775. Il servit dans un bataillon de révolutionnaires, puis prit parti parmi les chouans. Après la pacification, il passa en Angleterre, et fut placé dans le dépôt du régiment de la Châtre, où il reçut la solde. Il est revenu en France avec Georges.

» 24°. *Noël* Ducorps, âgé de 42 ans, natif de Saint-Piat, près Maintenon, dép. d'Eure-et-Loir, domestique, se disant commissionnaire en pierres à feu, demeurant à Saint-Piat.

» 25° *Aimé-Augustin-Alexis* Joyau, âgé de 26 ans, natif de Lenac, dép. du Morbihan, sans état et sans domicile en France (23).

» 26°. *Nicolas* Datry, âgé de 34 ans, natif de Verdun, dép. de la Meurthe, sans état, demeurant ordinairement à Rennes (24).

» 27°. *Louis-Gabriel-Marie* Burban, âgé de 27 ans, natif de Questamberg, dép. du Morbihan, sans état, se disant domicilié à Rennes (25).

---

(23) Dit d'*Assas*, dit *Villeneuve*. Ayant pris parti pour les chouans, on l'arrêta et on l'enferma au Temple. Il invoqua sa jeunesse, et on le mit en liberté. Lors de l'insurrection de l'an VIII, il recruta pour Georges, et devint son aide-de-camp. L'amnistie lui permit de revenir à Paris, et d'y rester. Un des principaux coupables du 3 nivose, il parvint à se sauver en Angleterre. Il est revenu avec Georges.

(24) Fourrier de la marine, et pris par les Anglais, en 1794, il s'enrôla dans le régiment émigré de Dudresnay, se trouva à Quiberon, et reçut le brevet d'officier à son retour en Angleterre. Il passa dans les volontaires de la Châtre, et alla en Portugal. Licencié à la suite d'une révolte, il vint rejoindre les chouans du Morbihan, et fut fait adjudant de division. En l'an X, il retourna en Angleterre, et revint en France avec Roger.

(25) *Burban-Malabry* le jeune, dit *Barco*. Servit sous Georges en qualité de garde à cheval, et fut de toutes ses expéditions. Il prit part à l'insurrection de 1799. Arrêté

« 28°. *Guillaume* LEMERCIER, âgé de 26 ans, natif de Bignan, dép. du Morbihan, imprimeur, se disant domicilié à Grand-Champ (26).

« 29°. *Pierre-Jean* CADOUDAL, âgé de 40 ans, natif du Brech, canton de Pévigné, dép. du Morbihan, se disant jardinier, et domicilié audit Brech (27).

« 30°. *Jean* LELAN, âgé de 27 ans, natif de Quervignac, canton de Port-Liberté, dép. du Morbihan, se disant cultivateur, et domicilié à Locle-Marin (28).

« 31°. *Joesph Laurent* EVEN, âgé de 39 ans, natif de Callac, dép. des Côtes-de-Nord, notaire public à Callac.

---

en 1801 comme prévenu d'attentat contre le 1ᵉʳ consul, il fut enfermé à Bicêtre, où il resta un an. On l'envoya ensuite en surveillance à Rennes, d'où il s'échappa pour venir rejoindre Georges à Paris. On le citait pour sa férocité.

(26) Quitta son métier d'imprimeur pour se joindre aux chouans en 1794. En l'an VIII, il se chargea d'assassiner Landrein, frère du député de ce nom. Il passa en Angleterre et se trouvait à Paris, par l'ordre de Georges, lors de son arrestation.

(27) Parent de Georges, a figuré dans toutes les chouaneries de la Bretagne. Protégea le débarquement à Quiberon. C'était un marin féroce, qu'on surnommait *le bourreau*. Georges se servait de lui pour l'assassinat des fonctionnaires publics, l'espionnage et la correspondance de côte. Ils vinrent ensemble à Paris.

(28) Chouan *couvert de sang*, et assassin. Il passa en Angleterre lors de la pacification; fut placé au dépôt de Southampton, et revint à Paris avec Georges.

« 32°. *Jean* MERILLE, âgé de 28 ans, natif de Saint-Flont, dép. de l'Orne, propriétaire, résidant au Mans (29).

« 33°. *Gaston* TROCHE, âgé de 23 ans, natif d'Eu, dép. de la Seine-Inférieure, horloger, demeurant à Eu.

« Ecroués en la maison de justice du Temple, le 22 du présent mois, en vertu de mandats d'arrêt, décernés le même jour.

« Comme prévenus de délit prévu par l'article 612 de la loi du 3 brumaire an 4.

« Contre 34° *Michel-Joseph-Pierre* TROCHE, âgé d'environ 58 ans, natif de Londinières, dép. de la Seine-Inférieure, canton de Neufchâtel, marchand horloger, et président du tribunal de commerce de la ville d'Eu.

« 35°. *Pierre* MONNIER, âgé de 37 ans, natif de Criquers, dép. de la Seine-Inférieure, maître de pension, demeurant à Aumale.

« 36° *Marie-Anne* COLLASSE, femme de *Pierre* MONNIER, âgée de 35 ans, native de Rouen, dép. de la Seine-Inférieure, maîtresse de pension, à Aumale.

« 37° *Jean-Baptiste* DENAND, âgé de 48 ans, na-

---

(29) Dit *Bonbougre* dans la première chouanerie, et *Beauregard* dans la seconde. Vint à Paris pour l'exécution de l'attentat du 3 nivose, échappa à la police, et rejoignit Georges lors du retour de celui-ci. C'était un assassin.

tif de Bougainville, dép. de la Somme, marchand de vin.

« 38° *Sophie* Duval, femme de *Jean-Baptiste* Denand, âgée de 54 ans, native de Deuil, dép. de Seine-et-Oise, marchande de vin à Paris.

« 39° *Jacques* Verdet, âgé de 48 ans, natif de Vaucouleurs, dép. de la Meuse, employé à la liquidation générale de la dette publique.

« 40° *Catherine-Mélanie* Monot Osvalt, femme de *Jacques* Verdet, employé, âgée de 30 ans, native de Lunéville, dép. de la Meurthe.

« 41° *Pierre-Antoine* Spin, âgé de 48 ans, entrepreneur de bâtimens, natif de Paris.

« 42° *Marie-Michel* Hizay, âgée de 27 ans, native de Paris, ouvrière.

« Aussi écroués le même jour 22 du présent mois, en ladite maison de Justice du Temple, en vertu de mandats d'arrêt dudit jour, comme prévenus de délit prévu par l'article 612 de la loi du 3 brumaire an 4, et par l'article premier du titre 3 de la seconde partie du code pénal.

« 43° Et contre *Pierre-Jean-Baptiste* Dubuisson, âgé de 47 ans, natif de Paris, peintre en éventail.

« 44° *Madeleine - Sophie* Lambotte, femme Dubuisson, âgée de 38 ans, native de Paris, institutrice.

« 45° *Marie-Antoine* Caron, âgé de 59 ans, natif

de Marle, dép. du Mont-Blanc, marchand parfumeur.

46. Simon-René GALLAIS, âgé de 36 ans, natif
d'Angers, dép. de Maine-et-Loire, fripier.

Et *Jeanne-Aimée-Françoise* GUÉRARD, femme
GALLAIS, âgée de 51 ans, native de Héricy, près
Fontainebleau, dép. de Seine-et-Marne, mar-
chande de meubles.

Pareillement écroués en ladite maison de justice du Temple, le même jour 22 du présent
mois, en vertu de mandats d'arrêt décernés ledit
jour, comme prévenus de délits prévus par l'article
612 de la loi du 3 brumaire an 4, par l'article
premier du titre 3 de la seconde partie du code
pénal, et par les articles 1, 2 et 3 de la loi du
9 ventose an 12, relative aux recéleurs de Georges
et autres brigands.

Expose ce qui suit :

Après avoir expliqué fort longuement toutes les
circonstances de la première trahison de Pichegru;
après en avoir rapporté les preuves nombreuses,
il ajoute :

« Pichegru, déporté par le directoire, trouve
moyen de s'évader de Cayenne, et porte en Angleterre ses sentimens de haine et de vengeance. Il
est accueilli par le ministère anglais, par les ci-devant princes français, et par leurs agens principaux; il ne s'y occupe que des moyens de mettre
la France en combustion. Des pièces d'une corres-

pondance d'Angleterre à Paris, et de Paris en Angleterre, saisies au mois de floréal an VIII, confiées
aux citoyens Chaptal, Emery et Champagny pour
les examiner, le présentent comme écrivant, agissant, et devant jouer un des principaux rôles dans
l'exécution des projets de contre-révolution ; c'est
à lui qu'est réservé de commander l'armée royale.
L'analyse imprimée, faite par ces trois conseillers-
d'état, ne peut laisser aucun doute.

« On le vit, peu de temps après, conspirant
avec le comité de Bareuth, dont les pièces
saisies ont aussi été imprimées. De retour en
Angleterre, on le trouve avec ceux des chefs
de la conspiration du 3 nivose, qui avaient
échappé au glaive de la loi. En signant le traité
d'Amiens, l'Angleterre n'avait pas renoncé à ses
projets ; les violations les plus marquées en sont
une preuve frappante. Pichegru connaissait la
pensée du gouvernement britannique, et celle des
ci-devant princes français.

«Un nouveau plan arrêté lui avait été confié. On
ne s'était point dissimulé qu'il était impossible de
l'exécuter, sans avoir à sa disposition un général
français, qui eût long-temps commandé, et qui
jouît de l'estime des armées. Il connaissait
mieux que personne le caractère du général Moreau : il jette les yeux sur lui.

« Il sait que David, son ami, qui possède émi-
nemment l'art de l'intrigue, est à Paris ; il le fait
instruire du projet, et de la nécessité d'intéresser
Moreau à son exécution. Vers la fin de brumaire

an 11, cet intermédiaire, dont on avait observé
les démarches, est arrêté à Calais, au moment où
il allait assurer de plus en plus Pichegru des dispositions de Moreau. Les pièces qui constatent un
raccommodement aussi étrange, sont saisies. Le
général Moreau est instruit par une lettre que cet
intermédiaire lui écrit, le 4 frimaire, des prisons
de Calais. Il paraît agité, il voudrait faire des démarches; la politique l'arrête.

« Le Gouvernement a les yeux fixés sur Moreau,
qui se tait. Il attribue ce silence à l'humiliation
d'un aveu, et ne voit, dans la plupart de ses discours indiscrets, que de l'humeur et un vain mé-
contement. Le moindre rapport avec Pichegru,
conspirant ouvertement contre son pays depuis
près de dix ans, suffisait sans doute pour le faire
arrêter. On le laisse tranquillement jouir des honneurs attachés à son grade, d'une fortune immense,
et des bienfaits de la République. Des déclarations
très-précises étaient déjà recueillies; des brigands soldés par l'Angleterre, partis pour assassiner le PREMIER CONSUL, avaient été signalés
et arrêtés, lorsqu'un nouveau confident est envoyé
de Londres à ce général par Pichegru : c'est l'ex-
général Lajolais. Ce confident arrive à Paris, lui
rend compte des dernières résolutions du gouvernement britannique et des ci-devant princes français, et lui fait connaître les desseins positifs de
Pichegru et de ses associés. Sa réponse ne laisse
aucun doute sur sa détermination; Lajolais la re-
porte à Londres.

La prompte exécution du plan est arrêtée. Bientôt trois lignes sont marquées pour le passage des conjurés qui doivent venir d'Angleterre en France, et se rendre à Paris pour la contre-révolution. Ces trois lignes partent de la falaise de Biville au pied de laquelle, loin de toute inquiétude et de toute surveillance, les conjurés, transportés par des vaisseaux de guerre anglais, doivent débarquer sans être aperçus, et trouver des hommes corrompus pour les recevoir.

« Des émissaires tâchent de disposer à un soulèvement dans les départemens de l'Ouest. Des assissins s'en détachent pour s'unir aux conjurés qui doivent se rendre à Paris.

« Un premier débarquement s'opère le 21 août, à l'aide d'un cutter anglais, capitaine Thomas Right. *Georges Cadoudal* et *Joyau* sont à la tête.

« Un second débarquement s'exécute, du 10 au 20 décembre, à l'aide d'un vaisseau anglais de la marine royale, même capitaine. *Coster-Saint-Victor* en fait partie.

« Le 16 janvier, un troisième débarquement a lieu, toujours au pied de la falaise de Biville, à l'aide du cutter anglais qui avait facilité le premier, et sous la conduite du même capitaine. *Pichegru* et *Lajolais* étaient du nombre des conjurés que l'Angleterre faisait jeter sur les côtes de France. Georges Cadoudal, Raoul-Gaillard et Joyau allèrent au-devant.

« Un quatrième débarquement devait avoir lieu ; des révélations en avaient instruit. Le ci-devant

comte' *d'Artois*, et des personnes à la présence
desquelles les conjurés attachaient une haute importance, devaient en faire partie. Des mesures
avaient été prises pour que rien n'échappât. Les
vaisseaux furent réellement en vue : les signaux de
reconnaissance furent donnés ; mais des vents contraires empêchèrent d'approcher.

« Déjà la police avait fait arrêter plusieurs des
conjurés. Des interrogatoires résultaient les preuves que le gouvernement britannique voulait le
renversement du gouvernement français, et pour
y parvenir, l'assassinat du PREMIER CONSUL ; qu'il
avait fourni les poignards, les armes, la poudre,
l'or, et tout ce qui pouvait être nécessaire pour
livrer la France à des siècles de guerre civile.

« Une indignation générale se manifeste.

« Le Sénat, après avoir pesé dans sa sagesse les
circonstances et l'intérêt national, rend le 8 ventôse, un senatus consulte ainsi conçu :

« Art. 1er Les fonctions du jury seront suspendues pendant le cours de l'an 12 et de l'an 13 de
la République, pour le jugement des crimes de
trahison, d'attentat contre la personne du PREMIER
CONSUL, et autres contre la sûreté intérieure et extérieure de la République.

« II. Les tribunaux criminels seront à cet effet,
organisés conformément aux dispositions de la loi
du 25 floréal an x, sans préjudice du pourvoi en
cassation. »

« Le lendemain, une loi est rendue contre les recéleurs des conjurés.

« La publication de cette loi produit l'effet qu'on devait en attendre. La crainte saisit en même temps les conjurés, et presque tous ceux qui les recélaient. On avait les signalemens; on arrêta les conjurés dans les rues. Ceux qui furent obligés de changer de retraite, furent suivis et saisis.

» Pendant qu'on continuait les recherches, le grand-juge ministre de la justice écrit, le 15 ventose, la lettre suivante au commissaire du gouvernement, accusateur-public :

« Je vous adresse, citoyen commissaire, les pièces relatives à la conspiration tramée contre la vie du PREMIER CONSUL, et contre la sûreté intérieure et extérieure de l'État. Je vous charge d'en poursuivre les auteurs et complices, conformément au sénatus consulte du 8 ventose présent mois, et de mettre dans ces poursuites la plus grande activité. »

« Les pièces sont immédiatement déposées au greffe du tribunal; le 16, un juge est nommé pour procéder à l'instruction; elle a reçu son complément.

« Le commissaire du gouvernement va établir :

« 1°. Que la conspiration est constante;

« 2°. Que le gouvernement anglais en est l'âme;

« 3°. Que tous les individus écroués en vertu des mandats d'arrêts délivrés sur un réquisitoire, sont auteurs ou complices de cette conspiration, ou coupables d'infraction à la loi du 9 ventose. »

L'accusateur public établit que la *conspiration est constante*, en rapprochant les déclarations dont nous avons donné des extraits plus haut, en démontrant que la présence de Georges à Paris, ses aveux, ses liaisons avec Pichegru, Moreau et tous leurs complices, sont des preuves qu'il est impossible de repousser. Il s'appuie des déclarations nouvelles, entre autres de celles de Roger, rapportées par témoignage, et que nous citons à cause de leur importance :

« Si Roger, dit Loyseau, n'a pas aussi fait une déclaration formelle sur la conspiration devant le magistrat chargé d'instruire, il s'est expliqué devant les gendarmes d'élite qui ont été entendus, et dont les dépositions doivent fixer toute l'attention.

« Le 7 germinal, Louis Gauchet a déclaré que le 1er du même mois il avait été placé avec Frin, son compagnon d'armes, étant comme lui de garde dans l'intérieur de la tour du Temple, depuis midi jusqu'à quatre heures du soir, auprès du nommé Roger, prisonnier; que ledit Roger leur avait assuré qu'on lui avait dit que Moreau, Pichegru et Georges étaient les trois principaux chefs de la conspiration actuelle contre le premier consul et contre la république française; que Moreau devait prendre le commandement de l'armée du camp de Boulogne, et la diriger sur Paris.

« Alexandre Frin a déclaré qu'il avait été mis en faction depuis midi jusqu'à quatre heures auprès du nommé Roger, dit Loyseau; que ce dernier lui ayant demandé de quel département il

était, il lui avait dit de Maine-et-Loire ; que son
camarade, à qui il avait fait la même question,
lui avait répondu d'Ille-et-Vilaine ; qu'il leur avait
dit qu'il avait fait la guerre avec les chouans ; qu'il
avait demandé audit Roger s'il connaissait Bourmont et Daudigné ; qu'après avoir parlé de ce qui
s'était passé dans le Morbihan et dans les départemens voisins, ils avaient parlé de la conspiration
actuelle ; qu'il n'avait pas dissimulé qu'il était un
des complices, et leur avait dit que Moreau, Pichegru et Georges étaient les trois chefs principaux ;
que le coup porté, Moreau devait aller à Boulogne,
se mettre à la tête de l'armée, et la ramener à
Paris.

« Pierre-Alexandre Leroy a déclaré qu'il était de
garde au Temple le 1er germinal, qu'on l'avait mis,
à quatre heures du soir, en faction auprès de Roger, dit Loyseau, qu'il y était resté jusqu'à huit
heures du soir avec Gilbert et son camarade.

« Que ledit Roger leur avait demandé ce qu'on
disait d'eux ; que, sur leur réponse, il leur avait dit
que si le temps n'avait pas été contraire, des ci-
devant princes du sang, qui étaient sur une frégate
qui devait avoir paru dans les environs de Dieppe,
seraient débarqués.

« Que si l'on eût attendu seulement huit jours,
le plan eût été exécuté.

« Qu'après différentes explications, il avait avoué
qu'il savait bien que les trois principaux chefs de
la conspiration actuelle étaient Moreau, Pichegru
et Georges.

« Que leur intention n'était point de faire de mal à la troupe.

« Que le premier consul aurait été enlevé, conduit en Angleterre, et le prétendant, Louis XVIII, placé sur le trône.

« Urbain Gilbert a déclaré qu'étant de garde à la tour du Temple, le 1er germinal, auprès de Roger, dit Loyseau, ce dernier avait dit qu'il était instruit de la conspiration qui venait d'être découverte; qu'il était un des conjurés;

« Qu'il avait fait faire un habit pour cela, et acheté un cheval 35 louis;

« Que les chefs étaient Pichegru, Moreau et Georges;

« Que le but était d'enlever le premier consul, de le conduire en Angleterre, et de mettre Monsieur sur le trône;

« Qu'on se servait de Pichegru et de Moreau pour avoir les armées;

« Et que, sur quelques réflexions relatives à Moreau, il avait dit : Oh! bah! Moreau n'a jamais été républicain. »

L'accusateur public termine ainsi sa première partie :

« Que de conséquences encore à tirer des armes, de la poudre, des poignards, des uniformes saisis et de la réunion à Paris de tous les sicaires soudoyés par l'Angleterre! — Des correspondances criminelles avec les ennemis de l'état saisies et arrêtées! — De l'envoi d'émissaires dans les

départemens de l'Ouest, pour augmenter le
nombre des complices ! — De la séduction employée pour faciliter aux assassins les moyens d'arriver à Paris! — Des conférences clandestines qui
y ont eu lieu ! — Des rapports des agens avec
leurs chefs ! — Des caches préparées pour recéler
les conspirateurs! — De l'audace enfin de ces
hommes pour lesquels il n'est pas de patrie, et
qui, au moment où la conspiration a éclaté, cherchaient à accréditer toutes les calomnies et toutes
les idées désorganisatrices !

« En dire davantage, ce serait révoquer en
doute la puissance réelle de l'évidence.

DEUXIÈME POINT.

Le gouvernemen anglais est l'âme de la conspi-
ration.

« Depuis la naissance de la révolution, il a tout
employé pour anéantir la France. — Son or agissait lorsqu'il paraissait étranger aux motifs de
guerre avec les autres puissances. — L'homme politique qui en a observé la marche, ne peut s'occuper de lui, sans éprouver un sentiment d'horreur.
— Sa devise écrite en caractères ineffaçables dans
les annales de toutes les nations, doit être, *rien*
n'est sacré pour lui que le crime....

« Il est établi que tous les conjurés arrivés de
Londres, recevaient un traitement du gouvernement anglais ; qu'il leur a fourni des poignards,

des armes de toute nature, de la poudre, de l'or, des billets de banque, des traites et des lettres de crédit, et qu'il les a fait transporter sur des bâtimens à ses ordres; tous ces faits ne sont-ils pas une preuve du concert criminel qui règne entre ce gouvernement et les assassins?

L'accusateur public signale les intrigues de Bertrand de Molleville et de Dracke, ministre anglais à la cour de Bavière; il cite le texte même des instructions données à des conspirations, puis il termine ainsi sa deuxième partie :

« Quel est l'homme de bonne foi qui puisse, d'après des pièces aussi claires et aussi expressives, révoquer en doute que le cabinet britannique est l'âme de la conspiration? — Non, personne ne s'y trompera; ce n'est pas l'intérêt des Bourbons qui le dirige; il ne les pensionne que pour s'en servir comme d'instrumens de haine et de perversité. — C'est la consolidation du Gouvernement français qui l'irrite. — Ce sont les sentimens de reconnaissance, d'admiration et de vénération, dont la France entière est pénétrée pour le PREMIER CONSUL, qui l'accablent. — Tous ses vœux sont pour que les Français s'entre-égorgent. — Il n'a distribué des poignards pour assassiner le PREMIER CONSUL, que parce qu'il sent fortement la puissance irrésistible de sa gloire et de ses vertus, même chez les nations étrangères ».

TROISIÈME POINT.

Tous les individus écroués en vertu de mandats d'arrêts, sont auteurs ou complices de la conspiration, ou coupables de recellement de conspirateurs, au mépris de la loi du 9 ventôse an 12.

C'est en examinant successivement la conduite de chacun de ces individus, que cette vérité va s'établir.

GEORGES CADOUDAL.

L'accusateur public rappelle ici tous les faits consignés dans les interrogatoires que nous avons cités, soit avant le débarquement de Georges, le 21 août, soit après; puis il ajoute :

« Ses aveux sont assez expressifs. Sa présence à Paris parle assez haut. Il en sera question d'ailleurs, à mesure qu'on s'occupera des conjurés qui correspondaient avec lui.

« Il n'en est qu'un dont il puisse être question dans cet instant; c'est l'ex-général Pichegru, qui, comme si le crime avait aussi quelquefois sa justice, ne voyant plus que l'image de ses trahisons, et que la masse accablante des preuves de ses forfaits, s'est suicidé, tour du Temple (1).

---

(1) « Pichegru jugea mieux que personne sa position au Temple; il se vit perdu sans ressource, et, ne pouvant sup-

« C'est Georges qui a été au devant de cet homme
infâme, qui conspirait contre son pays, dans le
moment où il était élevé aux plus hautes dignités,
et y recevait les témoignages du plus grand atta-

---

porter la honte de monter à l'échafaud avec les bandits
auxquels il rougissait d'être associé, il mit fin à ses jours.

« L'intérêt de Bonaparte était bien évidemment que
Pichegru vécût et comparût au tribunal, car il devenait
impossible que le général ne fût reconnu coupable et condamné à mort. Le premier consul était si éloigné de faire
disparaître Pichegru, que, lorsqu'on vint lui annoncer la
mort de ce général, il entra dans une violente colère : Il ne
décoléra pas pendant trois jours ; ce sont les expressions de
M. Duroc. Assassinat pour assassinat, il n'y avait pas à hésiter
entre Moreau et Pichegru ; le premier était aussi dangereux
pour le pouvoir de Bonaparte que le second l'était peu....
Cependant Moreau a toute liberté de produire sa défense,
qui n'est restreinte en aucune manière.... Bonaparte le livre
aux tribunaux, les débats sont publics, et ont lieu à la face
de tout Paris. Le premier consul, résolu à faire périr Moreau,
ne pouvait-il pas le livrer, au contraire, à une commission
militaire qui l'eût condamné et fait exécuter aussi promptement que le duc d'Enghien ?... Moreau une fois mort, personne n'aurait osé prendre la défense de son innocence. Est-il
possible de croire que l'exécution de Moreau eût excité le
moindre mouvement dans Paris, lorsque, dans cette immense capitale, pas un individu n'osa manifester publiquement le moindre regret sur la mort du duc d'Enghien ? Un
tel état de choses suffit pour justifier Bonaparte du crime dont
on l'accuse : Le suicide de Pichegru est expliqué. »

(Montgaillard, *Hist. de Fr.*, 1827, t. VI, p. 62-63.)

Pichegru s'est étranglé par le moyen d'un bâton de fagot,
placé entre le cou et la cravate ; ce bâton a produit l'effet
d'un tourniquet.

chement; de cet homme, dont le tableau des faits, mis sous les yeux du tribunal, présente avec modération la série des crimes, jusqu'à l'instant où il revenait en France pour se mettre à la tête des brigands qui devaient y allumer la guerre civile.

« L'union de ces deux hommes devrait étonner l'Europe entière, si leur turpitude, déjà connue, ne se trouvait pas aujourd'hui entièrement dévoilée.

« On ne peut le contester, puisque des témoins respectables l'ont unanimement attesté, et que des conjurés l'ont eux-mêmes déclaré.

« Pour être plus en mesure d'exécuter le plan infernal qu'ils avaient adopté, ils ne se sont pas contentés d'avoir des agens actifs, intelligens et initiés. On les a vus habiter ensemble maison de Chaillot, et à Paris, rues de Carême-Prenant, et du Puits-de-l'Hermite.

« La crainte seule des foudres de la justice les avait séparés; on les a saisis dans les mêmes déterminations, tous deux armés de pistolets, tous deux armés d'un poignard pareil, fabriqués en Angleterre, qu'ils avaient reçus du gouvernement britannique, par la main des ci-devant princes français.

« L'existence à Paris de ces deux chefs de brigands, leurs relations, leurs réunions dans les mêmes domiciles, effaceraient tous les doutes sur la conspiration, s'il pouvait en être resté.

« Ils le seraient encore par le contact de ces deux chefs avec les autres conjurés.

« Ses aveux sont clairs. S'il a mis en avant un fanatisme d'opinion, c'est sans doute pour tâcher d'affaiblir les sentimens d'indignation et d'horreur que ses crimes inspirent».

BOUVET DE LOZIER.

« Il n'a jamais cherché à se justifier sur l'intention de contribuer à un changement de Gouvernement. — Il ne s'est occupé que de tâcher d'imprimer l'idée qu'il n'entendait se mêler que d'une attaque loyale, sous les yeux d'un ci-devant prince français. — Lié avec les chefs, avec les agens et les complices, il est bien difficile d'admettre qu'il n'ait point partagé leurs sentimens. — Il ne l'est pas moins d'admettre qu'il fût délicat sur le choix des moyens pour la réussite de la conspiration ».

RUZILLION.

« A la préfecture, il a avoué, comme on l'a vu, qu'il était du nombre des conspirateurs, et que c'était Pichegru qui l'avait décidé; il s'est expliqué nettement sur les intentions criminelles des conjurés.

« Il a dit que Pichegru, Georges et Moreau étaient les chefs de la conspiration. — C'est lui qui a déclaré que Lajolais, de retour à Londres, avait assuré que Moreau, mécontent du gouvernement du PREMIER CONSUL, désirait et voulait aider de tout son pouvoir à le renverser. — Il est du nombre de ceux qui ont attesté que Moreau avait vu Georges et Pichegru depuis leur arrivée à Paris. — Il a persisté devant le magistrat chargé de l'instruction, et a ajouté que Moreau avait toujours été considéré, avant le départ de Londres, comme l'homme sur lequel on devait principalement compter. — Ses interrogatoires ne présentent pour défense que la franchise de ses aveux. »

ROCHELLE.

« Comment pourrait-on ne pas le placer sur la ligne des conjurés, lorsqu'il est convenu lui-même qu'il appartenait à la conspiration, et que toutes les circonstances se réunissent pour démontrer qu'il lui appartient réellement? — Accablé sous le poids des preuves, il a tâché de se faire considérer comme une victime de l'erreur dans laquelle Lajolais l'avait plongé. »

POLIGNAC (*Armand*).

« Il a fait partie du second débarquement. — Il a logé à Paris, avec Georges, quai de Chaillot, n° 6. — Il a logé avec Georges, à Paris, rue du Puits-l'Hermite, près le jardin des Plantes, chez Verdet. — Il a logé pendant huit jours avec Polignac (Jules) son frère, et l'ex-marquis de Rivière, chez Dubuisson, rue Jean-Robert. — Il a été arrêté, rue SaintDenis, chez la fille Lebault-

Dumesnil, ancienne connaissance de Rochelle. —
La sœur de Rochelle s'est trouvée dans le même
appartement. — Elle est convenue qu'elle connaissait les deux frères Polignac depuis environ
quinze jours; que tous deux lui faisaient la cour ;
que tous deux avaient couché dans ledit appartement la nuit précédente.

« Il a déclaré qu'il avait couché quatre fois
avec son frère, chez la fille Rochelle, rue Saint-
Germain-des-Prés. — On a trouvé sur lui un
poignard à lame carrée, un pistolet, deux ceintures en cuir dans lesquelles se trouvaient, entre
autres objets, huit cartouches à balles. — Interrogé le lendemain au ministère de la police, il est
convenu qu'il y avait près de deux ans qu'il était
en Angleterre. — Il est convenu de son voyage à
Paris, il y a un an. — Il a avoué être arrivé, il y a
environ quatre mois. — Il a dit qu'il avait été au-
devant de son frère Jules ; — que ce frère logeait
avec lui, rue St-Denis. — Il a prétendu n'avoir
vu Georges qu'une fois. — Il a dit que si Georges
et les siens étaient en France d'après les ordres
du ci-devant comte d'Artois, ils n'auraient rien
entrepris sans qu'il fût arrivé ; qu'alors il y aurait
eu un engagement personnel entre le prince soutenu de ses partisans et le premier consul. — Il a
dit qu'il avait vu beaucoup Pichegru, chez le ci-
devant comte d'Artois, à Londres. — Qu'il imaginait d'après son retour à la famille des Bourbons, qu'il aurait été avec le prince. — Que quant
à Moreau, il ne le connaissait pas, et qu'il n'avait

pas ouï dire qu'il se fût déclaré positivement. —
Devant le magistrat chargé de l'instruction, il est
convenu que lorsqu'il était parti la dernière fois
de Londres, il connaissait les projets du ci-devant
comte d'Artois. — Que son plan était d'arriver en
France, de proposer au premier consul d'abandonner les rênes du gouvernement, afin qu'il pût
en saisir le prétendant. — Que si le PREMIER CONSUL
eût rejeté cette proposition, il était décidé à engager une attaque de vive force, pour tâcher de
reconquérir les droits qu'il regardait comme appartenant à sa famille. — Que c'était le ci-devant
comte qui l'avait déterminé à passer sur le premier bâtiment. — Il a dit avoir vu trois fois
Georges et trois fois Pichegru à Paris; — avoir été
chez Lajolais lorsque Pichegru y demeurait; —
avoir été chez Georges à Chaillot et dans une
maison près le boulevard du Temple. — Il est
convenu avoir couché chez Georges à Chaillot; —
avoir vu Pichegru et Georges ensemble chez Lajolais. — Il a déclaré qu'il était sûr qu'ils s'étaient
vus dans la maison n° 6, à Chaillot. — Il pouvait
l'affirmer, puisqu'il y avait demeuré avec eux. —
Il pouvait également affirmer les avoir vus ensemble
chez Verdet, puisqu'il y avait logé avec eux. — Il a
déclaré qu'il y avait eu une conférence très-sérieuse
à Chaillot entre Georges, Moreau et Pichegru; —
que Georges avait dit au général Moreau, après
différentes explications : *Si vous voulez je vous
laisserai avec Pichegru*, et peut-être finirez-
vous *par vous entendre*; — que le résultat n'avait

laissé que des incertitudes désagréables, attendu
que Georges et Pichegru paraissaient bien fidèles
à la cause du prince, mais que Moreau restait indécis, et faisait paraître des vues d'intérêt particulier; — que depuis, il avait su qu'il y avait eu
d'autres conférences entre Moreau et Pichegru. —
Confronté avec Pichegru, il a persisté, et Pichegru
n'a rien contesté.

« Il a été reconnu par la femme Verdet, par
Dubuisson et sa femme, par la fille Lebault, et
par la fille Rochelle; — il l'a été par Rivet et sa
femme, chez lesquels il a logé, ainsi que Rochelle,
Ruzillion, Lajolais et Polignac (Jules), son frère.

« En réfléchissant sur tous-les faits qui lui sont
personnels, on ne peut douter qu'il ne fût du
nombre des conjurés. — Il prétend que ses intentions ont toujours été loyales ; c'est une erreur
qui tient au système même qui l'a fait entrer dans
la conspiration.

POLIGNAC (*Jules*).

« Il a fait à peu près les mêmes déclarations que
son frère.

« Il a été arrêté dans la même maison que de
Rivière. — Il était porteur d'un pistolet de poche
chargé, semblable à ceux de son frère.... — Il est
impossible de ne pas voir en lui, et en son frère,
les mêmes pensées, les mêmes motifs pour arriver
en France, la même marche et la même direction ;
— ils doivent donc, dans le présent acte, être
placés sur la même ligne.

CHARLES D'HOZIER.

« C'est lui qui corrompit Spin, et l'attacha à la conspiration... Qui pourrait douter que c'est encore à sa sollicitation, que Spin a fait louer, sous le nom de Dubuisson, la maison rue Jean-Robert, où avait été préparé un nouveau repaire pour les brigands? — Il avait fait louer pour son compte, le local de la fruitière, rue et montagne Ste-Geneviève. C'est lui qui l'a cédé à Georges, Joyau et Burban. — Il a été habituellement voir Datry, chez Dubuisson et Michelot. — Il l'avait placé avant chez Hizay. — Il a été forcé de convenir qu'il avait vu Georges à Chaillot, et rue de Carême-Prenant, et que dans une conversation, présence de Villeneuve-Saint-Hilaire, Georges et autres, il avait entendu dire qu'on pourrait tenter un changement de gouvernement. — Il a ajouté qu'il avait cru qu'on entendait replacer un Bourbon sur le trône, qu'on devait réunir le plus de monde possible, et que les ci-devant princes français devaient venir en France. — Enfin, il n'a pu dénier qu'il connaissait depuis deux ans la fille Hizay, qui a joué un rôle marquant dans la conspiration, et que c'était lui qui, étant lié avec la fille Bédigié, avait fait placer chez sa mère un sac renfermant des uniformes, trois sabres commandés et fabriqués à Paris, et des effets, dont partie a été reconnue pour être à Raoul, à Armand Gaillard, et à Tamerlan. — On n'ignore pas l'intérêt qu'il a toujours porté aux conjurés poursuivis par la justice. — Il est établi, par l'instruction, qu'après avoir fait louer, par la fille Bédigié, rue Saint-Martin, un local qui a été meublé à ses frais, au lieu de l'habiter, il s'est retranché dans un grenier. — Il est établi qu'il avait pris toutes les mesures pour tâcher qu'on ne vît dans cette maison, dont Gallais est propriétaire, aucunes traces de son existence. — Il l'est, qu'on lui a trouvé une paire de pistolets de poche chargés. — Il a été généralement reconnu dans les confrontations.

« Toutes ces vérités ne l'ont point empêché de soutenir qu'il était innocent et incapable de s'unir à des assassins ».

De Rivière.

« Il est premier aide-de-camp du ci-devant comte d'Artois. — Il est son confident. — Ses fréquens voyages en France, pour la contre-révolution, sont connus. — Il a fait partie du troisième débarquement ; — Il était lié, à Londres, avec Georges et Pichegru. — Il était aussi avec Lajolais. — Il a été arrêté, le 13 ventôse, rue des Quatre-Fils, n° 8, chez un nommé la Bruyère, qui prétend avoir été long-temps son domestique. — Il y logeait avec Polignac (Jules).

On lui a trouvé deux pistolets chargés, une croix de Saint-Louis, des lettres de change, écrites en anglais, payables à Hambourg. — On a trouvé son portrait dans le secrétaire de la Bruyère, qui pré-

tendit qu'il lui en avait fait présent, en reconnaissance, sans doute, des services du même genre qu'il
lui avait rendus. — Dans le nombre des effets saisis
comme lui appartenans, était une boîte renfermant un portrait. — Derrière ce portrait est écrit
ce qui suit :   I

Paroles de Monseigneur.

« Conserve-toi pour tes amis, et contre nos en-
« nemis communs ».

                                          22 octobre 1796.

*Donné par Monseigneur le comte d'Artois, à
son fidèle de Rivière, son aide-de-camp, au retour de plusieurs voyages dangereux, à Paris et
à la Vendée.*

« Interrogé, le 16 ventôse dernier, au ministère
de la police, il n'a pu contester qu'il était débarqué à l'aide d'un bâtiment anglais, capitaine Righ.
— Il n'a pu dissimuler qu'il avait vu Pichegru et
Ruzillion. — Ne voulant pas faire un aveu complet
sur l'objet de son voyage, il a prétendu qu'il avait
voulu s'assurer de l'état des choses et de la situation politique de l'intérieur de la France, afin d'en
faire part aux princes, qui auraient jugé d'après
ces observations, s'il était de leur intérêt de venir
en France ou de rester en Angleterre. — Il a été
reconnu par Dubuisson et sa femme. — Il a été
obligé d'avouer, le 8 germinal, qu'il avait logé chez
eux avec les frères Polignac. — Il a été reconnu par

Couchery, qui a attesté l'avoir vu chez Lajolais,
rue Culture-Sainte-Catherine, depuis le débarquement.—Par Couchery, qui a déclaré l'avoir trouvé
souvent avec Pichegru, chez la fille Gilles, rue des
Noyers, et l'avoir toujours considéré comme ayant
toute la confiance de cet ex-général.— Sa présence
à Paris, ses rapports avec plusieurs des chefs, et des
agens de la conspiration, ses anciens voyages en
France, et leur but, sa qualité d'aide-de-camp et
de confident du ci-devant comte d'Artois, son débarquement avec des hommes à la solde de l'Angleterre, et qui arrivaient armés de poignards, démontrent que c'est avec raison qu'il a été signalé
sur la liste des conspirateurs ».

Louis Ducorps.

« Les débarquemens successifs des conspirateurs
eurent lieu, et ce fut Louis Ducorps qui fut chargé
de les conduire de Preusseville à Aumale, et d'Aumale à Feuquière, et même à Caille-Fontaine. Il
faisait leurs commissions, il allait dans ces différens
endroits prévenir de leur arrivée, et ensuite il leur
servait de guide. — Il avait acheté pour ces sortes
de commissions et pour le transport des paquets,
un cheval moyennant la somme de 300 livres, qui
lui avait été fournie par Lemaire. — Il lui était
payé quatre à cinq louis par mois. — Les conspirateurs ne lui avaient pas laissé ignorer que leur
projet était de renverser le Gouvernement, et de
mettre un Bourbon sur le trône. — Parmi les con-

jurés qu'il a vus chez Monnier, et auxquels il a servi
de guide, il a indiqué Georges, Lemaire, Raoul,
Jules et Armand Polignac, Armand Gaillard, Lemercier, Lelan, Jean Pierre, Jean Louis, Tamerlan
et Picot sous le nom de Joseph. — Il a reconnu également Lemercier et Jean Louis pour les avoir conduits à Caille-Fontaine, chez la femme Lesueur; et
leur avoir porté du linge qui lui avait été donné par
eux chez Monnier. — Il a fait un voyage à Paris. —
Il a été chez Denand, rue du Bac, pour remettre
de la part de Lemaire, une lettre à Raoul Gaillard.
— Il n'eût pas manqué de se trouver à Paris pour
l'action. — Il a quitté la maison de Monnier et de sa
femme, quand ils ont été arrêtés, et il l'a été lui-
même, le 22 germinal, chez sa mère, à Saint-
Piat, où il s'était réfugié. — Il a d'abord nié tous
les faits, ensuite il les a avoués, et a déclaré que
c'était Mallet qui l'avait entraîné. — Il prétend
qu'on a dans le principe abusé de son inexpérience,
et ensuite de sa misère et de ses malheurs. »

LERIDAN.

« Il a réellement loué un cabriolet le 18, et,
malgré la publication de la loi contre ceux mêmes
qui recevraient Georges et ses complices, il s'est
rendu, heure marquée, au lieu convenu. — Il
était dans ce cabriolet avec Georges, lorsque deux
inspecteurs de police se jetèrent sur les brancards,
rue de l'Egalité, près de celle des Quatre-Vents.
— Il y était lorsque fut tiré le coup de pistolet qui

tua Buffet. — Il se sauvait, lorsque le second coup
de pistolet fut tiré par Georges sur Callole. — Il
a été suivi et arrêté presqu'à l'instant. — Conduit
devant un magistrat de sûreté, il fit des réponses
évasives ; mais bientôt à la préfecture de police et
devant le juge chargé de l'instruction, il commença
à faire des aveux, et on ne tarda pas à avoir de lui
tous les renseignemens qu'il pouvait administrer.
— Il ne put contester que les brigands disaient
qu'ils étaient attachés au parti des Bourbons, et
qu'ils chercheraient les moyens de les rétablir sur
le trône. — Il a prétendu ne pas être instruit des
moyens qu'ils comptaient employer. — Malgré
tous les faits dont on vient de rendre compte, et
qu'il a été obligé d'avouer, il a soutenu qu'il était
étranger à la conspiration. »

PICOT.

« Il a servi dans les chouans.
« Après le traité d'Amiens, il a été à Jersey.
« Il est passé ensuite à Londres.
« Il logeait encore rue du Puits-l'Hermite,
lorsque le 18 pluviose, au moment même où, par
ordre de police, on faisait une perquisition chez
Denand, marchand de vin, rue du Bac, il se présente, il s'aperçoit que des inspecteurs l'examinent;
il voit qu'on le tourne et qu'il va être arrêté ; pour
tâcher de se soustraire, et pour prévenir les autres
conspirateurs, il tire un coup de pistolet. — On
le saisit, on s'empare du pistolet tiré, d'un autre

chargé et amorcé, et d'un poignard à lame carrée et bronzée, garnie en argent. — On arrête dans la même maison, Mérille et Rubin Lagrimaudière. — Les pistolets et le poignard lui avaient été donnés par Georges. — Il dit, lorsqu'on l'arrêta et qu'on le questionna sur le poignard dont il était porteur, qu'il était pour assassiner Bonaparte. — Il le répéta le lendemain devant le préfet de police. — Le 20, il donna le signalement de Georges, et dit qu'il avait une demeure à Chaillot. — Le 24, il avoua connaître la femme Verdet, qui avait été arrêtée. — Il déclara que Georges avait logé chez elle, que très-souvent la correspondance se faisait par la femme Denand. — Il promit d'indiquer les lieux où on se réunissait pour attaquer le PREMIER CONSUL. — Il dit que les chefs avaient tiré au sort à qui l'attaquerait. — Qu'ils voulaient l'enlever s'ils le rencontraient sur la route de Boulogne, ou l'assassiner en lui présentant une pétition à la parade, ou lorsqu'il irait au spectacle. — Que c'était pour cela qu'on avait fait faire des uniformes.

« Il a reconnu une grande partie des conspirateurs dont il a été également reconnu; il n'a pas cessé d'administrer les renseignemens qu'il pouvait donner.

« Une déclaration par lui faite le 10 floréal an 12, prouve que le gouvernement britannique n'a pas discontinué de fournir la solde des rebelles de l'Ouest. — Elle établit que les vols de diligences se faisaient par les ordres de ce gouvernement transmis à Georges. — Elle établit que c'était lui

aussi qui commandait à Georges de faire contribuer
particulièrement les acquéreurs de domaines nationaux, et ceux qui ne se déclareraient pas les ennemis de leur pays, ou de les faire assassiner. —
Elle prouve enfin qu'on versait dans une caisse,
dont Georges était le directeur-général, tout ce
qui n'était pas soustrait par les brigands chargés
des expéditions. »

COUCHERY.

« Au lieu de se borner à déclarer qu'il avait bien
à-peu-près connu que Georges et ses agens devaient
agir contre le PREMIER CONSUL, il eût pu s'expliquer nettement sur toutes les parties du plan. —
C'est évidemment la crainte qu'on ne révélât ce
qui le concerne qui l'a empêché de dévoiler tout
ce qui regarde les autres. — Il soutient qu'il est
innocent ; que la situation malheureuse de Pichegru, ami de son frère, l'a intéressé ; qu'il ne l'a
vu, ainsi que Lajolais, que par sentiment d'amitié,
et que sa conduite dans les bureaux du général
Moncey a été pure. »

ROLLAND.

« Arrêté le 25, et conduit au ministère de la police, il a avoué avoir logé Pichegru ; mais il n'a
pas donné les renseignemens qu'il dépendait de
lui d'administrer. — Ce n'est que le 29 qu'il
s'est clairement expliqué, et qu'il a rendu compte

de tous les faits qui viennent d'être exposés, sauf quelques nuances que son intérêt personnel lui commandait d'ajouter. — Confronté avec Pichegru et Moreau, il a persisté. — Il prétend avoir été douloureusement affecté, lorsque Pichegru l'a chargé de la mission qu'il a accomplie auprès de Moreau. — Il prétend l'avoir été encore plus, après l'avoir remplie, et s'être servi d'un stratagême pour tâcher d'éloigner Pichegru, et pour faire cesser tous rapports. »

LAJOLAIS.

« Le général Moreau, dans sa lettre au citoyen Barthélemy, membre du directoire exécutif, datée de Strasbourg, 19 fructidor an 5, après avoir dénoncé la trahison de Pichegru, avait dit : *Je soupçonne la famille Lajolais d'être dans cette intrigue.* — Ces expressions avaient fait prendre des mesures sévères contre Lajolais. — Cependant, on le voit s'empresser de remplacer David, et de devenir intermédiaire entre l'ex-général Pichegru et le général Moreau. — Cette conduite ne peut s'expliquer que par les motifs qu'on a été obligé d'attribuer à celle de Pichegru, à l'égard de Moreau.

« Lajolais a vu Pichegru l'été dernier, il en convient; et à ce moment, il était déjà l'agent de la conspiration, dont les plans ont pu successivement recevoir des modifications, mais dont le but était toujours l'assassinat du premier consul, et l'envahissement du pouvoir. — Il l'a vu, et il ne dissimule pas qu'il s'était chargé de lui procurer une entrevue avec Moreau. — A quoi donc devait servir cette entrevue, si ce n'était pour s'expliquer avec plus de détail sur les moyens d'exécution? — Est-ce que sans un motif aussi fort, Moreau eût pu engager Pichegru à venir sur un territoire dont il était banni, et dans lequel, au premier pas, il devait trouver la mort? — C'est lui (plusieurs conjurés en ont déposé), c'est lui qui, par son rapport sur la situation politique de la France, et sur l'assurance qu'il avait donnée de la disposition générale des esprits, les a déterminés à presser l'exécution des dernières résolutions. — Il a fait, avec Pichegru, partie du troisième débarquement, audevant duquel Georges et d'autres conjurés ont été, et a suivi avec Rochelle une des lignes indiquées. — A peine fut-il à Paris, qu'il s'est empressé d'aller chez Moreau, pour le prévenir de l'arrivée de Pichegru, et lui demander un rendezvous pour l'ex-général. — Il était au boulevard de la Madeleine, à l'heure marquée pour l'entrevue. — Il a conduit Pichegru à l'allée où était Moreau. — Il était chez Rolland, lorsque Pichegru est monté en voiture avec Fresnières, pour aller conférer avec Moreau, dans sa propre maison. — Accompagné de Couchery, il a conduit Pichegru chez Moreau, pour une conférence convenue. — Georges a été chez lui rue Culture-Sainte-Catherine. — Il a reçu Polignac (Jules), Rivière et Couchery. — Il a logé Pichegru, qu'il a conduit

ensuite chez Rolland. — Il ne peut contester qu'i
était toujours près de ce chef de conspiration. — I
savait ce que pensaient, ce que faisaient, ce que
tramaient presque tous les conjurés. — Ses réponses dans ses interrogatoires et dans ses confrontations sont précises. — Ses déclarations sur
les projets sont positives. — Qui pourrait donc
n'être pas convaincu qu'il est du nombre des conjurés? — On a trouvé dans ses pièces un passeport
du 6 fructidor an XI, supposé délivré par le
maire de la commune de Saint-Romain, arrondissement d'Amiens, et le citoyen de Fayfrocourt,
maire de cette commune, auquel il a été représenté, a déclaré affirmativement qu'il n'avait point
été délivré par lui. — Il devait en coûter peu à un
conspirateur de devenir faussaire. — On n'avait
pas besoin de ce trait pour être en mesure d'apprécier sa moralité; mais il est cependant bon à
relever, pour que la France connaisse de plus en
plus les hommes qui voulaient régler ses destinées.
— Il soutient qu'il n'a jamais eu d'intentions criminelles. »

MOREAU.

« Lorsqu'il s'agit de conspiration contre l'Etat
aucune considération ne doit arrêter l'homme de
bien. — La dénonciation devient une obligation
sacrée; s'y soustraire est un crime.

« Ce que l'intérêt national commande à tous, il
le commande bien plus impérieusement encore à

ceux qui occupent des places de haute confiance,
et qui sont chargés de veiller au salut de la patrie.
— Le général Moreau, à la tête de l'armée du
Rhin, ne pouvait donc garder le silence sur la découverte des preuves que Pichegru était un chef
de conspiration, sans se rendre coupable du crime
de lèse-nation. — Cependant il a été quatre mois
et demi sans rien dire de cette découverte, et il
n'en a parlé qu'au moment où il a su que le directoire avait arraché le masque du conspirateur, et
que sa déportation avait été ordonnée. — Tout
homme accoutumé à réfléchir sur les événemens
et à juger, est donc obligé de se dire : si après le
18 fructidor, Moreau a dénoncé Pichegru, ce n'a
été que pour détourner des soupçons qui devaient
le perdre lui-même, sans sauver son ami. — Dès
ce moment, une barrière insurmontable devait
donc les séparer pour jamais. — S'il est constant,
malgré ces vérités, qu'une réconciliation ait été
scellée ; — s'il l'est que ces deux hommes aient eu des
intermédiaires, pour s'entendre de Londres à Paris
et de Paris à Londres ; — s'il l'est qu'ils aient eu
des conférences à Paris ; on doit le dire sans hésiter, la cause extraordinaire de cette violation de
toutes les lois de l'honneur, ne peut se trouver
que dans un pacte sacrilége formé entre eux, pour
la réussite d'une conspiration. — Eh bien ! il existe
des preuves irrésistibles de la réconciliation, de
la correspondance et des conférences. »

L'accusateur public rappelle les déclarations

résultant des interrogatoires que nous avons analysés ; il dit encore : »

« On n'a pas perdu de vue la fameuse ouverture faite par Rolland, au nom de Pichegru à Moreau, pour avoir une réponse définitive.—Et encore moins cette réponse de Moreau : *Je ne puis me mettre à la tête d'aucun mouvement pour les Bourbons ; ils se sont tous si mal conduits, qu'un essai semblable ne réussirait pas. Si Pichegru fait agir dans un autre sens , en ce cas je lui ai dit qu'il* FAUDRAIT QUE LE CONSUL ET LE GOUVERNEUR DE PARIS DISPARUSSENT : *je crois avoir un parti assez fort dans le sénat pour obtenir l'autorité , je m'en servirai aussitôt pour mettre son monde à couvert , ensuite de quoi l'opinion dictera ce qu'il conviendra de faire ; mais je ne m'engage à rien par écrit....* L'aveu enfin de Moreau, consigné dans sa lettre au PREMIER CONSUL, en date du 17 ventose dernier, réitéré dans son interrogatoire, qu'il lui a été fait des ouvertures :.... Que faut-il donc de plus pour avoir la conviction que Moreau est réellement l'un des chefs de la conspiration? »

Il finit ainsi :

« S'il n'eût pas été coupable , aurait-il, dans son premier interrogatoire devant le grand-juge , soutenu qu'il ne savait pas même que Pichegru était à Paris ? — Aurait-il dissimulé qu'il l'avait reçu chez lui ? — Aurait-il nié qu'il eût été jamais question de réconciliation entre eux ? — Eût-il, après de longues réflexions, persisté devant le magistrat chargé de l'instruction? — La vérité est

toujours respectée par l'homme qui n'a point à re-
douter qu'elle soit connue, et le crime seul est
intéressé à la déguiser. — Ses dénégations avaient
été concertées à l'avance avec Pichegru, qui af-
fecta de paraître indigné, lorsqu'on lui demanda
s'il s'était réconcilié avec lui, et dit *que la réconciliation n'avait lieu entre militaires que lorsqu'ils
s'étaient arrangés, et qu'ils n'en avaient pas eu
l'occasion.* — Sa conduite devait être et a été la
même à l'égard de Georges. Il a nié l'avoir jamais
vu, et l'instruction administre une masse de preuves de leurs entrevues, de leurs conférences et de
leurs rapports. — Les conséquences à tirer sont
terribles : la justice saura les saisir. Elle restera
convaincue que si l'assassinat du PREMIER CONSUL
n'a point été commis, que si la guerre civile n'est
pas allumée en France, c'est parce que Moreau a
voulu la dictature, sauf à nous remettre ensuite
sous un joug brisé depuis douze années, en rappelant une dynastie abattue par ses fautes et ses
vices, et proscrite à jamais par la volonté nationale. — Il a été présenté, comme moyens justifi-
catifs, qu'il avait servi sous les ordres de Pichegru,
et qu'il eût été couvert de honte s'il l'eût dénoncé.
— Mais est-ce qu'il ne l'a pas dénoncé en l'an 5,
comme coupable de trahison et de conspiration!
— Est-ce qu'il n'a pas proclamé ses crimes à la
tête des armées? — Est-ce que depuis, au lieu
d'abjurer ses torts, Pichegru, au su de toute l'Europe, ne s'était pas sans cesse occupé de les ag-
graver? — Est-ce que d'ailleurs les projets qu'il

lui confiait, et l'image de sa patrie couverte de
monceaux de cendre et de cadavres ensanglantés,
pouvaient lui permettre de balancer, s'il n'eût pas
juré fidélité entre les mains des conspirateurs ? »

DAVID.

L'accusateur public prouve d'une manière invincible tout ce que cet abbé a fait pour amener
une réconciliation entre Moreau et Pichegru. Des
preuves qu'il administre au tribunal, il résulte
aussi :

1°. Que David savait les projets de Pichegru ;

2°. Qu'il ne les laissa point, en partie du moins,
ignorer à Moreau.

3°. Que Moreau, en se prêtant à la réconciliation, avait dès lors une pensée coupable.

« Pour sa justification, dit l'accusateur public, à
propos de David, il a allégué que ses intentions
étaient pures lorsqu'il avait entrepris et consommé
la réconciliation. La justice est en état de juger la
cause réelle de ses démarches. Tout semble s'être
réuni pour l'éclairer et l'empêcher de prendre le
change. »

ROGER, dit LOISEAU.

« Initié dans les projets d'assassinat et de sub-
version, il est repassé en Bretagne, en messidor
an 11, pour s'entendre avec les anciens chefs et
agens qui y étaient. — C'est lui qui détermina

Hervé, brigand bien prononcé, à se rendre à Paris. — Il a logé environ cinq semaines chez Denand, marchand de vin, rue du Bac. — Il en est sorti vers le 8 pluviôse. — Il a vu Georges et tous les conjurés. — Il a demeuré avec Coster Saint-Victor. — Ils ont été arrêtés dans la même chambre. — Rubin de la Grimaudière, arrêté chez Denand, y avait aussi logé — On a saisi dans la chambre deux paires de pistolets chargés et amorcés. »

« Il a tout nié d'abord, et puis il a tout avoué.

« Roulier a déclaré qu'il tenait de Dujardin qu'un nommé Roger, qui avait fait la machine infernale du 3 nivôse, était encore aux trousses du Premier Consul ; qu'il travaillait de nouveau, et qu'il devait passer en France quelques jours après Lebourgeois et Picot. — Et la femme dudit Roulier a déclaré que Picot lui avait dit que celui qui avait fait la machine du 3 nivôse travaillait encore le Premier Consul ; qu'il en ferait une autre qui au besoin ne manquerait pas. — Que Picot appelait l'auteur de cette machine Roger, et assurait qu'il devait se trouver à Paris aussitôt qu'eux avec sa nouvelle machine. — Et Dujardin, que Lebourgeois et Picot disaient à Londres qu'ils avaient deux moyens pour assassiner le Premier Consul, le poignard et une autre machine infernale, faite ou dessinée par Roger, le même qui avait fait celle du 3 nivôse. — Ce témoin, lors de sa confrontation, a reconnu Roger pour l'avoir vu une infinité de fois chez Tamerlan. — Il a ajouté

à sa déposition qu'il avait su que Roger avait fait
le plan d'une seconde machine infernale; et qu'il
en avait fait une troisième, dont il devait se servir
lui-même. — Un plan qui a été considéré comme
pouvant être celui d'une machine infernale, a été
réellement trouvé dans les papiers de Picot, condamné.

« Ce plan, l'existence de Roger à Paris, ses relations avec les chefs de la conspiration, donnent
une force irrésistible à ces déclarations. — On ne
peut douter, d'après ces faits, qu'il appartient à
la conspiration; — on ne peut en douter surtout,
lorsqu'il est attesté par quatre gendarmes d'élite,
qu'il leur a fait l'aveu qu'il la connaissait, qu'il
était du nombre des conjurés, et que Moreau, Pichegru et Georges en étaient les chefs. — Il s'est
renfermé dans des dénégations, qui ne peuvent
que prouver de |plus en plus sa culpabilité. »

HERVÉ.

« Il n'a pas osé nier qu'il ait été rue du Bac,
chez Denand. — Sa réponse sur ce point, pour
avoir été évasive, n'en a eu que plus de force. —
Il a été reconnu par Picot; — il l'a été par Miche-
let, sa femme et sa fille, pour avoir demeuré chez
eux pendant trois jours. — La femme Dubuisson
avait déclaré qu'un individu avait logé chez elle,
sous le nom de Major, avec Mérille, pendant dix
-jours; — que cet individu lui avait dit qu'il était
ancien militaire; qu'il voudrait bien avoir une

carte de sûreté ; qu'il avait perdu son portefeuille , et n'avait pas de papiers en règle ; — qu'il désirait que son mari se prêtât à lui en procurer une. — On a fait paraître Hervé devant elle, et devant son mari. — Tous deux l'ont reconnu pour être celui qui avait pris le nom de Major. — Il a nié. — Ils ont persisté. — La conséquence juste de toutes ces vérités, est qu'il est évidemment un des agens de la conspiration. »

LENOBLE.

« Il a émigré.— Il est devenu chef de chouans.

« Vers la fin de fructidor dernier , il fut chargé de procurer de la poudre pour les conjurés. — Il était lié d'amitié avec un nommé Poulet, chez lequel il avait même déposé ses papiers ; il le pria de lui en acheter. — Poulet, qui ne connaissait pas ses intentions, en acheta jusqu'à la concurrence de trente-six livres. — Il lui acheta aussi une malle qu'il lui avait demandée. — Prévenu par Poulet, le 4 vendémiaire, qu'il avait la quantité de poudre dont on vient de parler, il témoigna le désir qu'elle lui fût livrée sur-le-champ. — A peine le paquet était-il entre ses mains, qu'il prit une voiture rue du Temple, pour se faire conduire près de la maison d'Hosier, dans laquelle il alla. — La police, instruite, le fit arrêter le 6, ainsi que Poulet, et ordonna une perquisition à son domicile.— On en fit une aussi dans la maison de d'Hosier : toutes deux ont été infructueuses. — Poulet interrogé s'est expliqué avec franchise. — Il n'en a pas été de même de Lenoble. — Il a nié avoir acheté de la poudre de Poulet.

« Cette dénégation démontre qu'il n'achetait des poudres que pour faciliter l'exécution du complot formé pour mettre tout en combustion en France. — Il en fallait pour l'emploi des armes que s'étaient procurées les conjurés. — Il en fallait peut-être encore pour une nouvelle machine infernale dont le témoin Dujardin a parlé, et sur l'existance ou non-existence de laquelle il est impossible d'avoir des idées fixes. — Lenoble proteste de son innocence.

« Il prétend n'avoir été dans la maison d'Hozier que pour solliciter une place dans la banque d'intervention; mais cette banque n'a jamais existé qu'en projet. — Cette allégation mensongère ne peut que prouver de plus en plus qu'il est réellement un des hommes de la conspiration. »

COSTER SAINT-VICTOR.

« Il était à Paris à l'époque du 3 nivôse an IX. — Il y voyait Limoëlan, Joyau, Soyer (Saint-Réjant) et autres initiés dans le complot. — Une chose bien singulière, c'est que Bourmont qui paraissait vouloir servir la police, l'avait indiqué pour faire rechercher et arrêter Limoëlan. — Il a fait partie du second débarquement. — Il a été plusieurs fois chez la femme Denand. — Il a vu Rubin Lagrimaudière : il s'était réuni à Roger, auteur de la machine infernale. — Lorsqu'on l'arrêta rue Xaintonge, le 19 pluviôse, on le trouva logé avec Roger, dit Loiseau, dans une chambre où avait couché Rubin de la Grimaudière. — Une des deux paires de pistolets qu'on y avait saisies, était bien certainement à lui.

« Les autres faits le concernant se rattachent à l'affaire du 3 nivôse : il est constant qu'il a concourru au crime de la rue St-Nicaise. »

RUBIN DE LA GRIMAUDIERE.

«Il se renferme dans une dénégation presque absolue, et dans des réticences qui font naître des doutes sur sa coopération à l'entreprise.

« Les rapports de Rubin de la Grimaudière avec ces deux hommes, Roger et Coster, achèvent de donner la mesure de sa moralité. — Ils concourent aussi fortement que la fréquentation de la maison Denand, et la nature de ses réponses a démontré qu'il est du nombre des conjurés.»

DEVILLE.

« Pendant son séjour en Angleterre, il fréquentait habituellement Georges Cadoudal, Picot, Lebourgeois, Roger et plusieurs autres individus qui ont pris part à la conspiration. — En partant d'Angleterre, il reçut, de son aveu, 40 à 50 louis. — Il fit partie du deuxième débarquement à la falaise de Biville. — Arrivé à Paris, il fréquenta les au-

tres conspirateurs. — Il a été reconnu à la confrontation, par Pierre-Jean Cadudal, Lemercier, Picot,
ainsi que par Monnier, qui l'a logé lors de son
passage à Aumale, et par Dujardin, qui l'a soigné
à Londres pendant une maladie. — Son plan de
défense est indiqué par ses dénégations. »

ARMAND GAILLARD.

« Il fut du nombre des brigands qui débarquè-
rent aux pieds de la falaise de Biville, avec Pichegru. — En partant de Londres, il avait reçu des
armes et 50 guinées. — Il se rendit à Paris, où il
resta caché en attendant le signal, pour exécuter,
avec ses complices, l'exécrable complot qui les
avait amenés. — Dès-que les barrières de Paris
furent ouvertes, Raoul et Armand Gaillard sortirent avec Deville dit Tamerlan, passèrent la nuit
dans la forêt de Montmorenci.

Arrêté par les habitans de l'Ile Adam, on trouva
sur Armand une paire de pistolets de poche. —
Interrogé par le juge de paix de l'Ile Adam, il dit
être parti d'Angleterre, et être venu à Paris depuis
environ deux mois et demi, à l'invitation de son
frère Raoul ; mais il refusa de déclarer où il avait
logé à Paris, et depuis quel temps il en était sorti.
— Confronté avec Leclerc, cultivateur à Mousseau,
commune de St-Omer, il a été reconnu pour être
du nombre des cinq à six individus qui avaient fait
rafraîchir leurs chevaux chez lui. Toute sa défense
s'est bornée à nier qu'il eût participé à la conspiration. »

NOEL DUCORPS.

« A été attaché long-temps au parti des rebelles. — Mallet lui a donné un brevet de lieutenant dans l'armée royale. — A l'époque où les
conspirateurs arrivaient d'Angleterre en France,
il s'est attaché au service de Raoul Gaillard, dit
Houvel, qui lui donnait trois livres par jour. —
Il a accompagné Houvel à Aumale. — Il avait apporté chez Monnier, à Aumale, une boîte à com-
partimens qui contenait des balles et des cartouches. — Il a soutenu, lors de son arrestation, qu'il
ne venait pas de Paris, qu'il y avait deux jours
qu'il était arrivé de chez sa mère, et qu'il devait
partir le lendemain pour aller à Paris chercher
de l'ouvrage. — Il a ajouté qu'il était chargé de
voyager pour un nommé Duchesne, marchand
de pierres à fusil demeurant à Blois ; et les renseignemens donnés par les autorités constituées, annoncent qu'il n'existait pas à Blois de Duchesne,
marchand de pierres à fusil. — Il a fini par avouer
tous les faits dont il vient d'être rendu compte, et
a dit pour sa défense que c'était son frère qui l'a-
vait engagé à servir le parti royaliste. — Qu'il
lui avait annoncé que le projet de rétablir les
Bourbons sur le trône, était d'accord avec Bonaparte. — Il a même poussé le ridicule jusqu'à dire
que quand il avait été arrêté, il croyait que Bonaparte l'était aussi. »

JOYAU dit VILLENEUVE.

« Il a fait partie avec Georges du premier débarquement. — Il a logé trois ou quatre jours en arrivant à Paris, chez Denand. — Il a logé avec lui
quai de Chaillot, et à Paris, rue de Carême-Prenant, et rue du Puits-l'Hermite, près le jardin des
Plantes. — Ils étaient ensemble chez la fruitière,
montagne Sainte-Geneviève. — Il en est parti
avec Burban, après l'arrestation de Georges, pour
loger chez Caron, parfumeur, rue du Four-Saint-
Germain, où il est resté dix jours. — Les recherches de la police l'ont forcé de fuir. — Il a choisi
pour repaire la maison de Dubuisson où avaient
logé beaucoup d'autres conjurés. — Le 4 germinal,
cette maison fut investie par la force armée. — Il
importe de faire connaître ce qui s'est passé.

« Dubuisson qui était à la fenêtre au moment où
le commissaire de police arriva, s'est précipitamment retiré. — Il a fermé la porte d'entrée. — Des
coups redoublés n'ont pu le déterminer à ouvrir.
— Un serrurier a été appelé. — En entrant, on a
saisi des effets qu'il a dit ne pas lui appartenir, et
que son épouse, qui était sortie, et qui rentra quelques minutes après, a dit avoir été apportés par
une femme qu'elle ne connaissait pas, pour un
jeune homme qui était resté chez elle pendant environ deux heures. — Cette femme, interpellée de
déclarer si elle avait logé des individus, après plusieurs réponses négatives, est convenue qu'elle avait

logé deux frères. Elle a dit ensuite qu'elle avait
encore logé deux autres personnes. — Dubuisson,
interpellé, a déclaré qu'il n'avait logé personne ;
puis, qu'il avait donné asyle à deux individus.
Pressé de dire la vérité, il a déclaré qu'il y avait
un individu qui logeait chez lui ; mais que cet individu dont il ne connaissait pas le nom, était
sorti, et qu'il ne rentrerait que vers huit heures du
soir. — Cependant, tout annonçait que des personnes devaient être cachées dans cette maison ; on
fit toutes les perquisitions possibles ; on tâcha de
nouveau d'obtenir des aveux, mais ce fut infruc-
tueusement. — On allait se retirer, lorsque pour
placer une sentinelle, on dérangea une fontaine
appliquée contre un mur. — On s'aperçut, à quelque mouvement, que la planche à laquelle cette
fontaine était attachée, était mobile, et laissait
apercevoir une ouverture d'environ soixante-quinze
centimètres de haut, sur cinquante de large. —
Le citoyen Paques, inspecteur-général près le ministère du grand juge, ayant passé sa main dans
cette ouverture, se mit à crier : *Ils sont ici ! à
moi, gendarmes !* je viens de toucher une jambe.

« Aussitôt les gendarmes se sont placés au-devant
de cette ouverture, par laquelle on a vu le bras
d'un homme qui tenait un pistolet. — C'était le
bras de Joyau. — Un gendarme donna un coup
de pointe de sabre sur le poignet de Joyau. —
Plusieurs coups de pistolet ont été tirés dans la
cache, sans que ceux qui y étaient parussent être
blessés ni disposés à se rendre. — On vit toujours

au contraire, reparaître à l'ouverture le bras de Joyau armé d'un pistolet ou d'un poignard. — On ignorait le nombre des individus qui pouvaient être retirés dans cette cache. On fit une réquisition au poste St-Martin. — Le renfort arrivé, malgré les coups de pistolet tirés de nouveau, les coups de sabres et de baïonnettes lancés dans l'ouverture, la résistance fut longue. — Enfin, Joyau qui s'était si souvent présenté armé, annonça qu'il se rendait; mais dans l'instant, il lança un coup de poignard à un fusilier qui fut blessé à la main droite. — Cette action infâme ayant décidé à donner l'ordre d'aller chercher des pompiers, pour inonder les brigands, ils déclarèrent qu'ils n'entendaient plus résister. — Joyau sortit le premier; il avait sur lui deux pistolets et un poignard de fabrique anglaise. — Avec lui étaient Burban, également armé de pistolets et de poignard, et Datry, ex-chef de chouans. — Joyau portait deux ceintures garnies de pièces d'or. Il avait aussi des cartouches à balles. — Interrogé, il a prétendu que c'était Datry qu'il avait rencontré, qui l'avait conduit chez Dubuisson; comme si, en sa qualité d'aide-de-camp de Georges, il ne connaissait pas tous les repaires des assassins. — Il était porteur d'un passeport anglais, au nom de Villeneuve, et de billets de la banque d'Angleterre. — Devant le magistrat chargé de l'instruction, il a dit qu'il ne pouvait affirmer s'il était ou non à Paris au 3 nivôse. — Il est convenu d'avoir vu Saint-Réjant chez la femme Guilloux. — Il a été reconnu par la

femme Verdet et par la femme Denand. — Il l'a
été également par la fruitière chez laquelle il a demeuré, Montagne Sainte-Geneviève, et par sa fille.
— Il l'a été par Caron et par une de ses filles de
boutique. — Il l'a été par Léridant, frère d'un
ancien aide-de-camp de Georges, qu'il a attaché
à la conspiration ; — par Léridant, qui a été partout où il était avec Georges. — Ses démarches
auprès du secrétaire de Moreau, les propositions qu'il l'a chargé de faire , sont connues. —
Il avait remis une somme de onze mille et quelque cents livres à un banquier, qu'il a retirée.
Il a présenté au même banquier pour environ
150,000 livres de lettres de change. — Ces fonds
appartenaient bien constamment à la conspiration,
dont il est un des pricipaux agens. »

DATRY.

« Ses liaisons avec Roger, dit Loiseau, sont connues. — Il n'a jamais joué un rôle important parmi les révoltés, mais il passe pour être capable de
tout par fanatisme d'opinion. — Il a été arrêté
avec Burban et Joyau chez Dubuisson , où la fille
Hizay l'allait voir. — On sait quelle a été la résistance des brigands. — Au ministère de la police ,
il a dit ne pas avoir de domicile. — Il est convenu
d'avoir servi sous Georges.

« Au moment de son arrestation, il savait
que Joyau et Burban étaient signalés comme
étant du nombre des conspirateurs; on ne l'eût

certainement pas trouvé avec eux, s'il n'eût pas été leur complice. »

« Il était à Rennes au mois de brumaire dernier, lorsque Georges Cadoudal envoya de Paris Léridan le jeune, pour remettre 300 louis à Lahaye-Saint-Hilaire, dit Raoul. — C'est lui-même, comme on l'a vu, qui l'a conduit au milieu de la nuit à travers champs dans un petit village distant de Rennes d'environ une lieue, où était alors Lahaye-Saint-Hilaire. — Il n'a pas tardé à se mettre en route pour se rendre à Paris. — On l'a vu à Versailles chez l'ex-religieuse Brossard, où l'on a vu également Roger, dit Loiseau, et Hervé. — Arrivé à Paris, il s'est empressé de voir Georges Cadoudal, Joyau et tous les anciens chefs de rebelles initiés dans la conspiration. — Il a logé trois jours, sous le nom de La Serre, chez Verdet. — Il a logé avec Georges et Joyau, pendant environ trois semaines, à la montagne Sainte-Geneviève, maison de la fruitière. — Il y était lorsque la découverte de la conspiration fut publiée. — C'est lui qui devait monter dans le cabriolet avec Georges Cadoudal. — C'est lui qui, probablement, devait le conduire dans un endroit préparé. — Pensant bien qu'il serait obligé d'abandonner au premier moment le logement de la montagne Sainte-Geneviève, il avait été chez le cit. Caron, connu d'un de ses pa-

rens, et l'avait déterminé à le recevoir avec un de
ses amis. — Aussitôt la nouvelle de l'arrestation de
Georges, il s'y rendit avec Joyau. — Ils y restèrent
dix jours. — Le 30 pluviôse, un agent voulut l'arrêter dans cette maison; mais il lui donna un coup
de poignard dans le bras, et s'évada. — Des renseignemens conduisirent rue Jean-Robert, n. 24,
au domicile de Dubuisson. — Burban y a été saisi
armé de deux pistolets et d'un poignard pareil à
celui de Joyau. — Interrogé au ministère de la
police, il n'a pu disconvenir qu'il connaissait
Datry, arrêté avec lui. — Il a dit qu'il ne voulait
point associer d'autres malheureux à son sort. —
Devant le magistrat chargé de l'instruction, il a
été reconnu par la fruitière et sa fille. — Il l'a été
par la fille Hizay, par Caron, et par une de ses
filles de boutique; il l'a été par Dubuisson et sa
femme. — A l'entendre, s'il est venu à Paris, c'est
parce qu'il était menacé d'être arrêté dans son
pays. — Et s'il a vu Georges, c'est simplement
parce qu'il lui est très-attaché. »

LEMERCIER.

« On l'a embarqué avec sept autres compagnons de voyage. Il convient qu'on lui a donné
trente-six louis, et qu'on lui a remis une paire de
pistolets et des cartouches à balle. — Arrivé à
terre, il a été conduit, avec ses compagnons de
voyage, par Lemaire, à la ferme de la Poterie; il y
est resté quinze jours. — Plusieurs de ses compa-

gnons sont partis pour Paris. Un guide est venu les
chercher. Il s'est arrêté à peu de distance; il a encore séjourné quelque temps. — Il a vu dans les
différens séjours quelques chefs du parti de Georges; il a reçu dix louis d'un habitant des environs
d'Aumale.—Il a été chez Monnier, à Aumale, il y
est resté vingt-quatre heures; on lui a fait faire un
habit d'uniforme vert. — Il a été à Caille-Fontaine, chez la veuve Lesueur; y est resté à peu près
un mois avec Louis Ducorps, et a ensuite été conduit dans un autre endroit, où il a séjourné quelque temps. — Là se sont réunis Louis Ducorps,
Lelan, Cadudal et Pierre-Jean; ils se sont avancés
vers le département de l'Orne; ils ont passé au
Pont-de-l'Arche, et ont continué ensuite leur
route. — Ils ont marché de nuit par des chemins
de traverse, et ont couché dans les bois. — La gendarmerie était à leur recherche. Lemercier a été
arrêté dans la commune de Mézières; il a fait
usage de ses armes, et a blessé le gendarme qui
était à sa poursuite. On a trouvé sur lui une
bourse contenant trente-deux louis en or. —
Dans ses interrogatoires, il est convenu de tous ces
faits; il a déclaré qu'il allait vers Paris; mais
qu'ayant entendu dire que le complot était découvert, il avait dirigé sa route vers la Bretagne. —
Il a dit que le complot consistait à renverser
le gouvernement actuel, et à placer Louis XVIII
sur le trône. — Cet homme, accoutumé à marcher parmi les guides de Georges, ne s'était pas
embarqué sans connaître toute la conspiration; il
venait pour la servir. »

CADUDAL.

« Il débarqua au pied de la falaise de Biville, au commencement du mois de décembre dernier. — Jean-Marie le conduisit aussi à la ferme de la Poterie, où il reçut six louis. — Il a suivi la même route que Lemercier, jusqu'à Aumale, où on lui a fait faire aussi un habit. — Là, il s'est séparé de Lemercier pour aller, à cinq lieues, dans un pays où il est resté avec Lelan environ un mois. — Il a ensuite rejoint Lemercier, et fait route avec lui jusqu'au moment de son arrestation. Il a dit qu'il n'était informé d'aucun complot; qu'il n'avait jamais eu l'intention d'aller à Paris; que sachant qu'on faisait dès fouilles du côté d'Aumale, il avait cru devoir prendre la route de Bretagne. »

LELAN.

« Arrivé en France, il a suivi la même route que Cadudal; il a fait les mêmes stations que lui. — Il a eu comme Lemercier et Cadudal, un habit à Aumale. — Il ne s'est séparé d'eux qu'au moment où la gendarmerie a arrêté Lemercier et Cadudal. — Il s'est échappé dans ce moment, et n'a été arrêté que le 27 ventôse, au village de Nocher, canton de St-Aubin, chez Jamart. — On a trouvé sur lui les deux pistolets et le poignard qui lui avaient été donnés en Angleterre, avec onze cartouches. — Dans son premier interrogatoire, il a

nié tous les faits. — Il a dit n'avoir jamais été en
Angleterre, n'avoir connu ni Lemercier ni Cadudal. — Il a fini par avouer devant le juge chargé
de l'instruction, son voyage en Angleterre et une
partie des faits dont on vient de rendre compte.»

EVEN.

« Il a porté les armes comme chouan.—Il a obtenu le grade de chef parmi les brigands. — A
l'époque de la pacification, il a fait sa soumission
personnelle aux lois de la république; mais cette
soumission n'était qu'apparente : il ne cessa de
correspondre avec les rebelles qui étaient passés en
Angleterre. De ce nombre était un nommé Debar,
ancien chef de chouans. Il est revenu en France
sur un navire anglais. — L'objet de sa mission
était de sonder l'esprit public du pays, de tâcher
d'y relever le parti royaliste en ralliant les anciens
chefs, de lever un contingent de 30 à 40 jeunes
gens, qui se tiendraient prêts à marcher au premier
signal, pour rejoindre à Paris d'autres jeunes gens
qui devaient être provoqués par les mêmes moyens
dans différens départemens, et former une masse
de 1500 hommes destinés à faire un coup de main
et à assassiner le PREMIER CONSUL. — Il était chargé
de rendre compte de toutes les dispositions des
forces maritimes et de terre, de répandre des
écrits séditieux contre le PREMIER CONSUL, et de
provoquer la désertion des troupes. — Il était un
des affidés de Georges, qui l'avait précédé en

France avec plusieurs officiers qui s'étaient répandus dans différens départemens et qui avaient
la même mission.

« On a saisi sa correspondance avec Debar.

« Even est convenu de tous ces faits dans ses
divers interrogatoires. Il a également avoué qu'il
n'avait instruit aucune autorité constituée, des
projets de Debar dont il avait été le confident et
dont il avait lui-même facilité les moyens d'exécution, en se chargeant de faire passer sa correspondance en Angleterre. Il est donc clair qu'il
est lié avec les conspirateurs, et qu'il en fait
partie. »

MERILLE.

« Il fut appelé, et se hâta de se rendre au poste
que le crime lui assignait. — Il a été conduit chez
Michelot, dont l'appartement avait été loué et
disposé pour recevoir des hommes tenant à la
conspiration. — Il a été ensuite loger chez Dubuisson, dont l'appartement avait été loué et préparé dans la même intention. — Ces faits ne peuvent être contestés, puisqu'il a été reconnu par
Michelot, sa femme et sa fille, et par Dubuisson et
sa femme. — Il allait comme les autres conjurés
prendre le mot d'ordre et savoir où en étaient les
choses, lorsqu'il se présenta, le 18 pluviôse dernier, à la maison Denand, qui n'est que trop
connue dans cette affaire. — On venait d'arrêter
Picot qui avait fait feu, qui était porteur d'un poi-

gnard, et qui avait encore un pistolet armé à la
main. — Pressé de dire ce qu'il voulait, il répondit
qu'il cherchait un logement. — Cette réponse évasive ne pouvait que faire naître plus de soupçons.
— On s'empara de lui, et on sentit qu'il avait dans
sa manche quelque chose d'extraordinaire. — On
visita, et on y trouva un poignard sans gaîne.

« On l'arrêta. Questionné sur son nom, il déclara s'appeler Mérelle. — Il soutint qu'il venait
de Versailles, où il avait couché. — On ne trouva
sur lui qu'un passeport de l'an V. — Interrogé à
la police, on n'en tira aucun éclaircissement. — Il
nia tout. — Il osa même soutenir qu'il n'avait pas
servi avec les rebelles. — Ce n'est que le 26 ventôse dernier, qu'il est convenu que son vrai nom
était Mérille, et qu'il avait été chef de légion de
rebelles. — Il a prétendu alors que s'il avait quitté
le lieu qu'il habitait ordinairement, ce n'était que
parce qu'on avait prétendu qu'il était à la tête d'un
corps armé d'environ sept cents hommes, et que
les chouans se levaient de nouveau. — Il a soutenu
aussi que le lendemain de son arrestation, il serait
parti pour Bordeaux, où on lui avait promis une
place, et que ses effets étaient chargés à la diligence
pour le Mans, où il devait passer. »

TROCHE, *père et fils.*

« Troche fils, demeurant à Eu, s'est embarqué
avec Lemaire pour l'Angleterre, vers la fin du mois
de juillet dernier. — Il a été présenté par Lemaire

à Georges, et il est revenu en France avec les conspirateurs qui faisaient partie du premier débarquement. — Il mangeait avec eux; il était chargé de leurs commissions. — Troche fils était payé. Il est convenu de tous ces faits; il n'ignorait pas les projets des conspirateurs, puisque Lemaire lui avait dit qu'il était chargé d'établir une correspondance de France en Angleterre au profit du parti royaliste.

« C'est Troche père qui, sur l'invitation de Lemaire, a envoyé son fils en Angleterre, et a fait le marché relatif au transport du bateau pêcheur sur lequel il s'est embarqué avec Lemaire. — Il a été voir à la ferme de la Poterie les conspirateurs; il leur a porté des alimens; il a dîné avec eux plusieurs fois. — Il a procuré à Georges, dans le village de Mancheville, près d'Eu, un pavillon dans lequel il a demeuré pendant plusieurs mois. — Georges lui avait dit que d'autres débarquemens devaient avoir lieu, et l'avait engagé à préparer des logemens pour les personnes qu'il attendait. — Troche père avait été impliqué précédemment dans un procès criminel au tribunal d'Amiens, pour avoir favorisé l'enlèvement de 1,500,000 liv. en or, qui avaient été enfouies dans la falaise, et que les Anglais firent passer à Rouen à un nommé Mallet, qui prenait la qualité de *commandant en chef pour le roi* dans la Haute-Normandie.

« Troche père et fils cherchent à faire entendre qu'ils ne connaissaient pas les desseins des conspirateurs qu'ils servaient avec tant de zèle. »

MONNIER *et sa femme*.

« De concert avec Louis Ducorps, qui demeurait chez eux à Aumale, ils ont facilité l'introduc-
tion furtive des conspirateurs dans le sein de la
France. — Leur maison a servi de quatrième point
de station. — C'est là que les conjurés se rendaient
en venant de Preusseville, et c'est de là qu'ils par-
taient pour aller à Feuquières, chez Boniface Col-
liaux.

« Ce n'était pas assez pour eux de donner asile
aux conspirateurs, leur maison a été aussi un dépôt
d'armes et de poudre.

« Ce n'est qu'à la fin de l'instruction que Monnier et sa femme ont avoué qu'ils avaient reçu
deux fois des voyageurs qui leur avaient été amenés
par Louis Ducorps. — Ils ont prétendu, pour tâcher d'atténuer leurs torts, que c'était Louis Ducorps, en pension chez eux, qui leur avait amené
des personnes, sans leur dire ce qu'elles étaient
réellement; — qu'il leur avait seulement dit que
c'étaient des émigrés, qui prenaient des précautions pour se cacher. — Comme si les armes, la
poudre et le nombre des individus ne démon-
traient pas évidemment qu'il s'agissait de toute
autre chose que de cacher des émigrés. »

DENAND *et sa femme*.

« Denand et sa femme sont depuis long-temps
en relation avec les conspirateurs. — La conspira-

tion qui fait l'objet du procès actuel devait rassem-
bler les hommes qui y trempaient ; et la maison de
Denand s'est ouverte aux conspirateurs. — C'est
là qu'ils ont trouvé un refuge et un local pour
tenir leurs conciliabules habituels ; c'est là qu'ils
ont trouvé tous les services dont ils avaient besoin.

« Les faits multipliés qui sont personnels à Denand et à sa femme, les services journaliers qu'ils
ont rendus aux conspirateurs, leur intimtié avec
eux, la retraite et le lieu de réunion qu'il leur ont
fournis, leurs contradictions et leurs mensonges,
prouvent qu'ils sont agens et complices. »

VERDET *et sa femme.*

« Verdet et sa femme ont été rangés dans la même
classe que Denand et sa femme. — C'est chez eux
que les principaux personnages de la conspiration
ont trouvé un asile. — C'est là que se tenaient les
conciliabules.—Il paraît que depuis l'an IV Verdet
et sa femme étaient liés avec Raoul Gaillard, dit
Saint-Vincent. — Dans le mois de fructidor dernier, Verdet et sa femme, de concert avec lui, ont
quitté leur appartement rue des Ecouffes, et ont
été habiter une maison isolée, rue du Puits-
l'Hermite. — Des meubles furent achetés pour
garnir cette maison ; le loyer fut payé d'avance
pour deux termes, depuis le 1er vendémiaire an XII
jusqu'au 1er germinal suivant, l'argent leur fut fourni
par Raoul. — Vers le 7 nivôse dernier, Raoul alla

visiter les appartemens qui avaient été préparés;
et à cette époque, il amena dans la maison Georges et Armand Polignac; quelques jours après arriva Picot, qui apporta les porte-manteaux de
Georges et de Polignac; Picot passait pour le domestique de Georges. — Ils y restèrent huit à dix
jours; ils s'en allèrent et ne revinrent que vers le
10 pluviôse. — Pichegru y coucha deux nuits dans
la chambre que Georges occupait et qu'il lui
céda. — Villeneuve y coucha aussi quelques nuits.
—Burban y a également couché trois nuits.—Verdet et sa femme étaient aussi chargés de la nourriture des conspirateurs.—Tous les faits qui viennent
d'être énoncés, sont le résultat des aveux de Verdet
et de sa femme, consignés dans leurs différens interrogatoires; et ces aveux sont confirmés par les
confrontations qui ont eu lieu avec Pichegru, Armand Polignac, Georges et Picot. — Verdet et sa
femme ignoraient-ils les intentions des conspirateurs? N'est-ce pas, au contraire, dans le dessein
de les favoriser, qu'ils leur ont donné retraite, et
qu'ils leur ont fourni tout ce dont ils avaient besoin. — On a trouvé chez Verdet et sa femme près
de 2,000 francs, tant en argent qu'en or. — On
a trouvé dans l'appartement de la femme de la
poudre, des cartouches, des balles. — Dans le
jardin on a trouvé, enfouies dans la terre, des cartouches à balles et une composition d'artifice, qui
étaient liées ensemble, et qui paraissaient destinées
à faire une explosion. »

Spin.

« Les conspirateurs, pour faire réussir leurs complots, avaient besoin de trouver à Paris des retraites. — Charles d'Hozier fut leur agent ; et il choisit Spin pour remplir ses vues.

« Spin, fidèle à la mission qui lui fut donnée, se chargea non-seulement de chercher des logemens pour les conspirateurs, mais encore d'y pratiquer des caches qui leur donnassent l'espérance d'échapper aux perquisitions les plus exactes.

« Ces faits sont le résultat de l'instruction, et Spin, écrasé par l'évidence, en a fait l'aveu dans ses divers interrogatoires. — Il soutient n'avoir pas cru servir des conspirateurs. »

DUBUISSON *et sa femme.*

« Ils ont aussi été les agens des conspirateurs. — Leur maison en a été le refuge. C'est là que les uns se retiraient ; c'est là que les autres venaient les visiter : c'est là qu'ils établissaient un point de correspondance pour communiquer entre eux. — Ils ont vu construire dans une pièce de leur domicile, une cache qui avait pour objet de soustraire les conspirateurs aux recherches de la police. — Le nombre des conspirateurs qui se sont succédé chez Dubuisson et sa femme, les visites fréquentes qu'ils y recevaient, les commissions mystérieuses qu'ils faisaient faire, tout imprime à leur conduite un caractère de culpabilité. — Ils ont soutenu pour leur justification, qu'ils avaient toujours pensé qu'ils ne recevaient que des personnes honnêtes. »

CARON.

« Il est prévenu d'avoir pris part à la conspiration en recevant chez lui et en tenant caché dans son appartement Joyau, dit Villeneuve, et Burban pendant dix jours, sans avoir fait à la police la déclaration prescrite par la loi du 9 ventôse dernier.

« Caron a prétendu, dans ses réponses, qu'il ignorait que les individus logés chez lui fussent du nombre des conspirateurs; qu'il ignorait leurs noms, du moins celui de Joyau; qu'il avait formellement déclaré qu'il ne recevrait point Georges chez lui; qu'il ne les avait accueillis qu'après avoir consulté le vicaire de sa paroisse en qui il avait confiance; qu'il avait même fait dire une messe aux Carmes, pour implorer les secours de l'Esprit saint sur la conduite qu'il devait tenir dans cette occurrence; et qu'après son arrestation, il avait donné à la police les renseignemens au moyen desquels Joyau et Burban furent ensuite arrêtés rue Jean-Robert. »

GALLAIS *et sa femme*.

« Les recherches les plus actives étaient faites par la police pour découvrir la retraite de Charles d'Hozier. — Il y avait deux mois environ que Gallais et sa femme lui avaient donné asile. — Dans le cours de l'instruction, ils ont déclaré qu'une dame Belon, courtière, avait amené chez eux une dame Denis et une autre pour voir un local qui était à louer ; que c'était avec la dame Denis qu'ils avaient traité. — Qu'elle avait acheté chez eux les meubles nécessaires pour ce local ; que quand il avait été arrangé, Charles d'Hozier y était venu, et qu'il avait payé le prix des meubles. — Ils ont ajouté qu'ils ne l'avaient connu que sous le nom de Saint-Martin ; qu'on leur avait annoncé qu'il était obligé de se cacher, parce qu'il avait des dettes, et que c'était le motif qui les avait déterminés à ne faire aucune déclaration. — Il est difficile de croire que Gallais et sa femme ne savaient pas que l'homme auquel ils donnaient refuge fût un des hommes inscrits sur la liste des brigands chargés par le ministère britannique d'attenter aux jours du premier consul. — Leur conduite et le silence qu'ils ont gardé depuis la loi du 9 ventôse, prouvent qu'ils étaient initiés dans la conspiration. »

FILLE HIZAY.

« C'est elle qui, abusant de la misère de la veuve Lemoine, devenue femme Prilleux, lui proposa de louer une boutique sous son nom, sous la condition qu'elle serait libre de disposer des différentes chambres qui pourraient dépendre de la lo-

cation, pour y placer des personnes de sa connaissance. — C'est réellement elle qui a loué, rue et
montagne Sainte-Geneviève, sous le nom de cette
femme indigente, une boutique et une chambre
haute. — Elle a fait, avec les deniers qui lui ont
été fournis par les conspirateurs, les dépenses nécessaires pour avoir quelques meubles et pour mettre la femme Prilleux en état d'ouvrir uue boutique de fruitière. — Elle a eu l'attention de s'emparer de la clé de la chambre haute. — C'était
pour assurer une retraite à Charles d'Hozier que
la boutique et la chambre avaient été louées; mais
Charles d'Hozier a consenti ensuite à ce que la location fût pour le compte de Georges et de Joyau,
qui ont tout payé. Elle est restée chez la fruitière,
à partir du moment où Georges, Joyau et Burban
y sont arrivés.

« Si on examine sa conduite depuis l'arrestation
de Georges, on la voit toujours agissant pour la
conspiration. — On lui a demandé comment elle
avait pu abandonner ses père et mère pour suivre
trois hommes, auprès desquels elle paraissait avoir
couché pendant trois semaines. — Elle a répondu
qu'elle n'avait couché que pendant huit jours dans
leur chambre; qu'avant elle couchait en bas près
de la fruitière. — A elle demandé s'il y avait une
séparation dans la chambre où logeaient Georges,
Joyau et Burban. — Elle a répondu qu'il y avait
une cloison, mais que la cloison ne fermait que
par un rideau. — Et pour tâcher d'affaiblir l'idée
qui se formait encore de son immoralité sous ce

nouveau rapport, elle a dit qu'elle faisait coucher avec elle la fille de la fruitière, âgée de 15 ans. — N'est-il donc pas de la plus haute évidence que cette fille est aussi agente et complice des conspirateurs ?

« De tous ces détails, il résulte, que Georges Cadoudal, Athanaze-Hyacinthe Bouvet de Lozier, François-Louis Ruzilion, Etienne-François Rochelle, Armand-François-Héraclius Polignac, Jules-Armand-Auguste Polignac, Abraham-Charles-Augustin d'Hozier, Charles-François Dérivière, Louis Ducorps, Louis Léridant, Louis Picot, Victor Couchery, Henri-Odille-Pierre-Jean Rolland, Frédéric Lajolais, Jean-Victor Moreau, Pierre David, Michel Roger, Michel Hervé, Claude Lenoble, Jean-Baptiste Coster, Yves-Marie-Joseph Rubin-Lagrimaudière, Victor Deville, Armand Gaillard, Noël Ducorps, Aimé-Augustin-Alexis Joyau, Nicolas Datry, Louis-Gabriel-Marie Burban, Guillaume Lemercier, Pierre-Jean Cadudal, Jean Lelan, Joseph-Laurent Even, Jean Mérille et Gaston Troche,

« Sont prévenus de 'conspiration', tendante à troubler la république par une guerre civile, en armant les citoyens les uns contre les autres, et contre l'exercice de l'autorité légitime.

« Délit prévu par l'art. 612 de la loi du 5 brumaire an IV.

« Que Michel-Joseph-Pierre Troche, Pierre Monnier, Marie-Anne Colasse, femme de Pierre Monnier, Jean-Baptiste Denand, Sophie Duval, femme de Jean-Baptiste Denand, Jacques Verdet, Catherine-Mélanie Monost Osvalt, femme de Jacques Verdet, Pierre-Antoine Spin, et Marie-Michel Hizay,

« Sont prévenus de complicité de ladite conspiration.

« Délit prévu par l'art. 612 de la loi du 3 brumaire an IV, et par l'art. 1er du tit. 3 de la seconde partie du Code pénal.

« Que Pierre-Jean-Baptiste Dubuisson, Madeleine-Sophie Lambotte, femme Dubuisson, Marie-Antoine Caron, Simon-Réné Gallais, et Jeanne-Aimée-Françoise Guérard, femme Gallais,

« Sont prévenus également de complicité de ladite conspiration; et en outre, d'avoir recélé des individus dénommés dans la liste des soixante désignés comme brigands, signée du grand-juge, ministre de la justice, affichée et publiée par ses ordres.

« Délits prévus par l'art. 612 de la loi du 3 brumaire an iv, par l'art. 1er du tit. 3 de la seconde partie du Code pénal, et par les art. 1, 2 et 3 de la loi du 9 ventôse an xii, relative aux recéleurs de Georges et autres brigands.

« Ledit commissaire du gouvernement, accusateur public, accuse chacun des susnommés des délits à lui ci-dessus attribués.

« Et requiert qu'ils soient tous mis en jugement, pour être par le tribunal criminel et spécial de la Seine prononcé ce qu'il appartiendra.

« Fait au parquet dudit tribunal, palais de justice, à Paris, le 25 floréal an xii.

« *Signé*, Gérard.

« Certifié conforme.

« Fremyn, *greffier*. »

Au commencement de la séance du lendemain 9, plusieurs avocats soulèvent la question de compétence de la cour, basée sur les dispositions du sénatus organique du 28 floréal an xii, titre 13, et demandent le renvoi de la cause devant la haute cour impériale.

La cour, après avoir entendu le procureur-général, délibère et, par arrêt du même jour, elle ordonne de passer outre aux débats, attendu que la haute cour impériale n'était pas même encore entièrement organisée.

Indépendamment de la première audience, consacrée à la lecture de l'acte d'accusation, quatorze autres, jusqu'au 20 prairial (10 juin), sont employées à ce grave procès.

Dans les six premières séances, cent trente-neuf témoins à charge sont entendus. Dans les septième et huitième, les seize témoins à décharge appelés par les accusés font leurs dépositions.

Les six dernières audiences sont consacrées aux plaidoiries des avocats, au réquisitoire du procureur-impérial, aux discours des accusés, à la lecture de l'arrêt.

L'audition des témoins à charge ne s'est pas faite sans de nombreuses contradictions de la part des accusés ; mais sans qu'aucun d'eux ait pu se disculper des reproches de l'accusation.

Ceux qui avaient fait des aveux ont cherché, sinon à les rétracter, du moins à les expliquer dans l'intérêt de la défense commune. Ceux qui se trouvaient compromis par ces aveux, ont prétendu que leurs auteurs n'avaient point su la vérité ; qu'ils s'étaient livrés à des interprétations, sur des apparences ou d'après des ouï-dire menteurs :

Les avocats :

Agier, pour Troche fils ; — d'Aussel, pour L. Ducorps ; — Billecocq, pour Charles de Rivière ; — Blacque, pour Caron ; — Bonnet, pour Moreau ; — Bourguignon, pour la femme Gallais ; — Boutroue, pour Couchery ; — Boyeldieu ; pour Monnier et sa femme ; — Chauveau-Desormeaux, pour Troche père ; — Collin, pour Denand et sa femme ; — Cotterel, pour Lajolais, Roger et Hervé ; — Delachalumelle, pour Verdet ; — Dommanget, pour G. Cadoudal, Deville, A. Gaillard, Lelan et Merille ; — Dufriche-Foulaines, pour Lemercier et Cadudal ; — Faux-de-la-Forge, aussi pour Lajolais ; — Gaillard-Laferrière, pour Rochelle, Lenoble et pour Hervé aussi ; — Gauthier, pour Picot et Coster-St-Victor ; — Girod, pour la fille Hizay ; — Guichard, pour les deux Polignac et Rolland ; — Lebon, pour Bouvet de Lozier, Ruzilion et d'Hozier, — Maugeret, pour Joyau et N. Ducorps ; — Moynat, pour David,

Datry et encore pour Lajolais ; — Petit-Dauterive,
pour Gallais ; — Ponsard , pour Leridan, Burban
et Even ; — Poujol, pour Dubuisson et sa femme;
— Roussialle , pour Rubin-de-la-Grimaudière et
Spin ; — Salles , pour Roger ,

Ont discuté avec talent les charges de l'accusation et les déclarations des témoins. Déniant
certains faits , expliquant certaines circonstances ,
ils ont proclamé l'innocence de leurs cliens , leur
inexpérience des choses ou leur ignorance des lois;
quelques-uns ont invoqué la clémence de la cour.

Qu'est-il résulté des témoignages , des débats,
des discours des accusés, des plaidoyers habiles des
avocats ? Rien de concluant en faveur de la défense.

Tous les conspirateurs, excepté Moreau , n'é-
taient-ils pas à la solde de l'Angleterre, et ceux qui
les recevaient , les guidaient, les hébergeaient,
n'étaient-ils point rémunérés par eux ?

Etaient-ils, pour la plupart, si recommandables,
que les assassinats de la Vendée et les pillages sanglans de nos grandes routes et l'exécution des projets criminels des Bourbons , leur fussent imputés
à tort (1) ?

---

(1) On a prétendu que les Bourbons avaient été étrangers.
aux assassinats commis sur nos routes. Voici un fait de réfu-
tation consigné dans le *Supplément au Bulletin des Lois* ,
1824 , t. II, publié par M. Isambert.

Un individu avait été condamné, par arrêt de la cour spéciale de Rouen, rendu en 1808, à vingt-deux ans de réclusion,

Rentrés en France sans desseins coupables , se seraient-ils cachés , se seraient-ils occupés de leurs affaires avec des pistolets et des poignards dans leurs poches, auraient-ils voulu se procurer des armes et de la poudre?

Et d'ailleurs, la vérité ne s'est-elle échappée de la bouche d'aucun d'eux?

Quant à Moreau, dont la réputation militaire a été portée si haut et par ses amis et par les ennemis d'une gloire impérissable , réputation mal

---

pour complicité dans un vol de diligence, et pour avoir *favorisé et reçu partie de l'argent volé*, sachant qu'il provenait du vol.

A la première rentrée de Louis XVIII en France, cet homme recourut à la clémence, ou plutôt à la justice de ce roi.

Des lettres d'abolition, contresignées Dambray, furent accordées le 18 août 1814, scellées du petit sceau, et adressées par le ministère de la justice à la cour royale de Rouen, où elles furent entérinées.

Selon les considérans de l'abolition, « ces *vols* étaient des « *faits politiques* se rattachant à une conspiration dont le « but était de rétablir les Bourbons sur le trône; et, quoique « en 1807 il n'existât pas d'armée royale à Alençon, où le « crime fut commis, cependant *ce crime n'était pas un fait* « *isolé, mais se rattachait à un vaste complot en faveur de* « *la cause royale.* Les tribunaux n'avaient pas manqué à « leur devoir, en condamnant d'après les lois d'alors; mais « les effets de ces condamnations devaient cesser *dans un* « *moment où elles étaient mieux appréciées.* A ces causes, « nous avons, de notre pleine puissance et autorité royale, « aboli, etc., et *rétablissons le condamné dans sa* ʙᴏɴɴᴇ « ʀᴇɴᴏᴍᴍᴇ́ᴇ. »

Quelle impudeur !

appréciée jusqu'ici, était-il sans ambition? sans haine pour le consul?

L'amitié de Pichegru n'avait-elle pas fait taire en lui le dévouement au pays, lorsque, en l'an v, il céla au gouvernement, pendant plus de quatre mois, les preuves de la trahison de ce général?

N'avait-il donc pas, à cette même époque, laissé soupçonner aux agens bourbonniens, ennemis de la France, la possibilité d'une trahison personnelle?

Avait-il repoussé les propositions de David et de Lajolais, et la correspondance de Pichegru?

N'avait-il pas pressé le premier de ces deux entremetteurs de se rendre à Londres?

N'était-ce pas après avoir reçu, par Lajolais, les dernières assurances de Moreau, que Pichegru s'était embarqué et avait fait embarquer Georges et les siens?

Pichegru, dont il connaissait les sentimens politiques, qu'il avait enfin dénoncé en l'an v, n'avait-il pas été reçu par lui, aussitôt après son arrivée?

N'avait-il pas revu Pichegru, Georges et quelques autres conspirateurs?

Si Pichegru, et Georges, et Lajolais, et Couchery, et Rolland, et plusieurs encore, lui avaient caché le secret de la conspiration, la présence en France et la réunion de tous ces traîtres, de ces hommes habitués au crime, ne l'instruisaient-elles pas suffisamment de ce qu'ils préparaient?

En supposant qu'il fût assez dépourvu de sens, ce qui n'est pas admissible, pour ne pas deviner ces misérables, n'avait-il pas un devoir à remplir envers l'état, en faisant connaître le débordement à Paris de Georges et de sa horde?

Ce qu'il avait fait en l'an v, il le fit en l'an xii : à ces deux époques, son silence aurait pu compromettre l'avenir de sa patrie.

Moreau était coupable.

Après avoir demandé à chacun des accusés, dans les séances du 19 et du 20, s'il avait quelque chose à ajouter à sa défense, le président déclara les débats terminés et annonça le retrait de la cour dans la chambre du conseil.

La cour resta en délibération depuis le samedi 20, huit heures du matin, jusqu'au dimanche 21, quatre heures du matin. Elle rentra alors en séance, et, faisant amener successivement chacun des accusés, le président prononça l'arrêt suivant :

« VU PAR LA COUR, l'acte d'accusation dressé le 25 floréal dernier, par le commissaire du gouvernement, accusateur public près le tribunal criminel spécial du département de la Seine, actuellement procureur-général impérial près ladite cour,

« Contre,

« 1° Georges Cadoudal, etc. (1)

« Ouï, après les formalités voulues par la loi, préalablement remplies, les témoins produits par le ministère public;

« Ouï chaque accusé en ses dires, moyens de dé-

_____

(1) Voir la liste des accusés, dans l'acte d'accusation.

fense et observations sur les dépositions des témoins, ensemble en ses réponses aux interrogats
qui lui ont été faits tant par le premier président
que par les autres membres de la cour;

« Ouï en leurs déclarations les témoins appelés
et produits par les accusés de Rivière, David, Denand et sa femme, Spin, Verdet, Gallais et la
femme Gallais;

« Ouï le procureur-général impérial, en son développement de la cause et en ses conclusions tendantes à ce que, en exceptant les accusés Even,
Caron, Gallais et la femme Gallais, pour le jugement desquels il s'en rapporte à la sagesse de la
cour, tous les autres dénommés en l'acte d'accusation fussent déclarés coupables du crime dont ils
sont accusés, et condamnés aux peines que la loi
prononce pour les cas dont il s'agit;

« Ouï Domanget pour la défense de Georges
Cadoudal, etc. (1).

LA COUR ordonne qu'il en sera délibéré.

Après en avoir délibéré;

LA COUR, attendu que d'après l'instruction et le
débat il est constant,

« Qu'il a existé une conspiration tendante à troubler la république par une guerre civile, en armant les citoyens les uns contre les autres, et contre
l'exercice de l'autorité légitime;

« Que Georges Cadoudal est convaincu d'avoir

---

(1) Suit le nom de tous les avocats et celui de leurs cliens.

pris part à cette conspiration ; — Qu'il l'a fait dans le dessein du crime ;

« Qu'Athanase-Hyacinthe Bouvet de Lozier est convaincu d'avoir pris part à cette conspiration ; — Qu'il l'a fait dans le dessein du crime ;

« Que François Ruzilion est convaincu d'avoir pris part à cette conspiration ; — Qu'il l'a fait dans le dessein du crime.

« Qu'Etienne François Rochelle est convaincu d'avoir pris part à cette conspiration ; — Qu'il l'a fait dans le dessein du crime.

« Qu'Armand-François Héraclius Polignac est convaincu d'avoir pris part à cette conspiration ; — Qu'il l'a fait dans le dessein du crime.

« Qu'Abraham - Augustin Charles d'Hozier est convaincu d'avoir pris part à cette conspiration ; — Qu'il l'a fait dans le dessein du crime.

« Que Charles-François de Rivière est convaincu d'avoir pris part à cette conspiration ; — Qu'il l'a fait dans le dessein du crime.

« Que Louis Ducorps est convaincu d'avoir pris part à cette conspiration ; — Qu'il l'a fait dans le dessein du crime.

« Que Louis Picot est convaincu d'avoir pris part à cette conspiration ; — Qu'il l'a fait dans le dessein du crime.

« Que Frédéric Lajolais est convaincu d'avoir pris part à cette conspiration ; — Qu'il l'a fait dans le dessein du crime.

« Que Michel Roger est convaincu d'avoir pris

part à cette conspiration ; — Qu'il l'a fait dans le dessein du crime.

« Que Jean-Baptiste Coster est convaincu d'avoir pris part à cette conspiration ; — Qu'il l'a fait dans le dessein du crime.

« Que Victor Deville est convaincu d'avoir pris part à cette conspiration ; — Qu'il l'a fait dans le dessein du crime.

« Qu'Armand Gaillard est convaincu d'avoir pris part à cette conspiration ; — Qu'il l'a fait dans le dessein du crime.

« Qu'Aimé-Augustin-Alexis Joyau est convaincu d'avoir pris part à cette conspiration ; — Qu'il l'a fait dans le dessein du crime.

« Que Louis-Gabriel-Marie Burban est convaincu d'avoir pris part à cette conspiration ; — Qu'il l'a fait dans le dessein du crime.

« Que Guillaume Lemercier est convaincu d'avoir pris part à cette conspiration ; — Qu'il l'a fait dans le dessein du crime.

« Que Pierre-Jean Cadudal est convaincu d'avoir pris part à cette conspiration ; — Qu'il l'a fait dans le dessein du crime.

« Que Jean Lelan est convaincu d'avoir pris part à cette conspiration ; — Qu'il l'a fait dans le dessein du crime.

« Que Jean Mérille est convaincu d'avoir pris part à cette conspiration ; — Qu'il l'a fait dans le dessein du crime :

« DÉCLARE lesdits Cadoudal, Bouvet de Lozier, Ruzilion, Rochelle, Armand-François-Héraclius

Polignac, d'Hozier, de Rivière, Louis Ducorps, Picot, Lajolais, Roger, Coster, Deville, Armand Gaillard, Joyau, Burban, Lemercier, Lelan, Cadudal et Mérille, coupables du crime prévu par l'article DCXII de la loi du 3 brumaire an IV.

« En conséquence, et conformément audit article dont il a été fait lecture, et lequel est ainsi conçu :

« Toutes conspirations et complots tendant à « troubler la république par une guerre civile, en « armant les citoyens les uns contre les autres, et « contre l'exercice de l'autorité légitime, seront « punies de mort, tant que cette peine subsistera, « et de vingt-quatre années de fers quand elle sera « abolie. »

« CONDAMNE lesdits Georges Cadoudal, dit Larive, dit Maçon; Athanase-Hyacinthe Bouvet de Lozier, François-Louis Ruzilion, Etienne-François Rochelle, Armand-François-Héraclius Polignac, Abraham-Augustin-Charles d'Hozier, Charles de Rivière, Louis Ducorps, Louis Picot, Frédéric Lajolais, Michel Roger, Jean-Baptiste Coster, dit Saint-Victor, Victor Deville, Armand Gaillard, Aimé-Augustin-Alexis Joyau, Louis-Gabriel-Marie Burban, Guillaume Lemercier, Pierre-Jean Cadudal, Jean Lelan et Jean Mérille, À LA PEINE DE MORT.

« DÉCLARE, conformément à la loi du 14 floréal an 3, dont il a été aussi fait lecture, et laquelle est ainsi conçue : « La convention nationale déclare « que le principe de la confiscation est maintenu

« à l'égard des conspirateurs , » leurs biens acquis
à la République :

« ATTENDU que Jules-Armand-Auguste Polignac est coupable d'avoir pris part à la conspiration ;

« Que Louis Léridan est coupable d'avoir pris
part à la conspiration ;

« Que Jean-Victor Moreau est coupable d'avoir
pris part à ladite conspiration ;

« Qu'Henri-Odille-Pierre-Jean Rolland est coupable d'avoir pris part à ladite conspiration ;

« Que Marie-Michel Hizay est coupable d'avoir
aidé et assisté les coupables dans les faits qui ont
préparé le délit ;

Mais qu'il résulte de l'instruction et des débats ,
des circonstances qui les rendent *excusables.*

Vu l'article DCXLVI de la loi du 3 brumaire
an iv, dont il a été fait lecture et lequel est ainsi
conçu :

« Lorsque le jury a déclaré que le fait de l'excuse
« proposé par l'accusé est prouvé, s'il s'agit d'un
« meurtre, le tribunal prononce ainsi qu'il est réglé
« par l'article IX de la section première de la se-
« conde partie du Code pénal.

« S'il s'agit de tout autre délit, le tribunal ré-
« duit la peine établie par la loi à une punition
« correctionnelle qui , en aucun cas , ne peut ex-
« céder deux années d'emprisonnement. »

« LA COUR réduit la peine encourue par les sus-
nommés en une punition correctionnelle. En conséquence condamne lesdits Jules-Armand-Auguste

Polignac, Louis Léridan, Jean-Victor Moreau, Henri-Odille-Pierre-Jean Rolland, et Marie-Michel Ilizay, chacun à la peine de deux années d'emprisonnement.

« Condamne solidairement tous les sus-nommés aux frais auxquels l'instruction et le jugement ont donné lieu, conformément à la loi du 18 germinal an 7.

« Attendu que Victor Couchery, Pierre David, Michel Hervé, Claude Lenoble, Yves-Marie-Joseph-Rubin La Grimaudière, Noël Ducorps, Nicolas Datry, Joseph-Laurent Even; Gaston Troche fils, ne sont pas convaincus d'avoir pris part à la conspiration ;

« Que Michel-Joseph-Pierre Troche père, Pierre Monnier; Marie-Anne Colasse, femme Monnier; Jean-Baptiste Denand; Sophie Duval, sa femme; Jacques Verdet et Pierre-Antoine Spin ne sont pas convaincus d'avoir aidé et assisté les coupables dans les faits qui ont préparé le délit;

« Que Pierre-Jean-Baptiste Dubuisson, Madeleine-Sophie Lambotte, femme Dubuisson, Marie-Antoine Caron, Simon-René Gallais et Jeanne-Aimée-Françoise Guerard, femme Gallais, ne sont pas convaincus d'avoir aidé et assisté les coupables dans les faits qui ont préparé le délit;

« Que Pierre-Jean-Baptiste Dubuisson, Marie-Madeleine-Sophie Lambotte, femme Dubuisson, et Marie-Antoine Caron sont convaincus d'avoir recélé des conspirateurs ;

« Qu'ils ne sont pas convaincus de l'avoir fait sciemment;

Que lesdits Gallais et sa femme ne sont pas convaincus d'avoir recélé aucun des conspirateurs :

Acquitte lesdits Couchery, David, Hervé, Lenoble, Rubin La Grimaudière, Noël Ducorps, Datry, Even, Gaston Troche fils, Michel-Joseph-Pierre Troche père, Monnier; Marie-Anne Colasse, femme dudit Monnier ; Verdet, Spin, Dubuisson; Madeleine-Sophie Lambotte, femme dudit Dubuisson ; Caron, Galais, Jeanne-Françoise-Aimée Guerard, femme dudit Galais; Denand et Sophie Duval, femme dudit Denand, des accusations portées contr'eux.

« Ordonne qu'ils seront mis en liberté, s'ils ne sont détenus pour autres causes ;

« Et néanmoins à l'égard de Denand et Sophie Duval, sa femme; Verdet, Dubuisson et Madeleine-Sophie Lambotte, femme Dubuisson;

« Attendu qu'ils ont reçu chez eux et logé plusieurs individus sans avoir fait la déclaration prescrite par la loi du 27 ventose an IV;

« Renvoie lesdits Denand, Sophie Duval, femme Denand ; Dubuisson, Madeleine-Sophie Lambotte, femme Dubuisson et Jacques Verdet, devant la cinquième section du tribunal de première instance du département de la Seine, jugeant en police correctionnelle pour être statué ce que de droit.

« Ordonne que les fusils, pistolets, poudre, sabres, poignards, balles, habits d'uniformes et autres pièces qui ont servi à conviction au procès,

resteront déposés au greffe à telles fins qu'il appartiendra.

« Ordonne enfin que le présent arrêt sera imprimé et affiché partout où besoin sera, et exécuté
à la diligence du procureur-général de Sa Majesté
l'EMPEREUR.

« Fait et prononcé à Paris, le 21° jour du mois
de prairial an XII, en l'audience publique de la cour
de justice criminelle, où siégeaient messieurs Hémart, premier président; Martineau, président,
Desmaisons, Rigault, Bourguignon, Lecourbe, Laguillaumye, Selves, Thuriot, Granger, Clavier
et Dameuve, membres de ladite cour, qui ont signé le présent arrêt.

« En foi de quoi le présent arrêt a été signé par
le président de la cour et par le greffier.

« Par la cour,

« *Signé*, HÉMART.

« Collationné,

Signé, FRÉMYN. »

Il y eut pourvoi en cassation des différens condamnés. Voici l'arrêt de rejet :

« A l'audience de la section criminelle de cassation tenue au Palais de justice, à Paris, le 4 messidor an XII,

« Sur les pourvois de Jean Lelan, Nicolas Datry, Guillaume Lemercier, Jean-Baptiste Coster,
Charles-François de Rivière, Joseph-Laurent Even,

Jean-Victor Moreau, Yves-Marie-Joseph Rubin de
la Grimaudière, Pierre Monnier, Pierre David,
Louis Léridan, Louis-Gabriel Marie Burban, Victor
Deville, dit Tamerlan, Michel Roger, Georges-
Cadoudal, Armand Gaillard, Louis Picot, Marie-
Augustin Joyau, Jean Mérille et Michel Hervé,
contre l'arrêt rendu par la cour de justice criminelle spéciale du département de la Seine, le 9
prairial an 12, par lequel arrêt cette cour, sans
s'arrêter au déclinatoire proposé, a ordonné qu'il
serait passé outre aux débats.

« Et encore sur les pouvoirs de Georges Cadoudal dit Georges, Athanase Hyacinthe Bouvet de
Lozier, François-Louis Ruzilion, Etienne-François Rochelle, Armand-François-Héraclius Polignac, Abraham-Charles-Augustin d'Hosier, Louis
Ducorps, Louis Picot, Frédéric Lajolais, Michel
Roger, Jean-Baptiste Coster, Aimé-Augustin-
Alexis Joyau, Louis-Gabriel-Marie Burban, Guillaume Lemercier, Pierre-Jean Cadudal, Jean Lelan, Jean Mérille, Victor Deville, Armand Gaillard
et Marie-Michel Hizay, contre l'arrêt de la même
cour de justice criminelle spéciale du département
de la Seine, du 24 du même mois de prairial an XII,

« Est intervenu l'arrêt suivant :

« Ouï le rapport de Bruno-Philibert-Audier
Massillon, l'un des juges nommés par ordonnance
du 27 prairial dernier, les observations de Gauthier, Dommanget et Girod, défenseurs des récla-

mans, et les conclusions du procureur général impérial,

« En ce qui concerne le pourvoi d'Athanase-Hyacinthe Bouvet de Lozier, François-Louis Ruzilion, Etienne-François Rochelle, Abraham-Charles-Augustin d'Hozier, Frédéric Lajolais, Armand-François-Héraclius Polignac, et Armand Gaillard, contre l'arrêt de la cour de justice criminelle séant à Paris, du 21 prairial dernier,

« Attendu le désistement par eux donné dudit pourvoi, par actes mis au greffe,

« En ce qui concerne le pourvoi de Jean-Victor Moreau et de Pierre David, contre l'arrêt de ladite cour : du 9 dudit mois ;

« Attendu le désistement par eux donné dudit pourvoi par actes mis au greffe.

«En ce qui concerne le pourvoi de Nicolas Datry, Joseph-Laurent Even, Yves-Marie-Joseph Rubin de la Grimaudière, Pierre Monnier et Michel Hervé, contre l'arrêt de la dite cour, du 9 prairial,

« Attendu qu'ayant été acquittés par l'arrêt définitif du 21 dudit mois, ils sont sans intérêt à attaquer celui du 9,

« La Cour déclare qu'il n'y a lieu de statuer sur lesdits pourvois.

« En ce qui concerne le pourvoi de Jean Lelan, Guillaume Lemercier, Jean-Baptiste Coster, Charles-François de Rivière, Louis Léridan, Louis-Gabriel-Marie Burban, Victor Deville, dit Tamer-

lan, Michel Roger, Georges Cadoudal, Louis Picot,
Marie-Augustin Joyau et Jean Mérille, contre ledit
arrêt du 9 prairial dernier :

« Attendu que la Cour de justice criminelle, séant
à Paris, a été, dans le principe, légalement investie
de la connaissance du procès dont il s'agit ; qu'elle
n'en a été dépouillée depuis par aucune loi posté-
rieure ; que d'ailleurs il résulte des art. 105 et 133
du sénatus-consulte du 28 floréal, que l'organisation de la Haute-Cour impériale est encore incom-
plète, et que le cours de la justice ne peut être
suspendu ni retardé ;

« La Cour rejette ledit pourvoi.

« En ce qui concerne le pourvoi de Georges Cadoudal, Louis Ducorps, Louis Picot, Michel Roger, Jean-Baptiste Coster, Aimé-Augustin Joyau,
Louis-Gabriel-Marie Burban, Guillaume Lemercier, Pierre-Jean Cadudal, Jean Lelan, Jean Mérille, Victor Deville et Marie-Michel Hizay, contre
l'arrêt définitif de ladite Cour de justice criminelle
du 21 prairial dernier :

« Attendu que par les motifs ci-dessus énoncés
la Cour de justice criminelle, séant à Paris, était
compétente pour statuer sur l'accusation portée
contre les susnommés ;

« Attendu que d'après l'art. 2 du sénatus-consulte du 8 ventôse dernier, le recours en cassation
était ouvert contre le jugement définitif, tant sur
la compétence que sur l'observation des formes de
la procédure et l'application de la loi, et que dès-

lors il n'y avait pas lieu de rendre un jugement préalable sur la compétence ;

« La Cour rejette les pourvois formés le 22 prairial dernier contre l'arrêt de ladite Cour de justice criminelle du 21 dudit mois, contre lesdits Georges Cadoudal, Louis Ducorps, Louis Picot, Michel Roger, Jean-Baptiste Coster, Aimé-Augustin Joyau, Louis-Gabriel-Marie Burban, Guillaume Lemercier, Pierre-Jean Cadudal, Jean Lelan, Jean Mérille, Victor Deville et Michel-Marie Hizay.

« Pour extrait conforme,

« *Signé*, J.-B. JALBERT. »

Le pourvoi étant rejeté, il y eut plusieurs recours en grâce ; et le lendemain, le *Moniteur* en publia le succès en ces termes :

« L'EMPEREUR, dans un conseil privé, réuni au palais de Saint-Cloud, le 2 de ce mois, a fait grâce de la peine capitale à ceux des condamnés à l'égard desquels il n'avait pas déjà usé de clémence lors de l'amnistie accordée aux Français qui avaient porté les armes contre la France, ou pris part à la guerre civile.

« Les condamnés qui ont obtenu grâce sont :
« Athanase-Hyacinthe *Bouvet de Lozier,*
« François-Louis *Ruzilion,*
« Etienne-François *Rochelle,*
« Armand-François-Héraclius *Polignac,*

« Abraham-Augustin-Charles *d'Hozier*,

« Charles de *Rivière*,

« Frédéric *Lajolais*,

« Et Armand *Gaillard*.

« En conséquence, des lettres de grâce ont été expédiées dans les termes suivans :

« Napoléon, par la grâce de Dieu et les constitutions « de l'empire, empereur des Français ;

« *Aux présidens et membres composant la Cour de justice criminelle du département de la Seine, séant à Paris.*

« Notre cœur a été d'autant plus affecté des nouveaux complots tramés contre l'Etat par les ennemis de la France, que deux hommes qui avaient rendu de grands services à la patrie y ont pris part.

« Par votre arrêt du 21 prairial dernier, vous avez condamné à la peine de mort Athanase-Hyacinthe Bouvet de Lozier, l'un des complices. Son crime est grand; mais nous avons voulu lui faire ressentir, dans cette circonstance, les effets de cette clémence que nous avons toujours eue en singulière prédilection.

« En conséquence , après avoir réuni en conseil privé dans notre palais de Saint-Cloud, le 2 du présent mois, l'archi-chancelier de l'Empire, l'archi-trésorier, le connétable, le grand-juge et ministre de la justice, les ministres des relations extérieures et de la guerre, les sénateurs François de . Neufchâteau, Laplace et Fouché; les conseillers-d'état Regnaud (de Saint-Jean-d'Angely) et Lacuée;

et les membres de la cour de cassation Muraire et
Oudart; nous avons déclaré et déclarons faire grâce
de la peine capitale à...

et commuer ladite peine en celle de la déportation,
qui s'effectuera dans un délai de quatre années,
pendant lesquelles ledit...

tiendra prison dans le lieu qui sera désigné.

» Mandons et ordonnons que les présentes lettres, scellées du sceau de l'Empire, vous seront
présentées dans trois jours, à compter de leur réception, par notre procureur-général près ladite
cour, en audience publique, où l'impétrant sera
conduit, pour en entendre la lecture, debout et
la tête découverte; que lesdites lettres seront de
suite transcrites sur vos registres, sur la réquisition
du même procureur-généeal, avec annotation
d'icelles en marge de la minute de l'arrêt de condamnation.

« Donné au Palais de Saint-Cloud, sous le sceau
de l'Empire, le 4 messidor an XII.

« *Signé*, NAPOLÉON.

« Par l'Empereur,

« *Le secrétaire-d'état, signé*, H. B. MARET.
« Vu par nous archi-chancelier de l'empire,

« *Signé*, CAMBACÉRÈS

« *Le grand-juge et Ministre de la justice*,

« *Signé* RÉGNIER.

« Les condamnés auxqnel Sa Majesté a fait grâce de la peine capitale, seront détenus dans les lieux ci-après, savoir :

« 1°. Bouvet de Lozier, au château de Bouillon.

« 2°. Armand Gaillard, *idem.*

« 3°. [Frédéric Lajolais, au château de Belle-garde.

« 4°. Louis Ruzilion, au château de Lourde.

« 5°. Charles d'Hozier, *idem.*

« 6°. François Rochelle, au château d'If.

« 7°. Charles-François de Rivière, au fort de Joux.

« 8°. Armand-François-Héraclius Polignac, au château de Ham.

« Jules Polignac, condamné à deux ans d'emprisonnement, sera détenu dans la même prison que son frère. »

L'exécution des condamnés à mort non grâciés eut lieu le 6 messidor (25 juin 1804), à onze heures du matin..

Nous avons cru devoir donner, pour aider à l'intelligence morale de ce procès, des notes biographiques sur les principaux accusés; mais ces notes bornaient les faits à l'époque de la mise en jugement : nous allons les compléter.

Condamnés à mort et exécutés :

G. Cadoudal (1), L. Ducorps, Picot, Roger (dit

_____

(1) « Louis, etc.; — Sur le compte qui nous a été rendu

Loyseau), Coster Saint-Victor, Deville, Joyau, Burban, Lemercier, Cadudal, Lelan et Mérille.

Condamnés à mort et grâciés :

1° *Bouvet de Lozier*, ne dut sa grâce qu'aux instances de sa sœur, qui fut présentée à Napoléon par la princesse Caroline, depuis reine de Naples. Après les événemens de 1814, Louis XVIII le nomma maréchal-de-camp, lui confia le commandement de l'île Bourbon, et le décora de la Légion-d'Honneur.

2° *Ruzilion*. On lit dans les mémoires du général Rapp (p. 9-10) : « Le jour de l'exécution, le banquier Scherer accourut tout en pleurs à Saint-Cloud : il demanda à me parler; c'était pour que je sollicitasse la grâce de son beau-frère, M. de Ruzilion, ancien major suisse. Il était accompagné de quelques-uns de ses compatriotes, tous parens

---

par notre amé et féal chevalier, chancelier de France, le sieur Dambray; — Voulant récompenser la fidélité et le dévouement à notre personne de *Georges Cadoudal*, et donner à sa famille un témoignage durable de mes sentimens; — Nous avons anobli et anoblissons, décoré et décorons le sieur *Joseph Cadoudal* son père, des titre et qualité de noble, pour jouir à perpétuité, par lui et ses descendans en ligne directe, des droits, honneurs et prérogatives attachées à ce titre. — Il se retirera pardevant notre chancelier pour qu'il lui soit délivré des lettres-patentes sur ce nécessaires.— Donné au château des Tuileries, le 12 octobre de l'an de grâce 1814, et de notre règne le *vingt-cinquième*. »

du condamné. Ils savaient bien, me dirent-ils,
que le major avait mérité la mort ; mais il était
père de famille..... Le général présenta la pétition. *Quel est cet homme*, lui dit Napoléon, *comment s'appelle-t-il ?* — *Ruzilion.* A ce nom, il
devint furieux. *Il est plus dangereux, plus coupable que Georges même.* — *Faites-lui grâce, non
pas pour lui, mais pour tant de braves gens qui
ont assez gémi de ses sottises.* — *Entendez-vous,*
dit-il, *avec Corvisart.* En même temps, il m'ar-
rache la pétition, l'approuve, et me la rend avec
impétuosité. — *Envoyez au plus vite un courrier
pour qu'on suspende l'exécution.* » L'année suivante,
au mois de mai, sa femme et sa fille implorèrent
de nouveau la clémence de l'empereur, qui était à
Chambéri ; ils en obtinrent la grâce de leur mari,
de leur père, et sa mise immédiate en liberté. —
Ce qui donne la mesure des services que Ruzilion
rendait au prétendant, c'est que celui-ci lui avait
donné la croix de Saint-Louis, quoique, suivant
les statuts de l'ordre, il en fût exclu comme calvi-
niste.

3° *Rochelle de Brécy* dut sa grâce aux suppli-
cations de sa mère. Il était encore au château d'If
en 1814. En 1815, Louis XVIII le nomma lieute-
nant-colonel d'infanterie dans la garde royale.

4° *Polignac* l'aîné a suivi la même carrière que
son frère, et a eu le même sort jusqu'en 1814.
Nommé maréchal de camp, il fut envoyé à Rome
pour réclamer le rétablissement des évêchés supprimés sous l'empire. Élevé à la pairie le 17 août

1815, il l'a abandonnée après les événemens de 1830.

5° *D'Hozier*. Grâcié à la sollicitation de Joséphine. Il sortit du château d'If, où il était détenu, lors de la restauration. Il devint ensuite comte, colonel de cavalerie, et écuyer cavalcadour du comte d'Artois.

6° *Rivière de Riffardeau* (marquis de). Joséphine, Murat et la princesse Caroline, obtinrent sa grâce de l'empereur; il ne dut sa liberté qu'à la restauration; devint maréchal-de-camp et fut nommé ambassadeur à Constantinople. Il était déjà arrivé à Marseille, lorsque la nouvelle du débarquement de Napoléon lui parvint. N'ayant pu soulever le Midi, il rejoignit le duc d'Angoulême à Barcelone. Il revint à Marseille avec lord Exmouth, ayant des instructions secrètes de Louis XVIII. Brune se maintenait à Toulon. Rivière lui fit connaître l'entrée des Bourbons à Paris, et le rassura sur les craintes que lui causait l'effervescence des habitans du pays qu'il avait à parcourir pour se rendre à Avignon. Les craintes du malheureux maréchal étaient telles, qu'il voulait s'embarquer à Toulon pour le Hâvre. Brune partit, et un aide-de-camp de Rivière arriva en même temps que lui à Avignon. Rivière a été accusé de l'assassinat du maréchal. A la même époque, Murat cherchait un asile en France; Rivière mit sa tête à prix, promettant 24,000 francs de récompense à son assassin. Lieutenant-général du 30 mars 1815, pair de France le 17 août suivant, il reçut bientôt le commandement de la 23e division militaire, et se rendit aussitôt en Corse, qui était en partie en état d'insurrection. Alors Murat, échappé aux plus grands périls, se tenait caché dans les environs d'Ajaccio. Rivière le poursuivit avec tant de fureur, qu'il le força à s'embarquer : le Pizzo criera long-temps vengeance contre le misérable Rivière. Au mois de juin 1816, il était à Constantinople. Rappelé en 1819, à cause de sa conduite antifrançaise, il fut nommé capitaine des gardes-du-corps du comte d'Artois. A la mort du duc de Montmorenci, cet infâme le remplaça dans les fonctions de gouverneur du duc de Bordeaux. Il est mort au mois de juillet 1828.

7° *Lajolais*. Toute sa famille se jeta aux genoux de l'empereur et en obtint sa grâce. Il mourut dans sa prison la veille du jour où il devait être rendu à la liberté.

8° *Gaillard*. Est redevable de sa grâce à madame Murat. A été, après la restauration, employé dans la maison de Louis XVIII.

Condamnés à l'emprisonnement :

1° *Polignac* le jeune. L'impératrice Joséphine toucha l'empereur par ses prières, et sa peine fut commuée. Après avoir été enfermé à Ham, au Temple et à Vincennes, il obtint la permission d'habiter une maison de santé de la rue du Faubourg-Saint-Jacques. Il prit part à la conspiration de Mallet, et parvint à se soustraire aux recherches

de la police. Il alla retrouver le comte d'Artois à
Vesoul, en 1814, revint à Paris, et fut des premiers
à se parer de la cocarde blanche. Chargé d'une
mission à Rome, il en revint avec le titre de prince.
Députe à la chambre *introuvable*, il devint pair de
France en 1816, ambassadeur en 1823, et ministre
président du conseil le 8 août 1829. Arrêté à Saint-
Lô au mois d'août 1830, et mis en jugement, il a
été condamné à la prison perpétuelle, à la perte
de ses titres, grades et ordres; l'arrêt, qui est du
21 décembre 1830, l'a déclaré mort civilement. Il
est enfermé au château de Ham.

2° *Léridan.*— 3° *Rolland.* — 4° Fille *Hizay.*—
On ne sait ce qu'ils sont devenus.

5° *Moreau.* Sa femme demanda à l'Empereur la
faveur de l'emmener aux États-Unis. L'Empereur
l'accorda; et quelques jours après sa condamnation, il était sur la route de Barcelonne, accompagné du colonel Henry. Au moment de quitter
son prisonnier, le colonel lui remit une lettre dans
laquelle on lui demandait de signer l'engagement
de ne jamais porter les armes contre la France. —
« Comment a-t-on pu supposer, dit Moreau, que
je serais capable de commettre un crime aussi
grand que de tirer l'épée contre ma patrie? Je
vous donne ma parole d'honneur, colonel, que si
l'Empereur (c'était la première fois que Moreau
prononçait ce mot; jusque-là il avait toujours employé le nom propre de Bonaparte) a besoin de
moi, que si la guerre a lieu, il n'a qu'à me le faire
savoir, et je reviendrai bien plus vite que je ne

m'en vais. »—Moreau lui promit une réponse, lorsqu'ils seraient arrivés à Barcelonne ; mais madame
Moreau arriva, et la réponse fut refusée. S'étant
rendu aux États-Unis, Moreau se fixa dans une
belle terre de Morisville, auprès d'une petite ca-
taracte formée par la Delaware. — Force nous est
de revenir sur le passé, pour tenter d'expliquer le
présent et l'avenir de Moreau. — M. Nodier, écri-
vain habile et savant remarquable, mais bourbo-
niste facile à se fanatiser, a publié, à l'époque de
la restauration de 1815, une *Histoire des Sociétés
secrètes de l'armée*, qu'il eût mieux fait d'intituler :
Notes sur les Philadelphes. M. Nodier prétend,
dans cette histoire, que trois mois avant son procès, Moreau, reçu Philadelphe, avait été élu *censeur*
de l'association, c'est-à-dire chef suprême ; que,
comptant sur le zèle de ses *frères* associés, il n'a-
vait pas voulu les compromettre en se livrant à
Pichegru, d'où étaient nées les incertitudes marquées par celui-ci, qu'il voulait ménager aussi ;
que, pressé par son ancien ami de prendre enfin
un parti, Moreau refusa de le seconder. — Le refus ne fut cependant pas positif. Voici comment
M. Nodier raconte la dernière entrevue des deux
généraux (p. 113-114) : « Après avoir exprimé,
avec beaucoup de force et de clarté, les raisons qui
l'empêchaient de prêter à la conspiration elle-
même l'autorité de son nom, il ajouta qu'il ne
voyait point d'inconvénient à l'accomplissement
du plan des conjurés, qui était de l'exécution la
plus facile, à cette époque où Bonaparte, encore

mal assuré dans son usurpation, n'affectait pas
tout-à-fait les formes extérieures de la tyrannie,
et se laissait approcher, au moins par les militaires.
Il engagea Pichegru à remettre le soin et la responsabilité de cette expédition aux hommes entre-
prenans dont il était accompagné, en abandonnant
à la force des choses les effets indubitables qui devaient la suivre. Il n'était pas possible qu'après
l'enlèvement de Bonaparte, le sénat jetât les yeux
sur un autre que sur Moreau, pour lui confier les
rênes de l'État et le faire rentrer dans les attribu-
tions du premier consul. Une fois arrivé à ce point,
Moreau, investi d'un grand pouvoir, soumettait
la charte à son roi et lui rendait le trône (1). »

---

(1) « Je lui fis (à Napoléon) quelques questions sur la part
que Moreau avait prise dans la conspiration. « Moreau, dit-
il, a avoué à ses avocats qu'il avait vu Georges et Pichegru ;
qu'il s'était entretenu avec eux, et qu'il se proposait de le
dire, lors de son jugement. Cependant son conseil le dissuada
de le faire, et lui dit que s'il convenait d'avoir communiqué
avec Georges, rien ne pourrait l'empêcher d'être condamné
à mort. Moreau, dans une entrevue avec deux des autres
conspirateurs, persista à soutenir que la première démarche
qu'il fallait faire était de me tuer ; qu'il aurait plein pouvoir
sur l'armée quand je ne serais plus ; mais qu'il ne pourrait
rien faire tant que j'existerais. Lorsqu'on vint l'arrêter, son
acte d'accusation lui fut remis. Il y était accusé d'avoir conspiré contre la vie du premier Consul et la sûreté de la République, de complicité avec Pichegru et Georges : en lisant
ces noms, le papier lui échappa des mains, et il *s'évanouit.* »
O'Meara, *Napoléon en exil à Sainte-Hélène,* 1822, t. Ier,
2e partie, p. 10-11.

Et Moreau n'était pas coupable ?

Suivant M. Nodier, les philadelphes s'étaient réunis à Paris pour sauver Moreau s'il eût été condamné; il énumère leurs forces et préconise leur courage : et Moreau s'en alla avec un seul officier !

Le consul était fort : malgré l'excitation au mécontentement de la part des *philadelphes* et des bourbonistes; malgré les tentatives qu'ils firent pour élever leur héros, le pays n'éprouva pas un seul moment d'hésitation.

Quelques années s'écoulèrent sans que le nom de Moreau retentît en aucune manière dans les affaires de France. Il fallait, pour qu'il en fût question de nouveau, que le duc d'Orléans passât en Catalogne.

Avant de rappeler les événemens de cette époque, nous devons déclarer que nous en tenons le détail d'une personne bien instruite; mais qui a été réservée dans sa communication. Si notre récit laisse à désirer certains éclaircissemens; s'il s'y glisse des inexactitudes, ce n'est pas nous qu'il faut en accuser : car nous recherchons la vérité avec zèle. Nous serions heureux que, tout incomplet qu'il est, ce récit donnât lieu à des explications de nature à répandre quelque lumière sur ces temps de notre histoire contemporaine encore mal connus et sans doute mal appréciés aujourd'hui.

Le duc d'Orléans avait été appelé en Catalogne au mois de mai 1810; il s'y rendit. Pendant qu'il réclamait le commandement qu'on lui avait offert,

le maréchal Soult , qui dirigeait l'armée de Portugal , se préparait à ceindre la couronne de don
Juan VI.

Des officiers généraux ayant eu connaissance de
ce projet, conçurent la pensée de le déjouer ; et
croyant peut-être que , puisqu'un lieutenant de
Napoléon osait se détacher des liens de l'empire,
eux aussi pouvaient songer à prendre parti pour
leur ambition propre et les affections secrètes de leur
cœur , ils formèrent le dessein de s'emparer des
armées françaises en Espagne et de les faire servir
à des intérêts de leur choix.

Ils mûrirent leur dessein, et le communiquèrent
ensuite au duc de Wellington , au moyen d'un
homme sûr ; Wellington l'approuva.

Les conjurés étaient Delaborde, Donadieu, Loy-
son, tous trois philadelphes; un des frères Lallemant , St-Cyr et le colonel Auguste Caulaincourt.

La conjuration avait pour objet de placer les
troupes sous les commandemens supérieurs des
trois généraux philadelphes que nous venons de
citer ; d'appeler Moreau et de lui confier, avec
St-Cyr, 20,000 hommes dans le Bas-Ebre ; de donner le gouvernement de l'Espagne et du Portugal
réunis au duc d'Orléans, acceptant, ou n'acceptant
pas, ce que nous ignorons.

Quatre passeports, signés par La Romana , Be-
resflord et Wellington avaient été délivrés au nom
de Moreau, de St-Cyr , du frère Lallemant déjà
cité, et d'Auguste Caulaincourt qui devait aller aux
Etats-Unis.

Wellington et La Romana, instruits par les conjurés des plans de l'armée de Portugal, concertèrent leurs mouvemens en conséquence. Ces plans leur étaient communiqués par l'intermédiaire d'un lieutenant de cavalerie nommé Argenton, que le maréchal Soult fit fusiller.

On ne sait comment un des quatre passeports, celui de Lallemant, fit découvrir la conjuration ; toujours est-il que Napoléon en eut connaissance, et qu'il ordonna une enquête, d'abord confiée à des officiers subalternes et ensuite au général Verdier. .

Ce qu'il y eut de remarquable dans le résultat de cette enquête, c'est qu'elle amena, par les officiers du 18e régiment de dragons, la révélation des projets du maréchal Soult.

Il est aisé de se figurer la colère de Napoléon. Il ordonna au maréchal infidèle de venir sur le champ rendre compte de sa conduite, et pour qu'il ne pût prétexter aucune cause de retard, il lui envoya 500,000 fr.

Soult, épouvanté, eut, avant son départ de la Péninsule, une entrevue avec le roi Joseph, dans laquelle il lui avoua ses torts, réclama son appui généreux, et lui jura pour Napoléon une fidélité à toute épreuve.

Napoléon renvoya à des corps d'armée hors d'Espagne Caulaincourt et d'autres officiers, prescrivit de nombreux déplacemens qu'on ne sut point expliquer alors, et par des agens secrets et habiles, parvint tellement à piquer la vanité de

Wellington, que ce général se retira violemment de la conjuration, privée dès ce moment de tous ses chefs à la fois.

Quant à Moreau, un émissaire anglais lui fut dépêché en toute hâte : il défit ses malles et paya la location du paquebot qu'il avait retenu, dépense qui ne lui fut jamais remboursée.

Depuis trois ans on n'entendait plus parler de lui lorsqu'on annonça tout à coup et pour ainsi dire en même temps, son arrivée au quartier-général russe et sa mort.

Il existe plusieurs versions sur les causes de son retour en Europe, nous allons les rappeler.

Quelques écrivains ont prétendu que Bernadotte l'avait engagé à venir séjourner en Suède ; que ce prince s'était occupé de lui chercher une jolie habitation dans les environs de Stockholm, qu'il avait fait à ses intimes l'aveu de ses tentatives et de ses espérances.

Il est vrai que, débarqué le 26 juillet à Go-thembourg, le maréchal d'Essen l'accueillit parfaitement, qu'il semblait l'attendre, et qu'il lui dit : « Général, vous nous amenez dans votre per-« sonne un secours de cent mille hommes (ce qui « sentait singulièrement l'hyperbole). Quel plai-« sir le prince royal aura de revoir son ami le « général Moreau ! »

Mais ce qui prouverait que, si l'on attendait Moreau en Suède, il n'y avait pas été appelé par Bernadotte, c'est que celui-ci finit ainsi sa conversation avec Moreau, le 7 août, à Stralsund :

« Prenez garde, général, prenez garde ! les Fran-
« çais ne reconnaîtront jamais le vainqueur de
« Hohenlinden sous l'uniforme russe ! »

Nous sommes autorisés à ne point douter de ce
propos de Bernadotte, rapporté d'ailleurs par
Montgaillard (Ed. de 1827, t. VII, p. 240); nous
en avons pour garans les assurances d'un officier
général bien placé pour être instruit de la vérité,
et la parole personnelle de feu le comte Réal.

Adoptant ce bruit mensonger, M. Nodier, pour
jeter de l'intérêt sur son *Histoire des Philadelphes,*
affirme que les chefs de l'association qu'il avait dit
être éteinte depuis la mort d'Oudet, chargèrent
un émissaire d'établir entre Bernadotte, Moreau
et Alexandre une voie facile de communication ;
que, cette mission ayant eu le succès désirable,
Mallet, sous la censure duquel la société avait
passé *comme un peuple conquis sous la domina-*
tion d'une loi étrangère, dit M. Nodier, c'est-à-
dire probablement qu'il s'était emparé de la société,
Mallet plaça sa conspiration sous l'invocation du
nom de Moreau.

Mallet, républicain converti au bourbonisme
par les frères Polignac, savait par des agens anglais le retour et les desseins de Moreau ; croyant
céder à sa haine contre Napoléon, il obéissait à
une impulsion ennemie. L'Angleterre et ses alliés
ont mis les armes à la main de Mallet et non les
Philadelphes.

D'autres écrivains ont annoncé que Moreau avait
été décidé par un envoyé d'Alexandre, influencé

en cela par le cabinet anglais. En effet, Moreau s'est embarqué, le 21 juin, avec M. de *Svinine*, conseiller d'ambassade russe, à Hell-Gate, à bord du navire américain l'*Annibal*, muni d'un passe-port que lui avait procuré secrètement l'amiral *Cockburn* (1)

Il est probable, et en ceci nous ne cédons pas seulement à une conviction particulière, mais en-core à la confiance que doivent nous inspirer les communications d'une personne très-recommanda-ble; il est probable que Moreau ne crut pas d'abord à la possibilité d'un succès complet des Russes, unis seulement aux Anglais et aux Prussiens, et qu'il résista aux instances d'Alexandre jusqu'au moment où l'empereur d'Autriche eût pris des engagemens avec la coalition. Nous croyons être certains que le prince de Metternich fixa ses incertitudes. Il faut se res-souvenir, pour l'intelligence du fait que nous allons citer, que David Parisch, banquier à Phi-ladelphie, avait une maison à Vienne, avec laquelle le prince de Metternich était en relations d'intérêt.

M. Nancrède, connu aux Etats-Unis par une édition de la Bible qui se trouve dans toutes les familles américaines, et qui a été la base de sa

_____

(1) *L'Annibal* étant près des côtes de Norvége, un canot alla au-devant de lui. Il était monté par Chatan, capitaine d'une frégate anglaise, chargé d'annoncer à Moreau l'arrivée de sa femme en Angleterre. Madame Moreau était en France depuis dix mois; elle avait été avertie à temps de l'embar-quement de son mari.

fortune; M. Nancrède, qui nous a aussi fait part lui-même de ces circonstances, dînait, un des jours du mois de juin 1812, chez David Parisch; Moreau était un des convives. La conversation s'engagea sur les affaires d'Europe. Après une causerie assez longue, David dit à Moreau : « Eh bien ! « général, voilà une belle occasion de vous ven- « ger de votre ennemi (Napoléon)... Il faut prendre « parti contre lui... — Oui !... Quand on n'a pas « le sou, reprit Moreau, et qu'on a des dettes, « on ne peut pas songer à faire campagne. — « Cela ne peut-il donc s'arranger ?... voyons.... « — Si j'avais 200,000 fr. pour payer mes dettes... « — Partiriez-vous ? — Pourquoi pas!... »

Alors, David Parisch écrivit à l'instant, sur ses genoux, un mandat de 200,000 dollars (plus d'un million de francs) sur la banque de Washington, et le remit à Moreau, qui ne tarda guère à s'embarquer.

Toutes les personnes qui ont eu connaissance de ce fait n'ont jamais douté que David Parisch n'ait obéi à des ordres du prince de Metternich.

Moreau traversa la Prusse et arriva le 17 août à Prague, où se fit son entrevue avec les empereurs de Russie et d'Autriche, et le roi de Prusse (1). Il

(1) Un paragraphe d'une lettre du duc de Bassano à Cambacérès, datée de Dresde le 27 août 1813, insérée au *Moniteur* du 2 septembre, annonça ainsi le retour de Moreau :

« Une circonstance excitera l'indignation universelle : l'ex-général Moreau est à l'armée ennemie, à la suite de

ne faut pas oublier que c'est le 17 août que les princes alliés dénoncèrent la rupture de l'armistice.

Dès ce moment, les alliés firent déboucher leur grande armée par la Bohême pour la porter sur Dresde. Le 26 août, l'attaque de cette ville et l'incendie de ses faubourgs commencèrent. Le lendemain, Moreau, sur le front des lignes avec Alexandre et le roi de Prusse, communiquait à ces princes quelques observations, lorsqu'un boulet, le premier lancé par l'artillerie de la garde impériale, lui fracassa le genou droit et lui emporta le mollet de la jambe gauche. Transporté sur un brancard à Laun, il succomba à une double amputation, dans la nuit du 1er au 2 septembre. On porta son corps à Prague; après l'avoir embaumé, on le transféra à Saint-Pétersbourg, où il fut inhumé dans l'église catholique. Au-dessus du caveau renfermant ses restes, on mit cette inscription : *Moreau, né le* 18 *août* 1763, *mort à Laun, le* 2 *septembre* 1813. L'empereur Alexandre écrivit à madame Moreau, lui fit don de 500,000 roubles, et lui accorda une pension de 30,000.

L'armée française avait célébré la mort d'un traître par une de ces grandes victoires dont elle eut long-temps l'habitude : 60,000 Russes, Prus-

---

l'empereur de Russie, comme son conseiller privé. Il a ainsi jeté le masque, dont il n'était plus couvert aux yeux des personnes clairvoyantes, depuis plusieurs années. »

siens, Autrichiens, avaient été tués, blessés, faits
prisonniers; 40 drapeaux et 60 canons étaient
tombés en son pouvoir!

La restauration a pris soin d'ailleurs de multi-
plier les preuves du déshonneur de Moreau.

A sa rentrée en France, Louis XVIII s'empressa
de faire remettre à madame Moreau (morte en 1821)
le bâton de maréchal, *qu'il avait destiné à son mari,*
lui accordant tous les honneurs dont jouissent les
femmes d'officiers revêtus de cette dignité.

Le 26 avril 1814, Lanjuinais proposa au sénat de
prendre un arrêté ainsi conçu :

« *Le sénat déclare que le général Moreau a
toujours mérité l'estime publique et la reconnaissance de la patrie.* »

Cette proposition, appuyée par Garat et Lambrechts, fut renvoyée par le sénat à une commission chargée d'en faire son rapport, lorsque le
nouveau gouvernement serait en activité.

Le nouveau gouvernement remplit le vœu du
sénat.

On lit dans le *Moniteur* du 26 juin 1814 :

« *Paris*, 25 juin. — Le service annoncé le 25
pour les généraux *Pichegru, Georges, Moreau,
et les onze personnes qui ont péri avec le général Georges,* a eu lieu aujourd'hui dans l'église
Saint-Paul. L'assemblée était nombreuse; elle a
assisté à la cérémonie avec un pieux recueillement.

Il n'y a pas eu de prédicateur. Une quête a été faite par madame de Polignac, accompagnée de M. le marquis de Rivière, que l'on sait avoir échappé au sort des autres victimes. — Le service devait être célébré aux frais des parens du général Georges; S. M. l'ayant appris, a désiré témoigner de l'intérêt que lui inspirait l'objet de la cérémonie, et elle a fait connaître qu'elle entendait se charger de ces frais. »

Et dans celui du 5 mars 1816 :

« D'après une ordonnance du 27 février dernier, une statue doit être élevée au général Moreau et une au général Pichegru. — Le ministre secrétaire d'état au département de l'intérieur a chargé M. Beauvallet de l'exécution de la première de ces statues, et M. Dumont de l'exécution de la seconde. »

Beauvallet étant mort, le ministre confia le travail de ce statuaire à Calderari.

Le ministère avait compris dans une somme de 140,000 fr. portés au chapitre V de son budget présenté à la chambre des députés de 1822, les frais d'érection des statues de Moreau et de Pichegru. Une discussion s'engagea à ce sujet dans la séance du 26 juillet. Le chapitre fut voté. Cependant, l'opinion publique s'étant prononcée avec force, les statues restèrent dans l'atelier des artistes.

C'est que, en France, on ne parviendra jamais, même des Bourbons, à consacrer des récompenses pour la trahison, quel que soit le sujet politique qui ait pu lui donner naissance. Notre conviction est si profonde à cet égard, que nous ne faisons point doute que si le pays eût été consulté sur les hommes de ce procès méritant son indulgence, Georges et les siens en eussent été l'objet; car Georges et les siens étaient restés dans leur caractère de fauteurs de guerre civile et de pillards de grands chemins : sa sévérité n'eût atteint que Pichegru et Moreau.

BOUHOURT,

Dite MANETTE, dite AUGUSTE.

DE quelque part qu'il vienne, le crime est toujours affreux ; mais à l'horreur qu'il inspire se joint un sentiment pénible, douloureux même, quand il est commis par un sexe auquel on est habitué à accorder douceur et bonté. Heureusement les annales du Palais-de-Justice offrent peu d'exemples des forfaits dont nous allons rendre un compte exact et détaillé.

« Le 30 novembre 1807, vers les neuf heures du matin, le commissaire de police de la division de l'Observatoire fut requis de se transporter dans une maison rue du Pot-de-Fer, à l'effet de recevoir les déclarations de la veuve Marye, sur laquelle un individu venait d'effectuer une attaque, à dessein de la tuer.

« Arrivé dans une chambre, au troisième, il y vit une femme, couverte de sang et de blessures ; un chirurgien était alors occupé à la panser. Lorsqu'il eut mis le premier appareil sur ses plaies, et qu'elle eut recouvré ses esprits, le commissaire reçut ses déclarations, portant : qu'il y avait environ deux ans qu'elle avait eu occasion de faire connaissance de la nommée *Manette*, qui portait aussi le

nom d'*Auguste*, exerçant la profession de perruquier, et était ordinairement travestie en homme;
que ladite Manette vint chez elle le lundi ou le
mardi précédent, et lui remit un billet pour le
Tivoli d'hiver, où devait se donner une fête extraordinaire; que le jeudi suivant, elle revint, et
lui demanda si elle s'était servie du billet; qu'enfin
elle revint, pour la dernière fois, ledit jour 30 novembre; qu'il était à peine huit heures du matin
lorsque la fille Manette frappa à sa porte; qu'elle
se leva, lui passa sa clé par-dessous la porte, et
vint se remettre au lit; que ladite Manette étant
entrée, elle vint s'asseoir près du lit sur une
chaise; qu'elle était alors vêtue *d'une redingotte
puce et coiffée d'un chapeau rond;* qu'elle lui dit
d'abord : *Eh quoi, ma petite, vous êtes encore
couchée?* et lui demanda ensuite si elle était allée
la veille au Tivoli d'hiver; que, sur sa réponse négative, Manette l'invita à lui rendre son billet, ce
qu'elle fit, et demanda ensuite à ladite Manette si
elle voulait prendre un peu d'eau-de-vie, qu'elle
refusa, en disant qu'elle en avait assez bu le matin;
que Manette lui parut inquiète; que la conversation roula sur des objets vagues; que bientôt la
fille Manette se leva précipitamment, déboutonna
sa redingotte, et en tira un instrument qu'elle ne
distingua pas d'abord, et s'élança sur elle; que,
pour éviter les coups que cette fille paraissait vouloir *diriger sur sa tête*, elle s'enfonça sous ses couvertures, et qu'au même instant elle se sentit frapper violemment à la tempe gauche, et successive-

ment de plusieurs autres coups sur différentes
parties de la tête ; qu'alors elle se découvrit, se leva
sur son séant, et saisit fortement cet instrument,
qu'elle reconnut alors être un marteau ; qu'au moment même la fille Manette lâcha ce marteau, la
saisit aux cheveux, lui porta plusieurs coups de
poing sur la tête, et réussit à s'emparer de nouveau
du marteau, sauta sur son lit, lui mit le pied sur
la gorge, et lui asséna derechef plusieurs autres
coups de marteau, dont elle désarma encore ladite
Manette ; qu'alors celle-ci lui mit les mains dans la
bouche, et chercha ensuite à lui porter de nouveaux coups ; que, pour les éviter, elle étendit son
bras gauche au-dessus de sa tête, auquel bras la
fille Manette la mordit ; que la douleur fut si vive,
qu'elle abandonna encore le marteau, dont la fille
Manette la frappa de la main droite, pendant que
de la gauche elle la tenait par les cheveux ; qu'elle
la jeta de son lit à terre, la traîna par les cheveux
jusqu'à la cheminée, lui frappa la tête contre les
chenets, en lui disant de lui abandonner le marteau, dont elle, plaignante, s'était encore saisie,
et en lui promettant qu'elle allait se retirer ;
qu'ayant effectivement lâché le marteau, et étant
parvenue à se retirer, elle voulut se rendre à la
porte et l'ouvrir, mais que la fille Manette s'y opposa, et la ferma au verrou qu'elle, plaignante,
avait ouvert ; qu'elle voulut tourner la clé, et que
la fille Manette la repoussa encore, referma la
porte à la clé, la terrassa de nouveau, et la frappa
de plusieurs coups de marteau ; qu'enfin, étant

parvenue à se débarrasser de ses mains, elle courut à sa fenêtre, l'ouvrit, et cria *à l'assassin!* qu'alors la fille Manette se sauva, laissant dans la chambre le marteau qu'elle avait apporté, et son chapeau rond.

« Ledit marteau et ledit chapeau furent remis au commissaire, comme pièces à conviction.

« Le certificat du docteur en chirurgie, le sieur Cézerus, dûment certifié par le commissaire de police, établit que ledit sieur Cézerus fut requis le 30 novembre 1807, à huit heures du matin, de se transporter dans la demeure de la dame Marye; qu'il s'y rendit, et la trouva dans son lit, inondée de sang; qu'on lui dit qu'elle venait d'être assassinée à coups de marteau par un particulier; qu'après examen de toutes recherches nécessaires pour constater la nature des blessures, il s'était assuré qu'elles avaient été faites par un corps contondant, porté avec violence sur la tête de la dame Marye, et sur les extrémités supérieures, surtout aux avant-bras droit et gauche.

« Dans la lutte que la femme Marye soutint contre la fille Manette, cette dernière, voulant diriger un coup de marteau sur la tête de ladite dame Marye, en frappa si violemment le chambranle d'une cheminée, sur lequel le coup, heureusement mal conduit, porta, que ce chambranle fut endommagé par une échancrure à la partie de la moulure.

« La femme Marye ajouta qu'elle présumait que la fille Manette, en l'attaquant de la sorte, avait probablement l'intention de la voler, et elle cita quelques faits sur lesquels cette présomption était fondée. Un des derniers jeudis d'octobre, Manette vint la voir vers huit heures du matin, et dans le courant de la journée elle s'aperçut qu'il lui manquait un grand mouchoir blanc de mousseline. Elle apprit d'une personne qui avait rencontré ce même jour la fille Manette, à l'Estrapade, qu'elle lui avait vu tirer un mouchoir de sa poche, et le développer.

« Quelques jours avant de se livrer aux actes de violence dont nous venons de donner le détail, elle alla voir la femme Marye, et lui adressa beaucoup de questions sur les locataires de la maison; elle lui demanda notamment quelles étaient les personnes qui habitaient au dessus et au-dessous d'elle, et encore sur son carré. Ladite Marye lui dit qu'il n'y logeait que des dames qui étaient seules. »

Après le crime commis sur la femme Marye, la fille Manette fit une absence de trois semaines, puis elle alla se réfugier chez la femme Doisy, demeurant rue et maison des Filles-Saint-Thomas, laquelle femme Doisy l'avait connue dans la maison d'arrêt des Madelonnettes.

Ce ne fut que le 18 janvier 1808 que la fille Bouhourt, dite Manette, dite Auguste, fut arrêtée.

« Interrogée sur les faits relatifs à l'attaque à dessein de tuer, qu'elle était prévenue d'avoir exécutée sur la personne de la femme Marye, elle cher-

cha à établir dans sa défense, que cette femme,
emportée vers elle par des désirs effrénés, avait
conçu une violente jalousie, et lui avait fait de vifs
reproches, en l'accusant de lui préférer d'autres
femmes, avec lesquelles elle aurait été aù *Tivoli
d'hiver;* qu'elle fut d'abord insensible à ce reproche, et qu'elle se disposait même à se dépouiller
de ses vêtemens pour entrer dans le lit de la femme
Marye, lorsque celle-ci s'y opposa, et proféra contre elle des injures qui la portèrent à donner un
soufflet à ladite Marye, qui la prit aussitôt aux
cheveux, et la jeta à terre; que dans cette lutte,
et pendant qu'elle était renversée, elle trouva,
sous des mottes à brûler, dans un coin, un marteau qu'elle jeta à la tête de la femme Marye, et
se sauva ensuite. »

Quoi qu'il en soit, le vol n'était pas étranger à
la fille Manette; car il fut établi par l'instruction
que, le 25 septembre 1806, elle avait été condamnée à six mois d'emprisonnement pour vol.

Là ne se bornaient pas tous les crimes à elle
imputés; elle était encore prévenue de deux autres
assassinats suivis de vol.

L'un de ces assassinats fut commis dans la nuit
du 25 décembre 1805, sur la personne du sieur
Gabriel-Pierre Boysson, né à Aurillac le 24 avril
1751, qui avait été curé de Montlhéry et profes-
seur dans un séminaire.

Le sieur Boysson jouissait d'une pension de mille
francs sur l'État. Quelque modique que fût sa
fortune, il paraît néanmoins qu'il avait mis un

peu d'argent en réserve; car une demoiselle Marie-Françoise Boy, qui avait demeuré dix-sept ans avec lui, et qui ne l'avait quitté que deux mois avant sa mort, en reçut une somme de six cents francs; et elle déclara qu'il lui restait encore 1,115 fr. en pièces de cinq francs. Après le décès du sieur Boysson, on apprit par ses papiers qu'à cette même époque il traitait de l'acquisition d'une petite maison, aux environs de Vincennes, estimée 3,000 francs, et qu'il offrait de payer comptant.

Depuis trois ans, cet ancien curé habitait un petit appartement, au premier étage, d'une maison rue Neuve - Sainte - Geneviève. Quelque temps avant que la demoiselle Boy sortît de chez lui, le sieur Boysson prit une femme de ménage; trois mois après, cette femme s'étant présentée chez celui-ci, comme elle avait coutume de le faire tous les matins, la porte lui fut ouverte par un *jeune homme d'environ dix-huit ans ; il était vêtu d'une redingotte bleue, coiffé d'un chapeau rond, et portait des bottes.* « C'est mon neveu, dit le sieur Boysson à cette femme, et c'est lui qui doré-navant fera mon ménage. » En disant ces mots, il prit deux pièces de cinq francs dans son secrétaire, les donna à cette femme, et la congédia. C'était le samedi 21 décembre.

La veille, le sieur Boysson avait prié un de ses voisins d'aller lui chercher une bouteille de vin et une livre de côtelettes. Cet homme les lui apporta dans sa chambre, où il vit un jeune homme vêtu et coiffé de la même manière que celui qui ouvrit la porte à la femme de ménage : ce jeune homme se chauffait à un poêle.

« Le même jour, 20 décembre, une autre personne vit un jeune homme très-mince de corps, vêtu d'une redingotte bleue, chaussé avec des bottes, coiffé d'un chapeau rond, lequel jeune homme conduisait le sieur Boysson, en le tenant sous le bras, car alors la terre était couverte de verglas.

« Le mardi 24 décembre, veille de Noël, un garçon perruquier, qui depuis six mois rasait le sieur Boysson deux fois par semaine, se présenta chez lui, et y vit, *pour la première fois*, un jeune homme de la taille de cinq pieds deux ou trois pouces, vêtu d'une veste bleue, que le sieur Boysson lui avait prêtée; il portait des bottes. Ce jeune homme emprunta de ce garçon perruquier une paire de ciseaux : elle devait lui servir, dit-il, pour tailler *à la Titus* les cheveux du sieur Boysson. Le lendemain 25 décembre, jour de Noël, ce garçon perruquier crut voir, vers les deux ou trois heures de l'après-midi, le même jeune homme qu'il avait vu la veille chez le sieur Boysson, il entrait dans un café tenu par le sieur Simarre, carré de la porte St-Marceau ; il était alors vêtu d'une redingotte brune à grand collet et à poil, et était couvert d'un chapeau rond. Le samedi 28 décembre et les jours suivans, le garçon perruquier vint pour raser le sieur Boysson; il frappa à la porte, mais inutilement : on ne répondit point. »

Le sieur Boysson avait pour voisin un sieur Despy, chez lequel il prenait son vin en détail depuis qu'il demeurait rue Neuve-Sainte-Geneviève. Le mardi 17 décembre un jeune homme vint chez le sieur Despy, et lui demanda deux bouteilles de cidre pour le compte du sieur Boysson. Le lendemain, le même jeune homme revint encore, et prit deux bouteilles de vin, toujours pour le compte du sieur Boysson.

Le sieur Despy donna le signalement suivant de ce jeune homme.

« Agé d'environ dix-huit à dix-neuf ans, taille de cinq pieds quatre pouces, cheveux et sourcils châtains, yeux très-petits, nez aquilin mais un peu relevé, bouche petite, lèvre supérieure aplatie, visage ovale et pâle, quelques marques de petite vérole, surtout au menton; barbe naissante, regardant toujours en-dessous; redingotte bleue de roi, gilet fond blanc moucheté, bottes à l'écuyère, cheveux coupés à la Titus, coiffé d'un chapeau rond. »

Une autre personne, demeurant dans la maison habitée par le sieur Boysson, donna le même signalement de ce jeune homme. On y remarquait cependant cette différence, que selon cette personne, le jeune homme n'avait que cinq pieds deux pouces, et qu'il n'avait point de barbe.

« A cette même époque, le sieur Boysson entra un jour chez le sieur Despy, et y but une bouteille de vin avec ce jeune homme, *qu'il appelait son neveu,* et qu'il présenta comme tel au sieur et à la dame Despy; la dame Despy remarqua qu'il avait l'air timide, et qu'il osait à peine la regarder.

Elle en fit l'observation au sieur Boysson, qui lui demanda comment elle trouvait son neveu; le sieur Boysson répondit à cette observation de la dame Despy, que son neveu arrivait de la province, mais qu'il se formerait.

« Cependant, il paraîtrait, d'après la dame Despy, que cet air de timidité et d'embarras qu'elle crut remarquer d'abord dans le neveu du sieur Boysson, n'était qu'étudié; car elle le vit passer depuis devant sa porte, et elle fit attention qu'il n'était pas aussi neuf qu'elle l'avait cru, et qu'il le lui avait paru. Elle le dit même au sieur Boysson, qui en parut satisfait, et convint que son neveu n'était point emprunté.

« Un jour il témoigna de l'inquiétude à cette même dame Despy, parce que son neveu, qu'il avait, lui dit-il, envoyé à la boucherie dès huit heures du matin, n'était rentré qu'à midi. Il s'excusa ensuite, en disant qu'il était allé voir une de ses tantes à Ivry, chez laquelle il irait même passer un jour ou deux. »

Plusieurs personnes, et entre autres le sieur Despy, firent la remarque que ce jeune homme prenait des précautions pour que son visage ne fût point vu. Son chapeau était toujours enfoncé jusque sur ses yeux; et quand il allait chercher du vin chez le sieur Despy, il présentait sa bouteille, jetait son argent sur le comptoir, et avait toujours soin de tourner la tête du côté opposé du comptoir, et à ceux qui pouvaient voir et remarquer sa figure.

Deux jours avant Noël, le sieur Boysson pria le sieur Despy de lui envoyer douze litres de vin, parce que, lui dit-il, son neveu ne voulait plus aller chercher à la bouteille, attendu que *c'était trop commun.*

» Le vin fut porté dans un broc, le même jour chez le sieur Boysson. Le garçon qui le porta ne vit point alors le jeune homme dans l'appartement dudit sieur Boysson; et il faut observer que celui-ci avait dit, deux jours avant, que son neveu était allé à Ivry, chez une de ses tantes, et qu'il ne reviendrait que le mardi 24 décembre, veille de Noël.

Ce jeune homme revint en effet le 24 décembre chez le sieur Boysson, puisque ce fut ce jour-là que le perruquier de celui-ci le vit pour la première fois dans la maison. Depuis ce jour aucun des voisins, aucune personne de la connaissance du sieur Boysson ne vit reparaître ni lui, ni son neveu.

Le sieur Despy fit depuis l'observation que le sieur Boysson aimait beaucoup à boire, et que plus d'une fois, il l'avait vu rentrer chez lui étant très-ivre.

En résumant toutes ces circonstances, en rapprochant les époques auxquelles elles ont eu lieu; on voit que, depuis le 17 décembre jusqu'au 21 du même mois, le sieur Boysson a été vu avec un jeune homme qu'il disait être son neveu, et auquel tous les témoins donnent le même costume et le même signalement; que depuis le samedi 21 décembre jusqu'au mardi, ce jeune homme ne parut pas chez le sieur Boysson ; que le mardi 24 décembre, il y fut vu par le perruquier dudit sieur Boysson, duquel ce jeune homme emprunta une paire de ciseau ; enfin, que depuis le 24 décembre, le sieur Boysson et son soi-disant neveu disparurent, sans que l'on sût ce qu'ils étaient devenus l'un et l'autre.

Le 7 janvier 1806, le propriétaire de la maison dans laquelle le sieur Boysson occupait un appartement se rendit chez le commissaire de police de la division de l'Observatoire, et fit une déclaration portant que les voisins du sieur Boysson étaient inquiets, ne l'ayant pas vu paraître depuis plusieurs jours.

D'après cette déclaration, le commissaire de police se transporta au domicile du sieur Boysson ; il frappa à plusieurs reprises à la porte ; on ne répondit pas. Il fit alors appeler un serrurier.

Entré dans l'appartement, le commissaire de police aperçut dans un lit le cadavre d'un homme dont le visage était couvert de sang, et qui avait la tête fracassée en plusieurs endroits ; c'était celui du sieur Boysson. Il y avait aussi du sang sur le lit et sur le carreau.

Le crime paraissait avoir été commis depuis plusieurs jours, car le cadavre était en putréfaction.

On appela un docteur en chirurgie, qui procéda à l'examen de ce cadavre, et constata des plaies, des fractures, et des meurtrissures au visage et au bras gauche. Tous les coups avaient été portés avec un corps contondant, tel qu'un gros marteau.

Averti par le commissaire de police qui avait fait ouvrir la porte de l'appartement occupé par le sieur Boysson, le magistrat de sûreté de l'arrondissement se rendit sur les lieux; il reconnut, d'après le rapport dressé par le chirurgien sur la situation du cadavre, que ledit sieur Boysson avait été assassiné dans son lit.

Il procéda ensuite à la visite de l'appartement de cette malheureuse victime. Il y avait sur une commode un chandelier dans lequel était une chandelle recouverte d'un éteignoir; sur cette commode, on voyait une paire de souliers presque neufs, et à côté une paire de fausses oreilles sans boucles, ce qui semblait annoncer que les boucles auxquelles elles servaient, et dont elles portaient encore l'empreinte, avaient été volées.

Le secrétaire, dont la clé était à la serrure, avait ses deux portes inférieures ouvertes.

Trois pesées avaient été faites sur lesdites portes; il existait trois autres pesées au coffre fort dans lequel étaient des sacs à argent vides; sur ce secrétaire, il y avait une paire de ciseaux courbés; ils paraissaient avoir servi à faire les susdites pesées.

Il y avait un sac à argent sur la cheminée, et à côté une somme de vingt-sept sous et trois deniers; un peu plus loin une paire de ciseaux en bon état et plus grands que les autres. Ces ciseaux furent reconnus par le perruquier du sieur Boysson pour ceux qu'il avait prêtés au jeune homme qu'il faisait passer pour son neveu.

Il parut évident que ce crime atroce avait été commis dans la nuit, et que le meurtrier avait un libre accès dans la maison, puisque les portes n'offraient aucune trace d'effraction. Il avait sans doute saisi l'instant où le sieur Boysson dormait pour l'assommer à coups de marteau.

Il s'était écoulé plus de deux ans depuis la mort du sieur Boysson, lorsque le 3 février 1808, le directeur du jury, procédant à l'instruction contre la fille Manette pour le premier chef d'accusation, fut averti par l'un des huissiers, qu'une personne qui venait d'apercevoir la fille Manette Bouhourt (elle était vêtue en homme) avait été frappée de sa ressemblance avec le neveu du sieur Boysson, que l'on soupçonnait être l'auteur de l'assassinat commis deux ans auparavant sur cet ancien ecclésiastique.

Cet avis donna lieu à la confrontation de la fille Bouhourt avec plusieurs témoins. Tous la reconnurent pour être la même personne que le sieur Boysson leur avait présentée comme son neveu.

Il résulta des déclarations de la femme qui avait fait pendant trois mois le ménage du sieur Boysson, que ce dernier avait chez lui deux petites timbales, une cuillère à ragoût et un couvert : le tout était en argent. Il avait également une paire de boucles de souliers, aussi en argent, et une montre d'or qu'il accrochait habituellement à sa cheminée. Les timbales étaient marquées des trois lettres J. F. P.

Dans le cours de l'instruction, on parvint à découvrir les maisons de prêt dans lesquelles la fille Bouhourt allait déposer ses effets. Madame Lefebvre, commissionnaire au mont-de-piété, rue Galande, sur l'invitation qui lui fut faite par le directeur du jury, déposa ses registres. Il résulta de l'examen qu'on en fit, que le 27 décembre 1805, trois jours après la disparition du sieur Boysson et de son prétendu neveu, une dame Boury avait déposé une paire de boucles d'argent à tour et une tabatière du poids de 230 grammes; et que le 23 janvier 1806, la même Boury avait déposé une cuillère à ragoût, ainsi que deux timbales marquées J. F. P.

La fille Manette fut confrontée à la dame Lefebvre; celle-ci la reconnut pour la même personne qui, le 27 décembre 1805, avait déposé la tabatière et les boucles, et le 23 janvier 1806, la cuillère et les deux timbales marquées des lettres J. F. P.

Manette avoua qu'elle avait en effet engagé la tabatière, les boucles, la cuillère à ragoût et les timbales désignées ci-dessus; mais elle affirma que tous ces effets lui avaient été donnés par un Portugais nommé Duplaidois, logé place de la Concorde, hôtel de Courlande.

On se transporta à cet hôtel, et on acquit la certitude que ce Portugais était un être imaginaire. Au surplus, Manette reconnut comme étant les siennes les deux signatures *Boury* apposées sur les registres de la dame Lefebvre.

Passons maintenant au troisième chef d'accusation.

Dans une maison de la rue Sainte-Hyacinthe, n° 5, une petite chambre était occupée depuis deux mois par un nommé *Antoine-François* Prévost, qui travaillait depuis plusieurs années chez le sieur Thivaut, fabricant d'acier, rue Grénéta.

Le 23 septembre 1806, le sieur Devilleneuve, commissaire-priseur, se rendit chez Prévost à dix heures du soir, pour l'entretenir d'une affaire relative à la succession de son père. Il frappa plusieurs fois à la porte sans recevoir de réponse; mais voyant de la lumière dans la chambre, il appela Prévost. Celui-ci ouvrit sa fenêtre et descendit ensuite lui parler dans l'allée de la maison. Le sieur Devilleneuve voulut monter, mais Prévost s'y opposa. En se retirant, le sieur Devilleneuve vit, en regardant la fenêtre, que Prévost n'était pas seul chez lui. Le lendemain matin, Prévost se rendit, vers les six heures, chez le sieur Devilleneuve, qui le plaisanta sur la visite qu'il paraissait avoir reçue la veille au soir. Prévost se mit à rire. Il avait dit au sieur Devilleneuve, quelques jours auparavant, que s'il avait une maîtresse on ne s'en douterait pas, parce qu'il la ferait habiller en homme. A peu près dans ce temps, le sieur Devilleneuve rencontra Prévost avec un jeune homme qui paraissait avoir vingt ans, vêtu d'une redingotte fond brun clair, collet de velours noir, chaussé de souliers à cordons, et coiffé d'un chapeau rond.

Prévost entra le 27 septembre dans un café de la rue de la Harpe, accompagné d'un jeune homme de vingt ans environ, et moins grand que lui. Ce jeune homme portait une redingotte brune. Ils prirent des cerises à l'eau-de-vie et se retirèrent à onze heures et demie du soir.

Prévost était gai et entre deux vins.

Depuis ce jour Prévost ne reparut plus ; on ne le vit plus et on ne l'entendit plus rentrer chez lui.

Cependant les voisins s'aperçurent qu'il s'exhalait de la chambre de Prévost une odeur fétide ; sa mère en fut avertie. Le 12 octobre, elle pria un particulier de s'assurer si son fils n'était pas dans sa chambre. A l'aide d'une échelle cet individu monta jusqu'à la croisée de la chambre, et à travers les vitres il aperçut le cadavre de Prévost près de son lit.

On avertit sur-le-champ le commissaire de police de la division des Thermes ; il se rendit sur les lieux et il appela le magistrat de sûreté du dixième arrondissement. Deux procès-verbaux furent dressés ; en voici le résultat : La porte de la chambre était fermée à double tour, mais sans verroux en dedans. Le corps de Prévost était assis sur une chaise ; il était nu, n'était couvert que d'une chemise et d'un gilet de travail. Le lit était dans un grand désordre, les draps, le traversin, les matelas étaient teints de sang. A la tête du cadavre était un plaie transversale, faite par un instrument tranchant. On trouva à terre une hachette couverte d'un torchon. Elle était tout ensanglantée. Elle fut présentée aux blessures, elle s'y adaptait parfaitement. Les deux docteurs en chirurgie appelés pour constater l'état du cadavre estimèrent donc que les coups avaient été portés avec cet instrument.

Confrontée avec plusieurs témoins, Manette fut reconnue par l'un d'eux pour être venue chez Prévost un mois environ avant la disparition de celui-ci. Il la rencontra avec lui. Elle était vêtue d'une redingotte brune, elle avait les cheveux à la Titus et portait un chapeau rond. Il l'entendit monter chez Prévost une autre fois.

Ce témoin reconnut aussi Manette à sa voix ; car il l'avait entendue causer avec Prévost.

La fille Bouhourt fut ensuite mise en présence du sieur Devilleneuve, qui déclara que la personne qu'il avait rencontrée avec Prévost avait la même tournure, la même taille et à-peu-près la même redingotte ; mais il ne put dire affirmativement que ce fût la même personne.

Le sieur Devilleneuve avait fait la remarque que le jeune homme qui accompagnait Prévost, portait une redingotte brune avec un collet de velours noir ; et la redingotte dont Manette était vêtue était de couleur brune et elle avait aussi un collet noir.

Manette avait cette même redingotte lors de l'assassinat commis sur la femme Marye ; et celui dont Prévost fut la victime ne précéda cette attaque que de deux mois.

Dans les divers interrogatoires que subit Manette, elle persista à dire qu'elle n'avait jamais connu Prévost, qu'elle n'avait jamais été chez lui, et que personne n'avait pu la voir chez lui.

Tels sont les faits qui amenèrent la fille Bouhourt, dite Manette, dite Auguste, sur les bancs des accusés de la Cour de justice criminelle du département de la Seine, le 28 avril 1808, faits que nous avons puisés, pour la plupart, dans l'acte d'accusation même.

Après la lecture de l'acte d'accusation, M. Courtin, substitut du procureur-général impérial, fit un nouvel exposé de tous les faits ; après les avoir retracés par ordre de date, il s'exprima ainsi :

« Voilà la longue série de crimes attribués à une femme encore dans cet âge heureux, étranger aux calculs d'un sordide intérêt ; où les erreurs, les fautes, les crimes même, ne sont ordinairement que le résultat d'un excès de sensibilité. Lorsqu'en recherchant le bourreau de tant de victimes, la justice a cru devoir arrêter momentanément son glaive sur la tête de l'accusée, a-t-elle été trompée par une réunion de circonstances malheureuses ? Serez-vous affligés de cette idée que le vrai coupable, profitant dans sa retraite d'une impunité cruelle, médite encore d'autres assassinats ? Serait-il au contraire démontré que le sexe né pour toutes les vertus, pour les rappeler même dans nos cœurs, lorsque la fougue des passions a pu en étouffer la voix, aura produit un monstre dont la barbarie dépasserait celle des plus cruels assassins? La solution de ces questions importantes appartient tout entière au débat qui va s'ouvrir devant vous. »

On procède à l'audition des témoins.

Le sieur CÉZERUS, *docteur en chirurgie*. Il retrace avec force l'affreuse situation dans laquelle il trouva la femme Marye, lorsqu'il fut appelé chez elle pour lui donner des secours : « Elle était meurtrie, dit-il, couverte de sang caillé, et ses traits n'offraient plus de traces de figure humaine. »

La femme PETIT, *layetière*, tante de l'accusée. Elle reconnait le marteau avec lequel la femme Marye a été assassinée. Ce marteau lui appartient. Quelques jours avant l'assassinat, Manette vint le lui emprunter ; elle en avait besoin, lui avait-elle dit, pour démonter un garde-manger.

La veuve Marye elle-même comparaît. A sa vue, le nombreux auditoire qui remplit l'enceinte du tribunal, manifeste un vif sentiment de commisération et de curiosité ; elle est entièrement guérie de ses blessures, mais le portrait qu'en avait tracé le sieur Cézerus est encore présent à tous les yeux ; on plaint la victime, on maudit son assassin.

Interrogée sur le funeste événement dans lequel elle avait failli perdre la vie, la veuve Marye retrace non sans une forte émotion mais du moins sans colère ni amertume, les faits que nous avons mis sous les yeux de nos lecteurs. Elle y ajoute une

circonstance de plus : c'est que le samedi qui avait
précédé le crime, Manette était venue la voir,
très-probablement dans le dessein de l'assassiner,
car elle avait son marteau sous sa redingotte ; mais
ayant dit à l'accusée qu'elle attendait son père pour
déjeûner, celle-ci n'osa pas mettre à exécution son
infâme projet.

D'autres témoins furent entendus, et les débats
sur ce premier chef d'accusation étant terminés,
on passa à l'assassinat de l'ancien curé Boysson.
Le prétendu neveu de ce malheureux ecclésiastique fut reconnu par le sieur et la dame Despy,
qui fournissaient le vin dans la maison. Il fut également reconnu par le perruquier qui rasait depuis long-temps le sieur Boysson, et qui, le mardi
24, avait prêté une paire de ciseaux au soi-disant
neveu pour couper les cheveux de son oncle.

Les débats s'ouvrirent ensuite sur l'assassinat du
jeune Prévost. Au nombre des témoins qui furent
entendus, nous citerons :

1° Un ouvrier qui travaillait dans le même atelier que lui, et qui déposa que ce malheureux avait
parlé à ses camarades d'une jolie maîtresse qu'il
avait, laquelle se travestissait en homme, et qu'il
appelait *le petit Auguste*.

2° La femme Durieu, qui demeurait dans la
même maison que Prévost, et qui reconnut dans
l'accusée, la taille, la mise, la tournure, et l'extrême ressemblance d'un jeune homme qu'elle
avait vu entrer plusieurs fois chez Prévost, environ trois semaines avant sa disparition.

3° M. Devilleneuve, commissaire-priseur, qui, le 23 septembre, s'était rendu chez Prévost pour une affaire relative à la succession de son père, et qui, ayant remarqué un jeune homme de figure efféminée, coiffé d'un mouchoir blanc, dit au tribunal que s'il voyait la fille Manette avec un pareil mouchoir, il pourrait mieux juger de la ressemblance.

Par suite de cette dernière déposition, le président ordonna à l'accusée de ceindre sa tête de son mouchoir, qui précisément était blanc, et le sieur Devilleneuve déclara qu'il croyait reconnaître la parfaite identité.

D'après la demande de la fille Manette, des témoins à décharge furent appelés; mais aucun ne s'étant rendu à l'audience, M. Courtin prit la parole et développa les charges qui résultaient de l'instruction et des débats. Il soumit d'abord aux jurés les réflexions suivantes :

« Dans le cours des longs et pénibles débats qui ont eu lieu devant vous, nous avons partagé les vœux que vous avez dû former pour que la plus intéressante moitié du genre humain n'eût pas la douleur de voir sortir de ses rangs un monstre de la nature de celui qui vous est dénoncé. Nous désirions qu'un doute salutaire enchaînât notre conscience et les vôtres, et que du choc de tant et de si puissans intérêts pût jaillir la lumière imprévue destinée à vous montrer l'auteur de tant de crimes dans un de ces vils brigands dont le nombre pèse tant sur la surface du monde.

« Nous ne prétendons pas, en opposition avec
l'expérience des siècles passés, soutenir que jamais
une femme ne trempa ses mains dans le sang innocent; nous savons que parfois la superstition, la
haine, l'ambition ou la jalousie les ont armées.

« Nous savons aussi que dans la longue tour-
mente révolutionnaire, l'humanité eut à gémir de
l'effervescence de femmes qui semblaient avoir ou-
blié leur sexe; tant il est vrai que cette sensibilité
si douce qui doit les animer est facilement émous-
sée par les plus légers égaremens du cœur; qu'elles
ne peuvent s'écarter de toutes les vertus à la pratique desquelles elles sont destinées, perdre cette
humanité touchante qui leur appartient, sans devenir plus vicieuses que nous.

« Des infanticides nombreux, trop souvent im-
punis, la complicité d'autres crimes ont encore, à
différentes époques, donné la mesure des excès auxquels une femme pouvait se laisser entraîner, en
dénaturant son être et ses penchans.

« Mais quelle distance immense sépare ces divers
crimes des accusations géminées qui vous sont en
ce moment soumises !

« Ayez le courage de réunir en un seul tableau
le résultat des débats, contemplez-en les sombres
couleurs, son cadre formé de la réunion de tous
les vices.

« Que voyez-vous? Une femme, élevée dans la
fange d'une crapuleuse débauche, dirige, dès sa
plus tendre jeunesse, toute son intelligence vers les
moyens de porter atteinte aux propriétés d'au-

trui... Sans conseils, sans appui, sans complices,
elle entre seule, et marche d'un pas ferme et hardi
dans cette nouvelle carrière. — La nécessité de
donner la mort à ceux dont elle envie les dépouilles
n'a rien qui puisse l'arrêter... Tous les crimes possibles se présentent à sa pensée ; elle les fixe avec
un sang-froid, une cruauté capables de les réaliser.

« Après une méditation barbare, elle adopte
l'instrument fatal qui lui paraît le plus propre à
l'exécution de ses noirs desseins.

« Les honteux plaisirs qu'elle peut offrir sont
les appâts dont elle se sert pour remplir ses dangereux filets.

« Amour, timidité, modestie, soins assidus, en-
chaînent de plus en plus l'infortuné qu'elle a résolu
d'immoler.

« Au moment favorable, la débauche, des liqueurs spiritueuses la rendent maîtresse absolue
de ses sens.

« O nuit affreuse ! Voyez-vous ce lit funéraire ?
le bourreau s'y place à côté de la victime.

« Malheureux ! pourquoi le pressentiment de ta
destinée ne t'arrache-t-il pas au sommeil ? Dans
quel état ton âme souillée va s'élancer dans l'éter-
nité !

« L'heure fatale a sonné. C'en est fait de ses
jours ; un premier coup porté est suivi de mille
autres ; la rage de l'assassin n'eût point été assouvie
par une mort trop prompte. Elle est enfin certaine. Aussitôt une perquisition rapide découvre

argent, bijoux, effets; tout est enlevé, et ce lieu
d'horreur et d'épouvante est livré pendant plusieurs jours au silence des tombeaux.

« Quelques mois après, cette femme, pour des
vols de peu d'importance, est arrêtée et condamnée à un emprisonnement de six mois.

« Quelle terrible épreuve! Vous croyez peut-
être que le remords déchirant, ou du moins le séjour des prisons, cette foule de réflexions sinistres
qui doivent assiéger sa pensée, les calculs des dangers qu'un premier assassinat impuni lui fait courir, l'échafaud sans cesse dressé devant ses yeux,
vont la glacer d'effroi.

« Vous croyez que, rentrant en elle-même, elle
va abjurer sa conduite passée, se précipiter aux
pieds des autels, les inonder de ses larmes, chercher à obtenir le pardon de la Divinité, si elle
n'ose espérer celui des hommes.

« Images vaines! leçons infructueuses!

« Pendant ce temps d'inaction et d'exil, de nouveaux meurtres ensanglantent sa pensée; elle ne
trouve que trop d'occasions de les réaliser : elle
les saisit avec avidité. C'est le tigre qui s'élance sur
sa proie; l'impunité n'a fait qu'accroître son audace. Aussi, à chaque fois, mêmes moyens, même
perfidie, même cruauté, même succès.

« Ah! Messieurs, sur combien de cadavres cette
femme eût pu tranquillement se reposer un jour,
si la Providence, lente parfois, mais toujours sûre
dans sa marche, n'eût enfin livré sa tête coupable
au glaive vengeur des lois.

« Et tant de crimes auraient été commis par une femme! Nous en doutons encore... elle n'en a peut-être que la forme extérieure. La nature s'est nécessairement égarée dans sa création... l'accusée l'a senti, lorsque, abandonnant les habits de son sexe, elle semble avoir voulu se dégager de tout ce qui pouvait l'y rattacher. »

A la suite de cet éloquent exorde, M. Courtin discuta tous les points de l'accusation, relativement à l'attentat commis sur la femme Marye; il démontra qu'il y avait eu attaque; que la preuve en était dans l'état déplorable où le chirurgien qui avait été appelé pour la secourir l'avait trouvée, dans les cris *à l'assassin!* qu'on avait entendus; dans le désordre qui régnait dans la chambre, et enfin, dans les traces de sang qu'on avait remarquées, tant sur le marteau que sur la neige et le long du mur, tandis que la fille Manette n'avait reçu aucune blessure.

« S'il y avait eu, dit-il, blessures respectives, la fille Bouhourt eût été rendre une plainte pour prévenir celle de la femme Marye : au contraire, elle se juge, fuit, se cache en divers lieux, enfin chez la femme Doisy, qu'elle avait connue en prison.

« Quant au dessein de tuer, il résulte de l'avantage de l'attaque, lorsque la fille Manette s'était placée près du lit de la femme Marye, de la direction dangereuse des coups, de la morsure faite à la victime pour l'empêcher de les parer, et de la déclaration du chirurgien, portant qu'il est miraculeux que la femme Marye ne soit pas morte.»

Quant à la préméditation, M. Courtin n'éleva aucun doute à cet égard ; il fonda son opinion sur la déclaration que la fille Bonhourt avait faite à un perruquier nommé Chapon, qu'elle allait faire un voyage à Versailles, d'où elle devait rapporter une grande quantité d'effets (ceux qu'elle espérait enlever à la femme Marye, après l'accomplissement du crime qu'elle méditait), sur l'emprunt qu'elle avait fait à sa tante d'un marteau qui, selon elle, devait lui servir à démonter un garde-manger que lui donnait ledit sieur Chapon ; et enfin, sur le désaveu formel de ce don par ce perruquier, lequel avait été entendu sur commission rogatoire.

« Elle avait emprunté un marteau, ajouta ce magistrat, elle en a fait l'aveu ; où est-il ? Elle a prétendu l'avoir laissé chez Chapon ; mais cette assertion a encore été démentie. Elle a dit également avoir trouvé chez la femme Marye celui dont elle s'est servie ; mais il est prouvé que cette femme n'en avait que deux petits, qui étaient dans sa commode. Celui-là a donc été apporté exprès pour l'attaque, et cela suffit pour constater la préméditation. »

M. Courtin termine cette partie de la discussion en démontrant que la fille Bouhourt avait eu un puissant intérêt à commettre ce crime.

« Ici, dit-il, c'est à la déclaration de la femme Marye qu'il faut avoir recours pour démontrer cet intérêt au débat. On a vu, d'un côté, fureur, barbarie ; de l'autre, douceur, générosité ; pas la moindre variation ; cachet de vérité dans toutes

les allégations. La fille Bouhourt, venant souvent
chez la femme Marye, l'avait vue dans l'aisance;
elle avait aperçu chez elle de l'argenterie, divers
effets, provenant d'une succession; elle avait formé
le projet de s'en emparer : sa condamnation pour
vol, en l'an 7, d'autres vols commis chez le sieur
Duplessis, prouvent assez qu'elle en était capable. »

M. Courtin passa ensuite à l'assassinat de l'ancien curé Boysson ; il commença par établir d'une
manière positive que cet assassinat avait été commis par le prétendu neveu, quel qu'il fût; il fit
l'observation que ce neveu avait été accusé par la
voix publique, et que ce qui avait confirmé cette
opinion, c'était la fuite de cet individu, et la
certitude que ce titre usurpé cachait une *liaison
honteuse.*

Ce magistrat fit ressortir la préméditation, tant
des efforts que ce prétendu neveu avait faits pour
éloigner la femme de ménage et le perruquier, afin
de rester seul jusqu'à l'instant favorable, que de
la précaution prise, la veille de l'assassinat, d'aller
chercher un broc de vin, afin d'enivrer la victime,
et de l'instant choisi pour l'immoler (on se rappelle que ce fut la nuit).

« Toute la question, continue M. Courtin, se
réduit donc à savoir si la fille Bouhourt était le
prétendu neveu. Or, que nous présentent les débats sur ce point?

« Plusieurs témoins, tels que la femme Bulot,
qui demeurait vis-à-vis Boysson ; Blanzé, palefre-

nier; Despy et sa femme, marchands de vin, l'ont
reconnu dans la personne de l'accusée : ces derniers, surtout, ont motivé cette reconnaissance
sur une cicatrice qu'ils ont montrée. Ils n'ont pu
se concerter pour faire ces déclarations, et ils n'y
avaient aucun intérêt. L'identité est donc constante; et quoique la demoiselle Deboy, la femme
de ménage et le perruquier, morts ou absens,
n'aient pas paru aux débats, il est impossible de se
former à cet égard le moindre doute.

. « Mais ce qui complète la démonstration, c'est
que l'accusée, qui avait conservé sa chambre, rue
des Fossés-Saint-Victor, s'est absentée le 25 décembre (nuit de l'assassinat), d'après la déclaration du portier de cette maison et d'une voisine;
qu'interrogée sur le motif de cette absence, elle a
dit être allée coucher chez une dame Laboissière,
mais qu'il est impossible d'en fournir la preuve;
et enfin que, parmi les effets volés chez le sieur
Boysson, dont la nature fut constatée à l'époque
de l'assassinat, par le magistrat de sûreté, plusieurs, notamment une paire de boucles d'homme,
une tabatière, un couvert d'argent, une cuillère
à ragoût, deux timballes marquées J. F. P., une
bague et une montre, ont été vendus par la fille
Bouhourt ou engagés, deux jours après le crime,
chez la dame Lefebvre.

« Qu'a répondu l'accusée relativement à ces
effets? Elle a dit les tenir de la générosité d'un
nommé Duplaidois, son amant; mais ce n'est là
qu'un être imaginaire, puisque toutes les dé-

marches qu'on a faites pour le découvrir ont été infructueuses.

« Ajoutons à tout cela, Messieurs, qu'à l'époque de cet assassinat, la fille Bouhourt, jusqu'alors misérable, parut tout-à-coup changer de fortune; que le portier de sa maison nous a déclaré lui avoir vu faire beaucoup de dépense; que, pour expliquer cette révolution subite, elle lui a dit qu'elle avait reçu de fortes étrennes; qu'elle annonça, au contraire, à la femme Billot, qu'elle avait gagné à la loterie 900 fr. avec une amie; qu'elle dit à la demoiselle Aubert, qu'elle avait gagné seule 450 francs; à la femme Linger, qu'elle avait gagné avec une amie la même somme; qu'il lui a été impossible d'indiquer le bureau où elle avait fait sa mise; et enfin, qu'on l'a vue payer divers achats, avec des pièces de cinq francs, c'est-à-dire avec la même monnaie qui avait été volée au sieur Boysson.

«Tant de contradictions et de circonstances se réunissent pour la confondre, que ce chef d'accusation nous paraît tout aussi fondé que le premier.

« Examinons maintenant si elle est également coupable de l'assassinat du jeune Prévost. »

Après avoir retracé toutes les circonstances d'un troisième meurtre attribué à la fille Bouhourt, M. Courtin trouva la preuve de la culpabilité de l'accusée dans la certitude où l'on était que ce malheureux ouvrier vivait avec une femme travestie en homme; que les vêtemens de cette femme étaient en tous points semblables à ceux de cette fille ; et dans les dépositions du sieur Devilleneuve et de la femme Durieux, par qui elle fut reconnue.

« Qu'a répondu l'accusée, continue M. Courtin? Elle a avancé qu'elle était alors à l'hôpital Saint-Louis ; et l'examen du registre l'a convaincue d'imposture.

« Si ce crime était isolé, on hésiterait à prononcer ; mais lorsque, à vingt ans, elle a assassiné Boysson, ce qui suppose bien d'autres forfaits antérieurs ignorés ; lorsqu'on voit le même costume, les mêmes moyens de former la liaison, le même abus d'ivresse, le même instrument, la même cruauté, la même fuite, tous les doutes se dissipent. Peut-il exister une autre femme capable de tels crimes, et qui ait la même manière de procéder ? »

Cette discussion fut terminée par une péroraison pleine d'énergie dans laquelle ce magistrat déplora tant d'horreurs, qu'il attribua à une éducation négligée. Il invita les jurés à se montrer justes, mais sévères ; il leur fit observer que dans la guerre que les brigands ont déclarée à l'humanité, leur tête doit du moins répondre de celles qu'ils pourraient atteindre ; enfin, il tira de sages réflexions de l'exemple du jeune Prévost, qui, pour se livrer plus aisément au libertinage, avait quitté ses parens et trouvé la mort ; et de celui de Boysson, qui oubliant la sainteté, la dignité de son ministère, avait subi le même sort à la suite d'une liaison honteuse et des plus crapuleux goûts.

La cour avait nommé d'office un défenseur à l'accusée. Cet avocat chercha à convaincre les jurés que dans les affaires Boysson et Prévost , la fille Manette n'était pas suffisamment convaincue, et que dans celle de la femme Marye , il n'était question que d'une simple rixe entre deux femmes; excitée par des motifs quelconques.

La fille Manette se défendit aussi elle-même avec autant de sang-froid que d'énergie , et plaida sa cause de manière à étonner les juges , les jurés et le public; mais malheureusement pour elle, elle ne put rien alléguer qui détruisît, ou qui atténuât la masse accablante de faits présentés par l'instruction.

L'affaire fut ensuite résumée par le président. Ce magistrat met sous les yeux des jurés le tableau d'une fille à peine âgée de vingt-deux ans, ayant déjà commis trois assassinats, avec des circonstances, avec un calcul qui devaient la faire considérer comme un tigre dont il fallait délivrer la société. « Allez, leur dit-il, que votre juste sévérité porte une terreur salutaire dans l'ame de ces scélérats qui croiraient qu'avec de l'adresse, des précautions , ils pourraient parvenir à l'impunité, à la faveur des ténèbres dont ils auraient enveloppé leurs crimes. Qu'ils sachent, les monstres, que bien rarement la justice divine permet qu'ils puissent échapper à la justice humaine. »

Cette cause occupa la cour criminelle pendant

trois jours ; enfin , le 30 avril, à deux heures un quart , les jurés se retirèrent dans la chambre des délibérations; à sept heures et demie ils firent annoncer à la cour que leur opinion était formée.

Rentrés à l'audience, ils déclarèrent à l'unanimité : « que l'accusée était convaincue d'une attaque à dessein de tuer, effectuée sur la personne de la femme Marye ; qu'elle l'avait fait avec préméditation ; mais que relativement à l'assassinat de Boysson et de Prévost, elle ne leur paraissait pas convaincue. »

Par suite de cette déclaration, la fille Bouhourt, dite Manette, dite Auguste, fut condamnée à la peine de mort. Elle entendit prononcer la sentence avec le même sang-froid qu'elle avait montré aux débats ; cependant elle se pourvut en cassation; mais la cour suprême ayant confirmé l'arrêt, elle subit son supplice en place de Grève, le 16 mai, à quatre heures après-midi.

L'extraordinaire audace que cette fille avait montrée dans ses crimes et devant ses juges, avait excité une vive curiosité sur sa personne. On voulait voir si elle soutiendrait cette audace jusqu'à la fin, et c'est ce qui explique le concours immense de peuple que ce triste spectacle avait attiré sur son passage, et sur la place où elle fut exécutée.

DUC D'ENGHIEN.

Louis - Antoine - Henri - de - Bourbon Condé, duc d'Enghien, naquit à Chantilly, le 2 août 1772. Il eut pour précepteur l'abbé Millot, de l'Académie française, et fut reçu chevalier de l'ordre du Saint-Esprit, au mois de janvier 1788. Après la prise de la Bastille, il émigra, concourut à l'organisation de l'armée des princes, et se battit contre les soldats français dans toutes les occasions qu'en trouva le corps de Condé. Il commandait à la prise de la redoute de Belheim, qui coûta la vie à *trois cents républicains*. Il entra à Weissembourg sur des *cadavres français*. L'armée noble de Condé rétrograda enfin sur le Danube, puis passa à la solde russe lors des préliminaires de Léoben. On la retrouva encore en Suisse, avec Souwarof, en 1799. Son licenciement suivit de près. Le prince se retira dès-lors à Ettenheim (duché de Bade), où il reçut de l'Angleterre une pension de cent cinquante guinées par mois (4000 fr.) et où il vécut entouré d'un grand nombre d'émigrés.

La conspiration de Moreau venait d'être découverte. Le gouvernement était instruit que des agens anglais s'agitaient fortement sur la frontière de France. On lui avait dit que Dumouriez était avec le duc d'Enghien, que celui-ci faisait de fréquens voyages en France, qu'il ne retenait autour de lui une légion d'émigrés qu'afin de s'en aider dans quelque tentative contre les consuls.

Le général Moncey, commandant la gendarmerie, est invité par Réal, d'après l'ordre du premier consul, d'envoyer à Etteinheim un homme de confiance, afin d'éclairer la conduite du prince. Cet agent, qui pendant son séjour à Ettenheim portait le nom de Pferdsdorf, fait un rapport accusateur. Après l'avoir lu, le premier consul dit à Réal : « Je viens de savoir tout ce qui con-« cerne le duc d'Enghien; mais cela ne durera « pas; j'ai donné ordre de l'enlever avec tous ses « papiers : ceci passe la plaisanterie. Il serait trop « absurde qu'on vînt d'Ettenheim organiser un « assassinat contre moi et qu'on se crût en sûreté « parce qu'on est sur une terre étrangère. »

Il y avait donc conviction de la part du premier consul.

Conformément aux ordres qu'il reçut, le général Ordener partit de Strasbourg, le 23 ventose an XII (14 mars 1804), pour arrêter le duc *d'Enghien, Dumouriez, un colonel anglais et tout autre individu qui serait à leur suite* (instruction du consul au ministre de la guerre), et y revint le 24 avec ses prisonniers. Il envoya aussitôt au premier consul la copie du rapport que le chef d'escadron Charlot adressait, de son côté, au général Moncey, et dont voici le texte :

« Mon général ,

« Il y a deux heures que je suis rentré en cette ville de l'expédition sur Ettenheim (électorat de Baden), où j'ai enlevé, sous les ordres des généraux Ordener et Fririon, avec un détachement de gendarmerie et une partie du 22ᵉ de dragons, les personnages dont les noms suivent :

« 1º Louis-Antoine-Henri de Bourbon , duc d'Enghien,

« 2º Le général marquis de Thumery ;

« 3ᵉ Le colonel baron de Grustein ;

« 4º Le lieutenant Schimdt ;

« 5º L'abbé Wemborn , ancien promoteur de l'évêché de Strasbourg ;

« 6º L'abbé Michel , secrétaire de l'évêché de Strasbourg (outre Rhin) et secrétaire de l'abbé Wemborn; ce dernier est Français, comme Wemborn ;

« 7º Un nommé Jacques , secrétaire du duc d'Enghien ;

« 8º Féraud (Simon), valet de chambre du duc ;

« 9º Poulain (Pierre), domestique du duc ;

« 10º Joseph Canon, idem.

« Le général Dumouriez, qu'on disait être logé avec le colonel Grunstein, n'est autre chose que le marquis de Thumery, désigné ci-dessus, et qui occupait une chambre au rez-de-chaussée, dans la même maison qu'habitait le colonél Grunstein que j'ai arrêté chez le duc, où il avait couché. Si j'ai aujourd'hui l'honneur de vous écrire, c'est à ce dernier que je le dois. Le duc ayant été prévenu qu'on cernait son logement, sauta sur un fusil à deux coups et me coucha en joue au moment où je sommais plusieurs personnes, qui étaient aux fenêtres du duc, de me faire ouvrir, ou j'allais de vive force enlever le duc; le colonel Grunstein l'empêcha de faire feu en lui disant : « Monsei- « gneur, vous êtes-vous compromis? Ce dernier « lui ayant répondu négativement. Eh bien! lui « dit Grunstein, toute résistance devient inutile, « nous sommes cernés, et j'aperçois beaucoup de « baïonnettes; il paraît que c'est le commandant. « Songez qu'en le tuant, vous vous perdriez et « nous aussi. » Je me rappelle fort bien d'avoir entendu dire : c'est le commandant; mais j'étais bien loin de penser que j'étais sur le point de finir, ainsi que le duc me l'a déclaré, et me le répéta en- core. Au moment de l'arrestation du duc, j'entends crier : *Au feu!* (médiocre allemand); je me porte sur-le-champ à la maison où je comptais enlever Dumouriez, et chemin faisant j'entends sur divers points répéter le cri : *Au feu!* j'empêche un indi- vidu de se porter vers l'église, probablement pour y sonner le tocsin, et je rassure en même temps les habitans du lieu qui sortaient de leurs maisons tout effarés, en leur disant : « C'est convenu avec votre souverain », assurance que j'avais déjà donnée à son grand-veneur, qui, aux premiers cris, s'était porté vers le logement du duc. Arrivé à la maison où je comptais enlever Dumouriez, j'ai arrêté le marquis de Thumery ; je l'ai trouvée dans un calme qui m'a rassuré, et investie telle que je l'avais laissée avant de me transporter chez le duc.

« Les autres arrestations ont été opérées sans bruit, et j'ai pris des renseignemens pour savoir si Dumouriez avait paru à Ettenheim ; on m'a assuré que non, et je présume qu'on ne l'y a supposé, qu'en confondant son nom avec celui du général Thumery.

« Demain je m'occuperai des papiers que j'ai enlevés à la hâte chez les prisonniers, et j'aurai ensuite l'honneur de vous en faire mon rapport. Je ne puis trop donner d'éloges à la conduite ferme et distinguée du maréchal-des-logis dans cette circonstance ; c'est lui que j'ai envoyé la veille à Ettenheim, et qui m'a désigné le logement des prisonniers ; c'est lui qui a placé, en ma présence, toutes les vedettes aux issues des maisons qu'ils occupaient, et qu'il avait reconnues la veille. Au moment où je sommais le duc de se rendre mon prisonnier, le maréchal-des-logis, à la tête de quelques gendarmes et dragons du 22e régiment, pénétrait dans la maison, par le derrière, en franchissant les murs de cette cour ; ce sont eux qui ont été aperçus par le colonel Grunstein, ce qui a déterminé ce dernier à empêcher le duc à faire feu sur moi. Je vous demande, mon général, le brevet de lieutenant pour le maréchal-des-logis, à l'emploi duquel il a été proposé à la dernière revue de l'inspecteur-général. Il est, sous tous les rapports, susceptible d'être porté à ce grade. Les généraux vous parleront de ce sous-officier, et ce qu'ils vous diront sur son compte me fait espérer que vous prendrez, mon général, en sérieuse considération la demande que je vous fais en sa faveur. J'ai à ajouter que ce sous-officier m'a rendu compte qu'il avait été particulièrement secondé par le gendarme Henne, brigade de Barr. Pferdsdorf, parlant plusieurs langues, je souhaiterais que son avancement ne l'enlevât point à l'escadron.

« Le duc d'Enghien m'a assuré que Dumouriez n'était point venu à Ettenheim; qu'il serait cependant possible qu'il eût été chargé de lui apporter des instructions de l'Angleterre; mais qu'il ne l'aurait pas reçu, parce qu'il était au-dessous de son rang d'avoir affaire à de pareils gens; qu'il estimait Bonaparte comme un grand homme, mais qu'étant prince de la famille Bourbon, il lui avait voué une haine implacable, ainsi qu'aux Français, auxquels il ferait la guerre dans toutes les occasions.

« Il craint extrêmement d'être conduit à Paris, et je crois que pour l'y conduire, il faudra établir sur lui une grande surveillance. Il s'attend que le premier consul le fera enfermer, et dit qu'il se repent de n'avoir pas tiré sur moi, ce qui aurait décidé de son sort par les armes.

« *Le chef du 38ᵉ escadron de gendarmerie nationale*, Signé, CHARLOT. »

Le 17 ventôse; le duc d'Enghien, partit de Strasbourg, seul, et arriva, le 29, à Vincennes; le même
jour fut pris l'arrêté suivant :

« LIBERTÉ — EGALITÉ.

« *Extrait des registres des délibérations des consuls
de la république.*

Paris, le 29 ventôse l'an XII de la république
une et indivisible.

« Le Gouvernement de la République arrête ce
qui suit :

« ARTICLE Iᵉʳ. Le ci-devant duc d'Enghien, prévenu d'avoir porté les armes contre la république;
d'avoir été et d'être encore à la solde de l'Angleterre; de faire partie des complots tramés par cette
dernière puissance contre la sûreté intérieure et
extérieure de la république, sera traduit à une commission militaire, composée de sept membres nommés par le général gouverneur de Paris, et qui se
réunira à Vincennes.

« Art. II. Le grand juge, le ministre de la guerre
et le général gouverneur de Paris, sont chargés de
l'exécution du présent arrêté.

« Le premier consul, *signé*, BONAPARTE.

« Par le premier consul, *signé*, HUGUES MARET.

« Pour copie conforme,

« Le général en chef, gouverneur de Paris,
« *Signé*, MURAT. »

Le gouverneur de Paris s'occupa sur le champ de la nomination des membres de la commission militaire, dont les noms se retrouvent dans la pièce qu'on va lire :

« *Au gouvernement de Paris, le 29 ventose an XII de la république.*

« Le général en chef, gouverneur de Paris,

« En exécution de l'arrêté du gouvernement, en date de ce jour, portant que le ci-devant duc d'Enghien sera traduit devant une commission militaire composée de sept membres, nommés par le général gouverneur de Paris, a nommé et nomme pour former ladite commission, les sept militaires dont les noms suivent :

« Le général Hullin, commandant les grenadiers à pied de la garde des consuls, président ;

« Le colonel Guitton, commandant le premier régiment de cuirassiers ;

« Le colonel Bazancourt, commandant le quatrième régiment d'infanterie légère ;

« Le colonel Ravier, commandant le 18e régiment d'infanterie de ligne ;

« Le colonel Barrois, commandant le 96e *idem* ;

« Le colonel Rabbe, commandant le 2e régiment de la garde municipale de Paris ;

« Le citoyen D'Autancourt, major de la gendarmerie d'élite, qui remplira les fonctions de capitaine-rapporteur.

« Cette commission se réunira sur-le-champ au château de Vincennes, pour y juger, sans désemparer, le prévenu, sur les charges énoncées dans l'arrêté du gouvernement, dont copie sara remise au président.

« J. MURAT. »

Les pièces de ce procès ayant été soustraites du ministère de la guerre, nous n'avons pu nous procurer l'interrogatoire que le prince subit devant le conseil. Nous allons y suppléer autant que possible par celui auquel le soumit le capitaine-rapporteur, qu'on a pu conserver, et qui peut d'autant mieux le remplacer, que le prince déclara au conseil s'y référer complètement.

Voici cet acte :

« L'an xii de la république française, aujourd'hui, 29 ventose, douze heures du soir ; moi, capitaine major de la gendarmerie d'élite, me suis rendu, d'après l'ordre du général commandant le corps, chez le général en chef *Murat*, gouverneur de Paris, qui me donna de suite l'ordre de me rendre au château de Vincennes, près le général *Hullin*, commandant les grenadiers de la garde des consuls, pour en prendre et recevoir d'ultérieurs.

« Rendu au château de Vincennes, le général *Hullin* m'a communiqué : 1° une expédition de l'arrêté du gouvernement du 29 ventose, présent mois, portant que le ci-devant duc d'Enghien se-

rait traduit devant une commission militaire,
composée de sept membres, nommés par le général, gouverneur de Paris; 2º l'ordre du général
en chef, gouverneur de Paris, de ce jour, portant nomination des membres de la commission
militaire, en exécution de l'arrêté précité; lesquels sont les citoyens *Hullin*, général des grenadiers de la garde; *Guitton*, colonel du 1er de
cuirassiers; *Bazancourt*, commandant le 4e régiment d'infanterie légère; *Ravier*, commandant
le 18e d'infanterie de ligne; *Barrois*, commandant le 96e, *idem*; et *Rabbe*, commandant le 2e
régiment de la garde de Paris;

« Et portant que le capitaine-major soussigné
remplira auprès de cette commission militaire les
fonctions de capitaine-rapporteur ; le même ordre portant encore que cette commission se réunira sur-le-champ au château de Vincennes, pour
y juger, sans désemparer, le prévenu, sur les
charges énoncées dans l'arrêté du gouvernement
susdaté.

« Pour l'exécution de ces dispositions, et en
vertu des ordres du général *Hullin*, président de
la commission, le capitaine soussigné s'est rendu
dans la chambre où se trouvait couché le duc
d'Enghien, accompagné du chef d'escadron *Jacquin* de la légion d'élite, et des gendarmes à pied
du même corps, nommés *Larva* et *Tharsis*, et
encore du citoyen *Noirot*, lieutenant au même
corps : le capitaine-rapporteur soussigné a reçu
de suite les réponses ci-après, sur chacune des

interrogations qu'il lui a adressées, étant assisté du citoyen *Molin*, capitaine au 18e régiment, greffier choisi par le rapporteur.

— « A lui demandé ses noms, prénoms, âge et lieu de naissance?

« A répondu se nommer *Louis-Antoine-Henri de Bourbon, duc d'Enghien*, né le 2 août 1772 à Chantilly.

— « A lui demandé à quelle époque il a quitté la France?

« A répondu : « Je ne puis pas le dire précisément; mais je pense que c'est le 16 juillet 1789. » Qu'il est parti avec le prince de Condé, son grand-père, son père, le comte d'Artois et les enfans du comte d'Artois.

— « A lui demandé où il a résidé depuis sa sortie de France?

« A répondu : « En sortant de France, j'ai passé, avec mes parens que j'ai toujours suivis, par Mons et Bruxelles; de là, nous nous sommes rendus à Turin, chez le roi de Sardaigne, où nous sommes restés à peu près seize mois. De là, toujours avec mes parens, je suis allé à Worms et environs sur les bords du Rhin; ensuite le corps de Condé s'est formé, et j'ai fait toute la guerre. J'avais, avant cela, fait la campagne de 1792 en Brabant, avec le corps de Bourbon, à l'armée du duc Albert.

— « A lui demandé où il s'est retiré depuis la paix faite entre la république française et l'empereur?

« A répondu : « Nous avons terminé la dernière

campagne aux environs de Gratz; c'est là où le
corps de Condé, qui était à la solde de l'Angleterre,
a été licencié, c'est-à-dire à Wendisch-Facstrictz,
en Styrie; qu'il est ensuite resté pour son plaisir à
Gratz ou environs, à peu près six ou neuf mois,
attendant des nouvelles de son grand-père, le prince
de Condé, qui était passé en Angleterre, et qui devait l'informer du traitement que cette puissance
lui ferait, lequel n'était pas encore déterminé.
Dans cet intervalle, il a demandé au cardinal de
Rohan la permission d'aller dans son pays à Ettenheim, en Brisgaw, ci-devant évêché de Strasbourg;
que depuis deux ans et demi il est resté dans ce
pays. Depuis la mort du cardinal, il a demandé à
l'électeur de Bade, officiellement, la permission
de rester dans ce pays, qui lui a été cédée, n'ayant
pas voulu y rester sans son agrément.

— « A lui demandé s'il n'est point passé en Angleterre, et si cette puissance lui accorde toujours
un traitement?

« A répondu n'y être jamais allé; que l'Angleterre
lui accorde toujours un traitement et qu'il n'a que
cela pour vivre.

« A demandé à ajouter que les raisons qui l'a-
vaient déterminé à rester à Ettenheim ne subsistant
plus, il se proposait de se fixer à Fribourg, en Brisgaw, ville beaucoup plus agréable qu'Ettenheim,
où il n'était resté qu'attendu que l'électeur lui avait
accordé la permission de chasse, dont il était fort
amateur.

— « A lui demandé s'il entretenait des corres-

pondances avec les princes français retirés à Londres ? s'il les avait vus depuis quelque temps ?

« A répondu : Que naturellement il entretenait
des correspondances avec son grand-père, depuis
qu'il l'avait quitté à Vienne, où il était allé le conduire après le licenciement du corps; qu'il en entretenait également avec son père, qu'il n'avait pas
vu, autant qu'il peut se le rappeler, depuis 1794
ou 1795.

— « A lui demandé quel grade il occupait dans
l'armée de Condé ?

« A répondu : Commandant de l'avant-garde
avant 1796. Avant cette campagne, comme volontaire au quartier-général de son grand-père ;
et toujours, depuis 1796, comme commandant
d'avant-garde ; et observant qu'après le passage de
l'armée de Condé en Russie, cette armée fut réunie
en deux corps, un d'infanterie et un de dragons,
dont il fut fait colonel par l'empereur ; et que
c'est en cette qualité qu'il revint aux armées du
Rhin.

— « A lui demandé s'il connaît le général Pichegru ? S'il a eu des relations avec lui ?

« A répondu : Je ne l'ai, je crois, jamais vu ; je
n'ai point eu de relations avec lui. Je sais qu'il a
désiré me voir. Je me loue de ne pas l'avoir connu,
après les vils moyens dont on dit qu'il a voulu se
se servir, s'ils sont vrais.

« A lui demandé s'il connaît l'ex-général Dumouriez, et s'il a des relations avec lui?

« A répondu : Pas davantage; je ne l'ai jamais vu.

— « A lui demandé si, depuis la paix, il n'a point entretenu de correspondance dans l'intérieur de la république?

« A répondu :« J'ai écrit à quelques amis qui me sont encore attachés, qui ont fait la guerre avec moi, pour leurs affaires et les miennes. »Ces correspondances n'étaient pas de celles dont on croit qu'il veuille parler.

« De quoi a été dressé le présent, qui a été signé par le duc d'Enghien, le chef d'escadron Jacquin, le lieutenant *Noirot*, les deux gendarmes et le capitaine-rapporteur.

« Avant de signer le présent procès-verbal, je fais, avec instance, la demande d'avoir une audience particulière du premier consul. Mon nom, mon rang, ma façon de penser et l'horreur de ma situation, me font espérer qu'il ne se refusera pas à ma demande. »

« *Signé*, L.-A.-H. DE BOURBON.

« Et plus bas :

« NOIROT, *lieutenant ;* et JACQUIN.

« Pour copie conforme :

« *Le capitaine faisant fonctions de rapporteur*,

« DAUTANCOURT.

« MOLIN, *capitaine-greffier.* »

Cet interrogatoire ayant exigé quelques heures,

ce ne fut qu'au milieu de la nuit que le conseil put se réunir en séance.

Le président déposa sur le bureau les diverses pièces du procès, se composant,

1° De l'arrêté du gouvernement du 29 ventôse, énonçant les charges contre le prévenu ;

2° De l'ordre du gouverneur de Paris, Murat, portant nomination des membres et convocation du conseil ;

3° Des lettres interceptées ;

4° De la correspondance de Shée, préfet du Bas-Rhin ;

5° D'un rapport fort étendu de Réal, où toute cette affaire, avec ses ramifications, était présentée comme intéressant la sûreté de l'état et l'existence même du gouvernement.'

6° De l'interrogatoire rédigé par le capitaine-rapporteur.

Le greffier fit la lecture de ces pièces. Une difficulté s'éleva tout d'abord. Le prince, en signant son interrogatoire, avait exprimé le désir d'avoir une audience particulière du premier consul. Un membre fit la proposition de transmettre cette demande au gouvernement. Le conseil parut y déférer ; mais au même instant le général Savary, qui était venu se placer derrière le fauteuil du président, représenta que cette demande était *inopportune*. La loi ne contenait aucune disposition qui autorisât à surseoir. La commission passa donc outre, se réservant, après les débats, de satisfaire au vœu du prince.

Il faut remarquer que Savary avait reçu le commandement des troupes, qu'il était maître dans Vincennes et que la gendarmerie d'élite avait envahi le château.

Deux citations remplaceront autant qu'il dépend de nous, avec la pièce du capitaine-rapporteur, l'absence de l'interrogatoire de la commission. La première est empruntée aux *Explications offertes aux hommes impartiaux, par M. le comte Hullin.* (Paris 1824, p. 119-120) :

« Je procédai à l'interrogatoire du prévenu ; ... il ... repoussa loin de lui d'avoir trempé directement ni indirectement dans un complot d'assassinat contre la vie du premier consul ; mais il avoua aussi avoir porté les armes contre la France, disant... « qu'il avait soutenu *les droits de sa famille* « et qu'un Condé ne pouvait jamais rentrer en « France que les armes à la main. Ma naissance, « mon opinion, ajouta-t-il, me rendent à jamais « l'ennemi de votre gouvernement. »—La fermeté de ses aveux devenait désespérante pour ses juges. Dix fois nous le mîmes sur la voie de revenir sur ces déclarations, toujours il persista d'une manière inébranlable. « Je vois, disait-il, par intervalle, « les intentions honorables des membres de la com- « mission, mais je ne peux me servir des moyens « qu'ils m'offrent. » Et sur l'avertissement que les commissions militaires jugeaient sans appel : « Je le sais, me répondit-il, et je ne me dissimule « pas le danger que je cours ; je désire seulement « avoir une entrevue avec le premier consul. »

La seconde citation est tirée de l'*Extrait des Mémoires de M. le duc de Rovigo* (Paris , 1827, p. 27-28).

« La commission le laissa parler autant qu'il le voulut ; et quand il eut fini, on lui fit observer, ou qu'il ne connaissait pas sa situation , ou qu'il ne voulait pas répondre aux questions qu'on lui adressait ; qu'il se renfermait dans sa naissance et la gloire de ses ancêtres ; qu'il ferait mieux d'adopter un autre système de défense. On ajouta qu'on ne voulait point abuser de sa situation; mais qu'il n'était pas probable qu'il ignorât, aussi complètement qu'il le disait , ce qui se passait en France, lorsque non-seulement le lieu qu'il habitait, mais la France et l'Europe entière en étaient occupées; qu'il ne parviendrait jamais à faire croire qu'il fût indifférent à des événemens dont toutes les conséquences devaient être pour lui ; qu'il y avait en cela trop d'invraisemblance pour qu'on ne lui en fît pas l'observation , qu'on l'engageait à y réfléchir, et que cela pouvait devenir sérieux. — M. le duc d'Enghien , après un moment de silence , répondit d'un ton grave : « Monsieur, je vous comprends très-bien ; mon « intention n'était pas d'y rester indifférent. J'avais « demandé à l'Angleterre du service dans ses ar- « mées , et elle m'avait fait répondre qu'elle ne « pouvait m'en donner, mais que j'eusse à rester « sur le Rhin, *où j'aurais incessamment un rôle* « *à jouer*, et j'attendais. Monsieur, je n'ai plus

« rien à vous dire (1). » — Ces dernières paroles décidèrent du sort de M. le duc d'Enghien. Il avait précédemment parlé des secours pécuniaires qu'il recevait de la cour de Londres. C'était une pension que lui faisait l'Angleterre ; mais il s'était exprimé d'une manière à faire croire qu'au lieu d'une pension alimentaire, ce pouvait être un argent corrupteur destiné, comme celui de Georges, à payer la conjuration ; et aucun de ses juges ne connaissant sa situation financière, cette particularité ajouta aux préventions qu'on avait déjà contre lui. La fatalité conduisait ce prince. — La commission, se croyant suffisamment éclairée, ferma la discussion, et fit évacuer la salle pour délibérer en secret. Je me retirai avec les officiers de mon corps qui, comme moi, avaient assisté aux débats, et j'allai rejoindre les troupes qui étaient sur l'esplanade du château. — La commission délibéra fort long-temps : ce ne fut que

---

(1) « En quittant *le Bellérophon* dans la rade de Plymouth, en 1815, je fus transféré à bord de la frégate *l'Eurotas*, pour être conduit prisonnier à Malte. Le capitaine de cette frégate était M. Lylyerap. Pendant la traversée, il m'a raconté qu'il avait été employé près de M. Drake, sur les bords du Rhin ; qu'il avait été envoyé dans toutes les petites cours d'Allemagne, à Offenbourg et à Ettenheim, chez M. le duc d'Enghien ; il pestait encore de rage contre Méhée, qui, disait-il, les avait si indignement trompés. »

Ne résulte-t-il pas de cette note et de la réponse du prince, qu'il y avait des intrigues en jeu?

deux heures après l'évacuation de la salle, que
l'on connut son jugement. »

Voici ce jugement :

« COMMISSION MILITAIRE SPÉCIALE.

« *Jugement*.

« Au nom du peuple français.

« Cejourd'hui 30 ventôse an XII de la république, la commission militaire spéciale formée dans
la première division militaire, en vertu de l'arrêté
du gouvernement, en date du 29 ventôse an XII,
composée, d'après la loi du 19 fructidor an III, de
sept membres, savoir : Les citoyens *Hullin*, général de brigade, commandant les grenadiers à pied
de la garde, président ; *Guiton*, colonel, commandant le premier régiment de cuirassiers ; *Bazancourt*, colonel, commandant le quatrième régiment d'infanterie légère ; *Ravier*, colonel, commandant le dix-huitième régiment d'infanterie de
ligne ; *Barrois*, colonel, commandant le quatre-
vingt-seizième régiment d'infanterie de ligne ;
Rabbe, colonel, commandant le deuxième régiment de la garde municipale de Paris ; *d'Autancourt*, capitaine-major de la gendarmerie d'élite,
faisant les fonctions de capitaine-rapporteur ; *Molin*, capitaine au dix-huitième régiment d'infanterie
de ligne, greffier, tous nommés par le général en
chef *Murat*, gouverneur de Paris, et commandant
la première division militaire ; lesquels président,

membres, rapporteur et greffier, ne sont ni parens ni alliés entre eux, ni du prévenu, au degré prohibé par la loi.

« La commission convoquée par l'ordre du général en chef, gouverneur de Paris, s'est réunie dans le château de Vincennes, dans le logement du commandant de la place, à l'effet de juger le nommé *Louis-Antoine-Henri de Bourbon, duc d'Enghien*, né à Chantilly, le 2 août 1772, taille d'un mètre sept cent cinq millimètres, cheveux et sourcils châtain clair, figure ovale, longue, bien faite, yeux gris tirant sur le brun, bouche moyenne, nez aquilin, menton un peu pointu, bien fait;

« Accusé, 1° d'avoir porté les armes contre la république française; 2° d'avoir offert ses services au gouvernement anglais, ennemi du peuple français; 3° d'avoir reçu et accrédité près de lui les agens dudit gouvernement anglais, de leur avoir procuré des moyens de pratiquer des intelligences en France, et d'avoir conspiré avec eux contre la sûreté intérieure et extérieure de l'Etat; 4° de s'être mis à la tête d'un rassemblement d'émigrés français et autres, soldé par l'Angleterre, formé sur les frontières de la France, dans les pays de Fribourg et de Baden; 5° d'avoir pratiqué des intelligences dans la place de Strasbourg, tendantes à faire soulever les départemens circonvoisins; 6° d'être l'un des fauteurs et complices de la conspiration tramée par les Anglais contre les jours du premier consul, et devant, en cas de succès de cette conspiration, entrer en France.

« La séance ayant été ouverte, le président a ordonné au rapporteur de donner lecture de toutes les pièces, tant celles à charge que celles à décharge. Cette lecture terminée, le président a ordonné à la garde d'amener l'accusé, lequel a été introduit, libre et sans fers, devant la commission.

« Interrogé de ses nom, prénoms, âge, lieux de naissance et domicile, *a répondu se nommer Louis-Antoine-Henri de Bourbon, duc d'Enghien*, âgé de trente-deux ans, né à Chantilly près Paris, ayant quitté la France depuis le 16 juillet 1789.

« Après avoir fait prêter interrogatoire à l'accusé par l'organe du président, sur tout le contenu de l'accusation dirigée contre lui; ouï le rapporteur en son rapport et ses conclusions, et l'accusé dans ses moyens de défense; après que celui-ci a eu déclaré n'avoir plus rien à ajouter pour sa justification, le président a demandé aux membres s'ils avaient quelques observations à faire. Sur leur réponse négative, et avant d'aller aux opinions, il a ordonné à l'accusé de se retirer. L'accusé a été reconduit à la prison par son escorte; et le rapporteur, le greffier, ainsi que les citoyens assistans dans l'auditoire, se sont retirés sur l'invitation du président.

« La commission délibérant à huis-clos, le président a posé les questions ainsi qu'il suit :

« *Louis-Antoine-Henri de Bourbon, duc d'Enghien*, accusé, 1° d'avoir porté les armes contre la république française; est-il coupable? 2° D'avoir

offert ses services au gouvernement anglais, ennemi du peuple français; est-il coupable? 3° D'a-
voir reçu et accrédité près de lui les agens dudit
gouvernement anglais, de leur avoir procuré des
moyens de pratiquer des intelligences en France,
et d'avoir conspiré avec eux contre la sûreté extérieure et intérieure de l'Etat; est-il coupable?
4° De s'être mis à la tête d'un rassemblement d'é-
migrés français et autres, soldé par l'Angleterre,
formé sur les frontières de la France, dans les
pays de Fribourg et de Baden; est-il coupable?
5° D'avoir pratiqué des intelligences dans la place
de Strasbourg, tendantes à faire soulever les départemens circonvoisins, pour y opérer une diversion favorable à l'Angleterre ; est-il coupable?
6° D'être l'un des fauteurs et complices de la conspiration tramée par les Anglais contre la vie du
premier consul, et devant, en cas de succès de
cette conspiration, entrer en France; est-il coupable?

« Les voix recueillies séparément sur chacune
des questions ci-dessus, commençant par le moins
ancien en grade, le président ayant émis son opinion le dernier,

« La commission déclare le nommé *Louis-
Antoine-Henri de Bourbon, duc d'Enghien*, 1° à
l'unanimité, coupable d'avoir porté les armes
contre la République française ; 2° à l'unanimité,
coupable d'avoir offert ses services au gouvernement anglais, ennemi du peuple français; 3° à
l'unanimité, coupable d'avoir reçu et accrédité

près de lui des agens du Gouvernement anglais, de leur avoir procuré des moyens d'intelligence en France, et d'avoir conspiré avec eux contre la sûreté extérieure et intérieure de l'état ; 4° à l'unanimité, coupable de s'être mis à la tête d'un rassemblement d'émigré français et autres, soldé par l'Angleterre, formé sur les frontières de la France, dans les pays de Fribourg et de Baden ; 5° à l'unanimité, coupable d'avoir pratiqué des intelligences dans la place de Strasbourg, tendantes à faire soulever les départemens circonvoisins, pour y opérer une diversion favorable à l'Angleterre ; 6° à l'unanimité, coupable d'être l'un des fauteurs et complices de la conspiration tramée par les Anglais contre la vie du premier consul, et devant, en cas de succès de cette conspiration, entrer en France.

« Sur ce, le président a posé la question relative à l'application de la peine ; les voix recueillies de nouveau dans la forme ci-dessus indiquée :

« La Commission militaire spéciale, condamne a l'unanimité, *à la peine de* mort, le nommé *Louis-Antoine-Henri de Bourbon, duc d'Enghien,* en réparation des crimes d'espionnage, de correspondance avec les ennemis de la République, d'attentat contre la sûreté extérieure et intérieure de la République.

« Ladite peine prononcée en conformité des article 2, titre IV du Code militaire des délits et des peines, du 21 brumaire an v ; 1er et 2e, section II

du titre I du Code pénal ordinaire, du 6 octobre
1791 , ainsi conçus, savoir :

« Art. 2 (du 21 brumaire an v). «Tout individu,
« quel, que soit son état, qualité ou profession,
« convaincu d'espionnage pour l'ennemi, sera
« puni de. mort. » Art. 1. « Tout complot et at-
« tentat contre la République seront punis de
« mort. » Art. 2(du 6 octobre 1791). « Toute con-
« spiration et complot tendant à troubler l'Etat
« par une guerre civile, en armant les citoyens les
« uns contre les autres, ou contre l'autorité légi-
« time , seront punis de mort. »

« Enjoint au capitaine-rapporteur de lire le
présent jugement, en présence de la garde assemblée sous les armes, au condamné. Ordonne qu'il
en sera envoyé, dans les délais prescrits par la loi,
à la diligence du président et du rapporteur , une
expédition , tant au ministre de la guerre qu'au
grand-juge ministre de la justice et au général en
chef gouverneur de Paris.

« FAIT, clos et jugé sans désemparer , les jour,
mois et an dits, en séance publique ; et les membres de la Commission militaire spéciale ont signé,
avec le rapporteur et le greffier , la minute du
jugement.

« *Signés*, GUITON , BAZANCOURT, RAVIER , BARROIS,
RABBE , D'AUTANCOURT , capitaine - rapporteur,
MOLIN , capitaine-greffier, et HULLIN , prési-
dent (1). »

_____

(1) On a prétendu qu'il y avait eu un jugement secret et

Réal, instruit de ce jugement, se hâta d'écrire au président de la commission :

« Paris, le 30 ventose de l'an XII de la republique.

« Le conseiller d'état, spécialement chargé de l'instruction et de la suite de toutes les affaires relatives à la tranquillité et à la sûreté intérieures de la république.

« Au général de brigade Hullin, commandant les grenadiers de la garde.

« Général,

« Je vous prie de me transmettre le jugement rendu ce matin contrè l'ex-duc d'Enghien, ainsi que les interrogatoires qu'il a prêtés.

« Je vous serai obligé, si vous pouvez le remettre à l'agent qui vous portera ma lettre.

« J'ai l'honneur de vous saluer,

« RÉAL. »

Ne recevant point assez promptement la ré-ponse qu'il attendait avec tant d'impatience, il écrivit de nouveau :

---

un jugement préparé pour la publication. Ce qui donna lieu à cette erreur, c'est que plusieurs rédactions du jugement furent essayées; et qu'une des minutes rejetées s'étant trou-vée dans les papiers du comte Hullin, on s'en servit pour établir ce mensonge.

« Paris, le 3o ventose de l'an XII de la répulique.

« Le conseiller d'état , etc.

« Au général de brigade Hullin , etc.

« Général ,

« J'attends le jugement et les interrogatoires de l'ex-duc d'Enghien, pour me rendre à la Malmaison, auprès du premier consul.

« Veuillez me faire savoir à quelle heure je pourrai avoir ces pièces. Le porteur de ma lettre pourrait se charger du paquet , et attendre qu'il soit prêt, si les expéditions sont avancées.

« J'ai l'honneur , etc.

« RÉAL. »

Réal se rendit en effet à la Malmaison , et reçut du premier consul l'ordre de faire surseoir à l'exécution. — Il partit sans retard pour Vincennes; mais arrivé à la barrière du Trône, il rencontra Savary, qui lui apprit l'exécution du prince.

Sur qui le blâme de cette exécution hâtive doit-il retomber? Le comte Hullin a pris soin de nous en instruire.

« Quant à la seconde rédaction (du jugement), la seule vraie, dit-il dans l'écrit que nous avons cité (p. 122 et suiv.), comme elle ne portait pas l'ordre d'*exécuter* de suite, mais seulement de *lire* de suite le jugement au condamné, l'exécution de

suite ne serait pas le fait de la commission, mais
seulement de ceux qui auraient pris sur leur responsabilité propre de brusquer cette fatale exécution..... — Hélas! nous avions bien d'autres pensées! A peine le jugement fut-il signé, que je me
mis à écrire une lettre dans laquelle, me rendant
en cela l'interprète du vœu unanime de la commission, j'écrivais au premier consul pour lui faire
part du désir qu'avait témoigné le prince d'avoir
une entrevue avec lui, et aussi pour le conjurer de
remettre une peine que la rigueur de notre position ne nous avait pas permis d'éluder. — C'est à
cet instant qu'un homme qui s'était constamment
tenu dans la salle du conseil, et que je nommerais
à l'instant, si je ne réfléchissais que, même en me
défendant, il ne me convient pas d'accuser... « Que
« faites-vous là, me dit-il en s'approchant de moi?
« — J'écris au premier consul, lui répondis-je,
« pour lui exprimer le vœu du conseil et celui du
« condamné. — Votre affaire est finie, me dit-il,
« en reprenant la plume : maintenant cela me re-
« garde. » — J'avoue que je crus, et plusieurs de
mes collègues avec moi, qu'il voulait dire : *Cela
me regarde d'avertir le premier consul.* La réponse,
entendue en ce sens, nous laissait l'espoir que l'a-
vertissement n'en serait pas moins donné. Je me
rappelle seulement le sentiment de dépit que j'é-
prouvaï de me voir enlever ainsi par un autre la
plus belle prérogative d'une fonction qui est toujours si pénible..... — Je m'entretenais de ce qui
venait de se passer sous le vestibule contigu à la

salle des délibérations. Des conversations particulières s'étaient engagées; j'attendais ma voiture
qui, n'ayant pu entrer dans la cour intérieure, non
plus que celles des autres membres, retarda mon
départ et le leur. Nous étions nous-mêmes enfer-
més, sans que personne pût communiquer au dehors, lorsqu'une explosion se fit entendre!... Bruit
terrible qui retentit au fond de nos ames, et les
glaça de terreur et d'effroi! »

Cet homme était Savary!

Il paraît, d'après les ouvrages de MM. Las-Cases,
O'Meara et Warden, que le duc d'Enghien, à son
arrivée à Strasbourg, écrivit au premier consul une
lettre qui l'aurait mis à l'abri de toute inquiétude;
mais que Talleyrand, à qui la lettre avait été adressée, ne l'avait donnée au consul que deux jours
après l'exécution!

DOUHAULT (Marquise de).

Adélaïde-Marie Rogres Lusignan de Champignelles naquit le 7 octobre 1743 à Champignelles, bourg situé à 9 lieues d'Auxerre; elle était fille de M. Rogres Lusignan de Champignelles, lieutenant-général des armées du roi, et de Jeanne-Henriette Lefebvre de Laubrière.

Placée à l'âge de cinq ans au couvent des Bénédictines à Montargis, où madame de Diziers, sa tante et sa marraine, était supérieure, elle en sortit plus tard pour entrer aux Ursulines, rue Saint-Jacques, à Paris.

Elle en fut retirée en 1764, pour épouser le marquis de Douhault, veuf en premières noces de mademoiselle Savary de Lancosne.

Elle vivait avec son mari dans l'ignorance d'une maladie grave, dont il n'avait rien ressenti depuis long-temps, lorsque tout à coup il en fut attaqué près d'elle. Dans cette maladie, que l'on pourrait caractériser d'affection mentale, le marquis de Douhault ne respectait rien, et frappait indistinctement toutes les personnes qui osaient l'approcher.

Sa femme, le voyant un jour aux prises avec son valet de chambre, céda imprudemment à un pre-

mier mouvement d'humanité, pour soustraire ce
domestique à une lutte qui pouvait lui devenir funeste; mais son mari la blessa d'un coup d'épée au
sein droit.

Les accès auxquels le marquis était sujet devin-
rent si fréquens, qu'il fallut provoquer son interdiction, et le soumettre à un traitement des plus
rigoureux. Il fut conduit à l'hospice de Charenton,
où il mourut en 1787.

L'interdiction du marquis avait été prononcée
par les juges d'Argenton, le 2 mai 1766, et sa
femme nommée curatrice immédiatement après.

« Veuve à vingt-cinq ans d'un mari vivant, mais
mort au monde, madame de Douhault s'enfonça
dans la retraite, consacrant son existence au soulagement des pauvres, s'occupant d'acquérir la
connaissance des plantes usuelles, visitant les ma-
lades, portant dans les chaumières les secours et
les consolations, poussant sa populaire bienfaisance
jusqu'à panser elle-même les plaies des malheureux.

« M. de Champignelles père mourut le 17 mai
1784. On attribua cet évènement à un excès de
sensibilité, au sujet de l'hôtel qu'il occupait rue du
Foin, au Marais, dont M. de Champignelles fils
était parvenu à le faire déloger, en faisant passer
sous son propre nom un bail que son père l'avait
chargé de souscrire pour lui-même.

« Cette mort donnait lieu à des réglemens de
droits avec madame de Champignelles mère. Cette
dame était assurée, par le contrat de mariage de
son fils et de sa fille, de l'usufruit de tous les biens

de son mari, sous les seules conditions de payer à son fils une rente de 4,000, et à sa fille, une somme de 40,000 francs; moitié de sa constitution dotale.

« M. de Champignelles fils manifesta bientôt des idées plus ambitieuses, et sa rente de 4,000 francs était bien loin de lui convenir. Il procéda à une liquidation; et sans égards pour les clauses de son propre contrat de mariage, il réduisit sa mère à une reprise de 158,000 francs, et à une pension de 10,796 francs, au lieu d'un usufruit de plus de 60,000 francs de rente auquel elle avait droit de prétendre.

« Madame de Champignelles n'adhéra cependant à ce traité un peu dur, du 31 octobre 1785, que sous la garantie du cautionnement de madame de Douhault, qui n'ayant point d'enfans, satisfaite de son sort, se borna à constater sa qualité d'habile à hériter de son père, et d'ailleurs, donna sa procuration en blanc, dont son frère fit usage pour faire rectifier tout ce qu'il avait fait en son nom.

« M. de Champignelles restait donc nanti du montant des reprises de madame sa mère de toute la succession paternelle, à laquelle sa sœur était en droit égal, et de plus, il était débiteur envers celle-ci d'une somme de 40,000 francs, solde de la constitution dotale.

« Madame de Champignelles mère était isolée depuis le traité de liquidation fait avec son fils; l'inexactitude de celui-ci à lui payer sa pension compromettait souvent son existence, plus d'une fois elle avait eu recours au sieur Reguier, son an-

cien valet de chambre tapissier, pour lui procurer
de l'argent, même en déposant ses bijoux. Pour
diminuer sa dépense, elle avait sous-loué la plus
grande partie du logement qu'elle avait aux incurables à Paris.

« Dans sa correspondance avec sa fille, cette
mère affligée épanchait son chagrin, se plaignait
de son isolement dans un hospice de Paris, lorsque sa place était naturellement au château de
Champignelles, seul asile digne d'elle, et où la
piété filiale devait s'empresser de la recevoir ho-
norablement. Elle engageait Mme de Douhault à
se réunir à elle, à révoquer même, s'il se pouvait,
l'acte de cautionnement qui assurait l'exécution du
traité fait avec M. de Champignelles, afin d'en
opérer la résolution, et de la faire rentrer dans
les droits d'un usufruit que la conduite de son fils
la faisait repentir d'avoir trop légèrement abandonné. Elle lui proposait de confier à un régisseur
le soin de ses intérêts à Chazelet, et de venir habiter près d'elle le château du Parc-Vieille, très-
voisin de celui de Champignelles.

« Mme la supérieure de Montargis avait connaissance de cette pénible situation ; elle invitait
Mme de Douhault, sa sœur, à satisfaire aux désirs
de leur mère.

« Avant de prendre une détermination, madame
de Douhault invita M. son frère, par une lettre
amicale, à faire cesser le motif des plaintes de
madame de Champignelles, leur mère.

« Loin de calmer les inquiétudes de madame sa

mère, et d'adoucir la rigueur de sa position, M. de Champignelles mit en vente la terre de ce nom. Le bruit de cette aliénation projetée redoublait les alarmes de madame de Champignelles, qui pressait sa fille de prendre un parti.

« Tel était l'état des choses dans cette famille, lorsque madame de Douhault annonça à madame sa mère, qu'elle se rendrait à Paris vers la fin de janvier 1788 pour y concerter avec elle les mesures convenables aux circonstances, soit pour la faire rentrer dans son usufruit, soit pour réclamer elle-même le partage avec son frère de la succession paternelle. Ce dernier pressait aussi cette entrevue, mais dans un.autre dessein et dans l'espérance d'amener sa sœur à un traité qui le laisserait seul et libre possesseur de toute la fortune de la famille.

« Madame de Douhault communiqua son projet à madame de Polignac, avec laquelle elle était en correspondance, et à madame la supérieure de Montargis; qu'elle prévint de son intention de lui rendre justice.

« On a souvent de secrets pressentimiens, dont il est difficile de se rendre compte. Il n'est peut-être personne qui n'ait à citer dans le cours de sa vie une époque notable où un présage secret, un sentiment intérieur qu'on ne peut définir, l'avertissent d'éviter telle ou telle circonstance, de s'abstenir de telle ou telle chose. C'est quand l'évènement a vérifié ces funestes présages qu'on se les rappelle vivement, et qu'on se reproche quelquefois amèrement de ne pas les avoir écoutés.

« En rendant une visite d'adieu à mesdames de Balabre et de la Rochevreuse, quelques jours avant son départ de Chazelet, madame de Douhault éprouva une répugnance presque invincible à entreprendre ce voyage. Ces dames combattirent ses noires idées, et ramenèrent momentanément le calme dans son esprit. Mais, de retour au Chazelet, ses anxiétés la reprirent encore.

« Elle fit prier M. Pépin, bailli de Chazelet, et son cousin, de se rendre près d'elle, pour lui faire part de quelques dispositions dont elle avait formé le projet : elle lui communiqua aussi la peine secrète que lui causaient ses sombres pressentimens. Ce magistrat rassura cette dame sur des inquiétudes qui pouvaient ne provenir que de l'état de sa santé.

« Une lettre de madame de Polignac qui invitait madame de Douhault à passer par Fontainebleau pour y voir madame de Polastron, sa sœur, alors malade en cette ville, où la cour devait incessamment se rendre, est restée fortement gravée dans sa mémoire, avec le projet qu'elle forme de céder à cette invitation.

« M. Dulude, neveu de l'un des héritiers de M. de Douhault, était alors à Argenton. Madame de Douhault l'invita par écrit à venir à Chazelet, d'où ils voyageraient ensemble jusqu'à Orléans; mais il ne se rendit pas à son invitation.

« Madame de Douhault partit de Chazelet le len-

demain des fêtes de Noël 1787 , ayant avec elle la
demoiselle Perisse-la-Chaize, sa femme de chambre.
Louis Boutard, son cocher conduisait la voiture,
et Joseph Billon , domestique à son service depuis
six mois, l'accompagnait.

« A Argenton, elle s'informa de M. Dulude.
Elle apprit qu'il était parti pour Orléans, aussitôt
après avoir reçu la petite lettre qu'elle lui avait envoyée par un de ses domestiques. Elle vit M. Lacôse, son agent d'affaires , qui devait lui compter
une somme de 800 livres, pour complément d'une
quittance de plus forte somme donnée de confiance;
mais M. Lacôse ne put alors effectuer ce paiement,
ce qui réduisit madame de Douhault à une assez
modique somme pour son voyage.

« Après avoir renvoyé son cocher , madame de
Douhault poursuivit sa route avec des chevaux de
poste. Elle fit arrêter sa voiture à Orléans, devant
la maison de M. Dulude, chez lequel elle logeait
ordinairement. M. Dulude se défendit, sous plusieurs prétextes, de la recevoir, et lui indiqua la
maison de M. et de madame de la Roncière, ses
parens, où une chambre, disait-il, était préparée
pour la recevoir. Il lui persuada aussi d'envoyer
son domestique Billon au Lude, pour causer
moins d'embarras dans la maison la Roncière.
Madame de Douhault s'y rendit en effet, et occupa
à Orléans une chambre au rez-de-chaussée, ayant
vue sur la cour, laquelle était ordinairement habitée par madame la Roncière la mère. Cette
dame était morte *subitement* huit jours auparavant

chez son fils, au château de Loury, distant de quatre lieues d'Orléans.

« A la veille de partir pour Paris, le 15 janvier 1788, madame de Douhault fut invitée par madame de la Roncière à faire une promenade en voiture sur les quais. Mesdames du Sailly de Haute-Roche et d'Halot accompagnèrent mesdames de la Roncière et de Douhault. Un moment après avoir pris du tabac présenté par madame de la Roncière, madame de Douhault éprouva un violent mal de tête qui l'obligea de rentrer. Elle s'endormit en prenant un bain de pieds et fut mise au lit pendant un sommeil profond.

...... « Madame de Douhault, après une maladie que les médecins qualifièrent de *léthargique et soporeuse,* éprouva dans le souvenir de son existence une lacune qui commença au sommeil dans lequel elle tomba à Orléans, et finit à son réveil *à la Salpétrière* (1). »

Ce que la marquise de Douhault paraît se rappeler avec le plus de certitude, ce que sa mémoire lui retrace le plus vivement, c'est, qu'après avoir pris un bain de pieds et avoir dormi pendant plusieurs jours, elle se réveilla le samedi, eut une conversation avec madame de la Roncière qui la détermina à partir pour Paris, le soir même, sans lui laisser voir sa femme de chambre; c'est encore d'avoir pris un bouillon des mains de cette dame;

---

(1) Mémoire des défenseurs de madame de Douhault.

d'avoir été à Paris en pleine liberté, de s'être rendue chez son frère, d'avoir quitté cette ville pour aller à Fontainebleau, d'y avoir logé et soupé à l'hôtel de Luynes avec madame de Polastron ; c'est enfin d'y avoir été arrêtée et conduite de là à la Salpétrière.

Ensevelie dans cet horrible séjour, la marquise de Douhault ne recouvra la raison que pour sentir plus vivement son malheur. Quel fut son étonnement de s'entendre appeler du nom de Blainville ! C'est vainement qu'elle décline celui qui lui appartient réellement ; elle ne trouve que des êtres insensibles à ses réclamations, à ses justes plaintes ; alors force est à elle de se soumettre à la terrible loi de la nécessité.

Pendant ce temps, que se passait-il à Orléans ? On y exécutait tout ce qui pouvait consommer la perte de son état ; on apposait des scellés, on faisait le simulacre d'un enterrement, on rédigeait un acte mortuaire.

Le 25 janvier 1788, on obtint de madame de Champignelles mère, pleurant une fille qu'elle aimait avec tendresse, une procuration pour lever les scellés. Plus tard, M. de Champignelles procéda avec les héritiers de madame de Douhault, à la liquidation des droits de la succession de sa sœur.

« Tout devait être fini pour madame de Douhault, continuent les défenseurs de cette dame ; il a fallu la plus étonnante de toutes les révolutions politiques qui aient ébranlé le monde, pour que l'infortunée marquise de Douhault sortît vivante

du tombeau de la Salpétrière, par la médiation
d'une amie qui pût sans peine alors faire annuler
un acte de l'arbitraire ministériel. Or, la prévoyance
de M. de Champignelles n'allait pas jusque-là, et il
devait se croire dans une sécurité profonde, paisi-
ble possesseur de tous les biens de sa famille. Sa
sœur ne pouvait plus former de demande en partage; sa mère végétait aux incurables dans le plus
parfait oubli. »

La marquise essaya d'écrire à ses parens et à
quelques amis pour apprendre d'eux la cause de
cette injuste détention; sa correspondance fut
long-temps interceptée; elle parvint enfin à faire
parvenir une lettre à madame de Polignac.

Par suite de cette lettre, elle reçut dans les premiers jours du mois de juillet 1789, la visite de
deux chevaliers de Saint-Louis qui, après l'avoir
beaucoup questionnée, se retirèrent en lui faisant
espérer qu'elle recouvrerait bientôt sa liberté.

En effet, quelques jours avant la prise de la
Bastille, un autre chevalier de Saint-Louis vint lui
annoncer qu'elle était libre; il l'accompagna jusqu'au bas du jardin des Plantes, et la quitta en lui
faisant observer qu'il ne serait pas convenable
qu'un étranger fût témoin de sa première entrevue
avec sa famille.

Ne soupçonnant pas son frère d'être l'auteur de
sa détention, et n'ayant aucune connaissance d'un
enterrement fait à Orléans, la marquise de Douhault se rendit chez M. de Champignelles; celui-ci
feignit de la méconnaître, refusa toute explication,

évita sa présence, et la fit consigner à sa porte.
Madame de Douhault ne put rien comprendre à
une pareille réception; elle se rendit chez son oncle
le commandeur, qui la reçut froidement, feignit
aussi de ne pas la connaître, et l'invita néanmoins
à dîner. La marquise refusa : « Je vais, dit-elle,
les larmes aux yeux, me réfugier dans le sein de
ma mère! — Votre mère, reprit le commandeur;
mais vous ne l'avez plus.... »

L'âme remplie d'une douleur profonde, la marquise se ressouvint avec reconnaissance de madame de Polignac; et n'ayant plus d'asile, elle
partit pour Versailles, se présenta chez son amie,
dont elle fut reconnue, et qui lui fit le plus touchant
accueil.

Parmi les personnes de marque auxquelles la
marquise rendit visite, et qui la reçurent avec
intérêt, nous citerons le marquis de Dampierre,
son parent, le baron d'Oigny, directeur des postes, qui écrivit à son sujet à la supérieure de Montargis, le baron de Poudens, chambellan du duc
d'Orléans, le marquis de Nesle, la princesse de
Chimay, douairière, dame d'honneur de la reine,
mesdames de France, le comte de Chastelux, le
duc de Villeroi, la duchesse de Choiseul, le duc
d'Aumont, le duc de Brissac, gouverneur de
Paris, M. de Loménil, archevêque de Sens, son
parent, le duchesse de Rochechouart, la comtesse
d'Albert de Luynes, chanoinesse, la princesse de
Lamballe, le duc de Penthièvre, mademoiselle de
Condé, la marquise de la Fayette, M. de Talley-

rand-Périgord, archevêque de Reims, le cardinal de Rohan, le cardinal de la Rochefoucault, etc.

Un fait bien notoire, alors, c'est que la marquise de Douhault était reçue à la cour, et bien connue pour être Adélaïde-Marie Rogres Lusignan de Champignelles.

Cependant les événemens politiques se succédaient rapidement. Madame de Polignac avait émigré peu de temps après les journées des 5 et 6 octobre 1789. La marquise vint à Paris : toutes les personnes qu'elle y vit l'exhortèrent à la patience, et lui donnèrent l'assurance que le roi, instruit de son malheur, ne tarderait point à y mettre un terme ; mais les circonstances difficiles où se trouvait alors le gouvernement ne permettaient pas à Louis XVI de donner à une affaire particulière son attention, déjà presque insuffisante pour pourvoir à sa propre sûreté.

M. de Champignelles, qui éludait toute explication, sentait néanmoins toutes les conséquences graves que pouvait avoir pour lui l'existence de sa sœur. Dans cette position, il conçut et exécuta très-habilement le projet de soutenir l'apparente vérité de l'enterrement de la marquise de Douhault, par un système de diffamation dans lequel il puiserait le moyen de la faire enfermer de nouveau, ou de la faire paraître tellement dissemblable à elle-même, quant au moral, qu'il lui serait de toute impossibilité de se débarrasser des intrigues dont il voulait l'envelopper.

« Dans les premiers jours de février 1790, ma-

dame de Douhault était logée rue et hôtel Saint-
Joseph; elle avait à son service une fille, nommée
Victoire Valtan. Un sieur Duch...., dont on n'a-
chève pas le nom par égard pour sa famille, avait
paru lui témoigner beaucoup d'intérêt; il promit
de lui procurer deux hommes, dont l'habileté et
l'activité concourraient puissamment à lui faire
rendre justice, et à la placer dans son premier
état.

« Il vint, en effet, avec deux particuliers, qui lui
manifestèrent les intentions les plus favorables,
et un zèle dont la chaleur extraordinaire aurait
peut-être inspiré des soupçons à une personne
moins confiante. Au reste, leur ton, leur maintien, leur langage, leur costume décent, tout en
eux était convenable au rôle qu'ils jouaient. L'un
se disait bourgeois de Paris, l'autre prenait le titre
d'avocat. Ils s'appelaient *Páris* et *Fleury*. Ils ap-
plaudissaient à la délicatesse de madame de Douhault, de ne pas intenter brusquement contre son
frère un procès déshonorant pour la famille; mais
ils prétendaient que madame de Douhault devait
essayer par le fait de se mettre en possession de
ses biens; qu'on n'aurait pas l'audace de les lui
disputer; et ils se chargeaient à tout événement
de mettre à la raison les contradicteurs.

« Pour prouver la sincérité de leur zèle, pour
démontrer la confiance qu'ils avaient dans le succès de leur démarche, ils engagèrent madame de
Douhault à recevoir d'eux les fonds dont ils avaient
la générosité de faire l'avance. *Páris* réussit à lui

faire accepter une somme d'environ 1,000 livres,
en plusieurs traites, mais sous la condition exigée
par madame de Douhault qu'elle lui en paierait
l'intérêt à quinze pour cent.

« Ce n'était là que le premier nœud de l'intrigue ; il fallait persuader à madame de Douhault de
changer son domicile de la rue Saint-Joseph,
pour l'attirer dans le ressort du comité de Saint-
Eustache, où l'on avait des *affidés* et où *l'on préparait le dénouement*. Les rusés Pâris et Fleury
parvinrent encore à ce but, et lui procurèrent un
logement dans la rue du Four-Saint-Honoré. Pâris
parut ensuite très-empressé de se mettre à la tête
des affaires de madame de Douhault ; il lui fallait
pour cela une procuration dont il lui présenta le
projet, espérant obtenir une signature de confiance.
Le hasard voulut que madame de Douhault jetât
les yeux sur cette procuration ; elle y lut des noms
qui lui étaient étrangers, une désignation de biens
qu'elle ne connaissait pas, un pouvoir indéfini
d'emprunter et d'aliéner. Elle refusa de signer ; les
instances de la femme de chambre Valtan, qui
était auprès d'elle, ne purent vaincre sa répugnance à donner une telle procuration. Pâris fut
très-mécontent.

« Cette fermeté eût pù, en effet, déconcerter les
projets d'un homme moins habile que lui ; mais,
le 19 février 1790, Fleury vint renouer la trame
dont le fil paraissait rompu. Il conversait avec
madame de Douhault, et lui parlait du tort qu'elle
avait eu d'aigrir Pâris, par son refus de signer la

procuration, lorsqu'une ordonnance apporta à
madame de Douhault un mandat de comparution,
sur l'heure même, au comité du district de Saint-
Eustache.

« Elle fut effrayée de cet ordre : l'adroit Fleury
la rassura, s'offrit à l'accompagner, et la conduisit, en effet, en présence de quelques membres de
ce comité. Pâris y était déjà, se répandant en injures contre elle, l'accusant de lui avoir *escroqué*
des lettres de change. Fleury quitta madame de
Douhault pour se réunir à l'honnête Pâris. Il
était difficile à une personne de la timidité de madame de Douhault de couvrir la voix de Fleury
et de Pâris, et de se faire entendre; les larmes la
gagnèrent quand elle se vit aussi indignement outragée; elle n'eut que la force de tirer son portefeuille, d'en extraire les traites de Pâris, pour les lui
remettre, à l'exception d'une de 400 livres, dont elle
avait fait usage. Pâris insistait pour qu'elle lui
donnât encore sa montre et une tabatière garnie en
cercles d'or, ce qui la fit s'écrier vivement :
« Suis-je donc dans une caverne de voleurs ! »

« Après s'être retirés dans un autre appartement,
quelques membres de ce comité revinrent lui dire
que ce comité, après avoir délibéré sur les propos
injurieux qu'elle leur avait tenus, avait arrêté qu'elle
serait conduite à la mairie, et détenue pendant un
mois; elle y fut conduite en effet à onze heures du
soir.

« M. Bailly était alors maire de Paris, mais sans
pouvoir, et obéissant à l'influence populaire des

comités de district. Il écouta avec intérêt madame
de Douhault, qu'il connaissait parfaitement; mais
une injure à des membres d'un comité n'était pas
un délit qu'il fût en sa puissance de pardonner ou
d'excuser. Il écrivit seulement au concierge de la
Force de recevoir madame de Douhault dans une
chambre décente pendant un mois, et d'avoir pour
elle des égards. Madame de Douhault a gémi pendant un mois à la Force, depuis le 19 février jusqu'au 18 mars.

« Pâris eut encore l'audace de la visiter dans sa
prison et de lui offrir sa liberté, si elle voulait
signer une procuration conforme à ses désirs. La
constance de madame de Douhault à refuser de
signer la procuration de Pâris devient aujourd'hui
son salut; sans cela il ne lui eût jamais été possible
de dénouer le fil de cette intrigue hardie et com-
pliquée dans ses détails.

« Voici comment Paris et Fleury, alliant le
mensonge avec la vérité, réunissant avec art des
circonstances réelles avec des actes faux, sont par-
venus à rendre l'innocence de madame de Douhault problématique, pour quiconque ne veut
pas se donner la peine d'approfondir les choses.

« Il y avait à cette époque une femme Baudin,
entrée à la Salpétrière le 4 août 1786. Cette femme
prenait divers noms, commettait des escroqueries,
et avait fixé l'attention de la police.

« Lorsque Pâris et Fleury eurent éprouvé, dans
les premiers jours de février 1790 le refus de madame de Douhault de signer la procuration, il

paraît qu'ils conduisirent chez le notaire Silly, qui
ne connaissait pas madame de Douhault, cette
femme Baudin, disposée pour de l'argent à se prêter à tout ce qu'on désirait d'elle. Dans une procuration en date du 10 février 1790, la Baudin se
qualifia ainsi : « Dame Anne-Louise-Adélaïde de
Champignelles, veuve de messire Pierre-André,
marquis de Grainville, capitaine au régiment de
Monsieur, dragons; ladite dame de Grainville,
sous-gouvernante de Madame Royale, demeurant
à Paris au Vieux-Louvre, paroisse St-Germain-
l'Auxerrois (1). »

Après sa sortie de la Salpétrière, la marquise
de Douhault eut une entrevue avec son frère ; elle
en fut reçue avec décence, mais il persista dans ses
refus, et elle ne le revit plus qu'à la cour de cassation et au tribunal criminel de Bourges.

Etant à Issy, près Paris, vers la fin du mois de
mars 1790, elle apprit que sa mère vivait encore
et qu'elle était aux Incurables, seule, affaiblie
par l'âge et les chagrins domestiques. Elle vola
près d'elle. La mère et la fille se jetèrent dans les
bras l'une de l'autre. Des secrets affligeans furent
révélés dans cette touchante entrevue.

De retour à Issy, elle communiqua à madame
de Chimay, douairière, chez laquelle elle demeurait, tous ces détails intéressans. Cette dame avait
l'intention de l'accompagner le surlendemain dans

---

(1) Mémoire des défenseurs de madame de Douhault.

sa seconde visite à sa mère ; mais M. de Champignelles avait été averti à temps ; et la porte de madame de Champignelles fut refusée à mesdames de Chimay et de Douhault.

Madame de Champignelles mourut le 4 avril 1790.

Pendant le temps qu'une cruelle maladie menaçait madame de Douhault de la conduire dans la tombe, on fabriquait encore de fausses pièces contre elle. On supposait que le vicaire de Vanvres écrivait au curé de Champignelles la lettre suivante :

« Je vous prie de me donner les renseignemens au sujet de madame de Champignelles, veuve du sieur Gourdin, marquise de Grainville et baronne d'Esigny, qui se dit dame de votre paroisse. Cette marquise doit au particulier pour qui je vous écris, et je crois qu'il ne peut compter sur ce qu'elle promet...... Vous m'obligerez beaucoup de vouloir bien m'en donner des nouvelles, ainsi que d'un nommé Fermet du Château, qui a écrit à ces personnes qu'on pouvait compter sur elle, qu'on ne doit pas avoir d'inquiétude. Vous m'apprendrez, plus que tout autre, la vérité sur ces objets, dont l'histoire me paraît fabuleuse. »

Cette lettre paraît avoir été le principe d'une nouvelle intrigue qui ne reçut pas son développement. Nous avons dit que la marquise était à Issy, chez madame de Chimay. Vanvres n'est pas éloigné de ce village. On voulait essayer par cette correspondance factice du vicaire de Vanvres avec le curé de Champignelles, de la compromettre dans l'esprit de ce respectable ecclésiastique, et de la discréditer d'avance, afin que, si elle repassait à Champignelles, elle ne fût point reconnue par le personnage le plus influent de cette paroisse.

Cette lettre ne fut pas le seul moyen employé pour travailler l'esprit du curé de Champignelles, dont on redoutait l'opinion s'il reconnaissait la fille de son ancien seigneur. On lui adressa deux autres lettres au mois de novembre 1790.

Nous copions textuellement la première :

« Je vous *écri* pour vous *soitée* le bon jour, et en même temps pour vous prier de *vouloire* bien m'envoyer mon *estrait* de baptême qui est de 1757, ainsi que mon *estrait* de mariage qui est en 1770, et *l'estrait mortuère* de *défunt* ma mère, qui est madame de Champignelles qui est *décédé* en son château de Champignelles. Je vous prie en grâce de vouloir bien me marquer ce que ça *ora* coûté; lorsque vous l'aurez *faits égalisé*, vous voudrez bien m'honorer de votre réponse. Vous obligerez celle qui a l'honneur d'être votre très-humble, très-affectionnée, *Anne-Louise-Adélaïde de Champignelles*, ci-devant marquise de Grainville. »

L'autre lettre était du sieur Pâris ; il demandait les mêmes, actes au nom de la même marquise de Grainville. Ces deux lettres étaient sous la même enveloppe.

Il est facile de concevoir l'effet que devait produire sur l'esprit du curé de Champignelles, et par l'influence de cet ecclésiastique sur l'esprit de ses paroissiens, une lettre aussi contraire aux faits personnels à la marquise de Douhault. En effet, elle était née le 7 octobre 1741, et on lui fait demander son extrait de baptême sous la date de 1757, ce qui fait une différence de 16 ans. Elle avait épousé le marquis de Douhault en 1764, et on lui fait indiquer l'époque de son mariage en 1770; sa mère était morte aux Incurables à Paris, et la marquise de Grainville dit que sa mère est décédée en son château de Champignelles.

Cette ignorance sur les événemens les plus importans de la vie de la marquise de Douhault, devait persuader au curé de Champignelles, que cette Grainville qui se disait fille de madame de Champignelles était une intrigante cherchant à se parer d'un nom qui n'était pas le sien. Pâris était encore l'agent de cette manœuvre maladroite; car comment admettre qu'après avoir éprouvé un mois de détention à la Force, par la dénonciation de cet homme, la marquise de Douhault se serait réunie à lui pour écrire sous le même couvert au curé de Champignelles?

Déçue de toute espérance de conciliation, la marquise de Douhault se décida enfin à invoquer publiquement le secours des lois. En passant à Sues pour se rendre à Champignelles, elle dina

chez M. Loménil, archevêque, son parent. Elle en
fut reçue avec les plus grands égards. Mais ses ennemis ne la perdaient pas de vue, et les agens de
son frère étaient très-attentifs à la compromettre
par des lettres fausses adressées aux personnes
dont l'opinion pouvait être utile à sa cause. C'est
ainsi que l'on fit parvenir à madame de Jaucourt,
abbesse des Bénédictines d'Auxerre, le billet suivant, bien capable de rendre la marquise un sujet
de dérision pour toute la ville.

« Madame, je suis surpris de votre manierre de
pansé à mon ai-gart si vous aitre inquiette de mon
non le voilas Anne-Louise-Adélaïde de Chanphi-
nelle, veuve du sieur Montiel de Merniville, dame
pour accompagnè madame Etlisabaite. »

Ce billet atteste par la fausseté évidente de
l'écriture, du contenu et de la signature, qu'il n'est
jamais sorti des mains de madame de Douhault.

Arrivée le 17 octobre 1791 à Champignelles,
cette dame avait l'intention de descendre directement au château; mais les ordres de son frère l'y
avaient devancée. Le concierge lui en défendit la
porte, en lui disant que son maître lui avait défendu d'y laisser entrer personne sans une permission écrite de sa part. Madame de Douhault, sur
la terre de ses ancêtres, se vit contrainte d'aller
chercher un asile dans une hôtellerie.

Les malheureux cherchent ordinairement des
consolations dans la religion. La marquise s'était
rendue à l'église; l'aspect du tombeau de son père,
mille souvenirs attachés aux lieux témoins de son

jeune âge, l'attendrirent à un point qu'elle ne put retenir ses larmes : elle se prosterna et pria. Son attitude, ses pleurs, excitèrent l'attention de plusieurs habitans de Champignelles. On s'informa du nom de cette étrangère. Sa femme de chambre répondit : « Vous devez mieux connaître cette dame que moi. » Cette réponse était bien faite pour exciter l'attention. Quelques personnes s'empressent de la voir d'abord, par curiosité sans doute ; mais bientôt, frappées de la ressemblance, du son de sa voix et de ses paroles qui leur rappellent toutes leurs anciennes relations avec la fille de leur seigneur, elles restent convaincues que c'est bien à la marquise de Douhault qu'elles parlent. Aussitôt on signale son retour par le son des cloches et le témoignage d'une publique voix.

La marquise de Douhault avait un puissant intérêt de fixer par écrit une partie des témoignages rendus à son existence. Dans l'espace de trois jours plus de quatre-vingts habitans, tant de Champignelles que des villages voisins, vinrent la voir, et déclarèrent formellement qu'ils reconnaissaient madame de Douhault, fille de M. le comte de Champignelles, dans la personne de la réclamante.

Madame de Douhault, par un exploit introductif d'instance, du 9 janvier 1792, conclut devant le tribunal du district de St.-Fargeau, contre M. de Champignelles son frère, à être réintégrée dans tous ses droits, noms et actions, à la restitution de ses biens, et au paiement d'une somme de

cinq cent mille livres, pour tenir lieu des jouis-
sances, et aux dépens.

M. de Champignelles avait trouvé un moyen
plus expéditif de terminer le procès. M. Delessart
était alors ministre de l'intérieur; il lui dénonça le
voyage de madame de Douhault à Champignelles,
comme une tentative à force armée pour s'emparer
du château. Dans cette plainte au ministre, on disait : « qu'elle s'était présentée à la porte du château avec 300 hommes armés pour forcer le régisseur à le lui livrer. » M. de Champignelles demandait dans cette même plainte que la municipalité
du lieu fût tenue de lui garantir ses propriétés de
tous les désordres que ces rassemblemens pourraient occasionner.

Ayant échoué dans le projet de faire arrêter la
marquise de Douhault comme chef d'un rassemblement séditieux, M. de Champignelles mit tout en
usage pour l'empêcher d'être reconnue par les
tribunaux. Il remit au juge interrogateur les fausses procurations de Louise-Adélaïde *Chanpinelle*
de *Graniville*, les lettres prétendues écrites au curé
de Champignelles par le vicaire de Vanvres, etc.
Rien ne manquait à cette précieuse collection.
Cependant ce système de faire identifier sa sœur
avec la femme Baudin, avait quelques inconvéniens; cette femme avait été mariée à un nommé
François Crouillé, elle était née à Preuilly en
Touraine; un jugement public du prévôt de
Senlis, constatait tout cela; en un mot la femme
Baudin n'était que trop connue dans les fastes ju-

diciaires; un ancien avoué au tribunal de première instance de la Seine, inspira à cet égard une idée très-heureuse à M. de Champignelles. Cet avoué allant à Melun par la voiture de la rue Saint-Paul, il y fit la rencontre de M. de Champignelles. Celui-ci parla de son affaire qui faisait beaucoup de bruit à Paris, relativement à une aventurière échappée de la Salpêtrière, nommée *Baudin* ou *Bourdin*, qui voulait se faire passer pour sa sœur, morte en 1788. Sur quoi l'avoué s'écria comme par inspiration : « Je parie que c'est Anne Buirette, que je connais, laquelle est mariée à un nommé Bourdin, tourneur à Sens; elle a été en effet enfermée à la Salpêtrière. » Cela plut beaucoup à M. de Champignelles; il invita l'avoué à venir le voir, et par suite des conférences que ces deux messieurs eurent ensemble, la femme Baudin, Anne Buirette et la marquise de Douhault ne furent qu'une seule et même personne.

Ce fut avec de funestes préventions, avec un désir extrême d'obtenir de la marquise de Douhault des réponses favorables au système d'identification avec Anne Buirette, que le juge de St.-Fargeau procéda à son interrogatoire. Malgré quelques aberrations d'une mémoire et d'une tête affaiblie par la maladie d'Orléans, et par sa détention à la Salpêtrière, madame de Douhault fit à 106 questions des réponses lumineuses, et donna des explications impossibles à toute autre personne qu'à la vraie dame de Douhault.

Le défenseur de M. de Champignelles allégua

dans sa plaidoirie que la réclamante avait fait deux faux actes dont les minutes étaient déposées à Argenton dans l'étude de Me Nicard. Surprise d'un pareil reproche, la marquise conçut le projet d'aller vérifier ces prétendus faux actes ; elle reconnut que le premier était un bail à ferme par elle consenti et signé en 1786, et le second, l'inventaire fait en 1787, après le décès de son mari. Elle retrouva à Argenton ses deux anciennes femmes de chambre, les deux sœurs Périssé. L'une d'elles, après huit ans de service, était revenue d'Orléans dans son pays, emportant la persuasion de la mort de sa maîtresse, malgré quelques discours extraordinaires qui avaient glissé sur son esprit, incapable de concevoir de tels soupçons. En revoyant la marquise, elle ne put résister au témoignage de ses sens; elle reconnut en elle son ancienne maîtresse. Les deux sœurs Périssé ainsi qu'une foule d'autres personnes, parmi lesquelles nous citerons mademoiselle de Maussabré, filleule et cousine de madame de Douhault, rendirent hommage à la vérité.

Madame de Douhault quitta le Berri, où elle avait reçu mille témoignages de l'intérêt qu'inspiraient ses malheurs, pour venir reprendre à Saint-Fargeau la suite du procès et en accélérer la décision. Parmi les moyens de conviction qu'elle désirait fournir à la justice, elle plaçait l'interrogatoire de son frère; elle voulait donner aux juges des notes sur des circonstances secrètes qu'on rappellerait à la mémoire de son frère, et à la nécessité pour lui de les avouer ou de se mettre en contradiction avec des vérités dont la démonstration étant encore possible à cette époque, devait éclairer la justice. Le tribunal rendit le 26 mai 1792 son jugement par lequel, sans s'arrêter aux faits signifiés, et sur lesquels la réclamante demandait à faire interroger le sieur Rogres de Lusignan, lesquels furent déclarés impertinens et inadmissibles, comme ne pouvant la concerner. Elle fut déclarée « purement et simplement non « recevable dans sa demande, avec défense de « prendre à l'avenir les noms et qualités d'Adé- « laïde-Marie de Rogres, veuve de Douhault, « radiation de ce nom sur les actes dans lesquels « elle l'aurait pris, impression et affiche de ce « jugement. »

Portant encore plus loin son zèle pour l'ordre public, et attendu, dit-il, l'évidente supposition de nom, le tribunal de St-Fargeau décerna contre la marquise un mandat d'amener pour répondre sur cette inculpation.

Voici les motifs de cette décision.

1° Que la réclamante n'a aucune des notions qu'aurait madame de Douhault.

2° Qu'il est prouvé par son interrogatoire, par la lettre des administrateurs de la police, par un certificat de la supérieure de la Salpétrière, qu'elle a été renfermée à la Salpétrière depuis le 3 janvier 1786 jusqu'au 16 octobre 1789 sous le nom d'Anne Buirette, femme Baudin.

3° Qu'il est prouvé par pièces authentiques que madame de Douhault existait au Châtelet en 1786, 1787 et 1788, pendant que la réclamante Anne Buirette, était détenue à la Salpêtrière, d'où résulte l'impossibilité qu'il y ait identité entre elle et madame de Douhault.

4° Que du moment qu'il est prouvé que la réclamante est un autre individu que madame de Douhault, tous les faits relatifs à celle-ci lui sont étrangers, et qu'elle ne peut plus être fondée à demander que le sieur Rogres ait à répondre sur ce qu'il peut avoir fait de relatif à madame de Douhault; puisque, quels que pussent être ces faits, ils ne sauraient être d'aucune considération relativement à une étrangère.

Ce procès reçut une autre direction par l'émigration de M. Champignelles et le séquestre de ses biens, sur lesquels le fisc élevait des prétentions. La marquise de Douhault forma opposition le 19 avril 1795 entre les mains du procureur-syndic du district de Saint-Fargeau, à la vente des biens, meubles et immeubles de son frère. Elle motiva cette opposition sur ce que ces biens venant de la succession de leur père et mère, elle y avait droit pour moitié.

« On était alors au fort de la tempête révolutionnaire, disent les défenseurs de la marquise; madame de Douhault pouvait facilement profiter de la chaleur des opinions du temps contre les abus de l'ancien régime, obtenir par l'influence du parti populaire sur les administrations et sur

les tribunaux, un jugement conforme à ses vœux.
Mais de tels moyens, que l'imposture eût saisis
avec avidité, étaient indignes d'elle ; il fallait recouvrer son état par l'honorable secours des lois,
pour montrer au public qu'il lui avait été ravi par
un crime.

« Une procédure sur l'appel du jugement de
St-Fargeau commença en l'an ii et se suivait en
l'an iii au tribunal de Cosne. Madame de Douhault
forma, le 1er germinal an iii, une opposition au
bureau des hypothèques, sur M. Dulude, héritier
de M. de Douhault, et détenteur en cette qualité
des biens dont elle avait l'usufruit.

« L'organisation constitutionnelle de l'an iii
rendit le tribunal civil du département de la Nièvre
juge de cette contestation, alors suivie contre la
république, aux droits de M. de Champignelles,
émigré, et contre M. Dulude, représentant la
succession de M. de Douhault. M. Dulude mit en
usage un système de temporisation qui tendait à
éterniser le procès, et le tribunal de Nevers rendit
le 17 nivose an v, un jugement portant sursis au
jugement sur l'appel, jusqu'à ce *qu'il eût été pro
noncé par les juges qui doivent en connaître sur
le crime de faux* commis dans l'acte mortuaire du
21 janvier 1788, et sur les auteurs et *complices
dudit crime.*

« Voilà donc madame de Douhault obligée de
quitter la voie civile pour prendre la voie criminelle, lancée dans une nouvelle carrière de procédures et d'incidens, et ne pouvant plus espérer la

fin de ce procès. Néanmoins, elle se décide à rendre plainte en faux au directeur du jury d'Argenton, le 9 ventose an v. M. Dulude, l'un des signataires de l'acte mortuaire, demeurait à Chazelet, près Argenton; il ne devait pas récuser le directeur du jury de son domicile; il obtint cependant le 26 ventose an v, une ordonnance de renvoi devant le juge-de-paix d'Orléans.

« Pendant quatre ans, madame Douhault a présenté pétitions sur pétitions, mémoire sur mémoire, au juge-de-paix, pour qu'il commençât l'instruction; au ministre de la justice pour faire lever ce déni de justice; au ministre des finances, pour obtenir ou son concours dans une cause qui intéressait le trésor public, ou la restitution et l'envoi en possession provisoire de ses biens. Une force invisible paralysait tous ses efforts; on craignait néanmoins la ténacité de ses démarches et la constance de ses réclamations. On parvint à la détourner de son but, en lui suscitant un procès criminel.

« Les adversaires avaient à Nevers un sieur Fontaines pour correspondant : il était très-lié avec une dame Gouy, qui s'était insinuée dans la confiance de madame de Douhault, et lui avait offert chez elle, en l'an vii, un logement qu'elle avait accepté. Cette dame Gouy devint l'instrument d'une affreuse calomnie, sous laquelle madame de Douhault eût succombé sans l'impartialité d'un juré éclairé qui sut démêler cette intrigue habilement conduite. Elle dénonça madame de Dou-

hault pour un prétendu vol de sept mouchoirs de
batiste, appartenant à un lieutenant colonel du
11ᵉ régiment de chasseurs. Ce qu'il y avait de sin-
gulier, c'est que la dame Gouy était *nantie elle-
même* de plusieurs de *ces mouchoirs qu'elle* disait
avoir reçus en présent de Madame de Douhault,
qui alors aurait eu la *cupidité* de les voler pour en
gratifier la dame Gouy. Ce qu'il y avait de perfide,
c'était l'art avec lequel on exerçait les poursuites,
c'étaient les pièges tendus à une femme confiante,
pour toujours la compromettre par *des réponses*.
Heureusement la loi permettait au juré de former
sa conviction sur les débats seulement, et de dé-
daigner cette procédure pour ne s'attacher qu'à la
réalité des faits. La confrontation de madame de
Douhault avec cette femme Gouy, dénonciatrice,
et seul témoin principal de son accusation, fit
éclater la vérité, obscurcie par une tortueuse procédure. Les détails qu'elle donna, la simplicité de
son récit, la bonne foi évidente de ses explications,
portèrent dans l'ame des juges la conviction de
son innocence : elle fut acquittée à l'unanimité ; et
la femme Gouy ne retira de cette odieuse manœuvre qu'une honte ineffaçable. Le cri général
de l'indignation publique la força bientôt d'abandonner le séjour d'une ville témoin de sa désho-
norante et vile calomnie.

« Echappée à ce nouveau péril, madame de
Douhault vint à Paris dans les premiers jours de
brumaire an 8. C'est un besoin pour son cœur
d'exprimer sa reconnaissance pour le premier con-

seil qu'on lui donna : ce conseil fut la conséquence de la conviction sur l'identité de la réclamante avec madame de Douhault, que l'on acquit par la lecture de plusieurs pièces très-importantes qui sont dans la possession de cette dame. Elle joignit copie de ces pièces à une pétition qu'elle présenta au ministre de la justice. Deux de ces pièces, heureusement échappées aux recherches de madame de la Roncière, sont :

« 1° L'acte de son ancienne administration, portant arrêté de compte avec Vergnon, sous la date du 14 juillet 1767 ; 2° un mandat donné par monsieur de Douhault à Vergnon, et remis par ce dernier à madame de Douhault, en recevant d'elle le paiement de ses gages et impenses, lors de l'inventaire fait après le décès de M. de Douhault.

« Cette pétition, tendante à obtenir une provision sur le prix des biens de la succession de M. de Champignelles, vendus pendant l'émigration du frère de madame de Douhault, avait été renvoyée au ministre des finances. M. le conseiller d'état Regnier, alors directeur du contentieux des domaines nationaux, se fit communiquer les deux pièces originaires et les joignit au cahier des copies.

« Des incidens s'élevèrent ; madame de Douhault cessa de suivre l'effet de cette pétition, et se rendit à Orléans pour presser le juge de prononcer sur la plainte en faux concernant l'acte mortuaire à elle opposé.

«..... Dans le même temps, à peu près, il y avait encore à la Salpêtrière deux des sœurs surveillantes

auxquelles madame de Douhault avait découvert
son nom et son état, en entrant, en janvier 1788,
dans cette maison. Elle avait vu en 1791, ces sœurs
Françoise Pittout et Langlois, qui l'avaient reconnue parfaitement : cédant à la seule instance de
la justice et de la vérité, elles firent, le 5 floréal
an VIII, leur déclaration reçue par M. Oudinot,
notaire à Paris, et portant « qu'elles connaissent
parfaitement la citoyenne Adelaïde-Marie Rogres
de Lusignan de Champignelles, veuve de Louis-
Joseph Douhault ; qu'elles savent qu'elle est entrée
à la maison de la Salpêtrière en janvier 1788 ; que
depuis son entrée en ladite maison, jusqu'en juillet 1789 qu'elle en est sortie, elle n'a été désignée
sous le nom de Blainville, et n'a été appelée que
de ce nom-là, au lieu d'être désignée sous le nom
de veuve de Douhault, ou sous celui de Rogres de
Lusignan de Champignelles, *ainsi qu'il était à la
connaissance des comparantes auxquelles ladite
veuve de Douhault s'est constamment fait connaître, même dès son entrée en ladite maison.*

« Cette lumineuse déclaration renversait tout
cet échafaudage d'intrigues construit avec tant de
peine, depuis 1790, pour identifier madame de
Douhault avec la femme Baudin, et ensuite avec
Anne Buirette. Les fausses procurations, les fausses
lettres, les calomnies, les dénonciations, les égaremens des premiers juges, tout cela devenait inutile. On n'avait plus besoin d'examiner par quelles
machinations ténébreuses on avait, à Orléans, sup-
primé son état en supposant sa mort.

« La justice avait dans ces déclarations deux faits importans qui devenaient la base de sa décision, savoir, l'entrée de madame de Douhault à la Salpêtrière, en janvier 1788, et la réclamation qu'elle fit de son véritable nom de veuve de Douhault, en recevant celui de Blainville.

« La crainte de ces foudroyantes déclarations des femmes Pittout et Langlois, dont on n'avait pas *encore acheté la rétractation*, fit imaginer un système nouveau de défense, et qui devait offrir un phénomène inconnu jusque-là dans les fastes judiciaires. Madame de Douhault pressait depuis quatre ans le juge de paix d'Orléans de commencer l'instruction criminelle sur sa plainte relativement au faux acte mortuaire. Après deux ans de séjour à Orléans, exprès pour solliciter cette instruction, le juge de paix avait fini, le 21 prairial an IX, par une simple ordonnance de renvoi au magistrat de sûreté. Il fallut donc recommencer des sollicitations et présenter trois pétitions écrites à ce magistrat pour obtenir en dernier lieu qu'une ordonnance du 1er ventose an X, qui renvoyait madame de Douhault à se pourvoir devant quels juges *elle pourra et devra*, motivée sur ce que l'objet de cette plainte *n'intéresse pas*, dit-on, *l'ordre public!*

« Dans cet état de choses, il devenait impossible de juger le procès. Le tribunal civil de Nevers avait renvoyé pour instruire criminellement. Le magistrat, juge criminel, après six ans de silence, refusait son ministère; on voyait deux autorités in-

dépendantes en conflit, et refusant positivement
de juger la question du faux. On espérait que douze
années de *tentatives inutiles* pour recouvrer son
état auraient lassé madame de Douhault. On ne lui
connaissait plus de moyens pour faire reprendre à
la justice son cours, intercepté par cet étrange conflit des juges civils et criminels; on se félicitait
d'avoir terminé ce terrible procès par un tour de
force dont il n'y avait pas d'exemple, c'est-à-dire,
sans *transaction ni jugement*. On se trouvait très-
heureux enfin d'en être quitte pour une brèche à sa
répu tation, flétrie par la solennité de l'accusation,
on avait au moins sauvé sa liberté et sa fortune, et
cela consolait de la perte de l'honneur.

« Mais il existait un tribunal suprême qui ne
pouvait pas tolérer le scandale d'une partie repoussée à la fois par les tribunaux civils et criminels. La cour de cassation, statuant sur la demande
en réglement de juges formée par une dame de
Douhault, ordonna, par arrêt du 29 thermidor
an X, l'instruction du procès criminel sur la plainte
en faux.

« Cet arrêt était par défaut, il fut attaqué par
la voie de l'opposition. La chaleur avec laquelle on
se présenta pour soutenir cette opposition, dont le
but était de laisser le procès éternellement indécis,
attestait de quelles terreurs on était agité. C'était
un spectacle digne d'une profonde attention, que
cette infortunée, seule, sans appui, sans recommandation, sans argent, luttant depuis douze ans,
contre plusieurs hommes puissans, les traduisant

avec une étonnante persévérance de tribunaux en
tribunaux, faisant planer sur leur tête une terrible
accusation, demandant à grands cris des juges
qu'on lui refusait, invoquant le secours des lois,
et à ce nom redoutable des lois vengeresses faisant
fuir ces riches adversaires, qui imploraient comme
une grâce la honte de n'être pas jugés.

« Un arrêt contradictoire du 5 prairial an XI,
ayant renvoyé la connaissance du crime de faux,
commis dans l'acte mortuaire, à la cour criminelle
de Bourges, madame de Douhault se hâta d'y aller
fixer sa demeure, pour accélérer le jugement sur
cette question de faux.

« Mais la prévention l'avait suivi dans cette ville;
le public seul prenait intérêt à son sort; les magistrats étaient déjà décidés à rejeter ses preuves. On
ne pouvait pas se méprendre sur leur opinion,
lorsque, se mettant en opposition avec toutes les
lois, ils maintenaient en liberté, même sans caution, des personnes accusées d'un crime emportant
peine afflictive et infamante. C'était le premier
exemple de cette nature donné depuis nos lois
constitutionnelles. On n'avait pas encore vu des
citoyens mis en état d'accusation pour un délit
majeur, un faux en écriture publique, consacrant
une suppression d'état, se promener fastueusement
en voiture, être en pleine liberté, fréquenter les
sociétés où ils rencontraient les magistrats qui
allaient les juger, et se jouer de cette accusation
comme de la chose la plus ridicule et la plus indif-
férente. »

La marquise de Douhault fut reconnue dans la
personne de la réclamante par cent quatre-vingt-
quatorze témoins, de tout âge et de toute condition; ils étaient habitans de trente-huit communes
différentes.

Nous ne rendrons pas compte du plaidoyer de
Mᵉ Huart Duparc; l'extrait du Mémoire fait pour
madame Duhault par cet avocat et par M. De-
lorme, et que nous avons mis sous les yeux de nos
lecteurs, suffit pour donner une idée des moyens
qu'il fit valoir.

M. Piet fut chargé de la défense des accusés.
M. Baucheton, procureur-général impérial, adopta
complètement dans son réquisitoire le système de
cet avocat.

La Cour adopta tous les raisonnemens du procureur-général, et prononça, le 28 vendémaire
an XIII, que l'acte mortuaire du 21 janvier 1788
n'était entaché d'aucun faux, et acquitta, en conséquence, les accusés.

Par suite de ce jugement, monsieur de Champignelles poursuivit devant la cour d'appel de Paris
celle du procès sur l'appel du jugement de Saint-
Fargeau. La marquise de Douhault n'y fut pas
plus heureuse : le 23 prairial an XIII, intervint un
arrêt dont voici le texte :

« Vu les pièces de la cause qui présente à juger
une question d'état, consistant à savoir si l'appelante, partie de Huart Duparc, est identiquement
la même personne que celle nommée Adélaïde-
Marie de Rogres de Lusignan de Champignelles,

née à Champignelles le 7 octobre 1741, du mariage de Louis-René de Rogres de Lusignan de
Champignelles, et de Jeanne-Henriette Lefebvre
de Laubrière, et mariée en 1764 à Louis-Joseph
de Douhault.

« Considérant, en droit, que le demandeur est
tenu d'établir sa demande ; que ce principe a lieu
surtout lorsque le demandeur prétend être membre
d'une famille qui le méconnaît ; qu'en pareille matière, il ne peut être admis à la preuve testimo-
niale, s'il n'a pas en sa faveur la *force des pré-
somptions,* ou des commencemens de preuves par
écrit de la possession de l'état qu'il réclame ; que
même lorsqu'il articule sur l'identité de sa personne avec celle qu'il indique, des faits démentis
par des preuves littérales, la preuve par témoins
en est formellement prohibée par la loi ;

« Considérant, en fait, que, loin par l'appelante
de prouver par des actes quelconques, loin d'avoir
pour elle le plus léger indice qu'elle soit la veuve
de Douhault, loin qu'elle établisse qu'il y ait identité entre elle et cette veuve Douhault, il est démontré, au contraire, jusqu'à l'évidence, par les
pièces de la cause, par des preuves littérales, que
l'appelante est absolument étrangère à la famille
de Champignelles ; que d'abord, de l'aveu de la
réclamante, consigné dans l'interrogatoire sur faits
et articles par elle subi le 7 février 1792, devant
le président du tribunal du district de Saint-Fargeau, où elle s'était pourvue en réintégration de
ses droits, et en restitution de ses biens, elle était

entrée à la Sapétrière dès le 3 janvier 1786, et
qu'elle n'en était sortie que lors du brûlement des
barrières, dont elle fixe l'époque au mois de juin
ou de juillet 1789, quoiqu'elle soit restée dans cette
maison de force jusqu'au 16 octobre 1789 ; qu'en
rapprochant le fait certain de la détention de la réclamante à Paris, à la Salpêtrière, en 1786, 1787,
1788 et partie de 1789, de cette circonstance non
moins incontestable et bien prouvée, savoir : que
pendant les années 1786 et 1787, la dame de
Douhault vivait à Chazelet, à 66 lieues de Paris ;
que sa résidence dans cette terre et son existence
y sont prouvées, tant par un bail notarié par elle
passé en 1786, pour neuf années, de ce domaine
de Chazelet, que par l'inventaire qu'elle a fait faire
en 1787, époque de la mort de son mari, en présence des parens du défunt, et dont elle a signé
avec eux toutes les vacations, il est impossible que
la réclamante soit en effet la veuve de Douhault,
née de la famille de Champignelles. En second lieu,
qu'en partant du même fait de la détention de
l'appelante à la Salpêtrière, en 1786, 1787, 1788
et partie de 1789, sans interruption, il est également de toute impossibilité, d'un côté, qu'elle se
soit trouvée, comme elle le suppose, dans la ville
d'Orléans, chez Claude-Philippe Delavergue de la
Roncière, au mois de janvier 1788 ; et d'un autre
côté, qu'elle soit identiquement la même personne
que celle nommée la veuve de Douhault, venue en
effet à Orléans le 5 dudit mois de janvier 1788,
chez Delavergue de la Roncière, dans la maison du-

quel elle est tombée malade le 15, et où elle est décédée le 19, et son convoi fait le 21.; troisièmement, qu'on peut d'autant moins douter de la non-identité entre la veuve de Douhault et la réclamante, que le décès de la veuve de Douhault a été bien reconnu par sa mère, qui, le 25 du même mois, a envoyé une procuration, à l'effet d'être représentée à l'inventaire, en qualité d'héritière quant aux meubles de sa fille; que d'ailleurs ce décès est constaté par un extrait mortuaire du lundi 21 janvier 1788, qui porte qu'elle est morte le samedi précédent, et a été enterrée au grand cimetière en présence de Delavergue de la Roncière, son cousin, de Guercheville, son autre cousin, et de Dulude, neveu de son mari; extrait mortuaire d'autant plus authentique, qu'il a essuyé l'appareil et les épreuves d'une ample instruction sur la plainte de la réclamante en faux principal, rendue tant contre les trois signataires de cet acte de décès que contre Lusignan de Champignelles, frère de la défunte, en exécution d'un jugement interlocutoire du tribunal civil de Nevers, du 1 nivose an v, qui avait sursis pendant deux mois à faire droit sur l'appel de la réclamante, du jugement de Saint-Fargeau, du 26 mai 1792, jusqu'à ce qu'elle eût fait statuer par des juges à ce compétens sur le crime en faux par elle articulé; instruction criminelle sur laquelle il est intervenu, le 28 vendémiaire an xiii, en la Cour de justice criminelle spéciale de Bourges, arrêt qui a jugé que l'acte mortuaire du 21 janvier 1788 n'est entaché d'au-

cun faux, et a, en conséquence, renvoyé les accusés de la plainte intentée contre eux par la réclamante. Quatrièmement, que la non-identité entre
la veuve de Douhault et la réclamante résulte encore de plusieurs autres circonstances également
prouvées, ainsi que de plusieurs autres rapproche-
mens; que, par exemple, la maladie de la veuve
de Douhault a été un fait notoire et public à Orléans; qu'elle est attestée tant par les médecins et
chirurgiens qui l'ont traitée, ont appliqué des vésicatoires, des emplâtres de moutarde, que par
les domestiques, garde-malades et gens de la maison où elle était, qui ont pris soin d'elle et l'ont
veillée; qu'elle a reçu les secours de l'église; que
son décès n'a pas été moins public; qu'il a été annoncé par des billets d'enterrement; qu'il a été
certifié et par ceux chez lesquels elle demeurait, et
par ceux qui l'ont ensevelie, et par ceux qui l'ont
mise dans le cercueil, et par ceux qui l'ont portée
en terre, et par les magistrats qui ont apposé les
scellés, d'après la reconnaissance assermentée des
domestiques, notamment de la fille Périsse, *que le
cadavre gisant était celui de la veuve de Douhault;*
que tant avant l'inscription en faux principal que
pendant l'instruction et la poursuite de ce crime
prétendu, les trois témoins qui ont signé l'acte
mortuaire, entendus soit comme témoins oculaires,
soit comme accusés, ont certifié la mort; qu'ainsi
on ne peut ajouter foi au récit invraisemblable de
la réclamante, qui voudrait persuader, *sans aucune preuve de sa part,* qu'au mois de janvier 1788,

après un sommeil continu de cinq jours entiers, oc-
casionné par une prise de tabac qu'on lui a présentée, n'ayant eu à son. réveil qu'un bouillon
pour réparer une abstinence de trois jours,
et son corps couvert de vésicatoires et de sina-
pismes, elle a été mise seule dans une voiture qui
l'a conduite à Paris, pour se rendre chez son frère
qui a refusé de la recevoir, elle qui était encore à
la Salpêtrière en 1788, et qui n'en est sortie qu'en
1789; elle qui, au lieu de se pourvoir, aussitôt sa
liberté rendue, et contre son frère, et contre ceux
qui, suivant elle, voulaient la priver de son état,
s'est livrée au contraire à de nouvelles escroqueries
sous des noms supposés, pour lesquelles, par jugement du 24 février 1790, elle a été incarcérée
à la prison de la Force; que ce n'est pas à des traits
aussi bas et aussi vils, mais sous les rapports les
plus heureux, que s'est toujours fait connaître la
véritable veuve de Douhault, née Lusignan de
Champignelles, famille honorable; que le défaut
d'identité entre elle et la réclamante se manifeste
encore en consultant l'extérieur de l'appelante, à
laquelle il est impossible de donner soixante-quatre
ans qu'elle aurait aujourd'hui, si elle était née,
comme elle le suppose, le 7 octobre 1741, date
de l'extrait de naissance de la veuve de Douhault,
que la réclamante paraît d'une santé forte et ro-
buste, tandis que la veuve Douhault était d'une
santé faible et sujette à des infirmités; que celle-
ci avait reçu la meilleure éducation, parlait cor-
rectement, écrivait de même, ainsi que le constatent

les pièces du procès, avantages que n'a pas la
réclamante, ainsi que cela est également prouvé;
qu'elle est si peu ce qu'elle prétend être, qu'elle
a été long-temps dans l'ignorance des prénoms de
la veuve de Douhault, écrivant Anne-Louise-
Adélaïde, au lieu d'Adélaïde-Marie, que trois fois
marraine à Champignelles, trois fois elle a signé
d'une manière différente sur les registres, que ce
n'est que pendant son séjour à Champignelles, à
la fin de 1791, qu'elle a pris le nom de veuve
de Douhault, nom qu'elle avait ignoré jusqu'alors,
se contentant de celui de Champignelles, et y
ajoutant ou substituant les dénominations de Mé-
rainville, Blainville, Grainville; que, dans son
interrogatoire de 1792, elle déclare ne pas se souvenir de faits relatifs à sa jeunesse et à un âge plus
avancé; qu'elle suppose n'avoir été qu'au couvent
de Montargis pour son éducation, et être ensuite
rentrée dans sa famille, tandis qu'il est prouvé au
procès que la veuve de Douhault a été dans un
autre couvent en quittant celui de Montargis; que
la réclamante allègue n'avoir vécu avec son mari
que sept ou huit mois, lorsqu'au contraire la veuve
de Douhault est restée avec lui depuis le mois
d'août 1764 jusqu'en 1766, époque de son interdiction pour cause de démence; que sa femme,
nommée curatrice, a administré pour lui jusqu'en
mars 1787 qu'il est décédé; que cependant la réclamante ne justifie d'aucun acte de cette administration, d'aucune correspondance, soit avec les
personnes mises auprès de l'interdit, soit avec les

fermiers ou régisseurs, soit avec les préposés à
la liquidation de ses dettes, et chargés de vendre
les immeubles pour les acquitter; que la réclamante, interrogée si elle avait eu des procès, a
fait une réponse négative, tandis qu'il existe des
procédures qui constatent le contraire, et des
lettres de la veuve de Douhault qui établissent sa
surveillance à cet égard; cinquièmement, qu'en
réunissant tous ces détails, toutes les preuves
littérales qui militent contre elle, à l'arrêt de
Bourges, du 28 vendémiaire an XIII, arrêt qu'elle-
même a provoqué comme étant un effet, un préalable indispensable, et d'où elle faisait dépendre
l'événement de sa question d'état, il est impossible
que la réclamante soit la veuve Douhault, née en
1771, et morte à Orléans au mois de janvier 1788;
que ce serait donc s'écarter des principes et ordonner une preuve par témoins contre des preuves
écrites et contre la foi due aux actes, que de lui
adjuger ses conclusions subsidiaires.

« Considérant enfin que, quoique la réclamante
ne soit pas la veuve de Douhault, il n'appartient
point à la Cour de juger qui elle est véritablement,
et de quelle famille elle sort; que ce doit être à la
cour de justice criminelle établie dans le département de l'Yonne, depuis le jugement du 26 mai
1792, à prononcer sur cet objet; et statuant, à la
diligence du procureur-général impérial près cette
Cour, sur la vindicte publique relative à la supposition de noms et d'état, et en ce qui concerne les
conclusions prises par la partie de Piet contre

Huart Duparc, attendu qu'il n'est pas responsable
de ce qu'il a écrit et plaidé pour la réclamante,
autorisé par elle; par ces motifs,

« La Cour, faisant droit sur l'appel, sans s'arrêter aux requêtes et demandes de ladite partie
de Huart Duparc, dont elle est déboutée,

« A mis et met l'appellation au néant; ordonne
que le jugement du 26 mai 1792, dont est appel,
sortira son plein et entier effet;

« Ordonne en outre que *les noms et qualités*
pris par ladite partie de Huart Duparc, de *Adélaïde-Marie*, ou *de Marie-Adélaïde de Rogres de
Lusignan de Champignelles, veuve de Louis-
Joseph de Douhault*, dans tous les actes quelconques, soit antérieurement, soit postérieurement
audit jugement, seront rayés et biffés, ainsi que
dans ceux désignés audit jugement, et ce par tous
officiers publics dépositaires desdits actes, tant
dudit jugement que du présent arrêt, à faire laquelle radiation et ladite mention ils seront tenus,
à la première sommation qui leur en sera faite:
quoi faisant ils en seront bien et valablement quit-
tes et déchargés; ordonne que ledit jugement et
le présent arrêt seront imprimés au nombre de
mille exemplaires, et affichés au nombre de trois
cents, tant dans les endroits désignés audit jugement qu'à Paris, Cosnes, Nevers, Bourges, Orléans, et où besoin sera, le tout aux frais de ladite
partie de Huart Duparc; ordonne que les Mémoires imprimés sous le nom de la réclamante seront
et demeureront supprimés, comme attribuant des

noms, qualités et état qu'elle n'a pas, et contenant
des imputations calomnieuses;

« La condamne en l'amende de soixante francs,
et aux dépens des causes d'appel et demande ;

« En ce qui concerne la disposition dudit jugement, relative à la vindicte publique contre la
supposition de nom ;

« Faisant droit sur le réquisitoire du procureur-
général impérial, la Cour se déclare incompé-
tente ;

« Déclare pareillement incompétent le tribunal
de première instance, remplaçant le district de
Saint-Fargeau, qui a rendu le jugement dont appel;
ce faisant,

« Ordonne qu'à la diligence du procureur-gé-
néral-impérial près la Cour, expédition du jugement et dudit jour 26 mai 1792, ainsi que de
l'arrêt de la cour de justice criminelle et spéciale
de Bourges, du 28 vendémiaire an XIII, ensemble
du présent arrêt, sera adressée au procureur-général impérial de la cour de justice criminelle du département de l'Yonne, duquel envoi la Cour sera
certifiée dans le mois. »

Le 2 brumaire an XIV, madame de Douhault déposa une requête en pourvoi contre l'arrêt de la
cour d'appel de Paris, du 23 prairial an XIII ; mais
le rejet du pourvoi fut prononcé par la cour de
cassation, par arrêt du 30 avril 1807, au rapport
de M. Henrion.

La marquise de Douhault ne fut pas plus heureuse dans une tentative qu'elle fit auprès de l'empereur.

Cette cause célèbre a fourni le sujet d'un mélodrame, représenté pour la première fois sur le théâtre de la porte Saint-Martin, le 9 messidor an XIII. Il a pour titre : LA FAUSSE MARQUISE.

Ce mélodrame, dont le plan est, du commencement à la fin, un contre-sens avec les faits de la cause, obtint néanmoins un brillant succès.

MADAME LEVAILLANT.

UNE femme jeune et belle, en habits de deuil, assise devant le tribunal qui va prononcer sur l'accusation d'un double empoisonnement; quel spectacle! et quelle fut la source des criminels égaremens où tomba madame Levaillant? Une sotte vanité, une ambition sans borne. Fille d'un marchand retiré du commerce, elle avait reçu une éducation plus brillante que solide, et ne trouvant pas dans le mariage qu'elle avait contracté tout l'éclat qu'elle se croyait en droit d'attendre, elle conçut l'affreux projet, pour augmenter sa fortune, d'empoisonner sa belle-mère, et le mari de celle-ci.

Voici l'exposé des faits que nous avons puisés dans l'acte d'accusation, et duquel nous avons extrait un grand nombre de passages.

Levaillant fut attaché comme capitaine adjoint à l'état-major général de l'armée, quand l'empereur forma le fameux camp de Boulogne. Etant en garnison à Saint-Omer, Levaillant fut logé chez un ancien marchand retiré, nommé Brutinel. Celui-ci avait une fille charmante. Levaillant ne tarda pas à en être épris et il écrivit sur-le-champ à sa mère, mariée en secondes noces à M. Chenié,

receveur des contributions à Paris, pour la prier
de permettre qu'il épousât celle qui avait fait une
si vive impression sur son cœur.

Avant d'accorder son consentement, madame
Chénié prit des informations sur la famille Brutinel,
et comme elles ne la satisfirent pas, défense fut faite
à Levaillant de contracter ce mariage.

Il renouvela vainement ses instances, qui furent
toutes infructueuses. Alors n'écoutant que sa
passion, étant âgé de vingt-cinq ans, il fit faire
trois sommations respectueuses à sa mère, et
le 20 thermidor an XII, il devint l'époux de mademoiselle Brutinel.

Les illusions de bonheur que les nouveaux ma-
riés s'étaient faites ne tardèrent pas à s'évanouir.
Levaillant, d'ailleurs, eut à se plaindre de M. Brutinel, son beau-père, ainsi qu'on en trouve la
preuve dans une lettre que madame Chénié écrivit
à son fils le 13 thermidor an XIII.

Cette lettre était ainsi conçue :

« Il en coûte toujours cher quand on se marie
contre le gré de sa famille. Vous êtes un insensé
qui n'écoutez que vos passions; vous avez fait le
plus sot des mariages, vous avez insulté votre
mère pour opérer ce bel œuvre; vous en êtes sévè-
rement puni par votre beau père, qui s'est chargé
de me venger. Il ne pouvait assurément mieux
faire pour justifier l'opinion que l'on m'avait donnée
de lui. »

De son côté, déçue dans ses espérances, la demoiselle Brutinel écrivait à son mari, qui avait eu

le malheur de perdre la confiance de ses supérieurs et n'était plus en activité de service.

« Tu me donnes un exposé de ta situation, qui
n'est guère brillante. Je ne vois que 1700 fr. de
réel; tu supposes ensuite 1500 fr. pour une place.
Ce sont les appointemens d'un commis; je n'y
consentirai jamais. Je ne veux pas bien décidément
être la femme d'un être aussi subalterne, je préfé-
rerais renoncer à l'existence. Tu comptes sur 1200
francs de mon père, que nous n'aurons jamais,
sans que tu cherches à te distinguer en ayant un
état honorable; il s'est expliqué là-dessus ouvertement. Il faut, Levaillant, que je t'aime bien
fortement pour pouvoir te pardonner le malheur
dans lequel tu me réduis. En vérité, j'en perdrais
la tête si l'espoir ne renaît dans mon cœur; car j'ai
l'âme bien grande, souviens-t'en, et je ne saurais
supporter un état abject. Combien tu es loin de me
ressembler!... Pour obtenir la plus petite faveur
qui me ferait distinguer d'un être vulgaire, je me
jetterais dix fois à genoux s'il le fallait : ce n'est
que l'espoir que je tiendrai un jour un rang sur la
terre, qui fait que mon cœur se dilate. Avec les
idées aussi peu élevées que tu les as, pourquoi
m'as-tu épousée, en me berçant d'un espoir que tu
n'étais pas en état de réaliser! Tu as fait mon malheur, et je ne fais pas ton bonheur, à mon grand
regret. »

Cette lettre est du 11 janvier 1808. Dans une
autre, elle s'exprimait ainsi :

« Je t'avoue avec franchise que j'aurais sacrifié

les sentimens d'amour et d'amitié qui me donnaient à toi, si je n'avais eu la certitude que mon
ambition eût été remplie.... Je te voyais, avant
deux ans, colonel.... Toutes ces idées se sont éva-
nouies avec le bonheur, et il ne me reste qu'une
existence chétive et maudite. Oh ! si le ciel comblait
mes vœux, je n'existerais plus depuis long-temps,
je ne souffrirais plus, puisque je serais dans le néant.
Dans mon désespoir, j'ai plusieurs fois reproché
à ma mère de m'avoir mise au monde, et c'est bien
ce qu'elle a fait de plus mal. Juge, *mon adorable
Levaillant*, si les démons et les harpies ne me dé-
vorent pas les entrailles !... Gronde-moi, je sais
que je le mérite ; mais je ne puis changer ; je sens
que je porte dans mon cœur mon malheur et le
tien peut-être. C'est mon plus grand chagrin. Voilà,
mon ami, ma confession. »

. Plusieurs autres lettres, que nous passons sous
silence, expriment de la part de la demoiselle
Brutinel les mêmes regrets, la même ambition,
ainsi que le même besoin de changer de situation
et de rang.

Après la campagne de 1809, Levaillant revint à
Paris, et sa femme partit aussitôt de Saint-Omer,
pour venir le rejoindre. Elle sollicita et obtint d'être
présentée à la famille de Levaillant : elle en fut
reçue avec amitié.

Le spectacle du bonheur de madame Chénié,
heureuse par sa propre fortune et par la place
qu'occupait son mari, irrita d'autant plus la femme
Levaillant, qu'il lui faisait sentir plus fortement

sa propre médiocrité, qui depuis long-temps avait jeté le désespoir dans son ame.

Sa haine pour madame Chénié croissait de jour en jour : elle s'augmenta au point que le 15 décembre elle ne craignit point de déclarer à la fille Magnien, sa femme de chambre, *qu'elle voulait faire avaler quelque chose à sa belle-mère.*

S'il faut s'en rapporter à cette fille, elle mit tout en usage pour lui faire abandonner ce criminel projet ; mais la demoiselle Brutinel, en lui annonçant qu'elle persistait, lui dit : « Je ne vois qu'Adolphe qui puisse me seconder ; parlez-lui-en, mais comme si cela venait de vous. »

Adolphe était l'amant de la fille Magnien, et celle-ci l'avait recommandé à Levaillant, qui l'avait placé, depuis peu de temps, auprès de sa mère, en qualité de domestique.

Le lendemain, la fille Magnien fit part de ce projet à Adolphe ; celui-ci en fut indigné, dit-il, et crut devoir en prévenir madame Chénié, qui manifesta d'abord quelques doutes.

« Cependant, le même jour 19, la femme Levaillant, toujours occupée de son affreux dessein, se rendit avec sa femme de chambre chez quatre apothicaires, pour acheter de l'arsenic ; tous refusèrent de lui en vendre ; un seul lui vendit de la noix vomique, propre à détruire les rats. Elle demanda si cela pouvait faire périr une personne ; on lui répondit que non ; que d'ailleurs l'amertume et le mauvais goût de cette drogue préviendraient les personnes qui seraient exposées à en prendre.

« Alors elle essaya de fabriquer elle-même du poison, en faisant infuser de la monnaie de cuivre dans du vinaigre et du sel, et dit à la fille Magnien, à qui elle fit part de ce procédé, qu'elle était déjà parvenue à rendre aussi blanc que l'arsenic le vert de gris qu'elle en retirait. Elle lui témoigna cependant sa crainte que ce poison ne fût pas assez actif, et lui ajouta : *Si je pouvais m'en procurer, j'emploierais du sublimé corrosif : c'est le poison qu'employait la Brinvilliers dans ses grandes expéditions.*

« Quelques jours après, pour essayer la force de celui qu'elle avait fabriqué, elle en mit dans un plat de haricots qu'elle avait fait apporter de chez le traiteur. Elle et son mari n'en mangèrent point ; mais la fille Magnien en ayant mangé, en fut très-incommodée. Elle avait remarqué que l'assaisonnement était extrêmement âcre, qu'il prenait à la gorge, et y portait, ainsi qu'à l'estomac, un très-grand feu ; elle sentit, après son dîner, un malaise général ; elle éprouva des éblouissemens, une grande faiblesse, et même des convulsions dans les bras et dans les doigts ; il se manifesta en outre de l'enflure à l'estomac, au nombril ; elle éprouva trois faiblesses de suite, et ce ne fut qu'à la dernière que se rappelant que sa maîtresse avait fabriqué du poison, elle soupçonna qu'on avait voulu en faire l'essai sur elle.

« Dans le commencement de son indisposition, elle avait pris du vin, de l'eau-de-vie et de l'eau de cologne ; mais ces remèdes ayant moins diminué qu'augmenté ses douleurs, elle but beaucoup de lait, ce qui apporta un très-grand soulagement à ses souffrances. Elle se coucha, et cinq minutes après, elle vomit tout ce qu'elle avait mangé. Elle éprouva, lors de cette déjection, que ce qu'elle rendait était d'une amertume extrême, et lui piquait le palais et la bouche. Cependant, elle ne parla point de cet accident ce jour-là à monsieur et à madame Levaillant, et elle eut encore avec eux la même réserve; elle garda *le même silence*, lorsque, quelques jours après, elle les entendit se disputer, parce que la femme Levaillant voulait recommencer l'épreuve du poison sur elle, en en mettant sur une carpe frite, et que Levaillant s'y opposait. Mais, un autre jour que la fille Magnien causait avec la femme Levaillant, et que celle-ci lui parlait du poison, cette fille lui dit : « Ne me croyez pas assez imbécille pour ne m'être pas aperçue qu'on avait mis quelque chose dans les haricots qu'on m'a donnés : ils m'ont rendue très-malade. »

« Cette observation fit monter le rouge au visage de la femme Levaillant; elle se cacha avec son châle, et répondit : « Cela vient sans doute de la malpropreté du traiteur. — Non, répondit la fille Magnien, je me suis informée si d'autres personnes avaient été incommodées, et cela n'est arrivé qu'à moi seule. » La conversation changea; mais la fille Magnien ayant reparlé quelque temps après du vert de gris, la femme Levaillant lui dit alors : « Voyez, si une si petite quantité de vert de gris vous a fait mal, ce que doit faire une forte dose. »

« Il paraît, au surplus, et toujours d'après la déclaration de la fille Magnien, que c'était à Saint-Omer même que la femme Levaillant avait conçu son projet d'empoisonnement ; car un sieur Marescot lui ayant un jour demandé en sa présence quel était le but de son voyage à Paris, elle répondit : — C'est mon secret.

« Quoi qu'il en soit, Adolphe, à qui la femme Levaillant avait fait écrire de venir chez elle le 22, s'y rendit.

« Seule avec lui et la fille Magnien, elle lui fit part de ses intentions, et lui dit qu'elle comptait sur lui pour les remplir. Adolphe appuya sa tête sur sa main, comme s'il eût rêvé : la femme Levaillant dit alors à sa femme de chambre : — Voilà Adolphe qui réfléchit ; il a raison, car s'il n'a pas assez de courage pour exécuter ce que je lui propose, j'attendrai la saison des fruits, et j'empoisonnerai la dame Chénié au moyen de ce fruit.

« Adolphe voyant que s'il n'avait pas l'air de se prêter à ses vues, il ne pourrait en arrêter l'exécution, dit : — Oui, je réfléchis ; mais j'aurai le courage de faire ce que vous voudrez. Ensuite, et toujours dans l'intention de l'en détourner, il lui fit observer que le bénéfice qu'elle retirerait de cet empoisonnement serait médiocre, la dame Chénié ayant donné tout son bien à son mari ; que par conséquent la mort de cette dame lui serait inutile. La dame Levaillant répondit que les choses

étant ainsi, il faudrait aussi empoisonner M. Chénié, etdemanda à Adolphe s'il se sentait le courage
de le faire. —Il répondit que l'ayant bien pour un
individu , il l'aurait également pour deux.

« Satisfaite de cette réponse, la femme Levaillant parla alors du mode d'exécution et de ses suites ; elle dit qu'il fallait que, le soir du 1er janvier,
Adolphe jetât le poison qu'elle lui donnerait dans
l'eau tirée à clair qui aurait servi à faire bouillir le
marc du café, afin que cela eût le temps de se dis-
soudre et d'opérer l'effet qu'elle en attendait,
lorsqu'on ferait avec cette eau le café pour le déjeûner du lendemain. Elle ajouta qu'elle choisissait
ce jour, parce que les demoiselles Lucotte, petites
filles de la dame Chénié, viendraient voir leur
grand-mère, et que, comme la dame Chénié avait
des difficultés très-grandes avec leur mère, on
pourrait soupçonner ces petites-filles de cet empoisonnement.

« Ensuite elle annonça à Adolphe qu'il pourrait être incarcéré; mais qu'il n'avait qu'à se tenir
ferme et toujours nier, qu'il ne lui en arriverait
aucun mal. Elle ajouta que lorsque la cuisinière
aurait terminé son service, il fallait qu'il passât du
vinaigre dans les casseroles, afin qu'en y apperce-
vant du vert de gris, on pût imputer encore à la
négligence l'empoisonnement des sieur et dame
Chénié; que sans doute lorsque l'effet du poison se
ferait sentir, on l'enverrait, lui Adolphe, chercher
un médecin, qu'il faudrait bien qu'il y allât, mais
qu'il ferait un grand tour dans la ville, afin de lais-

ser agir le poison. Elle dit en finissant, je suis si
satisfaite de ce que vous ferez, et je suis si en colère contre la dame Chénié, que si j'étais sûre de la
trouver, fût-ce à l'autre bout de Paris, j'irais avec
un couteau à la main pour la tuer, tant je désire
qu'elle sache que c'est une dame Levaillant qui la
fait mourir.

« Elle termina en lui disant qu'elle ne pourrait
lui remettre le poison que le 27. Elle comptait en
effet en recevoir à cette époque; car, suivant ses
confidences à la fille Magnien, elle avait écrit deux
fois au sieur Bruteuil, son père, demeurant à
Saint-Omer, pour le prier de lui envoyer huit ou
dix grains d'arsenic, en lui annonçant que c'était
pour se défaire de deux têtes qui la rendaient malheureuse; que c'était le moment de lui donner une
marque de l'attachement qu'il lui portait; qu'elle
irait, le 27, chercher l'envoi qu'il en ferait, et
qu'il eût à lui adresser cet envoi, poste restante, à
Paris, à l'adresse de la dame Levaillant, dans une
feuille de papier blanc, sans aucune écriture. Dans
la seconde lettre, elle le priait de se rappeler que
c'était pour deux.

« Cette confidence fut confirmée par le fait. Le
27, la femme Levaillant, accompagnée de la fille
Magnien, alla au bureau de la poste aux lettres,
chercher celle qu'elle attendait de Saint-Omer.
Elle la reçut, et dit en la décachetant : Ah! c'est
de mon frère. La fille Magnien lui ayant fait observer que deux petits paquets se trouvaient dans la
lettre, elle répondit : Oh! j'en étais bien sûre, et

confia ces deux petits paquets qui contenaient, l'un de l'arsenic, l'autre de l'opium, à la femme de chambre pour les garder jusqu'au 29, jour qu'elle avait fait indiquer à Adolphe pour se rendre chez elle.

» La déclaration de cette femme de chambre porte encore, que la femme Levaillant, tout occupée de son projet, lui dit qu'aussitôt qu'elle apprendrait la mort des sieur et dame Chénié, elle prendrait le cabriolet du sieur d'Argenvillers, et prierait celui-ci de l'accompagner dans les démarches qu'elle ferait pour solliciter en faveur de son mari, la place du sieur Chénié.

« Un autre jour, elle dit à la même fille, que si son mari ne la rendait pas heureuse, elle trouverait bien le moyen de s'en défaire, et qu'alors son père serait avec elle.

« Jusqu'à présent l'accusation ne repose que sur les allégations des deux dénonciateurs; mais ici se présente un témoin qui semble mériter plus de confiance, et ce témoin est le nommé d'Aubigny, ami d'Adolphe, à qui celui-ci avait tout confié, à qui il avait même montré les paquets contenant le poison, et qui, sollicité de se rendre, le 29, chez la femme Levaillant, afin de tout entendre d'une pièce dans laquelle on le ferait cacher, y avait consenti.

« Voici ce qui se passa dans cette conférence.

« La femme Levaillant ouvrit les deux paquets. Adolphe observa qu'il y avait bien peu d'arsénic; elle répondit : il y a de quoi faire mourir dix personnes. Ensuite elle referma les paquets, les plaça dans une boîte d'argent, faisant partie de son *nécessaire*, et remit le tout à Adolphe. Cette boîte devait servir à mettre le poison après l'avoir ôté du papier, afin que tout tombât plus sûrement dans la cafetière. Elle exhorta Adolphe au courage, l'engagea à oublier, aussitôt l'exécution, tout ce qu'il aurait fait, dans la crainte qu'il n'en pût jaser en dormant, ce qui pourrait découvrir le complot s'il venait à être arrêté.

« Adolphe lui demanda où elle s'était procuré le poison, et si c'était à Paris ? Elle répondit que non; qu'il venait de soixante à soixante-dix lieues. — Sans doute, lui dit-il, il vous vient de Saint-Omer, c'est votre père qui vous l'a envoyé. — Oh ! dit-elle, c'est mon secret ; ne m'interrogez pas. — Pourvu, reprit Adolphe, que ce poison n'ait pas été acheté nouvellement ? — Non, lui dit la femme Levaillant ; la personne qui me l'a envoyé l'a depuis long-temps, et en a d'autre encore.

« Sur l'observation que lui fit Adolphe, que lorsqu'il serait arrêté, il n'aurait rien pour *se substanter*, et que dans la prison l'on ne donnait que du pain et de l'eau, elle lui remit sept pièces de cinq francs, lui promettant que s'il restait plus d'un mois en prison, elle lui enverrait de l'argent. Elle lui promit en outre deux cents louis, et cent pour la fille Magnien.

« Adolphe ayant demandé à la femme Levaillant, si son mari était du complot, elle répondit que non, mais qu'on ne devait pas le craindre, parcequ'il donnerait bien cent louis de récompense à celui qui l'aurait exécuté.

« Ces détails ont été racontés par Adolphe. Mais le sieur d'Aubigny, quoiqu'il ne fût pas placé de manière à bien entendre, en confirma une partie, notamment ce qui est relatif au sieur Levaillant, à la promesse de deux cents louis, au don provisoire de trente-cinq francs, et à la remise de la boîte en argent. Il était cependant en opposition avec Adolphe, sur l'explication relative à la manière dont la femme Levaillant s'était procuré le poison, car il disait l'avoir entendue dire qu'elle l'avait acheté à Paris. Mais monsieur le procureur général observait à cet égard, qu'il était présumable que le témoin avait mal entendu, puisque l'enveloppe du paquet portait le timbre de Saint-Omer.

« Du reste, d'Aubigny ajoutait qu'au sortir de chez la femme Levaillant, la fille Magnien et Adolphe étaient venus chez lui ; que ce dernier lui avait montré les paquets renfermés dans la boîte ; qu'on les avait ouverts, et que connaissant parfaitement l'arsénic, il s'était aperçu tout de suite qu'il y en avait.

« A peine Adolphe fut-il rentré chez la dame Chénié, qu'il lui rendit compte de tout ce qui venait de se passer, et lui remit les sept pièces de cinq francs, ainsi que la boîte qui renfermait le poison.

« Cette dame alla le lendemain faire sa déclaration à la préfecture de police, et le 31 , elle envoya Adolphe pour faire aussi la sienne.

« Le 1er janvier, la femme Levaillant, après avoir été faire visite à la dame Chénié, dit à la fille Magnien : Ces petites mâtines (en parlant des demoiselles Lucotte) ne sont pas venues et cela me gêne dans l'exécution de mon projet; mais comme une chose retardée manque souvent, il faut que cela aille. Au surplus, j'ai aperçu un moyen d'exécution dont je pourrai user par moi-même, si celui-ci manque.

« Le même jour, après s'être concertée avec la police, la dame Chénié reçut à dîner chez elle, son fils et sa femme.

« Celle-ci avait annoncé à Adolphe qu'elle avait encore à lui parler; et il avait été convenu entre eux que, quand il entrerait dans le salon sous un prétexte quelconque, et qu'il frapperait sur le fauteuil de cette dame, cela voulait dire qu'elle pouvait sortir et s'entretenir avec lui.

« Le signal fut en effet donné après le dîner; la femme Levaillant sortit, et Adolphe la conduisit dans une pièce, près de laquelle la dame Chénié avait fait cacher deux personnes, les sieurs Bouvard et Beaupoil Saint-Aulaire.

« Adolphe dit à la femme Levaillant : Vous voyez, madame, que les demoiselles Lucotte ne sont pas venues et ne viendront pas. — Il faut, répondit-elle, suspendre l'exécution, et la remettre à un autre jour.

Adolphe lui dit ensuite : madame, votre argent et vos promesses ne pourront pas me dédommager de ce que vous avez fait à ma bonne amie;

vous l'avez empoisonnée. La femme Levaillant répondit : Pourquoi en a-t-elle mangé? d'ailleurs il n'y avait rien à craindre pour ses jours, la dose étant trop faible; ce n'était qu'un simple essai, afin de m'assurer de l'effet du poison.

« Dans ce moment, une des personnes qui étaient cachées dans la pièce voisine, ayant fait un mouvement, la femme Levaillant fut épouvantée et voulut sortir, mais voyant que la porte était fermée, elle se jeta aux genoux d'Adolphe, et lui dit : Vous me perdez, rendez-moi la boîte; je renonce à tout.

« Adolphe toussa, les deux personnes sortirent au signal, et parurent dans la chambre. La femme Levaillant se remit aussitôt, et demanda au sieur Saint-Aulaire ce qu'il lui voulait. — Rien, lui répondit-il.

« Alors elle retourna dans le salon, puis en sortit quelques instans après, fut chercher Adolphe dans la salle à manger, l'emmena aux lieux d'aisance et lui reprocha de l'avoir perdue. Ce fut dans cet instant, et dans la maison de sa belle-mère, qu'on s'empara de sa personne.

« Il était naturel d'entendre sur ce dernier fait les sieurs Bouvard et Beaupoil Saint-Aulaire. Aussi ne négligea-t-on point de prendre cette précaution.

« Tous les deux déclarèrent avoir entendu la femme Levaillant répondre que son mari ignorait le complot; mais le premier seul fut d'accord avec Adolphe, relativement à l'aveu de l'essai du poison fait sur la fille Magnien : l'autre ne l'avait pas entendu. Ils ajoutèrent, au surplus, que la femme Levaillant parlait très-bas, quoique Adolphe lui eût dit : Ne craignez rien, madame, nous ne pouvons être entendus.

« La fille Magnien fut aussi entendue, et elle déposa à l'appui de la déclaration confirmative des faits déjà rapportés, une lettre du sieur Bruteuil à sa fille, datée de la veille de Noël. On remarqua, à la fin de cette lettre, quelques mots qui avaient été surchargés de manière à les rendre invisibles.

« La fille Magnien crut se rappeler que Bruteuil y recommandait à sa fille beaucoup de prudence dans ses entreprises. Les mots contenant cette recommandation ou toute autre chose, avaient été remplacés par ceux-ci : « Sois toujours aimable, aime toujours ton bon petit père. »

La femme Levaillant fut interrogée plusieurs fois, tant par le préfet de police que par le magistrat de sûreté et le juge d'instruction ; mais elle varia dans tous ses interrogatoires. Elle avait d'abord présenté Adolphe comme le premier instigateur du crime et tout prêt à le mettre à exécution, parce qu'il était indigné, disait-elle, de la conduite de la dame Chénié envers son fils et sa belle-fille. « Effrayée de cette résolution, avait-elle ajouté, et voulant l'en détourner, j'avais conduit ce domestique le 1er janvier, dans une chambre de la maison de M. Chénié, où je lui avais demandé de me remettre les objets à l'aide desquels il voulait attenter aux jours de la mère de mon mari, mais il se refusa à me les remettre et m'accabla d'injures.

Madame Levaillant ne persista pas long-temps dans cette allégation dénuée de toute vraisemblance, car le même jour elle fit la déclaration suivante :

« Il est inutile ici de vous dissimuler la vérité. Si j'ai été coupable, je dois avoir le courage d'en faire l'aveu ; j'aurai ; moins à souffrir lorsque je l'aurai fait, et j'ose espérer que M. le préfet conseiller d'état voudra bien avoir la bonté d'avoir pitié de moi et de ma jeunesse, à laquelle seule je dois attribuer la conception du projet d'empoisonner M. et madame Chénié.

« Je déclare donc que nous étions abreuvés, mon mari et moi, d'amertume de la part de madame Chénié ; que chaque fois que nous la voyions il n'est sorte de désagrémens qu'elle ne nous fît éprouver, joint au refus qu'elle a constamment fait de venir à notre secours, afin de nous procurer des moyens d'existence ; je déclare, dis-je, que toutes ces choses ayant irrité mon mari et moi contre madame Chénié, et nous l'ayant fait détester l'un et l'autre dans des momens d'exaspération, et je pourrais même dire de délire, nous avons conçu le fatal projet d'attenter à ses jours et à ceux de son mari. En conséquence, je déclare que c'est moi qui me suis placée à la tête de ce détestable projet, et qui l'ai conduit jusqu'au moment où j'ai été arrêtée. Il est vrai que j'ai mis la fille Magnien dans ma confidence, qui,

au lieu de m'en détourner , a été la première à
l'approuver et à alimenter ma haine contre madame Chénié et son mari. Il est vrai que je lui ai
dit que je ne connaissais qu'Adolphe, cocher chez
madame Chénié, qui pût exécuter le projet d'empoisonnement dont il est question, et que je priai cette
fille de lui en parler comme d'une chose qu'elle avait
conçue elle-même ; d'autant mieux qu'elle m'avait
offert de tâcher d'entrer comme femme de chambre chez madame Chénié , afin de servir mes
projets.

« Elle en parla véritablement à Adolphe , qui ,
le 22, s'est rendu chez moi, où étant dans ma
chambre à coucher, je lui ai dit qu'il était vrai que
j'avais dit à Mimi (c'est la fille Magnien), que j'avais
conçu le projet d'empoisonner madame Chénié , et
que pour cet effet, j'avais l'intention que du poison
fût mis dans la crème destinée au déjeûner de cette
dame. Adolphe accepta la proposition que je lui
fis de se charger de verser ce poison dans la crème
de madame Chénié, et cependant il m'observa que
cela ne me rendrait pas plus heureuse , parce que
M. Chénié s'était fait tout donner par son épouse ,
au détriment de ses enfans, et qu'alors j'aurais avec
avec lui et mon mari de grandes discussions.

« J'avoue qu'alors M. Chénié partagea toute la
haine que j'avais contre sa femme, et que je dis
à Adolphe qu'il fallait aussi empoisonner M. Chénié. Au lieu de me détourner de ce détestable
projet, Adolphe m'a nourrie et m'a fortifiée dans
ma conception , puisque , à ma proposition , il

m'a répondu qu'il ne lui coûterait pas plus d'empoisonner M. Chénié qui, comme madame, prenait du café le matin.

« En conséquence, je déclarai à Adolphe que je
lui procurerais le poison nécessaire pour mettre à
exécution mon projet. En conséquence, je fus avec
Mimi chez plusieurs apothicaires pour m'en procurer; mais aucun n'a voulu m'en vendre, à l'exception d'un seul, demeurant dans une rue dont
je ne me rappelle pas, qui me vendit pour quatre
sous de mort aux rats. Il est faux que j'aie mis cette
mort aux rats dans des haricots, ainsi que l'a prétendu Mimi, car elle est encore chez moi. Il est faux
que j'aie mis dans ces mêmes haricots aucun poison
quelconque ; et assurément si Mimi, qui en a
mangé, a été indisposée, et si du poison a été mis
dans ce légume, cela ne venait pas de moi.

« Ne pouvant me procurer la dose de poison
convenable pour exécuter mon projet, j'écrivis à
mon père, et je lui demandai cinq à six grains
d'arsenic, sans lui dire quel était le motif qui me
les faisait désirer. Seulement je lui assurai que ce
n'était pas pour nuire à personne, mais bien pour
une cause qui ferait mon bonheur. Mon père m'a
envoyé cet arsenic, et y a joint de l'opium pour
me guérir des douleurs de dents que j'éprouve assez
souvent. Il me les fit parvenir sous enveloppe de
papier cacheté, poste restante.

« Le 27 du mois dernier, jour pour lequel j'a-
vais demandé ce poison à mon père, je fus à la
poste avec Mimi, où je retirai le paquet qui le con-

tenait. De retour chez moi, je le remis à Mimi
pour le garder. Le même jour, le soir, Adolphe
vint chez moi, et je le lui donnai dans une petite
boîte d'argent, faisant partie de mon nécessaire,
pour en faire usage le premier du mois courant, le
soir; c'est-à-dire, verser le poison dans le café qui
devait servir au déjeûner du lendemain de M. et
madame Chénié. Par mon interrogatoire de ce
matin, je vous ai rendu compte de ce qui s'est passé
et notamment de l'observation que j'ai faite à
Adolphe, qu'il n'était pas encore temps d'exécuter
le projet, et que je lui demandai le poison et la
boîte qui le contenait, mon intention alors étant
changée, et ne voulant plus qu'il fût exécuté.

« Comme j'entends faire un aveu sincère, je termine ma déclaration par dire, qu'il est de toute
vérité que j'avais promis à Adolphe et à Mimi de
les récompenser pour la part que l'un et l'autre
prenaient à l'exécution de ce projet; et j'avoue que,
ledit jour 27 décembre, je donnai à Adolphe sept
pièces de cinq francs, parce qu'il me dit qu'il n'a-
vait pas d'argent, et non comme il l'a prétendu,
pour l'aider à vivre dans les prisons, si, relativement à l'exécution du crime dont il s'était chargé,
il venait à être arrêté. »

Le lendemain, la femme Levaillant dit qu'elle
persistait dans ses déclarations de la veille; et elle
ajouta quelques mots tendant à disculper son père
et son mari. Six jours après, elle éleva des doutes
sur le fait de l'envoi du poison par le sieur Bruteuil, en disant qu'elle ne pouvait pas croire que

ce fût lui qui le lui eût envoyé, et quelques instans après, elle déclarant pourtant que c'était sa femme de chambre qui l'avait déterminée à écrire à son père pour en avoir. Et cependant elle ne nie pas que le poison ne lui fût arrivé par la poste, qu'il ne lui fût venu de Saint-Omer.

Quelques-unes des variantes de cette femme faisaient un devoir à l'autorité de s'assurer si Levaillant avait été réellement étranger au crime dont on recherchait les véritables auteurs, aussi fut-il arrêté. On l'interrogea sur le fait de l'accusation; il répondit qu'il n'avait eu aucune connaissance du complot formé contre sa mère et contre M. Chénié, et le lendemain il s'étrangla, en se suspendant à l'espagnolette d'une croisée, au moyen d'un mouchoir passé autour de son cou.

Voici quelques fragmens d'une espèce de testament de mort que l'on trouva sur les tables de la chambre qu'il occupait.

« Plutôt mille morts que de vivre sans honneur, et une seule arrestation est une tache qui ne s'effacera jamais.

« C'est pour toi, c'est par toi que je suis ici, mon Adèle; mais je te le pardonne de bon cœur, car au moment de l'événement affreux qui nous a séparés pour jamais, j'avais déjà pris mon parti, et j'étais décidé à ne pas survivre à ta perte; l'espoir seul de t'être encore utile, d'intéresser quelques amis à ton sort, de te procurer quelques secours indispensables dans ta position affreuse, m'a

retenu quelques heures de plus à la vie. Tu as dû
recevoir de l'argent et des effets qui te prouvent
ce que j'avance. »

A M. le conseiller-d'état , préfet de police.

« Que va-t-on conclure de ma mort? Tout ce
qu'on voudra. Qu'on me croie coupable, et me
condamne comme tel, si cela peut être utile à
quelqu'un, surtout à la malheureuse Adèle !

« C'est à genoux que j'écris ces deux lignes.

« Je prie en grâce M. le préfet d'avoir pitié
d'une malheureuse créature égarée sans doute par
la démence.

« Je lui ai toujours connu, malgré son caractère violent et emporté, un excellent cœur; je
prie M. le préfet de penser à deux familles respectables.

« Je parle de celle de mon père , qui a huit
enfans encore, et de celle de madame Chénié.

« Cette dernière, avec un peu d'humanité, de
cordialité, de générosité, nous aurait épargné bien
des maux , et se serait fait adorer à bien peu de frais
de la malheureuse femme égarée qui l'a si cruellement outragée. »

Il s'adressait en ces termes à Adolphe et à la fille
Magnien :

« On dit que vous devez vous marier ensemble.

Puisse votre union être heureuse! mais j'en doute, elle est formée sous de trop funestes auspices....

« Il y a long-temps que Mimi ne serait plus au service de ma femme, si elle avait voulu me croire. Cette fille avait un physique qui m'a toujours déplu. Dieu sait *si j'avais raison!*

« Malheureusement ce juge-là ne nous fait pas connaître sur la terre ses décrets : mais tôt ou tard il récompense les bons et punit les méchans. C'est à lui et à votre conscience que je vous renvoie : vous savez si j'ai tort ou raison.

« Quant à moi, je l'ignore, et ne puis approfondir davantage cette question ; mais il me paraît que si vous m'eussiez averti dès le principe, vous eussiez évité de grands malheurs, et n'auriez pas fait des malheureux de ceux qui ne vous avaient, du moins jusqu'ici, jamais fait que du bien. »

A ma mère.

« Adieu, ma chère et trop malheureuse mère! Je sens combien vous êtes à plaindre : j'en suis la cause involontaire.

« Sans doute, si j'avais suivi vos conseils, il y a six ans, je serais heureux aujourd'hui, du moins je le pense ; mais vous savez que les grandes passions sont toujours aveugles.... Depuis long-temps vous m'avez traité avec bien du froid et de la dureté ; vous m'avez refusé toute espèce de secours, dans un moment où j'avais le besoin le plus urgent : mes affaires vous le prouveront...

...... « En dernière analyse, je vous recom-
mande ma malheureuse femme, plus égarée que
sérieusement méchante. Pardon ! ma bonne ma-
man, mais telle est mon opinion. Je puis être dans
l'erreur ; mais il m'est doux d'emporter encore
cette idée consolante au tombeau ; elle fait toute
ma consolation, et c'est à elle que je fais avec grand
plaisir le sacrifice de ma vie.

« Imitez ma magnanimité, pardonnez. Je vous
prie en grâce de payer toutes mes dettes....

« Avec cent vingt francs par mois, vous devez
sentir qu'on ne va pas loin, quand on en paye
déjà soixante-douze de loyer. Que n'avez-vous senti
plus tôt cette vérité, et agi en conséquence ! Un
peu nous eût fait tant de bien, et c'était si peu
de chose pour vous ! Vous dites que vous êtes
gênée avec au moins quarante mille livres de
rente : jugez de notre position avec dix-sept
cents francs.... »

A madame Brutinel.

« Vous reconnaîtrez, je l'espère, tous les effets
d'une mauvaise éducation dans les malheurs arrivés
à votre fille ; vous sentirez combien il est pernicieux
de gâter ses enfans, et de les habituer à marcher
toujours directement à la suite de leurs volontés.
Si Adèle avait eu plus de solidité dans le caractère,
plus de régularité dans sa conduite, et plus de
modestie dans son maintien, moins de coquetterie
dans sa parure, la tenue qui convient à une femme

dans son ménage, un peu plus de goût pour l'intérieur de sa maison, elle serait aujourd'hui très-heureuse ; mais il eût fallu pour cela dépenser en maîtres
de tous genres ce qu'on a prodigué pour sa toilette.
C'est à vous que je le demande : Quelle éducation
a-t-elle reçue? Que sait-elle? Quels talens agréa-
bles, *hors celui de la danse*, possède-t-elle?

« Et celui-là, à quoi sert-il dans l'intérieur de
sa maison? C'est à cela qu'il faut penser dans l'é-
ducation des femmes : vous devriez le savoir, *vous
qui conduisez si bien votre ménage*.

« Je n'ai rien à dire à votre mari : si ce qu'on
dit de lui est vrai, tous les tourmens de l'enfer
doivent déchirer son ame; et quelles que soient
ses souffrances, elles n'approchent pas de celles
qui l'attendent dans l'autre vie, *où j'espère descendre paisiblement ce soir*.

A ma femme.

« Ma première pensée fut pour mon Adèle, et
la dernière est encore pour elle : je lui dis enfin
mon dernier adieu. Elle est là, tout près de moi,
couchée sans doute ; elle ne sait pas que je suis si
près d'elle; affreux verroux ! sans eux, j'aurais été
imprimer un dernier baiser sur ses lèvres.

« Jamais femme ne fut aimée comme toi. Je devais être plus heureux. Je ne vivais, je ne respirais
que pour toi : c'est pour toi que je meurs....

« Mon avant-dernière prière à la Divinité est

pour moi, et la dernière est pour toi, ainsi que ma dernière pensée.

« Si les dernières volontés d'un malheureux, qui sont respectées partout, sont comptées pour quelque chose dans cet asile de douleurs et de larmes, on transmettra à chaque personne que cet écrit concerne ce qui lui est relatif.

« Minuit sonne.... Adieu, mon Adèle ! Si je m'en souviens bien, ton nom est au coin du mouchoir de batiste qui.... Mais ne t'afflige pas. Adieu !....»

On lisait en marge : « Dans le fond de mon ame, je me crois encore digne de la décoration dont je fus honoré : on la trouvera sur mon cœur après mon dernier soupir. J'ai toujours été faible, mais jamais criminel. Dieu, devant qui je vais paraître, sera mon juge, et je ne crains point sa sévérité :

« Le jour n'est pas plus pur que le fond de mon cœur.»

Au dessous il y avait écrit :

« Quand je l'aurais vu de mes deux yeux, je ne pourrais encore croire au tissu d'horreurs qu'on m'a débité. La chose pourtant existe peut-être ; mais *on n'en connaît pas, j'en suis sûr, les ramifications.* Je supplie encore M. le préfet de se faire bien instruire de toutes les particularités qui peuvent y être relatives ; de ne rien négliger pour y parvenir ; *et peut-être découvrira-t-on des choses* qui le ramèneront à l'indulgence naturelle, qu'on

dit être la base de son caractère humain, généreux
et bienfaisant. »

Cet écrit renfermait également un paragraphe
pour M. Chénié, plein de sentimens honnêtes,
mais contenant des reproches peu mérités; car ce
n'est pas M. Chénié qui porta plainte à la police,
mais bien sa femme, et sans aucune intervention
de sa part.

Lorsque madame Levaillant fut instruite de la
mort de son mari, elle fit tomber sur lui tout le
poids de l'accusation dirigée contre elle, espérant
ainsi échapper au châtiment dont elle était menacée.

« Je n'ai point écrit, dit-elle, à mon père; cependant *je l'ai dit*. Lorsque j'ai avoué l'avoir fait,
ce qui n'est pas vrai, c'est que je voulais sauver
mon mari, et jeter sur moi tout l'odieux de cette
affaire. »

Malheureusement pour l'accusée, ce nouveau
système de défense ne se trouva pas détruit par
une lettre qu'elle avait écrite à Levaillant, le lendemain du jour où elle avait été arrêtée, et dans
laquelle, pour se justifier aux yeux de son mari,
elle s'efforçait de lui persuader que c'était Adolphe
qui avait tout fait.

On vérifia alors' les deux paquets qu'elle avait
reçus par la poste; les chimistes chargés de cette
opération constatèrent que l'un contenait six grains
d'arsenic, et l'autre une pareille quantité d'o-
pium.

Le sieur Brutinel, père de madame Levaillant,

soupçonné d'être le complice de cette dernière, fut arrêté et conduit à Paris. Il affirme ne lui avoir point envoyé de poison ; cependant le paquet qui contenait la substance vénéneuse était timbré de Saint-Omer, et le sieur Brutinel avait abandonné son domicile à la première nouvelle de l'arrestation de sa fille.

En conséquence de tous ces faits, le ministère public présenta la femme Levaillant comme accusée :

« 1°. D'avoir volontairement effectué un empoisonnement sur la fille Magnien, le 23 décembre 1810, en mêlant du poison aux alimens spécialement destinés au dîner de cette fille ;

« 2°. D'avoir volontairement commis une tentative d'homicide par poison sur le sieur Chénié et sa femme ; laquelle tentative, manifestée par des actes extérieurs, et suivie d'un commencement d'exécution, n'avait été suspendue que par des circonstances fortuites et indépendantes de la volonté de la femme Levaillant ;

« Et Jean-Paul-Bernard-Henri Brutinel, de s'être rendu complice de cette tentative d'homicide par le poison, sur le sieur Chénié et sa femme, en procurant sciemment et dans le dessein de nuire, à la femme Levaillant, sa fille, le poison destiné à à commettre ce double homicide. »

M. Giraudet, avocat-général, fit un court exposé de la cause, après la lecture de l'acte d'accusation.

« Sous quelque rapport , dit ce magistrat, que l'on envisage l'importante affaire qui vous est soumise , on y trouve abondamment de quoi satisfaire l'intérêt qui rassemble dans cette enceinte une si nombreuse assemblée.

« En effet, si l'on s'attache d'abord aux premières scènes de ce drame judiciaire , on est effrayé de l'énormité du crime et de la singularité du choix des agens qui devaient en amener la consommation.

« Si , portant ses regards plus loin , on s'arrête à ce qui forme en quelque sorte le nœud de cette horrible tragédie ; en se félicitant de voir le crime retomber sur ses auteurs , on est surpris, irrité peut-être, des moyens employés pour y parvenir.

« Enfin , si l'on s'arrête à la catastrophe, après avoir donné quelques larmes avouées par l'humanité , aux cendres d'un malheureux qui , bien que les charges à son égard fussent moins puissantes contre lui que contre tous les autres, a cependant par désespoir abjuré la vie, on regarde ensuite avec une sorte d'étonnement mêlé d'effroi, la principale accusée. On admire comment , après avoir paru, dans le principe, accablée par la force des preuves produites contre elle, elle a tout-à-coup, comme un athlète qui rassemble ses dernières ressources au moment où il est sur le point d'être vaincu, réuni en effet tous ses moyens, et produit une défense dans laquelle elle a usé de dénégations et d'artifice.

« Voilà les réflexions qui se présentent naturellement à l'esprit de ceux que la curiosité seule
fait assister aux débats solennels de cette affaire.

« Mais pour les ministres de la justice, pénétrés,
comme ils doivent l'être, de l'importance de leurs
fonctions, ils se demandent avec une louable inquiétude : les accusés seraient-ils coupables? Et
l'état des mœurs en France, parmi cette nation si
glorieuse, serait-il donc tel, qu'on eût à la fois,
dans cette affaire, un exemple et d'une abominable
atrocité et d'un barbare égoïsme? »

Après l'historique des faits et l'examen de la conduite du sieur Brutinel, l'avocat-général continue
en ces termes :

« Au milieu de 1810, la femme Levaillant, qui
avait paru partager la froideur de sa famille pour
son époux lorsqu'il eut encore la disgrace de ses
supérieurs, annonça tout-à-coup l'intention de se
réunir à lui.

« Ce voyage avait un grand caractère de singularité. Aussi vous le remarquerez dans les débats,
on voulut expliquer ce voyage par des considérations affreuses, que l'on présume que l'instruction
n'établit pas, et que, par le besoin de ne pas mul-
tiplier les crimes dans une affaire qui n'en est que
trop féconde, j'attribuerai, moi, au désir que devait avoir la femme Levaillant de trouver, à l'ombre
de son époux, une existence moins dépendante que
celle qu'elle avait dans la maison de son père, par
l'espérance de fonder le succès des démarches

qu'elle se proposait de faire sur le crédit dont jouissait la famille Chénié.

« Elle vint donc à Paris dans les dispositions dont je viens de vous rendre compte ; mais bientôt l'espérance qu'elle avait conçue fut bannie pour jamais. La passion qui l'agitait constamment, à laquelle le motif de ce voyage semblerait avoir donné une plus grande énergie fut irritée à un degré qu'il serait difficile de vous peindre. De là, si j'en crois le système de l'accusation, de là naquit l'intérêt du grand crime dont vous avez à connaître. La femme Levaillant osa se porter jusqu'à concevoir le projet de ce crime ; elle osa aussi porter l'imprudence jusqu'à en communiquer l'idée à une fille que sa mère avait attachée à son service, et sur laquelle elle crut trop témérairement pouvoir compter.

« La femme Levaillant avait observé que la fille Magnien s'était attachée à un nommé Adolphe Rudolphe, qui avait été pendant quelques instans le domestique de Levaillant, et qu'il avait ensuite donné au sieur Chénié, son beau père.

« Ce fut sous ce rapport de convenance domestique, que la femme Levaillant osa fonder tout l'espoir de s'attacher comme des coopérateurs affidés et la fille Magnien et Adolphe.

« Mais elle ne réfléchit pas que ceux à qui elle allait se sacrifier, devaient naturellement rapporter tout à leur intérêt personnel. Le calcul était simple. On leur promettait de grandes récompenses s'ils exécutaient un grand crime. S'ils le révélaient

ils n'avaient aucun risque à courir ; la récompense
paraissait plus prochaine, elle paraissait aussi plus
assurée, car elle n'était pas subordonnée à un événement incertain.

« Ils révélèrent donc à la dame Chénié, d'abord
le projet affreux dont la dame Levaillant avait
nourri sa fureur. A l'instant la dame Chénié conçut,
non pas seulement (ce qui eut été très-légitime) le
projet d'empêcher la consommation d'un attentat
dont elle et son mari devaient être les victimes,
mais le dessein odieux d'établir, en déjouant le
crime, la preuve légale de la culpabilité. »

Ici, M. Giraudet détailla toute la série des faits
relatifs au complot, et quand il arriva à la remise
du poison faite par l'accusée à Adolphe, il poursuivit ainsi :

« Adolphe porta cette pièce de conviction (la
boîte d'argent dans laquelle avait été mis le poison)
à la dame Chénié. Celle-ci conçut que cet indice,
tout fort qu'il était, serait peut-être insuffisant s'il
demeurait isolé. Elle prit donc de nouveaux moyens
pour compléter cette preuve, qui n'était pas nécessaire à son salut, qui ne l'était qu'à sa haine et
à sa vengeance, et à laquelle cependant, elle atta-
tachait tant d'intérêt.

« Deux personnes (et il faut dire qu'elles furent
choisies dans les classes les plus honorables de la
société), deux personnes qui s'aveuglèrent sans
doute sur les motifs qui déterminaient la dame
Chénié, consentirent à se retirer secrètement dans
un cabinet d'où elles devaient facilement entendre

un entretien qu'Adolphe s'était engagé à y ménager avec la femme Levaillant, et qui devait amener une révélation nouvelle et complète de tout le plan de la conspiration.

« Ce moyen dont on usa, en effet, eut à peu près tout le succès qu'on en avait attendu ; et il paraît qu'on y avait compté avec une confiance qui a, en soi, quelque chose qu'il est impossible de justifier ; car les agens de la police attendaient le résultat de l'opération. Dès qu'il fut connu, ils se montrèrent, et ils arrêtèrent la femme Levaillant. »

Ayant terminé cet exposé, M. Giraudet retraça les diverses déclarations que la femme Levaillant avait faites, et il exhorta les jurés à prêter une grande attention aux débats, afin d'y puiser les motifs de leur conviction.

Les débats s'ouvrirent. Ils furent très-vifs. Après l'interrogatoire de la veuve Levaillant et du sieur Brutinel, son père, on entendit les témoins à charge, tels qu'Adolphe Rudolphe, la fille Magnien, le sieur Daubigny, marchand de vin, etc.

Le colonel Beaupoil Saint-Aulaire déposa en ces termes :

« J'ai à dire que huit ou dix jours avant le 1er janvier, je me trouvai chez M. et madame Chénié, que je connais depuis très-long-temps ; madame Chénié me pria à diner pour le lendemain. Je dis que c'était impossible ; elle m'engagea à venir au moins pour déjeûner, ayant, dit-elle, quelque chose de très-intéressant à me communiquer. Je me rendis chez elle, j'y trouvai M. Bouvard. Après déjeûner, nous passâmes dans un salon, où elle me dit que sa belle-fille voulait l'empoisonner, elle et son mari. Je me mis à rire, et dis : Ce n'est pas possible, de qui tenez-vous cette assertion-là ? — De mon domestique. — Je dis : Madame, je crois qu'il a envie de gagner de l'argent. Elle dit : si on vous en donnait la preuve ? — Alors il n'y aurait rien à dire. Elle m'engagea à me joindre avec M. Bouvard, pour l'entendre dans un cabinet où elle devait lui remettre le poison, je fis beaucoup de difficulté d'accepter cette invitation. Cependant elle me donna sa parole, qu'à la préfecture de police, on lui avait assuré que cette affaire ne viendrait pas devant les tribunaux ; que par une assemblée de famille, en se jetant aux pieds de l'autorité suprême, on pouvait obtenir de faire enfermer cette femme, s'il y avait lieu. En conséquence j'acceptai; et le 1er janvier, je fus dîner chez M. Bouvard : de là nous passâmes dans le cabinet indiqué.

«Vers sept heures un quart à peu près, la femme Levaillant avec le domestique entrèrent dans la première pièce, je n'ai pu entendre les réponses, excepté une seule, lorsque le domestique lui demanda si son mari avait connaissance de l'affaire, elle répondit très-distinctement : *Non.* Comme le poison avait été, dit-on, remis auparavant, nous n'avions d'autre intérêt que de savoir si le mari était complice ou non.

« J'ai entendu le domestique dire : Vous m'avez promis 200 louis et 100 louis à votre femme de chambre; vous m'avez donné 35 francs, c'est un petit à-compte. J'ignore la réponse qu'elle a faite, parce qu'elle parlait extrêmement bas. J'ai cependant cru reconnaître, par les discours du domestique, qu'elle le priait de ne pas parler si haut, car il lui dit : Vous n'avez rien à craindre, les portes sont bien fermées.

« J'ai entendu ensuite le domestique l'accuser d'avoir voulu empoisonner la femme de chambre; je n'ai pas entendu la réponse de l'accusée.

« N'ayant pas entendu, j'ouvris la porte et entrai. Elle me dit : C'est vous, M. Beaupoil; que demandez-vous? Je dis : Rien du tout. Lorsque nous fûmes au grand escalier, j'ai entendu le domestique lui dire : Vous ne descendez pas, Madame. J'ai dit aussi à M. Dufour, que j'ai entendu dire dans la maison, que lorsque madame Levaillant est entrée dans la cuisine, et qu'un inspecteur de police l'a fait demander, quand elle a vu qu'on allait l'arrêter et qu'elle a entendu dire de quoi on l'accusait, elle s'est jetée aux genoux de M. Chénié, et a dit : Pouvez-vous croire qu'à l'âge de vingt ans, je puisse être coupable d'un pareil crime? Voilà ce que j'ai entendu dire dans la maison. »

Le président. Madame Chénié vous avait parlé de cela dix jours avant le mois de janvier?

R. Je ne suis arrivé à Paris que le 19 décembre, cela doit être le 22 ou 23.

Voici la déposition de M. Bouvard, astronome à l'Observatoire.

« J'ai à dire que le 21 ou le 22 du mois de décem-

bre dernier, madame Chénié vint me faire part
du projet d'empoisonnement inédité contre elle
par madame Levaillant, sa belle fille. Elle me dit
qu'elle avait choisi pour exécuter ce crime un nommé Adolphe, qu'elle avait placé chez M. Chénié
en qualité de domestique. Elle ajouta qu'elle s'était
transportée à la préfecture de police, pour prendre des renseignemens sur cette affaire; qu'on lui
avait conseillé de prendre des informations, et
d'avoir des preuves matérielles du crime par des
personnes dignes de foi. Elle me dpria e me rendre
chez elle au jour indiqué, attendu que madame Levaillant et Adolphe devaient se réunir. Ce jour était
le 1er janvier. À six ou sept heures du soir, je me
rendis avec M. Saint-Aulaire dans une partie de
l'appartement non occupé de M. Chénié. Madame Levaillant entra dans l'appartement avec Adolphe. Le domestique parlait haut, la dame Levaillant parlait bas, et priait ce dernier de parler plus
bas, parce qu'on l'entendrait, et qu'elle serait une
femme perdue. Le domestique la rassura, en disant
qu'elle n'avait rien à craindre. Vous savez, dit-il,
qu'il n'existe personne dans cette partie du bâtiment. Madame Levaillant parla très-bas, et je
n'entendis pas parfaitement ce qu'ils disaient. Cependant j'ai entendu différentes petites choses peu
importantes. Le domestique lui demanda si elle
persistait dans son projet : je n'entendis pas la réponse; mais la réponse du domestique me fit
croire qu'elle avait répondu oui. Il dit : Eh bien !
madame, si vous êtes décidée, vous savez que j'ai

promis de sacrifier ma vie pour vous, vous pouvez compter sur mon devouement. Un instant après,
il demanda : Monsieur votre mari est-il instruit de
votre projet? Vous m'avez promis 200 louis pour
empoisonner M. et madame Chénié. Comme vous
ne pouvez pas me donner ces 200 louis, votre mari
voudra-t-il me les payer? Elle a répondu : Mon
mari ne connaît pas mon projet; mais au surplus,
quant aux 200 louis, vous pouvez être tranquille;
vous pouvez compter sur ma reconnaissance.

« Un dernier reproche lui fut adressé par le domestique. Il dit : Ce n'est pas la mort qui me fait
peur, parce que je suis dévoué pour vous; ce qui
me fait peine, c'est l'empoisonnement de Mimi;
vous l'avez empoisonnée dans des haricots. Elle
dit : Pourquoi en a-t-elle mangé? Au surplus, mon
dessein n'était pas de l'empoisonner, mais de m'assurer de l'effet du poison.

« Je déclare que j'ai entendu cette réponse. »

La veuve Levaillant. Si M. Bouvard n'avait pas
envie de me perdre, jamais de la vie il ne dirait cela,
parce que cela n'a pas été dit. J'ai dit à haute voix
que je renonçais à tout.

Le Président. Ce que dit M. Bouvard ne paraît
pas conforme avec ce que dit le témoin le plus grave
par son importance. Rudolphe n'a pas dit que la
femme Levaillant lui ait dit ce jour-là de compter
sur sa générosité. M. Saint-Aulaire, avez vous l'ouïe
un peu dure?

Le colonel Saint-Aulaire. Non, Monsieur.

Le Président. Vous étiez ensemble l'un à côté de l'autre?

Le colonel Saint-Aulaire. Lui derrière moi , et plus éloigné.

Le Président. Cependant il paraîtrait que Monsieur a entendu davantage que vous.

Le colonel Saint-Aulaire. Il y a une bonne raison pour cela : Monsieur est habitué à faire ses observations l'œil à sa lunette et l'oreille au pendule. Et puis il a un autre moyen d'entendre mieux que nous.

M. Bouvard. Cela peut être.

*M*e *Couture* , défenseur de madame Levaillant. Je vous prie de demander au témoin comment il se fait qu'aujourd'hui il donne la relation de plusieurs faits et de plusieurs réponses importantes , lorsque dans sa première déclaration du 3 janvier, très-voisine de l'événement, il a déclaré que, malgré toute son attention , hors la réponse qui a été faite par Madame Levaillant à Adolphe touchant l'empoisonnement de Mimi , il n'avait pu recueillir une seule autre circonstance.

M. Bouvard. Ma déclaration est conforme à la vérité.

Le Président. Vous attestez tous ces nouveaux faits?

M. Bouvard. Oui , Monsieur.

La liste des témoins à charge étant épuisée, le tribunal reçut les dépositions des témoins à décharge.

Condé, marchand d'eau-de-vie, *premier témoin*, s'exprime ainsi :

« Je me rappelle qu'au commencement de l'hiver dernier, deux dames sont venues me demander si je vendais de la mort aux rats ; je dis que je n'en vendais pas. Elles m'ont demandé comment cela s'employait, j'ai dit que cela s'employait dans une espèce d'omelette. Six semaines après, madame (la fille Magnien) est venue me demander si on ne m'avait pas demandé de la mort aux rats. »

Le président. Quelle est celle qui a porté la parole ?

Le témoin. Madame (la fille Magnien).

Jabob, *deuxième témoin*, dépose qu'il a prêté son appartement, rue de Bourgogne, à monsieur et madame Levaillant, et qu'après l'événement, Levaillant a emporté des meubles et un étui de harpe.

Lecoq, portier, et sa femme, *troisième et quatrième témoins*, déposent dans le même sens.

Leseure, tenant maison garnie rue de La Harpe, *cinquième témoin*. M. Rudolphe et la femme de chambre de madame Levaillant sont venus loger chez moi ; ils se sont comportés assez mal ensemble. J'ai voulu les mettre à la porte. Cela s'est arrangé, et a recommencé deux ou trois fois. Ils ont vécu ensemble, ont logé ensemble ; et se sont battus deux ou trois fois. J'ai logé en même temps un élève en chirurgie et une autre demoiselle. J'ai été obligé de les renvoyer, et de nétoyer la maison.

Me Couture. Je vous prie de demander au témoin si quelqu'un avait garanti le paiement des loyers.

Leseure. Oui, monsieur, une personne que je ne connais pas, et qui est venue dire qu'elle répondait du loyer.

Le président. Cette personne a donc payé d'avance?

Leseure. Non, Monsieur.

Le président. Alors c'est une garantie illusoire.

Me Couture. Le témoin ne veut pas tout dire. Il y a eu une contestation dernièrement, chez un juge de paix, il s'est agi de faire payer les loyers : on a entendu, chez le juge de paix, la femme du témoin réclamer le paiement des loyers, en déclarant précisément dans l'auditoire, devant le public, que monsieur et madame Chénié avaient garanti le paiement du loyer.

Le président, au témoin. Je vous interpelle de dire ici la vérité.

Leseure. Mon épouse a été chez M. Chénié. Il a dit : Vous n'aurez pas affaire à moi, mais je vous promets que vous serez payée.

Le président. Pourquoi n'avez-vous pas dit cela d'abord? C'est un faux témoignage que vous rendez-là.

Leseure. Cela vient de ce que M. Chénié n'a pas dit qu'il paierait lui-même; il a dit que c'était un autre qui devait payer.

Là se terminèrent les débats. Me Couture prit la

parole en faveur de la veuve Levaillant. Il ne
chercha point à justifier l'accusée des reproches
qui lui étaient adressés, et qu'elle avait fortifiés par
ses propres aveux ; il s'attacha seulement à prouver qu'elle avait été entraînée au crime par son
mari et par les deux délateurs : il dit que dans les
journées qui avaient précédé son arrestation, elle
avait plutôt obéi, qu'agi elle-même.

L'avocat, qui dès le début de sa plaidoirie avait
montré Levaillant comme le principal auteur du
complot, comme ayant fait violence à sa femme,
pour l'en rendre complice, reproduit, en terminant, cette proposition :

« Le mari, s'écrie-t-il, aurait été étranger au
complot? Quels témoins croire, si l'on ne croit ses
discours contre sa mère, ses vœux invoquant la
mort de sa mère, sa participation dénoncée par
Mimi au prétendu empoisonnement effectué sur
elle. Le 23 décembre, sa dispute avec sa femme,
sur le projet d'un autre essai sur cette femme de
chambre ; son front chargé d'ennuis ; son extérieur
sinistre ; la terreur qu'il inspirait ; tant de jours et
tant de nuits passés avec sa femme ; ce qu'il a dit
dans sa lettre à son beau-père, à l'instant de sa
mort ; *sachant ce que vous saviez par MM. Beaupoil et Bouvard, me concernant, vous ne deviez
pas pousser les choses aussi loin ;* le placement
d'Adolphe chez M. Chénié ; le dévouement
d'Adolphe à sa personne ; les premiers aveux arrachés à sa femme par la force de la vérité, sur la
complicité du mari, auquel elle voulait pourtant

s'immoler; le désespoir enfin de Levaillant, et son suicide exécuté la nuit même de son arrestation, plutôt que d'affronter une instruction criminelle, et ses terribles conséquences; quels témoins croirez-vous de la complicité de Levaillant, si vous ne les croyez?

« Cependant Mimi et Adolphe, exécuteurs des ordres des sieur et dame Chénié. ont mis leur application à épargner Levaillant, et à purger sa mémoire; c'est à cette œuvre que MM. Bouvard et de Saint-Aulaire ont été spécialement employés; c'est à cette fin principale qu'ils ont été apostés le 1er janvier, et qu'ils ont tendu leur ambuscade.

« Tandis que sa femme est traînée à la police le 1er janvier, Levaillant couche chez sa mère.

« Le 2 et le 3, il prend ou supprime tout ce qu'il veut au domicile conjugal.

« Banni du toit maternel (et l'eût-il été, si sa mère eût pu l'y supporter), il demande un asile qui lui est refusé chez un ancien ami, chez un ancien protecteur; il erre à l'aventure, et veut en vain se fuir lui-même : c'est le 4, et ce n'est que le 4 qu'il est arrêté; le 4, il est interrogé; il apprend que sa femme est convenue que l'attentat, s'il existe, est une charge de la communauté dont il est chef et maître; il répond au préfet de police et dément sa femme; rentré dans sa prison, il y est seul, tandis que son épouse est à la garde d'un homme qui suit de l'œil ses moindres mouvemens. Livré sans témoin à lui-même et en présence du danger;

aux prises avec sa conscience, il ne peut tenir ferme.
Le néant, cet immense asile des mortels, ouvre ses
portes; il en profite pour fuir : il fuit…. mais en
Parthe, en perçant le cœur de la femme qu'il a exposée et qu'il abandonne. Dans un testament, dernière œuvre du perfide, il lègue à sa veuve dans
les fers, une accusation déguisée sous les plus sé-
duisantes couleurs, tout en protestant de son dévouement, de son sacrifice et de son amour pour
elle, il attaque son éducation, ses principes, son
caractère, ses mœurs, et jusqu'à son maintien.

Par ses recommandations il la proscrit et par ses
regrets il l'assassine, tandis que détournant com-
plaisamment ses regards sur lui-même, et enchanté
de l'examen de sa propre conscience, il est un ange
à ses yeux, et se peignant d'un seul trait, s'écrie :

Le jour n'est pas plus pur que le fond de mon cœur.

« Il revient, en mourant, sur son violent amour
pour cette femme que son hypocrisie déchire.

« De l'amour était-ce là le langage et l'effet ?

« S'accuser pour sauver son Adèle et lui sacrifier tout, jusqu'à sa mémoire, c'eût été l'aimer.

« Ah! que cette femme, sans s'en vanter comme
il l'a fait, l'aimait bien autrement ! quelle différence.

« Lui, pour mourir plaint et honoré, il a chargé
sa femme !

« Elle, pour qu'il vécût sans opprobre, elle alla,

le 2 janvier (le sachant libre), au devant de la flé-trissure et de l'infamie.

« C'est dans cet esprit qu'elle s'est placée à la tête du complot, et que, pour principe, elle a fait valoir une haine dont elle n'avait jamais été pos-sédée.

« C'est dans cet esprit qu'elle écrivait, le 2 jan-vier, comme pour le justifier à ses yeux, assurée que sa lettre ne pouvant manquer d'être remise à l'autorité, elle servirait à donner le change sur la complicité d'une tête si chère.

« C'est avec ce dévouement d'esprit et de cœur encore, qu'elle s'est attribué la demande du poison à Saint-Omer, toute pleine qu'elle fût de l'idée que cette demande avait été faite par son mari.

« Ce dernier, en un mot, n'a rien fait pour sa femme ; il a au contraire tout fait contre elle.

« De son côté elle a trop fait pour lui.

« La présence d'un père à la barre, en est un monstrueux gage.

« C'était ainsi, fille imprudente et indocile, que vous deviez expier votre aveuglement, et payer votre désobéissance.

« La conclusion de ce funeste mariage vous a coûté une partie de votre honneur, les circon-stances qui ont entraîné sa dissolution, vous ont enlevé le reste.

« Mais c'en est assez, et il est temps de laisser les faits, et de s'attacher à la loi. »

Ici l'avocat s'attache à prouver que la tentative d'empoisonnement sur M. et madame Chénié n'a pas été suivie d'un commencement d'exécution ; il prétend que toutes les charges ne présentent que des actes préparatoires, qui, quelque graves qu'ils soient, ne peuvent pas être assimilés au crime lui-même : il conclu que la rétraction du projet est constante, et afin d'écarter ensuite le parti que l'on pourrait tirer de la déclaration de Rudolphe, relative au bruit fait par le colonel Saint-Aulaire, dans le cabinet où il était caché, il soutient qu'on n'avait pas le droit d'examiner quelle avait été la cause impulsive de la rétraction de la dame Levaillant qui s'était écriée : « *Rendez-moi la boîte, je renonce à tout.* »

« C'en est assez, messieurs, dit-il, en terminant, et je ne crois pas devoir pousser plus loin la démonstration sur ces différens points. Si l'on me disait que ce retour a été jusqu'à un certain point tardif, je demanderais : Qui sait depuis quel temps ce retour était dans le cœur, avant d'être manifesté.

« Et d'abord, cette manifestation était-elle, vis-à-vis d'Adolphe et de la fille Magnien, une chose si facile ? Était-il aisé à madame Levaillant de revenir sur ses pas ? Enlacé de ses serpens, Laocoon a-t-il été le maître de fuir ? Ils ne lui laissaient pas le temps de respirer. Tous deux en conviennent, cela est clair comme le jour ; il leur fallait une dot, au prix du sang de leur maîtresse.

« Vous qui êtes juges dans ce moment, et qui-

n'êtes rien que juges, messieurs, vous serez ce
soir pères de famille. Si les yeux fixés sur vos enfans', vous pensez qu'ils seront un jour exposés à
la perfidie et à la contagion de leurs valets, ne fré-
mirez-vous point à l'idée que, d'ordinaire, les
gens de cette classe que la servitude dégrade, sont
en état de guerre permanent contre leurs maîtres,
qu'ils épient leurs faiblesses, qu'ils attisent le feu
de leurs passions, qu'ils exagèrent leur infortune
pour exaspérer leurs ressentimens; qu'ils les met-
tent dans la disposition de mal faire ; qu'ils offrent
ensuite d'exécuter ce qu'ils croient leur avoir fait
concevoir, et perdent ainsi leurs bienfaiteurs, en
haine des bienfaits qu'ils en ont reçus.

« Voyez les livres de la police : sur dix vols
commis, six l'ont été par des valets, chez leurs
maîtres. Consultez les fastes de la révolution, sur
mille têtes coupées, cinq cents sont tombées peut-
être à la voix des serviteurs comblés des libéralités
de leurs victimes.

« Ne souffrez pas qu'un assassinat de ce genre
soit ajouté à tant d'autres. Vous êtes instruits,
vous êtes éclairés, vous n'êtes plus trompés comme
l'a été l'opinion des salons, jusqu'à présent.

« Rendez, rendez le crime à ceux à qui il appartient ; et que justice soit faite, non selon le désir
des dénonciateurs, mais selon la vérité et la loi. »

Cette plaidoirie fut suivie de celle de Mᵉ Lebon,
qui prit la parole en faveur de M. Brutinel.

Il présenta d'abord son client comme un homme
justifié d'avance par les certificats les plus honora-

bles des autorités et des principaux habitans de
Saint-Omer, de l'accusation portée contre lui.
Passant ensuite aux reproches adressés à M. Brutinel, sur l'éducation qu'il avait donnée à sa fille,
il fit l'observation que ces renseignemens funestes,
qui avaient été puisés dans le testament de mort
de Levaillant, devenaient très-suspects, par la manière injurieuse avec laquelle ce malheureux s'é-
tait exprimé sur le compte de sa femme, tout en
paraissant l'aimer avec passion ; et il prouva que
Levaillant lui-même avait vengé madame Brutinel des reproches qu'il lui avait adressés relativement à l'éducation de sa fille, en terminant ces
reproches par ces mots dignes de remarque : *Vous
devriez le savoir, vous qui conduisiez si bien votre
ménage.*

« Et en effet, messieurs, ajoute le défenseur,
savez-vous ce que cette fille a vu dans la maison
paternelle? Elle y a vu ce qui peut être préférable
à toutes les éducations. Elle y a vu deux époux qui
se sont constamment aimés, qui ont fait consister
tout leur bonheur dans cette union, et qui lui ont
offert sans cesse le tableau touchant de toutes les
vertus conjugales.

« Elle y a vu aussi le plus grand exemple de la
piété filiale ; elle a vu Brutinel et sa femme, soula-
ger, consoler deux vieillards, l'un âgé de quatre-
vingt-douze ans, l'autre de quatre-vingt huit, depuis trente ans à leur charge, et par là, préparer
leur fille à pratiquer un jour les vertus domestiques.

« Voilà l'éducation qui lui a été donnée. Et plût à Dieu que la fatalité n'eût pas conduit Levaillant à Saint-Omer. Si quelqu'un a à déplorer la desti- née, ce n'est pas lui, ce n'est pas sa famille; c'est cette famille honnête, respectable, qui n'était pas mue par des idées de grandeur, d'ambition; qui préférait, ainsi que vous l'a dit Brutinel, *un né- gociant à un militaire*, malgré la noblesse de son état.

« Il m'en coûte, messieurs, de vous dire que Levaillant, revêtu d'une décoration qui n'appar- tient qu'à l'honneur et à la délicatesse; que Le- vaillant, en position d'obtenir un rang honorable dans l'état-major du prince de Neufchâtel, ne s'en est pas montré digne.

« Ne croyez pas que je veuille faire ici le tableau de la vie entière de Levaillant, que je veuille affli- ger ses mânes, insulter ses cendres. Les moyens me manquent pour vous peindre la difformité de l'in- dividu, je ne dirai qu'un mot. Entouré des pro- tections les plus brillantes, honoré de l'estime d'un prince, environné de tout ce qui pouvait exciter en lui la noble ambition de se distinguer, après avoir parcouru divers degrés dans la car- rière des armes, il a été obligé de la quitter; il a été abandonné de ses protecteurs; il a mérité leur oubli ou leur mépris.

« Et ce n'est pas Brutinel qui l'accuse; ce n'est pas lui qui vient vous dérouler le tableau hideux de sa vie toute entière. Vous allez entendre le juge- ment porté sur son compte par un homme à qui chacun s'empresse de rendre ce témoignage, *qu'il est un homme d'honneur*, le sieur Chénié. Voici un fragment d'une lettre qu'il lui écrivit le 25 janvier 1808.

« Dites-moi, malheureux jeune homme, com-
« ment il se fait que tous vos chefs, à commencer
« de l'adjudant-général Debilly, armée de Cham-
« pionnet, jusqu'au major-général de la grande
« armée, aient été mécontens de vous; et que vous les
« ayez tous quittés d'une manière désagréable pour
« vous? Vos camarades anciens sont au moins colo-
« nels, et je ne sais si vous êtes capitaine en ce mo-
« ment. Vous devez tout cela à votre funeste manie
« de briller. Soyez donc une fois raisonnable, et
« mettez à reconquérir l'estime de tous les hon-
« nêtes gens, tout le soin que vous n'avez que trop
« malheureusement mis à la perdre. »

« Jugez, messieurs, d'après ce que vous venez d'entendre, de ce qu'était Levaillant!.... Mais écartons ce tableau pénible, et discutons les charges.

« Vous savez, messieurs, comment la femme Levaillant a été entourée ; quelles manœuvres on a employées ; comment un être comblé des bienfaits de sa mère, placé auprès d'elle, est devenu une furie, a attisé le feu, écarté les remords, vaincu toutes les difficultés. Je n'ai plus besoin de retracer cette horrible tragédie ; mais enfin, vous savez comment cette malheureuse a été arrêtée, et pourquoi elle figure au procès.

« Il reste à démontrer aussi pourquoi le père y joue son rôle, et pourquoi il y est également enveloppé.

« Si l'accusation portée contre Brutinel était fondée, il serait plus coupable que sa fille, en supposant qu'elle le soit, puisque, obligé par état, par devoir, par la nature, de veiller sur elle, de la garantir de tout accident, ce serait lui qui aurait nourri dans son sein cet horrible projet, qui l'aurait alimenté, et qui se serait chargé de fournir les moyens d'exécution.

« Mais quel serait donc l'intérêt qui aurait pu le porter à commettre un pareil crime ? Si en général l'intérêt est la mesure de l'action des hommes, si on ne commet pas un crime sans un intérêt quelconque; il faut qu'il y en ait un bien grave, bien majeur, pour avoir déterminé, non pas un jeune homme, non pas un être exalté par les passions, mais un vieillard, un homme qui a vécu soixante ans avec honneur et probité, à débuter dans la carrière du crime, par le plus épouvantable de tous les forfaits.

« Où est-il donc cet intérêt? Je le cherche en vain; on n'a pas même essayé de vous en présenter un.

« On en a présenté un par rapport à la fille. On vous a dit que c'était la cupidité, l'ambition, la vengeance, la fureur contre la dame Chénié. Mais Brutinel avait-il quelques desseins sur la fortune des sieur et dame Chénié! Mais Brutinel, qui a vécu constamment en harmonie, non pas avec madame Chénié, parce que son caractère n'est pas facile à concilier, mais avec M. Chénié; quel intérêt a-t-il pu avoir d'assassiner, non pas sa femme, mais lui-même? Est-ce haine, est-ce vengeance? A cet égard, permettez-moi de vous mettre sous les yeux quelques expressions d'une lettre bien importante.

« Le 24 décembre 1810, époque bien remarquable, au moment où, suivant le système de l'accusation, l'on méditait d'empoisonner M. et madame Chénié; au moment où l'on regardait le père Brutinel comme le seul individu capable de se porter à une pareille atrocité; au moment où l'on préparait cette lettre dans laquelle on allait lui demander du poison, quelle était la disposition de ce père sur lequel on avait fondé tant d'espoir? Avait-on certitude de sa haine, de sa fureur?

« Ecoutez, messieurs, comment, deux jours avant la demande de ce poison au sieur Brutinel, la dame Brutinel, sous les yeux de son mari, écrivait une lettre qu'il a lui-même sanctionnée en y ajoutant un *post-scriptum*. Voici entre autres choses, ce que j'y recueille de plus précieux.

« Je serai toujours heureuse de te savoir heu-
« reuse. C'est le vœu de mon cœur, c'est le but de
« mes actions, c'est mon désir le plus ardent, enfin,
« c'est ma prière la plus fervente. Il n'y a pas de
« jour, pas d'heure, pas de moment, que du fond
« de mon cœur je ne demande à Dieu que ma fille
« soit heureuse, que nos enfans soient heureux.
« Aussi ai-je toujours du chagrin de te voir faire
« quelque chose qui m'annonce la plus légère
« peine à quelqu'un. Par exemple, les plaisante-
« ries et la vivacité avec nos vieux, me font de la

« peine. Souviens-toi, ma bonne amie, de cette
« base fondamentale qui dit : Ne fais pas à autrui
« ce que tu ne voudrais pas qu'on te fît......

   « La conduite que tu tiens avec madame Chénié
« me raccommode avec ta parfois mauvaise tête.
« Il faudrait qu'elle fût bien méchante femme,
« pour ne pas revenir de ses préventions sur ton
« compte, avec la continuation de ta modération,
« de ton respect et de 'tes égards envers elle. Enfin,
« si cela était ainsi, il faudrait se résigner à pren-
« dre son parti en brave, et surtout, ne pas t'en
« faire du chagrin. Quant à la menace de déshé-
« riter son fils, je ne crois pas qu'elle puisse le faire
» d'après le nouveau code; tu es trop jeune, pour
« qu'elle puisse se désespérer d'avoir des petits-
« enfans. Il faut se résigner à tous ces désagré-
« mens, en cas qu'ils arrivent. Malgré son injus-
« tice, elle a des titres à ton respect; elle est la
« mère de ton mari... etc., etc. »

   « Combien cette lettre, messieurs, est importante pour la cause ! Et d'abord, ne remarquez-
vous pas combien elle justifie cette mère infortunée
du reproche adressé dans un moment de fièvre ou
de terreur, par son gendre mourant, lorsqu'il
l'accuse *d'être l'auteur de la perversité de sa fille.*
Quoi ! mère trop à plaindre ! vos sentimens ne
respirent que piété, c'est Dieu qui vous inspire les
maximes saintes et touchantes que vous employez
auprès de votre fille, et on vous accuse de lui avoir
donné de mauvais conseils, de l'avoir élevée pour
la frivolité !... Ah ! cette lettre vous a réhabilitée;

elle vous venge assez de l'horrible calomnie dont vous avez été un instant victime.

« Mais, messieurs, que direz-vous de cette exhortation touchante, de ce sentiment qu'elle manifeste à l'égard de madame Chénié?

« Ah! madame Chénié, que n'avez-vous vu cette lettre! que ne voyez-vous cette lettre! Ah! dites, après l'avoir lue, si vous ne vous repentez pas de cette vengeance que vous avez voulu tirer, même aux dépens de votre sang....

« Cette lettre, messieurs, ne respirait pour madame Chénié qu'estime, qu'amour; et dans ce moment, madame Chénié ne respirait que haine et que vengeance. Madame Brutinel exhortait sa fille à l'amour, à l'affection; et dans ce moment cette furie implacable brûlait de conduire sa belle-fille à l'échafaud!...

« Combien la conduite de ces deux femmes est différente!

« Il est impossible, messieurs, de concilier cette lettre avec le système de l'accusation; dès ce moment l'innocence de Brutinel est démontrée.

« Mais on me dit, qu'importe cette lettre? Il n'en est pas moins vrai que c'est Brutinel qui a envoyé le poison à sa fille, puisque c'est elle-même qui, entraînée par la force de la vérité, oubliant l'intérêt sacré qui la lie à son père, a porté contre lui cette terrible déclaration qui ne peut comporter aucun doute, qui a tous les caractères de la vérité. »

Me Lebon fait remarquer à ce sujet qu'il existe

d'autres déclarations de la femme Levaillant dans lesquelles elle s'était rétractée, et qu'il ne serait pas juste de s'attacher plutôt au système qui accuse, qu'au système qui justifie.

Il présente en outre la déclaration de Daubigny, qui a entendu la femme Levaillant dire à Rudolphe, *qu'elle avait acheté le poison à Paris,* comme une preuve que ce n'est pas son père qui le lui a envoyé, et il fortifie encore cette preuve, en faisant remarquer que si l'accusée l'eût tenu de Brutinel, elle l'aurait dit à Adolphe qui était devenu son confident le plus intime, puisqu'elle l'avait associé à son projet.

Cependant, il se présentait ici une nouvelle objection résultant de la déclaration de la fille Magnien : *qu'elle avait vu et lu la lettre par laquelle la femme Levaillant demandait le poison à son père.*

Le défenseur la combattit en faisant remarquer que l'assertion qu'elle s'était permise dans les débats, était entièrement en opposition directe avec ce qu'elle avait dit devant le juge d'instruction, puisque ce magistrat lui ayant demandé *comment elle avait connu tous les détails qu'elle racontait, et qu'elle disait être contenus dans cette même lettre;* elle répondit, *non pas qu'elle l'avait lue,* mais qu'elle les tenait de sa maîtresse.

« Mais, en supposant même, continua le défenseur, que cette lettre ait été réellement écrite, qui vous dit que Brutinel l'ait reçue? qui vous assure même que la fille Magnien l'ait mise à la poste? Ne tremblez-vous pas, d'après le caractère connu de

cette malheureuse, que cette lettre n'ait servi qu'à
tramer la perte de la femme Levaillant, de son
malheureux père, de toute cette famille? C'est elle
qui s'est chargée de la mettre à la poste!

« Et puis, comment concevoir cet envoi du poison, *poste restante?* Cela pouvait entraîner beaucoup d'inconvéniens; le paquet pouvait être examiné à la poste, il pouvait exciter la curiosité,
tomber entre les mains de quelqu'un. Brutinel
savait l'adresse de sa fille, et il aurait été plus simple,
plus prudent de l'expédier directement à cette
adresse, ou à l'adresse particulière de Mimi dont
la famille Brutinel se servait quelquefois pour
écrire à la femme Levaillant, à l'insu de son mari.

« Il me paraît donc démontré, messieurs, que
le poison ne vient pas de Saint-Omer. Je me
trompe.... Il peut en venir, la main qui a ajouté
un troisième paquet aux deux premiers, a pu mettre ce poison à la poste.

« Eh! Messieurs, cette main, quelle qu'elle soit,
que je ne cherche pas à saisir dans l'ombre, de
crainte de trouver un trop grand coupable.....,
cette main avait à sa disposition du poison; c'est
elle qui a tout préparé, qui a tout conduit, qui a
tout fait. »

Quant au reproche adressé à Brutinel d'avoir
voulu se soustraire aux recherches de la justice,
Me Lebon affirma que son client ne s'était absenté
que deux ou trois jours pour aller chercher de l'argent; et qu'il s'était empressé à son retour, de re-
quérir le transport de l'autorité, à l'effet de faire

une perquisition chez lui. Mais afin de mieux démontrer encore que Brutinel n'avait pas eu l'intention de fuir, il donna lecture d'une lettre écrite
par celui-ci à Lenormand, agent d'affaires à Paris, sous la date du 5 janvier.

Cette lettre était ainsi conçue :

« Une lettre anonyme arrivée ce matin, à l'un
« de nos amis, me jette dans la plus grande con-
« sternation et dans les plus vives alarmes, si je
« devais y ajouter foi; mais comme je sais que les
« jeunes gens se servent d'expédiens même les plus
« odieux, pour se procurer de l'argent, ce qui
« calme un peu nos craintes, je prends le parti et
« la confiance de vous adresser ci-joint un effet
« de 1250 francs, payable à Paris, chez M. Mo-
« reau Thomas Desnaux, fin-février prochain,
« n'ayant pu m'en procurer à plus court terme.

« Ladite lettre anonyme marque que je dois être
« arrêté au reçu de la présente; que madame Le-
« vaillant est arrêtée et renfermée à la police; que
« son mari lui a remis quelques louis; mais comme
« il faudra encore beaucoup d'autres louis pour se
« sustenter dans un lieu tel qu'une prison, d'où
« on espère néanmoins qu'elle sortira, on invite
« ma femme (me croyant toujours arrêté) à en-
« voyer à sa fille de prompts secours.

« Cet exposé est-il vrai ou faux? C'est ce que
« j'ignore; mais l'entière confiance que j'ai en vous,
« me porte à vous faire part de ces faits, en vous

« suppliant de m'informer de ce qu'il en est. Dans
« la supposition, ce que je ne puis croire, qu'on
« ait induit ma fille dans quelques erreurs, ou que
« méchamment on l'ait impliquée dans quelques
« fautes dont je la crois incapable, veuillez prendre
« sur le champ les plus scrupuleux renseignemens,
« et prodigue à ma pauvre enfant tous les secours,
« tant pécuniaires qu'autrement, dont vous êtes
« susceptible. J'attendrai votre réponse avec la
« plus vive impatience, et pour que votre lettre
« ne soit point interceptée, adressez-la à M. Pier-
« son, adjudant-major du 28ᵉ régiment de ligne,
« au dépôt à Saint-Omer; c'est un ami sur lequel
« je puis compter.

« Je vous invite, mon cher monsieur, à ne
« perdre aucun temps pour éclairer ces faits, voir
« ma fille, lui procurer des consolations, lui don-
« ner tout ce *qu'elle* peut avoir besoin, m'en
« écrire aussitôt; et d'après votre lettre, je
« me rendrai à Paris, car je m'y serais rendu au
« reçu de la susdite lettre anonyme, si je n'eusse
« pensé que, si je dois être arrêté, comme on le
« marque, je dois attendre avec sérénité cette
« époque, si ce n'est un tour que l'on me veut
« jouer. Je vous salue d'amitié, le cœur navré de
« douleur.

« *Signé*, BRUTINEL. »

« Je n'ai rien à ajouter à cette lettre, continue
Mᵉ Lebon. Est-elle d'un homme qui se cache? Il
dit qu'il se serait mis en route pour Paris, s'il n'a-

vait pas cru devoir attendre avec sérénité l'arrestation dont on l'a menacé. Ne reconnaît-on pas le calme et la sécurité qui ne conviennent qu'à l'innocence?

« Avant de terminer, messieurs, je sens qu'il manque encore quelque chose à la justification de Brutinel. A sa justification! je me trompe, il n'en a pas besoin; mais son cœur, qui est un trésor intarissable de bonté, semble encore conjurer ma faible voix d'appeler vos regards sur sa malheureuse fille.

« Que m'importe la vie! me disait-il; est-ce que je ne suis pas près de terminer ma carrière? Est-ce que la nature n'a pas bientôt marqué ma fin? Si l'existence de ma fille est compromise, que devient la mienne? N'est-elle pas un fardeau?

« J'ose donc, messieurs, confier Brutinel à votre justice, à vos sentimens personnels; et j'espère qu'en obtenant de vous un arrêt qui complète sa justification, il aura encore le bonheur de serrer sa fille dans ses bras, et de l'arroser de ses larmes. »

Les plaidoiries étant terminées, le président de la cour (M. Cholet), fit le résumé de la cause; il écarta le chef d'accusation relatif au prétendu empoisonnement de la fille Magnien qui n'était appuyé d'aucune preuve; mais il soutint que la femme Levaillant était coupable d'avoir conçu ou adopté le projet d'empoisonnement sur M. et madame Chénié, et il trouva, soit dans les aveux de l'accu-

sée, soit dans les dépositions des sieurs Saint-Aulaire et Bouvard, soit dans l'enveloppe sous laquelle
était arrivé le poison, et la boîte dans laquelle on
l'avait placé ensuite, soit enfin dans les cinq pièces
de cinq francs données à-compte des 200 louis
promis, la preuve que la fille Magnien et Rudolphe
n'avaient avancé que des faits malheureusement
trop certains.

Il réfuta ensuite la partie du plaidoyer de
M⁴ Couture, dans laquelle ce défenseur avait cherché à prouver que tout ce qu'on reprochait à sa
cliente, ne constituait que des actes purement préparatoires; et il dit que le commencement d'exécution résultait de la remise du poison faite à Rudolphe.

Il aborda enfin la question de savoir si la tentative n'avait été suspendue que par des circonstances indépendantes de la volonté de la femme
Levaillant; et comme il résultait des débats qu'elle
n'avait dit à Adolphe : *il faut remettre à un autre
jour*, qu'après avoir vu que les demoiselles
Lucotte n'étaient point venues chez madame
Chénié, il en conclut qu'elle n'avait pas renoncé à
son projet, qu'elle n'avait fait qu'en ajourner
l'exécution, parce qu'une circonstance inattendue
était venue la contrarier.

Le président ayant terminé son résumé, les
jurés entrèrent dans la chambre des délibérations,
et au bout de deux heures, étant revenus dans la
salle d'audience, ils déclarèrent, *à l'unanimité :*

« Que la femme Levaillant n'était pas coupable
d'avoir tenté un empoisonnement sur la fille Magnien ;

« Qu'elle était coupable d'avoir commis volontairement, une tentative d'homicide par poison,
sur la personne de monsieur et de madame
Chénié ;

« Que cette tentative avait été manifestée par
des actes extérieurs, mais qu'elle n'avait pas été
suivie d'un commencement d'exécution ;

« Qu'elle n'avait pas été suspendue par des
circonstances fortuites, indépendantes de la
volonté de la femme Levaillant;

« Que le sieur Brutinel n'était pas coupable de
s'être rendu complice de la tentative d'empoisonnement sur les sieur et dame Chénié, en procurant
à sa fille, sciemment et dans le dessein de nuire,
le poison destiné à commettre ce double homicide. »

En conséquence de cette déclaration, le sieur
Brutinel et sa fille furent acquittés, mais le président, avant de prononcer l'ordonnance d'absolution, adressa les paroles suivantes à la veuve Levaillant :

« Le jury vous déclare coupable de la tentative
d'un crime horrible. Si cette tentative n'est pas
suffisamment caractérisée, vous le devez à la fortune. La Cour ne peut prononcer contre vous aucune peine, je suis forcé de vous acquitter. Je
vous livre à vos remords, si vous êtes capable

d'en éprouver; puissent-ils vous inspirer la vertu dont vous vous êtes si cruellement écartée!»

Telle fut l'issue de ce procès trop fameux, qui occupa si long-temps l'attention du public, et dans lequel, il faut bien le dire, parmi les personnages qui y ont figuré, il en est peu qui aient joué un beau rôle.

VEUVE MORIN ET AUTRES.

La France entière s'est occupée long-temps du procès de la veuve Morin et de ses complices : c'est une raison pour nous d'en rappeler exactement les détails.

Le 10 janvier 1812, la cour impériale, présidée par M. Cholet, entendit la lecture de l'acte d'accusation suivant :

« Le procureur-général près la cour impériale expose :

« Que, par arrêt rendu le 30 novembre dernier, la cour a ordonné la mise en accusation de

« *Jeanne-Marie-Victoire* Tarin, femme en premières noces et divorcée de feu *Pierre-Edme* Delaporte, et veuve en secondes noces de *Frédéric* Morin, âgée de trente-neuf ans, née à Pont-sur-Seine, département de l'Aube, demeurant à Paris, rue de Bondy, n° 5;

« *Angélique* Delaporte, sa fille, âgée de seize ans dix mois, née à Pont-sur-Seine (Aube), demeurant avec sa mère, rue de Bondy, n° 5 ;

« *Nicolas* Lefevre, âgé de trente-sept ans, né à Montreuil, département de la Seine, domestique au service de la veuve Morin, demeurant, lors de son arrestation, à Clignancourt près Paris, chez ladite veuve Morin ;

« Et *Lucie* Jacotin, âgée de trente-cinq ans, née à Ancevrin, département de la Meuse, domestique au service de ladite veuve Morin, chez laquelle elle demeurait lors de son arrestation à Clignancourt ;

« Lesquels ont été, par le même arrêt, renvoyés devant la cour d'assises du département de la Seine, séant à Paris, pour y être jugés.

« Déclare le procureur-général que des pièces et de l'instruction il résulte les faits suivans :

« Au commencement de 1806, la vente par expropriation de la maison dite l'Hôtel-Saint-Phar, située à Paris, boulevard Poissonnière, n° 22, était poursuivie au tribunal de première instance du département de la Seine.

« Ragouleau et la veuve Morin voulaient l'acheter. Cette dernière en resta adjudicataire le 5 avril suivant, au prix de 96,000 fr.

« C'est de cette époque que datent les relations d'intérêt qui ont existé entre eux.

« La veuve Morin n'avait pas les fonds nécessaires pour payer son acquisition.

« Elle a prétendu que Ragouleau lui avait offert les 100,000 fr. qu'elle avait empruntés de lui.

« Ragouleau a soutenu que c'était la veuve Morin qui était venue le solliciter, long-temps après l'adjudication, de lui prêter les fonds dont elle avait besoin.

« Et Me Laudigeois, notaire, a contredit l'une

et l'autre de ces versions en déclarant qu'antérieurement à la vente de l'hôtel Saint-Phar, il y avait
eu entre Ragouleau et la veuve Morin des conférences, à la suite desquelles il avait été arrêté que
Ragouleau n'acheterait pas l'immeuble, mais qu'il
prêterait 100,000 fr. à la veuve Morin.

« Quelle que soit la manière dont s'est engagé
l'emprunt, Ragouleau, par acte du 19 juillet 1806,
reçu par Me Laudigeois, prêta à la veuve Morin
100,000 fr. à rente viagère, à raison de 10 pour
100, 1° sur sa tête, 2° sur celle de la femme Ragouleau; 3° sur celles de chacun de leurs deux
enfans.

« Cette somme fut employée à acquitter environ
60,000 fr. du prix de la vente, et le surplus à des
constructions auxquelles la veuve Morin faisait travailler dans la maison, pour y établir un hôtel
garni.

« La veuve Morin, par son contrat d'acquisition, avait été chargée de servir trois rentes viagères hypothéquées sur l'hôtel Saint-Phar, et d'en
rembourser les capitaux à d'autres créanciers utilement colloqués, à mesure d'extinction desdites
rentes viagères.

» L'un de ces rentiers viagers étant décédé, la
veuve Morin eut à rembourser 19,220 fr. à un
sieur Simon. Il sollicita le paiement de sa créance,
consentant à faire une remise à la veuve Morin;
mais bientôt il rompit avec elle toute négociation,
parce que Me Laudigeois lui fit des propositions pour
le compte de Ragouleau, qui acheta en effet la

créance dudit Simon, au moyen d'un sacrifice de la part de ce dernier, à qui il reste encore dû 7,000 fr....

« La veuve Morin ne servait pas exactement les arrérages de la rente viagère due à Ragouleau. Il mit d'abord l'hôtel Saint-Phar en expropriation, et consentit ensuite que la vente fût convertie en adjudication volontaire, poursuivie à la requête de la veuve Morin. Lors de cette poursuite Ragouleau se rendit adjudicataire, sauf quinzaine, au prix de 160,000 fr.

« La veuve Morin proposa alors à Ragouleau d'acheter la maison sur la vente qu'elle lui en ferait. De nouvelles conférences eurent lieu dans l'étude de M° Laudigeois, et il fut convenu que la veuve Morin vendrait l'hôtel Saint-Phar, moyennant 165,000 fr., à Ragouleau, qui paierait en outre, par forme de pot-de-vin, une somme de 9,000 fr., pour acquitter les frais de poursuite et de vente, et pour le surplus être remis à la veuve Morin.

« Ces 165,000 fr. se trouvèrent absorbés, soit par les créances de Ragouleau, soit par les charges qui lui étaient imposées dans l'acte de vente.

« En sorte que la veuve Morin n'eut absolument rien à recevoir du prix de la vente porté au contrat, et qu'elle n'a touché que 3,750 fr. sur les 9,000 fr. de pot-de-vin ajoutés par Ragouleau à ce prix, dont le surplus fut réservé pour les honoraires des officiers qui avaient assisté les parties, et fut réparti entre eux.

« L'acte de vente fut rédigé et signé le 18 avril dernier.

« Tout paraissait s'être terminé au gré des parties. La veuve Morin manifesta qu'elle en était satisfaite...

« Ces témoignages de satisfaction de la veuve Morin n'étaient rien moins que sincères; ils lui servaient à déguiser son ressentiment contre Ragouleau, qu'elle regardait comme l'auteur de sa ruine. Elle était convaincue que, pour l'empêcher de louer avantageusement sa maison, il avait, par toutes sortes de moyens artificieux, éloigné les locataires qui se présentaient, et détourné de même les personnes qui avaient montré l'intention de faire l'acquisition de l'immeuble, le tout pour la forcer à lui vendre au prix qu'il voulait en donner.

« C'est depuis cette vente que la veuve Morin a eu la pensée, qu'elle a nourri le dessein de reprendre ce dont elle se persuadait qu'elle avait été dépouillée, et de se venger de Ragouleau. Sa fille, Angélique Delaporte, née le 30 pluviôse an III, actuellement âgée de seize ans et dix mois, partagea les sentimens de haine de sa mère, et voulut s'associer à sa vengeance. Chacune d'elles imagina divers projets, dont elles combinèrent ensemble les moyens d'exécution, et qu'elles rejetèrent successivement.

« Pour parvenir au but qu'elles se proposaient, il fallait tenir Ragouleau rapproché d'elles; aussi la veuve Morin affectait-elle une grande confiance en lui, et le conjurait de ne pas lui refuser ses conseils. Tantôt elle prétendait avoir des fonds dont elle pouvait disposer, et annonçait qu'elle ne s'en rapporterait qu'à lui seul pour le placement; tantôt elle supposait l'intention d'acheter une maison de campagne; mais il fallait qu'il l'eût visitée, et qu'il en eût approuvé l'acquisition.

« La veuve Morin avait depuis long-temps mis la fille Jonard dans sa confidence sur ses desseins contre Ragouleau; et lorsqu'elle eut, avec sa fille, arrêté le plan qu'elles devaient exécuter, elles le communiquèrent à ladite Jonard.

« Ce projet consistait à engager Ragouleau à déjeûner chez elles, et à les accompagner ensuite à la maison de campagne que la mère disait vouloir acheter, à extorquer à Ragouleau, dans cette maison par menaces et par violence, pour 300,000 francs de signatures sur des billets à ordre, et à lui donner la mort, après qu'il les aurait signés.

« La fille Jonard, dès les premières ouvertures qui lui avaient été faites, avait employé tous les moyens de persuasion pour détourner et la mère et la fille de l'idée de pareils crimes : elle leur avait, à plusieurs reprises, montré les dangers auxquels elles s'exposaient; mais elle les avait toujours trouvées inflexibles dans leur résolution.

« Le samedi 21 septembre, la veuve Morin annonça à la fille Jonard, que tout était disposé pour l'exécution de leur projet, qui devait, selon elle, avoir lieu le 24, parce qu'elle allait inviter Ragouleau à se trouver chez elle ce même jour,

pour y déjeûner, et aller visiter ensuite la prétendue maison de campagne. Elle ajouta qu'elle le
solliciterait de désigner cinq mets à son goût qui
lui seraient servis à déjeûner, mais que ce seraient
les derniers dont il mangerait.

« La fille Jonard se détermina à donner connaissance à Ragouleau de ce qui se tramait contre
lui, et, quoique malade, elle se fit conduire, à
cet effet, en voiture, accompagnée de la veuve
Petit, au domicile de Ragouleau à Paris, où il fut
répondu par le portier qu'il était parti pour sa
terre d'Essonne. — La fille Jonard sollicita ladite
veuve Petit, d'aller trouver Ragouleau. Elle partit le mardi suivant, après avoir reçu les instructions sur ce qu'elle devait révéler. — Ragouleau
reçut cette confidence, et revint aussitôt à Paris.
— Il trouva chez son portier une lettre de la veuve
Morin, portant invitation de déjeûner chez elle le
mardi 24 septembre....

« Ragouleau dénonça sur-le-champ à la préfecture de police, les faits dont il venait d'être instruit, et la fille Jonard y fut bientôt appelée pour
déclarer tout ce qui était à sa connaissance, relativement aux mêmes faits.

« La fille Jonard déclara que la veuve Morin
l'avait souvent entretenue de son ressentiment
envers Ragouleau, et des desseins de vengeance
qu'elle avait formés; qu'elle l'avait priée de lui
procurer deux hommes, tels que des joueurs ou
des évadés des fers, propres à la seconder; que,
sur la réponse de la fille Jonard qu'elle n'en con-

naissait pas, ladite veuve Morin avait fait le voyage
de Nogent ; et, à son retour, avait annoncé qu'elle
avait trouvé deux anciens domestiques, sur lesquels elle pouvait compter ; qu'elle lui avait confié
depuis peu de tempsqu'elle avait loué une maison
de campagne où elle devait attirer Ragouleau, sous
prétexte que, désirant l'acheter, elle voulait avoir
son avis avant d'en faire l'acquisition ; qu'elle avait
fait murer les soupiraux de la cave de cette maison, dans laquelle on avait ensuite tiré des coups
de pistolet et jeté des cris, et que le bruit de la
voix ni celui des armes, n'avaient été entendus au
dehors ; que, lorsque Ragouleau serait entré dans
la maison, il serait saisi par les deux domestiques,
et entraîné dans cette cave, lieu choisi pour l'exécution ; qu'il y serait attaché à un poteau, avec
des chaînes fermées par des cadenas, et qu'il serait
encore lié avec des cordes ; qu'au pied du poteau
serait une chaise sur laquelle il serait assis ; qu'il y
aurait devant lui une table sur laquelle on aurait
placé de la lumière, une plume, et de l'encre ;
qu'Angélique Delaporte lui présenterait des billets
préparés pour une somme de 300,000 fr., et un
écrit par lequel il lui serait ordonné de les signer,
sous peine de la vie ; que cette menace lui serait
réitérée de vive voix, en lui montrant les pistolets,
dont la mère et la fille seraient armées ; qu'elles le
laisseraient seul, et toujours enchaîné, pendant
un quart-d'heure ; qu'elles rentreraient après, et
compareraient l'écriture et les signatures des billets à celles de plusieurs lettres de Ragouleau,

qu'elles auraient la précaution d'apporter, comme
moyens de comparaison ; qu'après cette vérifica-
tion, la veuve Morin lui passerait un cordon au
cou, et l'étranglerait ; que le cadavre serait mis
dans un sac, transporté de nuit hors de la maison,
et jeté dans la rivière, ou abandonné dans un
champ ; que ce transport du cadavre serait fait au
moyen d'une charette appartenant à la veuve Morin, pour le service de sa laiterie, établie à la Villette ; qu'elle montra à ladite Jonard, l'écrit qui
devait être mis sous les yeux de Ragouleau, lequel
écrit ne respire que haine et vengeance, exprimées
dans les termes qui dévoilent l'excès de la fureur
dont la veuve Morin et sa fille étaient tourmen-
tées.

« En suite de cette dénonciation, le préfet de
police donna des ordres pour que la veuve Morin,
sa fille et leurs complices fussent arrêtés.

« Ragouleau avait accepté, pour le 2 octobre,
le déjeûner de la veuve Morin, à la suite duquel il
devait accompagner la mère et la fille à la maison
de campagne. Il se rendit chez elles. Le déjeûner
était servi. Il le refusa, et proposa de partir sur-le-
champ pour la campagne. Un carrosse de place fut
loué par Angélique Delaporte, et l'ordre fut donné
au cocher de conduire à Clignancourt.

« A la barrière de la Villette la voiture fut cer-
née par des agens de police. La veuve Morin et sa
fille furent conduites dans le bureau de l'octroi, où
se trouvait un commissaire de police, qui leur fit
subir un premier interrogatoire.

« Angélique Delaporte déclare qu'elle allait, avec sa mère et Ragouleau, voir une maison de campagne, que sa mère voulait acheter, et située près de Montmartre. Elle avait son mouchoir à la main. Il parut cacher quelque chose de suspect. Le commissaire de police le saisit et y trouva un rouleau de papier composé 1° de quinze billets à ordre, en blanc quant aux noms, soit de celui au profit de qui ils devaient être faits, soit du souscripteur, savoir : quatorze de la somme de 20,000 fr., et le quinzième de 10,000 fr. sur papier de timbre de proportion, et portant tous la date du 20 août 1811 ; 2° d'un billet à ordre sur papier mort, qui ne différait des premiers qu'en ce qu'il y était écrit au bas, *Bon pour la somme de vingt mille francs, valeur reçue en espèces ;* lequel billet parut avoir servi de modèle aux premiers ; 3° d'un papier sous enveloppe cachetée sur laquelle étaient écrits ces mots : *décachetez et lisez ;* 4° trois lettres missives écrites et signées par Ragouleau.

« Ouverture faite de l'enveloppe cachetée, il y fut trouvé l'écrit dont avait parlé la fille Jonard dans sa déclaration.

« Angélique Delaporte fit l'aveu que ce libelle menaçant avait été écrit par elle ainsi que les billets ; que l'écrit était destiné à intimider Ragouleau pour lui faire signer les billets ; que c'était elle qui avait conseillé à sa mère ce moyen de forcer Ragouleau à une restitution qu'elle disait être légitime ; elle ajouta « que l'escroquerie de ce dernier « étant constante, sans qu'on pût la prouver en

« justice, elle avait voulu le forcer à une restitu-
« tion qui, de même, ne pût être judiciairement
« prouvée. »

« La veuve Morin, interrogée après sa fille,
soutint qu'elle allait auprès de Montmartre voir
une maison de campagne qu'elle voulait acheter,
et qu'elle ne connaissait ni les billets ni l'écrit saisis sur sa fille.

« Le commissaire de police fit conduire la veuve
Morin et sa fille à Clignancourt, dans une maison
appartenante au sieur Deromanet, et que la veuve
Morin avait louée depuis environ quinze jours. Il
fut constaté que les soupiraux de la cave ouverte
sur le jardin étaient bouchés, et la dame Deromanet déclara que la veuve Morin l'avait exigé ainsi.

« Il fut trouvé au premier étage de ladite maison deux lits de sangle garnis de matelas, sur l'un
desquels il fut reconnu qu'il y avait de la poudre
fine à tirer, et des balles pour pistolets.

« Il fut constaté que dans la cave et dans le fond
à gauche du premier caveau, il se trouvait une
petite table sur laquelle étaient deux chandelles
allumées dans leurs flambeaux, un encrier, une
bouteille d'encre, des plumes taillées, et environ
une demi-main de papier; que sur cette même
table il y avait de plus une corde d'un mètre et
demi de long, trois autres bouts de corde, et un
lacet en soie de deux lignes de large sur un mètre
de long.

« Dans le passage à la suite de ce premier caveau,

il fut découvert deux pistolets cachés dans le sable, *chargés à balles et amorcés.*

« Il fut constaté enfin qu'au fond du second caveau il y avait un poteau de deux pieds et demi de hauteur, sur six pouces d'équarrissage, butté dans le sol à environ un pied de profondeur avec moëllons et plâtre ; qu'une chaise était adossée audit poteau, auquel une chaîne était fixée, laquelle chaîne devait être fermée au moyen de cadenas qui se trouvaient aux extrémités.

« Avant l'arrivée du commissaire de police, un officier de paix, chargé des ordres du préfet de police, avait arrêté Lucie Jacotin, et Nicolas Lefévre, domestiques au service de la veuve Morin depuis trois semaines seulement. Lefévre avait été trouvé dans la cave. Interrogés l'un et l'autre sur les préparatifs qui s'y trouvaient réunis, ils avaient déclaré que le tout avait été ainsi disposé d'après les ordres de la veuve Morin, pour se venger d'un homme qui lui avait volé de l'argent ; que c'était Lefévre qui avait acheté les pistolets, la poudre et les balles, que c'était lui qui avait placé dans la cave la table, la chaise, l'encrier, les cordes, les chaînes et le poteau qui s'y trouvaient, et que depuis trois jours deux chandelles y étaient constamment allumées.

« Angélique Delaporte est amenée dans cette cave. Elle est interpellée d'indiquer à quel usage sont destinés les armes, les instrumens, et tous les objets qui s'y trouvent. Elle confesse que le tout est disposé pour contraindre Ragouleau à

signer les billets saisis sur elle; que les pistolets et
le lacet devaient servir à l'effrayer, la chaîne à
l'attacher au poteau, et les cordes à lier ses jambes
de manière à ne lui laisser l'usage que de ses mains
pour signer lesdits billets, mais qu'on ne voulait
lui faire aucun mal, enfin que la restitution qu'on
voulait exiger de lui ne devait être que de
200,000 fr., et que s'il avait été préparé pour
290,000 fr. de billets, c'était afin de pouvoir rejeter du nombre, ceux dont la signature présenterait
quelques indices de contrainte.

« La veuve Morin est introduite à son tour dans
cette même cave. On lui fait remarquer le poteau,
la chaîne, les armes, et les autres instrumens ci-
dessus décrits. Elle examine tout, paraît étonnée de
les trouver dans sa cave, et déclare qu'elle ne connaît rien de tout ce qui est sous ses yeux. Mais depuis, réfléchissant que ses dénégations ne pouvaient
détruire l'évidence des faits et toutes les preuves
acquises, elle se détermina enfin à avouer que, de
concert avec sa fille, elle avait formé le projet
d'arracher, par violence, 200,000 fr. à Ragouleau
qui l'avait dépouillée de sa fortune; que c'était
pour l'exécution de ce projet qu'elle avait loué la
maison de Clignancourt, et qu'elle avait fait disposer dans la cave tous les préparatifs qui y avaient
été trouvés; que Ragouleau, conduit dans cette
cave, aurait été enchaîné au poteau, et qu'alors il
aurait été forcé, soit par les menaces contenues
dans l'écrit saisi sur sa fille, soit par celles des pistolets dont la mère et la fille se seraient armées,

de signer les billets à ordre qui auraient été mis
sur la table et devant lui ; enfin elle avoua tous les
faits, toutes les circonstances déclarées par la fille
Jonard, à l'exception néanmoins de celles relatives à la préméditation de l'assassinat de Ragouleau, comme complément du complot.

« Si l'on en croit Angélique Delaporte, c'est
elle qui la première a formé la résolution de reprendre par la force ce que Ragouleau avait enlevé par ruse à sa mère, c'est elle qui a conçu le
projet découvert, qui a médité et ordonné tous les
moyens de l'exécuter ; c'est par son ordre que
Lefévre a acheté les pistolets, la poudre et les
balles ; c'est elle qui a voulu que Lefévre lui mon-
trât à charger et à se servir de ces pistolets, dont
elle a tiré plusieurs coups, soit dans les appartemens, soit dans la cour ; enfin elle soutient que sa
mère n'a eu d'autre part à tout cela, que de se laisser aller à ses insinuations.

« Elle est convenue cependant ensuite qu'après
que le poteau eut été dressé dans la cave, sa mère
l'avait fait asseoir sur la chaise qui était adossée à
ce poteau ; que sa mère avait tourné la chaîne autour de son corps pour en essayer l'effet ; que non
contentes de ce premier essai, elles avaient voulu
le répéter sur Lefévre, qui s'y était prêté ; et que
ce fut cette fois Angélique Delaporte qui étudia
l'usage de cette chaîne. Elle a ajouté que Ragouleau
devait être attaché au poteau par sa mère et par
elle, aidées de Lefévre.

« La veuve Morin a dit que c'était le désespoir

d'avoir vu sa fortune passer dans les mains de Ragouleau qui lui avait suggéré la pensée de le contraindre à une restitution ; qu'elle était l'auteur de tout le projet, et que les aveux de sa fille prouvaient seulement qu'après avoir consenti à la servir, elle voulait se dévouer entièrement pour la sauver, sans s'inquiéter des suites de ses aveux pour ce qui la concernait personnellement ; elle a dit encore que les moyens d'exécution avaient été réellement projetés ainsi que l'avait déclaré sa fille; et que le seul but de tous ces préparatifs était de tenter de faire signer pour 200,000 fr. de billets par Ragouleau en l'effrayant ; mais que si, contre leur attente, il s'était refusé à les signer, elles se seraient contentées de lui reprocher ses friponneries, l'auraient débarrassé de sa chaîne, auraient fait disparaître tous les instrumens placés dans la cave, et l'auraient laissé sortir ensuite de la maison.

« La veuve Morin et sa fille, en avouant que leur projet était d'extorquer à Ragouleau pour 200,000 f. de signatures sur des billets à ordre, ont constamment soutenu qu'elles n'avaient jamais eu l'intention ni la pensée d'attenter à sa vie : tel a été leur système de défense....

« La veuve Morin, après un mois entier d'instruction, a imaginé de demander au juge instructeur à être interrogée de nouveau, et a déclaré que, lorsqu'elle fut arrêtée, elle conduisait Ragouleau à une propriété située à côté de Clignancourt, qu'on lui avait dit être à vendre au prix de 60,000 fr. ; qu'elle voulait la faire voir à Ragouleau, afin qu'il

en fit l'acquisition pour elle , en dédommagement
de ce qu'il lui avait excroqué ; que s'il s'y était refusé, il aurait été conduit à la maison de Clignancourt, pour exécuter le projet d'extorsion ; mais
que peut-être dans le trajet elle aurait changé de
résolution, et l'aurait ramené chez elle, à Paris,
sans le faire descendre dans la cave. Cette allégation tardive se trouve démentie par tous les aveux
précédens de la veuve Morin elle-même, de sa fille,
de Lefévre et par le cocher de la voiture dans laquelle se trouvait Ragouleau, avec la veuve Morin
et sa fille , lors de leur arrestation ; lequel cocher
avait reçu l'ordre de conduire à Clignancourt, et
non ailleurs.

« Nicolas Lefévre , lors de son arrestation, était
au service de la veuve Morin depuis quinze jours
seulement ; il a connu les projets criminels de la
veuve Morin et de sa fille ; il avait reçu de la mère
et de la fille la confidence qu'elles voulaient *se
venger* d'un homme qui leur avait escroqué de
l'argent ; il s'est associé à toutes leurs entreprises ;
il y a participé jusqu'au moment de son arrestation ;
il s'est chargé de dresser et de sceller le poteau dans
la cave, dont il avait vu précédemment boucher
les soupiraux ; il s'est chargé de descendre
dans cette même cave la table, la chaîne ,
les cordes, et tous les autres instrumens qui y
ont été trouvés ; il a vu la veuve Morin adap-
ter la chaîne au poteau ; il a vu Angélique Delaporte s'asseoir sur la chaise placée auprès de ce
poteau, et sa mère essayer sur elle l'effet de la

chaîne; il s'est prêté lui-même à un nouvel essai que la fille a voulu en faire après sa mère ; c'est lui qui, après avoir eu connaissance du complot formé par la veuve Morin et par sa fille, leur a procuré des pistolets, de la poudre et des balles, qui devaient servir à en assurer l'exécution ; il a montré à Angélique Delaporte à charger les pistolets à balles, et à les tirer; il lui a donné les premières leçons dans la cave où déjà tout était disposé pour l'exécution des projets de la veuve Morin et de sa fille ; il s'est tenu pendant deux ou trois jours dans cette cave, ayant continuellement deux chandelles allumées, pour être toujours prêt à seconder leurs desseins ; enfin, le jour indiqué pour celui de la vengeance, Lefévre attendait dans la cave l'arrivée de celui contre lequel tant d'embûches étaient dressées, pour assister et aider la veuve Morin et sa fille dans la consommation de leur complot ; c'est lui qui devait se saisir de Ragouleau, et le contenir par la force, adossé au poteau, pendant que la veuve Morin et sa fille passeraient la chaîne autour de son corps, et lieraient ses jambes avec les cordes ; enfin, c'est dans le lieu disposé pour le crime, au milieu des instrumens qui devaient servir à son exécution, au moment où il attendait qu'on lui amenât celui qu'il devait saisir, pour le livrer à la fureur de la veuve Morin et de sa fille ; c'est dans la cave que Lefévre a été arrêté.

« Il a avoué tous ces faits dans l'instruction, et ils ont été aussi déclarés par la veuve Morin et par Angélique Delaporte.

« Lors de son arrestation, il prétendit qu'il n'é-
tait descendu dans la cave que pour satisfaire un
besoin naturel. Il abandonna bientôt cette excuse
invraisemblable, et annonça qu'il y était allé pour
éteindre la lumière. C'était encore de sa part déguiser la vérité, qui fut enfin manifestée par Angélique Delaporte, en déclarant que Lefévre se
tenait par ses ordres, depuis deux jours, dans cette
cave, quand la force armée y était arrivée.

« Si l'on en croit Lefévre, la veuve Morin lui
aurait dit que s'il la dénonçait à cause des préparatifs réunis dans la cave, elle lui brûlerait la cer-
velle, et se la brûlerait à elle-même après....

« Il a soutenu qu'il n'avait ni chargé ni caché
dans le sable les pistolets trouvés dans la cave, et
il est à cet égard contredit par la veuve Morin et
par sa fille.

« Lucie Jacotin vivait avec Lefévre. Comme lui
elle était domestique de la veuve Morin, et ils
demeuraient l'un et l'autre dans la maison de Clignancourt.

« Elle connaissait les projets de la veuve Morin
et de sa fille. Elle avait vu tous les apprêts disposés dans la cave. Elle savait que Lefévre avait été
chargé de dresser le poteau et de procurer les armes ; c'est sous ses yeux que Lefévre avait montré
à Angélique Delaporte à tirer les pistolets ; c'est en
sa présence que la veuve Morin et sa fille avaient
proposé vingt-cinq louis à Lefévre s'il voulait les
aider dans leur projet, et que ce dernier, en acceptant l'offre de la récompense, avait promis de

les seconder; c'est en sa présence aussi que la veuve Morin avait donné à Lefévre des instructions sur ce qu'il avait à faire ; enfin Lucie Jacotin s'était engagée, comme Lefévre et avec lui, de servir les projets de la veuve Morin et de sa fille contre Ragouleau, et devait partager la récompense promise.

« Toutes ces circonstances ont été déclarées soit par la veuve Morin et sa fille, soit par Lefévre.

« Lucie Jacotin a prétendu que la veuve Morin lui avait confié que sa fille avait été demandée en mariage par un homme qui avait escroqué la dot qui lui avait été comptée d'avance, et qu'elle voulait attirer cet homme à Clignancourt pour le forcer à restituer cette dot ou à épouser Angélique Delaporte.

« Il n'a jamais été question de la part de la veuve Morin d'un mariage de sa fille projeté, rompu et qu'elle voulait renouer. Lucie Jacotin a inventé cette circonstance pour ne pas faire connaître le complot dont la veuve Morin l'avait fait confidente, et dont le dénouement devait être la mort de Ragouleau.

« Elle a déclaré, le jour de son arrestation, que tout ce qui se trouvait dans la cave y avait été placé par Lefévre de l'ordre de la veuve Morin. Depuis, oubliant cet aveu, elle a prétendu que Lefévre ne lui avait jamais parlé de ces préparatifs, et qu'elle ne les connaissait pas ; et revenant enfin à la vérité, elle a dit qu'elle avait vu ces mêmes apprêts dans la cave.

« Après avoir soutenu qu'elle n'était descendue

à la cave de la maison de Clignancourt que le jour où la veuve Morin l'avait louée, elle a été obligée de convenir que, depuis la disposition faite dans cette même cave de tout ce qui devait servir contre Ragouleau, elle y était allée pour allumer les chandelles, de l'ordre de la veuve Morin.

« Il résulte des déclarations de la veuve Morin et de sa fille, que Lucie Jacotin avait le secret de tout le complot; qu'elle s'était associée, ainsi que Lefévre, à son exécution, et qu'elle y avait déjà participé....

« En conséquence,

« *Jeanne-Marie-Victoire Tarin*, veuve MORIN *Angélique* DELAPORTE, *Nicolas* LEFEVRE et *Lucie* JACOTIN, sont accusés; savoir :

« La veuve *Morin* et Angélique *Delaporte*, d'avoir, le 2 octobre dernier, tenté, de complicité, *Premièrement*, d'extorquer, par force, violence et contrainte, de Jean-Charles Ragouleau, des signatures de souscription sur quinze billets à ordre de 20 et de 10,000 fr. ; *Deuxièmement*, de commettre volontairement, avec préméditation, et de guet-à-pens, un homicide sur la personne dudit Ragouleau.

« Lesquelles tentatives, manifestées par des actes extérieurs, et suivies d'un commencement d'exécution, n'ont été suspendues et n'ont manqué leur effet que par des circonstances fortuites et indépendantes de la volonté desdites veuve Morin et Angélique Delaporte.

Et Nicolas Lefévre et Lucie Jacotin, de s'être

rendus complices desdites tentatives d'extorsion de signatures et d'homicide volontaire; savoir :

« Lefévre, en procurant des armes à la veuve Morin et à sa fille, sachant qu'elles devaient servir auxdits crimes.

« Et encore ledit Lefévre et Lucie Jacotin, en aidant et assistant avec connaissance et préméditation les auteurs desdites tentatives dans les faits qui ont préparé lesdits crimes, et qui devaient en faciliter l'exécution.

« Fait au parquet de la cour impériale, à Paris, le 21 décembre 1811. »

On entend l'exposé des faits contenus dans l'acte d'accusation que présente l'avocat-général Girod (de l'Ain), puis on passe à l'audition des témoins.

Ragouleau est le premier appelé. Il s'attache d'abord, et assez longuement, à repousser toute idée d'intimité avec la veuve Morin, quoiqu'il n'en eût pas été question dans le procès. C'est à nous qu'il appartient d'en rechercher la cause, et peut-être la pourrait-on trouver dans les bruits répandus au palais à l'époque du procès. Il paraîtrait, d'après la clameur publique, que Ragouleau, riche et galant, avait été séduit par les charmes d'Angélique, et s'était laissé aller à une pensée de séduction. Il s'étendait, dit-on, en prévenances et en promesses auprès de la mère, en tentatives auprès de la fille, mais sans perdre de vue ses intérêts, car avant toutes choses il aimait l'argent. Trompées dans les espérances que la veuve Morin et sa fille avaient pu concevoir pour leur avenir, de la passion apparente de Ragouleau ; trompées encore dans l'attente des ressources offertes par lui pour le moment, elles ne songèrent plus qu'à se venger : Ragouleau succombant aurait été victime de sa débauche et de sa soif de richesses. — Ragouleau explique ensuite la nature de ses relations avec la dame Morin, et raconte tous les faits relatifs au crime projeté tels qu'ils sont exprimés dans l'acte d'accusation.

Un débat s'engage avec la veuve Morin : cette dame estimait son hôtel au prix de 240,000 fr. , Ragouleau ne voulut le prendre, elle réduite à toute extrémité, que pour 174,000 fr. , et alors elle forma le projet d'effrayer son spoliateur, mais non de l'assassiner.

Angélique prend sur elle la rédaction des billets et tous les ordres donnés pour l'exécution du dessein d'épouvanter Ragouleau.

Lefévre avoue avoir fait tous les préparatifs d'après les ordres de la veuve Morin.

Il résulte des déclarations des 7e et 8e témoins que l'on avait offert 200 et 250,000 fr. de l'hôtel Saint-Phar.

Le témoin le plus important est la demoiselle Jonard, qui répète tout ce qu'on a lu sous son nom dans l'acte d'accusation. Il faut faire attention que cette fille avoue à l'audience qu'elle était tireuse de cartes et précédemment attachée à la police, enfin que la veuve Morin l'avait aidée souvent de sa bourse.

A la déposition de ce témoin, la veuve Morin et

sa fille répondent que c'est elle-même, la fille Jonard, qui leur a inspiré le projet de se venger.

Après l'audition des 27 témoins, 23 à charge
et 4 à décharge, le président interroge de nouveau,
dans la séance du 11 janvier, chacun des accusés;
mais ces interrogatoires ne produisent point de
circonstances nouvelles. L'avocat - général Girod
(de l'Ain) soutient l'accusation, puis Me Dommanget prend la parole pour la défense de la veuve
Morin.

« Messieurs, dit-il, l'appareil de cette audience, l'importance de l'accusation sur laquelle
vous avez à prononcer, la qualité des accusées dont
la défense m'est confiée, les preuves qui paraissent
si évidentes au ministère public, la modération
même qu'il a semblé apporter dans son résumé,
tout contribue à me faire sentir la difficulté de la
tâche qui m'est imposée. — Cependant avez-vous,
Messieurs, acquis la conviction de la culpabilité de
la femme Morin, que je suis spécialement chargé
de défendre? Je ne le crois pas. — Il est un premier sentiment pénible en entrant dans l'examen
de sa conduite; un mot sévère a échappé hier à
l'organe de la loi, en parlant de sa moralité. — Il
vous l'a présentée comme une femme que peut-être
sa conduite aurait déjà exposée à des faits qui auraient pu la nécessiter de rendre compte de ses
actions à la justice. — J'ai lu, Messieurs, tous les
élémens de l'instruction. J'ai bien vu dans ces élémens un mot, un *on dit*, émané à la vérité d'un
homme constitué en dignité; mais il annonce qu'il

n'était pas présent sur les lieux au moment où les
faits se sont passés. Il dit que tous les renseignemens qu'il a pu recueillir lui annoncent *que l'on
croit*. — On croit ! Mais, Messieurs, à côté de cette
annonce, j'en trouve une autre dans l'instruction
qui détruit cet *on dit*, qui fait connaître quelle est
la nature des faits qui ont fait élever des soupçons;
et il me semble que, si les faits eussent été de nature à mériter les recherches de la justice, la justice n'aurait pas négligé alors de faire ces recherches. — Un procès-verbal fut rédigé dans le temps,
les faits furent constatés. Certes, Messieurs, si les
faits eussent été accompagnés d'un crime, la preuve
en eût été acquise. — Je dirai plus ; on indiquait,
dans la première lettre, les personnes auxquelles
on pouvait s'adresser pour avoir des renseignemens. Si je suis bien instruit (à cet égard je ne sais
rien personnellement), depuis le commencement de
l'instruction, les personnes qui avaient été indiquées ont été appelées devant le magistrat qui, sur
les lieux, aurait été chargé de faire une instruction pour constater le fait : je ne vois au procès
rien qui vienne l'attester. J'ai donc la douce satisfaction de pouvoir le déclarer ; cet *on dit* est un
bruit populaire, c'est une erreur : écartons-le de
l'affaire, venons au fait qui doit nous occuper. —
Il est douloureux, Messieurs, de ne pouvoir pas
pour la veuve Morin vous présenter une justification complète. Je dois confesser, elle le confesse
elle-même, qu'aux yeux de la morale elle est coupable; qu'une conception criminelle est entrée dans

son ame ; que des projets perfides ont été conçus par elle, ou lui ont été suggérés, mais qu'elle y a donné son assentiment. — Cependant, Messieurs, coupable aux yeux de la morale, l'est-elle aux yeux de la justice? Si elle n'a péché qu'aux yeux de la morale, elle en est déjà punie par les remords qui doivent déchirer son cœur ; elle en est punie par la perte qu'elle a nécessairement encourue de l'estime de ses concitoyens ; elle en est punie par l'affligeant spectacle de sa présence devant le tribunal auguste des lois ; elle en est punie par l'obligation de rendre compte de sa conduite, par l'obligation de prouver qu'elle n'a pas été assez coupable pour éprouver la vengeance des lois, mais qu'elle l'a été trop pour pouvoir reconquérir l'amour de ses concitoyens. — Maintenant jusqu'à quel point a-t-elle été coupable? de quoi est-elle coupable? — Deux projets sont dénoncés à la police : celui d'extorquer par violence à Ragouleau des billets pour une somme de 200,000 fr., de 500,000 fr. si l'on veut, mais enfin d'extorquer par violence la signature de Ragouleau au bas de titres emportant obligation. — Elle est accusée d'un crime plus grave, d'une tentative d'homicide avec préméditation et de guet-à-pens. — Voyons, Messieurs, quels sont les faits qui ont amené une accusation aussi terrible. Je ne me livrerai pas à l'examen de cette question étrangère peut-être au procès, de savoir si la veuve Morin avait un motif légitime de ressentiment, ou si elle pouvait seulement, mais par erreur, croire à ce

motif légitime. — Si j'avais à m'occuper de la
question, que de choses peut-être je pourrais dire!
que de choses m'ont été suggérées! que d'instructions m'ont été adressées dont je ne veux pas faire
usage! Accusé, je n'accuserai pas. »

L'avocat entre ensuite dans la discussion des faits
de la cause. Il prouve que sa cliente possédait une
fortune de 180,000 fr. lors de son acquisition de
l'hôtel Saint-Phar. Il explique, en accusant la conduite de Ragouleau, comment la veuve Morin s'est
vue forcée de vendre son hôtel, et tout en reconnaissant que son ressentiment contre l'homme dont
elle avait tant à se plaindre l'a poussée trop loin,
il la défend de toute pensée d'assassinat. Voici
comment il traite la question criminelle :

« La conception, je vous l'ai dit, elle est avouée;
les préparatifs ont été faits, il y a eu manifestation
par des actes extérieurs. Mais y a-t-il eu commencement d'exécution? — Oui, dit-on, la femme
Morin s'est emparée de la personne de Ragouleau,
il était à sa disposition, elle a été arrêtée lorsqu'elle le tenait et pouvait exécuter : donc, il y a
eu commencement d'exécution. — Voyons donc
si Ragouleau était en ce moment à la disposition
de la femme Morin. N'était-ce pas plutôt la femme
Morin et sa fille qui étaient à la disposition de Ragouleau. — Ragouleau est prévenu, il est prévenu
depuis plusieurs jours : il est en son pouvoir d'arrêter le crime qui est médité. Il est en son pouvoir
de l'arrêter par un moyen infaillible : qu'il ne se
rende pas à l'invitation, le crime n'aura pas lieu.

— Au lieu de cela, il se transporte à la préfecture, il y fait une dénonciation; dirigé par des conseils dont j'ignore ou ne veux pas connaître les auteurs, il croit devoir se prêter à l'exécution du crime pour le faire punir. En conséquence, il va trouver ces femmes, il se rend à leur invitation. — Eh! que ne leur écrivait-il? Vous m'invitez à passer chez vous, femmes perfides! et vous avez conçu tel projet! et vous avez dans votre cave tel instrument, et vous devez y opérer tel effet! — Quelles sont les femmes qui oseront persister dans leur projet, qui oseront en concevoir un second, si elles ont été trompées une première fois, ou par leur cœur, ou par des conseils perfides! elles seront frappées dans ce moment, comme par la foudre. A l'instant elles sont rendues à la probité. Quelle jouissance pour celui qui pourrait s'applaudir d'avoir pris un parti aussi sage! — Non, Messieurs, le sieur Ragouleau ne suit pas cette marche. Il est pressé de s'emparer de ses victimes, il est pressé de les livrer, il n'accepte pas le déjeûner, il précipite le départ: allons-nous-en sur le champ. Il craint un moment de réflexion, il évite les moindres explications qui pourraient les faire naître; c'était donc lui qui était en possession de la femme Morin et d'Angélique Delaporte. — Je le répète, la femme Morin et la fille Delaporte étaient en son pouvoir. — Mais était-il en leur pouvoir? Je suppose qu'il n'eût été prévenu de rien, qu'il eût été dans la voiture; était-il en leur pouvoir? Non. Vous avez entendu vous-même le cocher. On de-

mande à faire route par la barrière de Rochechouart, il veut qu'on aille par une autre barrière,
on se laisse conduire, nulle observation. Ce n'est
pas notre route, pouvait-on lui dire; des explications pouvaient naître. — Il était instruit de la vérité, mais ne pouvait-il pas, avant même d'arriver
à la barrière de Rochechouart, ou à Clignancourt,
ne pouvait-il pas descendre de la voiture? Deux
femmes pouvaient-elles le retenir? Il n'était donc
pas encore au pouvoir de ces femmes?.... Si on eût
laissé aller ces femmes, la présence de leur victime,
l'effroi d'un crime tel que celui qu'on leur impute,
le danger des conséquences pouvaient en un instant se présenter à leur esprit; et cette providence,
qui a veillé sur les jours de Ragouleau, pouvait
aussi amener ce retour à la sagesse, elle pouvait le
favoriser. On pouvait se jeter aux genoux de Ragouleau, et lui demander pardon.... Je disais, il n'y
a qu'un instant, qu'il eût fallu que Ragouleau fût
tellement au pouvoir de ses ennemis, qu'il n'y eût
qu'une force étrangère à la volonté des accusés,
qui le retirât de leurs mains. Je disais qu'il aurait
fallu qu'il fût entré dans la maison de Clignancourt, peut-être j'allais encore trop loin. Il me
semble qu'il faut concevoir quel était le crime;
c'était la signature de billets. Hé bien! il fallait qu'il
fût amené à ce point précisément qu'il sût que c'é-
taient ces billets qu'on lui demandait. Il fallait qu'il
fût descendu dans le caveau fatal. Jusque-là il pouvait y avoir lieu au repentir, et par conséquent le
commencement d'exécution ne pouvait encore

exister. — Cependant on me fait des objections.
— Tout cet appareil, dit-on, annonce qu'infailli-
blement vous eussiez exécuté. — Oui, j'eusse exécuté, si ma volonté n'eût point changé; mais, tant
qu'il était en mon pouvoir qu'elle changeât, il n'y
avait pas de commencement d'exécution : tant que
je n'ai pas amené l'homme à connaître quel était
mon projet, il n'y a pas eu pour lui commencement d'exécution ; il n'y a pas eu ce degré voulu
par la loi, pour opérer la similitude entre la tentative et le crime. »

Poursuivant sa plaidoirie avec l'habileté la plus
remarquable, Me Dommanget cherche à démontrer que la tentative du crime n'a réellement point
existé, et que le projet d'assassiner Ragouleau, ne
saurait être prouvé. Puis il discute le témoignage
de la Jonard, que l'on ne saurait admettre comme
provenant d'une fille ayant appartenu à la police, en qualité d'agent secret, au traitement de
quatre francs par jour. Quant aux autres témoignages, il les rejette, parce qu'ils ne sont que le
résultat des confidences de la Jonard.

Me Dommanget termine ainsi :

« Eh bien! Messieurs, peut-être avez-vous vu
dans cette affaire de quelque côté assez de caractère pour croire que la vérité tout entière vous
eût été manifestée, si ce complot eût existé; et
qu'il me soit permis de dire qu'une circonstance
de l'affaire vous prouve que vous eussiez eu la vérité tout entière, même dans ce cas. Ce n'est pas
un jeu, non ce n'est pas un jeu que la conduite qui

a été tenue dans cette affaire, par les deux accusées. — A l'instant où elles sont surprises dans la
voiture, elles sont séparées. Plus de communication entre elles, jusqu'à ce qu'elles aient fait leur
confession à la justice. — Eh bien! s'il y a eu quelque préméditation d'assassinat, préméditation qui
puisse être prouvée, la malheureuse qui l'a conçue
ou qui s'y est prêtée, sait bien qu'elle se dévoue à
la mort, en se chargeant du poids de toute l'opération. — Eh bien! dès le premier moment, Angélique Delaporte consultée par le magistrat avant
sa mère, interrogée avant elle, est entraînée par
un mouvement qu'on ne peut attribuer qu'à la
sensibilité. Si l'accusée avait l'intention de donner
la mort, son premier mouvement était de l'appeler sur sa tête, si elle était coupable, puisque son
premier mouvement est d'appeler sur sa tête toute
la sévérité de la justice, pour la détourner de la
tête d'une mère qu'elle adore. — Eh bien! Messieurs, que penserez-vous de l'être qui est capable
d'un tel excès de générosité, quand il est constant
et prouvé au procès? Quelque chose qu'Angélique
Delaporte en veuille dire, si quelqu'un a donné
à ce projet un assentiment raisonné, c'est la mère.
— La mère l'a déclaré aussitôt qu'elle a su que sa
fille se dévouait pour elle. La mère croyait que
tout le monde pouvait échapper par des dénégations, mais voyant qu'il faut en revenir à la vérité,
que sa fille veut se dévouer pour elle, elle avoue
enfin que c'est elle qui a tout préparé, et la preuve
malheureusement que c'est elle, n'est que trop

acquise, puisque les deux autres individus qui sont
sur ces bancs, se joignent à elle pour attester que
c'est elle qui a tout préparé, que c'est elle qui a
donné les ordres, que c'est elle qui a fait faire les
préparatifs. — Ce n'est donc pas un jeu entre
elles, lorsque vous les voyez respectivement charger chacune sa propre personne, pour sauver une
personne qui est à la vérité un second soi-même.
— Vous voyez le premier exemple de dévouement
dans une jeune personne de seize à dix-sept ans,
et vous voulez que celle qui se dévoue de cette manière, ait pu jamais concevoir l'idée de donner la
mort! — Ah! Messieurs, l'idée de donner la mort
est encore repoussée par un autre fait du procès,
dont on lui fait un reproche. — On lui a dit: mais
si Ragouleau se fût présenté aussi avec des pistolets, et s'il eût voulu vous exterminer? — Messieurs, de quoi m'accusez-vous, répond-elle? d'une
tentative d'assassinat? Non, je ne voulais pas assassiner; mais si Ragouleau se fût présenté avec des
armes, si Ragouleau eût voulu attenter à mes
jours, je m'armais aussi d'un pistolet, alors c'eût
été un duel, mais ce n'était plus ce crime affreux
que vous m'imputez; j'étais incapable d'un assassinat, mais j'étais capable de me dévouer, de me
défendre, je ne me serais pas laissé tuer. — On a
vu cependant dans l'acte d'accusation, tirer de
cette réponse, la conséquence que puisqu'on disait que le duel ne serait pas un assassinat, donc
on avait eu l'intention d'assassiner, dans le cas où
Ragouleau n'aurait pas d'armes; mais c'est une

conséquence absolument fausse. — Saisissez, Messieurs, le mouvement d'indignation de quelqu'un que l'on accuse de la tentative d'assassinat, et qui n'en a pas eu la pensée. Non, dit-elle, je n'ai pas voulu assassiner. Mais si l'on vous eût présenté des armes ? — Eh bien ! ce n'eût pas été un assassinat, ce n'eût pas été cette action lâche que vous m'imputez, c'eût été un combat à armes égales ; je me serais défendue. — Ainsi vous voyez qu'il n'y avait pas d'intention de donner la mort. Vous voyez même par cet argument, que l'on repousse toute idée d'avoir eu dessein de donner la mort, puisque c'est en opposant le duel à l'assassinat, que l'on répond à l'imputation. — Oui, je me serais battue, mais ce n'eût pas été un assassinat, je ne suis pas capable d'un assassinat, mais d'une action de courage. — Eh bien ! ce trait de caractère, trop prononcé peut-être dans une jeune personne, mais dont on n'est pas toujours maître, ce trait de caractère vous prouve qu'il y a de l'élévation dans l'ame, et qu'il n'y a pas la pensée du crime, ni surtout la pensée d'un assassinat. — Maintenant nous sommes obligés de l'avouer, la faiblesse de son sexe, le désir de reconquérir une partie de sa fortune, lui a fait donner son assentiment au projet de la recouvrer en inspirant la terreur à celui que l'on regardait comme l'auteur du désastre. — Je crois vous avoir prouvé que comme il ne s'agit que d'une tentative, sur laquelle sans doute la loi a raison d'appeler la sévérité de la justice, cependant la loi n'appelle sur cette tentative la sévérité de la justice, qu'autant qu'elle est parvenue à un degré de criminalité, tel qu'elle n'a pu être empêchée par aucun effet de la volonté de l'homme. — Je dis que si ce projet a été conçu, a été manifesté par des actes extérieurs, il n'a reçu aucune espèce de commencement d'exécution; je dis qu'heureusement, et grâces en soient rendues même à Ragouleau, grâces en soient rendues à l'administration de la police, grâces en soient rendues à la providence qui a veillé sur tous les êtres qui pouvaient être compromis dans cette affaire, on a été arrêté avant que le commencement d'exécution existât. — Je me suis servi des comparaisons mêmes que le ministère public a données pour le prouver; et je pourrais ajouter que l'argument que je vous ai fait avait été senti par les premiers magistrats eux-mêmes, qui se sont occupés de l'affaire, car lorsqu'on a donné un réquisitoire tendant à faire ordonner l'instruction, on a supposé dans ce réquisitoire, que le commencement d'exécution existait, parce que Ragouleau avait été conduit jusque sur le lieu de la scène.

« On sentait donc dans ce réquisitoire, que véritablement il fallait être arrivé sur le lieu de la scène; qu'il fallait avoir été mis dans l'impuissance de revenir contre son crime, uniquement par l'événement fortuit, mais que tant qu'il y avait un chemin à parcourir, tant qu'il y avait un retour à la réflexion, il n'y avait pas encore de commencement d'exécution. — Je vous ai prouvé, Messieurs, que si ces femmes ne démontrent pas

à la justice, qu'elles aient eu des motifs réels de mécontentement et de ressentiment, bien des proba-
bilités au moins se réunissent pour attester qu'elles
avaient dans leur conscience la conviction de ces
motifs de mécontentement, sans doute elles en ont
porté le ressentiment trop loin ; heureusement
elles ne l'ont pas porté jusqu'au degré du crime.
Elles ont été arrêtées sur le bord de l'abîme, elles
n'y tomberont pas, c'est votre justice qui me le
garantit. »

La séance est suspendue de deux heures et demie
à trois heures un quart.

A la reprise de l'audience, le président annonce
qu'Angélique Delaporte va prendre la parole, et
il ajoute : « Je fais observer au public que cette
« jeune fille doit inspirer un grand intérêt. Elle
« va plaider sa cause elle-même, elle mérite plus
« d'attention qu'un défenseur exercé : je recom-
« mande le plus grand silence. »

Angélique Delaporte se lève ensuite, et lit un
discours dont nous allons donner les passages les
plus saillans.

« Messieurs, à peine âgée de seize ans, du sexe
le plus timide et le plus doux, j'ai déjà acquis la
plus triste célébrité. — Depuis que cette affaire
est publique, on m'a assimilée aux grands scélérats
dont les forfaits sont transmis à la postérité ; on
me prête leur courage ; sous des traits enfantins,
on me suppose l'âme la plus atroce. Hélas ! Messieurs, je ne suis que malheureuse et digne de pitié !
— J'ai vu ma mère dans l'affliction, tombée de

l'aisance dans la plus affreuse misère. Sa situation m'a déchirée, j'ai essayé de l'en faire sortir. — Accablée de ses peines, poussée dans le précipice par une main perfide, dans le délire de mon désespoir, j'ai conçu un projet coupable, mais insensé, mais impraticable, non pas d'assassiner, mais d'obtenir justice par des moyens violens, je l'avoue, de celui que je regardais comme l'auteur de nos maux. — Voilà mon crime. J'en sens aujourd'hui toute la gravité. J'aurais pu chercher à l'atténuer, le rejeter sur mon jeune âge et mon inexpérience, recourir à l'art et au talent de plusieurs avocats distingués, qui ont daigné s'intéresser à moi et m'offrir généreusement leur ministère. Qu'ils reçoivent ici le tribut de ma reconnaissance. Mais je n'ai pas besoin d'art, lorsque je vous dois la vérité. Nul ne peut mieux que moi peindre ce que j'ai éprouvé, ce que j'ai voulu faire, ce que j'ai fait; et puisque je me suis rendue coupable, du moins par une conception criminelle, la confession publique que j'en fais personnellement, la confusion que j'en éprouve, sont une punition que je m'impose. — Je suis née au mois de pluviose an III (ce mois correspond à janvier ou février 1795). M. Delaporte, mon père, est décédé; il me reste une mère. Ma naissance a été l'objet d'un procès; ainsi, dès le berceau, j'ai été condamnée au malheur! — On prétend qu'un arrêt m'a ôté le droit de porter le nom de mon père, quoiqu'il m'ait reconnue. Je dois respecter l'ouvrage de la justice, mais je bénirai toujours la mémoire de mon père.

— J'ai été élevée par ma mère : mes premiers regards se sont tournés vers elle, le premier nom que j'ai proféré a été le sien. Chaque jour de ma vie a été un bienfait de sa part; chaque jour elle m'a appris à l'aimer, à la chérir d'avantage; elle n'a vécu que pour moi, et mon dernier soupir sera pour elle. — Je sais qu'on l'a calomniée du côté des mœurs; on a été jusqu'à l'accuser du crime le plus atroce: elle ne m'a jamais parlé que le langage de la décence et de la vertu; elle m'en a toujours donné l'exemple. — Je sais aussi qu'on ne m'a point épargnée. Vous me dispenserez, sans doute, Messieurs, de me justifier sur ce point. »

Elle donne des détails sur la fortune de sa mère, sur ses relations avec Ragouleau, dont la rapacité leur fut si fatale, et elle continue de la sorte:

« C'est dans cette position qu'une malheureuse, qu'une furie vint s'emparer de nous. — Depuis plusieurs années, ma mère connaissait Jonard et sa sœur. L'un et l'autre s'occupaient en apparence de la gravure; ils se mêlaient tous deux de tirer les cartes; le frère se piquait d'être physionomiste. Ma mère, comme beaucoup de femmes, était crédule. Jonard lui annonça un jour la mort prochaine de deux personnes qui l'intéressaient. Le hasard lui fit rencontrer juste. Il gagna sa confiance et lui annonça un mariage qui devait l'enrichir. Il lui soutira des sommes considérables, il disparut pour aller en Espagne. Sa sœur lui succéda et prit le même empire sur elle que le frère. Alors la fille Jonard devint l'habituée de la maison. Ma mère lui avait confié sa position , elle connut notre malheur et feignit d'y compâtir.

« Le dirai-je ? C'était le frère qui avait pressé ma mère de prendre les cent mille francs de M. Ragouleau à un intérêt aussi exorbitant , en assurant que M. Ragouleau et sa famille ne vivraient pas un an. — Ce fut la sœur qui , lorsque les acquéreurs disparurent tout-à-coup , lorsque l'hôtel Saint-Phar devint désert , en accusa M. Ragouleau. Suivant elle , c'était M. Ragouleau qui écartait , par des menées sourdes , acquéreurs et locataires ; c'était lui qui avait provoqué les inquiétudes et les visites de la police. — Peut-être y avait-il exagération, peut-être imposture : mais les malheureux sont confians et crédules ; et chaque jour la fille Jonard excitait , augmentait notre ressentiment contre M. Ragouleau. — Les poursuites rigoureuses qu'il exerça contre nous, quoiqu'il fût plus que payé par l'indemnité de 8,000 fr., ses menaces d'expropriation, ou plutôt notre expropriation commencée et la vente forcée de l'hôtel Saint-Phar, furent un nouvel aliment pour la fille Jonard. — Sans doute, nous ne devions pas bénir M. Ragouleau, mais il y a loin de l'humeur à la vengeance. Grâce à la fille Jonard , ce qui n'était qu'une étincelle devint un incendie. — Ce fut elle qui, la première, parla de vengeance, qui, la première, en fit naître l'idée, la nourrit , l'encouragea , présenta divers projets, fit taire les scrupules , aplanit les difficultés, et parvint à nous rendre criminelles. — Je me trompe ce fut principalement sur moi qu'elle exerça sa sé-

duction. — Jeune , sans expérience , n'entendant
rien aux affaires , et ayant une tête assez exaltée,
ne voyant que ma mère , ses larmes, son sort à
venir, combien la fille Jonard, en me parlant d'elle,
était sûre de m'électriser! Combien elle était sûre
que mon sang , ma vie , aucun sacrifice ne m'eût
coûté pour adoucir la situation de ma malheureuse
mère ! — Quelle était donc cette fille Jonard qui
prenait un intérêt si touchant pour nous , qui s'i-
dentifiait avec nous , qui était plus animée que
nous, qui voulait nous venger, pour ainsi dire malgré
nous ! Cette graveuse, cette tireuse de cartes était
agent secret de la police , chassée pour infidélité ,
cherchant à rentrer en grâce , et ayant annoncé
qu'elle avait un grand complot à révéler , ayant,
outre l'instinct du mal, un double but : d'une part,
d'être encore employée à la police ; d'autre part,
d'être richement récompensée par M. Ragouleau ;
par conséquent, intéressée , non pas à dénoncer
un crime, mais à le faire naître , à l'encourager,
à nous y exciter, à le faire consommer.... — Il est
naturel que cette femme, dans la noirceur de son
ame , ou dans le désir d'obtenir un plus fort sa-
laire , m'ait prêté l'intention d'assassiner M. Ragouleau. Je n'en eus jamais la pensée. Lorsqu'elle
m'en a parlé, lorsqu'elle a parcouru les divers genres
de mort , j'ai toujours rejeté cette idée. Mais ma
vengeance , je l'avoue , avait pour objet d'obtenir
une restitution de M. Ragouleau : mon projet était
de l'amener par force , en l'effrayant , en lui présentant l'image de la mort; et c'est moi, moi seule

qui ai adopté ce projet , qui ai arrêté le plan , qui
ai tout disposé pour son exécution. — Les armes,
le poteau, la lettre menaçante , les billets sur papier timbré, tout est mon ouvrage. Ma mère n'a
rien préparé , rien fait , rien vu , rien connu qu'à
la dernière extrémité. — A ce moment, elle a
voulu vainement me dissuader. J'ai fait parler mes
prières , mes larmes; je lui ai peint sa position
malheureuse, je lui ai parlé de la mienne : cette
dernière considération, si éloquente sur le cœur
d'une mère , l'a emporté; et elle est devenue ma
complice. — Messieurs , vous savez le reste....

« Nous avons voulu , dit-on , assassiner M. Ragouleau, soit en l'étranglant, soit en employant des
armes à feu , puis faire disparaître son cadavre. —
Sa mort était la conséquence nécessaire d'un premier crime, celui de lui faire souscrire par violence
pour 200,000 fr. de billets à ordre. — Nous devions être assistées dans l'exécution de ce projet
par deux domestiques, qui figurent avec nous dans
l'accusation. — Le projet a été déjoué ; mais ,
dit-on, il y a eu un commencement d'exécution, il
n'a pas tenu à nous que le crime ne fût entièrement
consommé, et nous sommes aussi coupables que si
M. Ragouleau eût été notre victime. — Tel est le
système de l'accusation.

« Messieurs , j'aurais dû m'en rapporter , pour
vous présenter ma défense, à l'éloquent et généreux défenseur de ma mère. Ne croyez pas , messieurs, que j'aie voulu m'isoler d'elle, séparer mon
sort du sien. Vous croirez encore moins que j'aie

été assez impie pour la charger indirectement, en
invoquant mon âge et mon inexpérience. — Mais,
Messieurs, quoique accusées des mêmes crimes,
notre cause n'est pas absolument la même. C'est
en vain que ma mère s'accuse et se dévoue, qu'elle
prétend être seule coupable : vous ne la croirez
pas ; vous ne verrez dans son langage que l'accent
de la nature et de la tendresse maternelle. — Si elle
est coupable, c'est de m'avoir trop aimée. Moi seule
je le suis réellement dans la pensée, le plan et les
préparatifs. J'ai donc le droit, j'ai le plus grand
intérêt d'examiner personnellement jusqu'à quel
point j'ai été coupable. — Des deux crimes qu'on
m'impute, il en est un contre lequel je me suis
toujours élevée avec indignation : c'est l'intention
d'assassiner M. Ragouleau. — Je ne vous dirai pas,
Messieurs, pour écarter cette idée de vos esprits :
Consultez mon âge ; ce n'est pas en entrant dans
la carrière du monde qu'on débute par verser du
sang : considérez mon sexe ; les grands crimes sup-
posent une force et un courage que la nature
semble lui avoir refusée ; je ne crois pas qu'elle ait
gravé sur ma figure l'empreinte d'une ame profondément perverse. Mais écartez ces considérations
morales : je sais que le crime n'attend pas toujours
l'âge ; qu'il s'est trouvé parmi les femmes des monstres ; que c'est d'elles qu'on a dit :

Le ciel est dans ses yeux, l'enfer est dans son cœur.

« Je sais que M. Ragouleau m'a fait l'honneur de
me prêter un caractère prononcé, capable de tout
oser, de tout entreprendre, et surpassant ma mère

en atrocité.... — Mais comment sait-on que j'aie voulu l'assassiner ? Il s'agit uniquement d'un projet de mon intention , de ma pensée. Qui donc a lu dans mon cœur! qui peut se flatter de le connaître? — Il n'y a que l'Etre suprême qui puisse démêler les replis de nos ames, à qui nous soyons comptables de nos pensées.

« Dira-t-on que mon intention est connue ; que je l'ai manifestée ou par des révélations, ou par des actes extérieurs ?

« Par des révélations! A l'exception de la fille Jonard , je n'ai fait de confidence à personne; il n'est pas même sorti de plaintes de ma bouche. C'est donc uniquement cette fille qui prétend que je lui ai confié le projet d'assassiner M. Ragouleau, que je lui ai détaillé mon plan et mes moyens d'exécution ? Mais cette fille est-elle digne de votre confiance?.... — N'avait-elle pas intérêt non seulement à nous perdre, mais à nous présenter comme bien plus coupables? Plus le crime était grand , plus elle rendait service à la société; plus M. Ragouleau avait couru de dangers, plus il devait reconnaître ses services. — Enfin, ce serait sur la seule déclaration de cette fille qui nous plaignait pour nous irriter, qui nous conseillait pour nous perdre, qui nous caressait pour nous trahir, ce serait sur son unique déclaration qu'on me supposerait le projet atroce d'avoir voulu assassiner M. Ragouleau.... — Non , messieurs , non; vous n'en croirez pas à cette fille ; vous ne puiserez pas votre conviction dans une source aussi impure....

« Ecartez donc, Messieurs, au nom de l'honneur
et de la délicatesse, les déclarations de la fille Jonard : c'est elle seule qui a parlé de projets de
mort et d'assassinat, pour me les conseiller ; c'est
elle seule qui les a inventés pour m'en accuser. —
Dira-t-on que j'ai tellement formé ces projets, et
voulu la mort de M. Ragouleau, que j'en ai fait
part à nos domestiques, que je les ai associés à
mon plan, qu'ils sont devenus mes complices, en
consentant à me venger ? — Il y avait au plus un mois
qu'ils étaient à notre service ; ils ne nous connaissaient pas auparavant ; ils n'avaient aucun sujet de
ressentiment contre M. Ragouleau : comment auraient-ils consenti à devenir des assassins ? Sans
eux, deux femmes, malgré leur courage, eussent
fait de vains efforts pour consommer le crime.
Comment compter sur leur assistance et leur dis-
crétion ? — Dira-t-on qu'ils avaient intérêt de nous
aider ? Où est donc cet intérêt ? — Il s'agissait d'a-
bord d'extorquer de la victime 200,000 francs ; et
ensuite, pour fruit de leur assistance dans cette
extorsion, on leur avait promis à tous deux une
somme de 600 francs ! C'est pour une somme
aussi modique, aussi disproportionnée, qu'ils seraient devenus des assassins ! Cela n'est pas vrai-
semblable, cela est absurde. — Ont-ils dit qu'on
avait voulu assassiner M. Ragouleau, que je leur
en avais fait confidence, qu'ils devaient m'aider ?
Ils n'en ont pas eu la plus légère idée, le plus léger
soupçon. Ils ont dit qu'ils croyaient, d'après moi,
que ma mère voulait faire restituer une somme

mal acquise, ou une dot confiée sous l'espoir d'un prochain mariage; ils ont cru faire une action louable en s'y prêtant; et c'est un de mes torts d'avoir compromis des gens honnêtes. Mais enfin je ne leur ai pas confié un projet d'assassinat; je ne leur ai pas fait une pareille confidence. Comme j'aurais eu besoin d'eux pour exécuter mon projet; que, sans eux, il était impraticable; que, dénuée de leur assistance, j'avais tout à craindre; le silence que j'ai gardé vis-à-vis d'eux est la plus forte preuve que je n'ai pas voulu assassiner : il est le démenti le plus formel des impostures de la Jonard. — Mais les actes extérieurs, c'est-à-dire le poteau, la chaîne, les armes, et les billets que j'écrivis; tous ces préparatifs, tous ces instrumens, sont-ils des instrumens de mort ou de terreur? Ils peuvent être l'un et l'autre.... Ces préparatifs, cet appareil, ces armes, étaient nécessaires et indispensables : sans cela mon plan n'eût été que ridicule, et M. Ragouleau n'était pas homme à s'effrayer par du bruit ou de simples menaces. Il fallait donc un appareil plus imposant. — Sans doute, quand un homme obtient un titre, une obligation, un objet quelconque, par l'exhibition d'un poignard, d'une arme à feu, ou même par des violences effectives, il est coupable; mais on ne le punit point comme un assassin. Quoique les instrumens qu'il emploie puissent donner la mort, ils ne sont que des instrumens de terreur; et tels étaient ceux que je voulais mettre sous les yeux de M. Ragouleau, dans l'unique objet de l'effrayer et d'obtenir justice. —

On dit que j'ai acheté ou fait acheter des armes à feu ! — Cela entrait nécessairement dans mon plan de l'intimider. — On dit que les pistolets étaient chargés à balle ! — S'ils eussent été vides, M. Ragouleau s'en serait aperçu ; il aurait eu moins de crainte, et aurait opposé plus de résistance. — On dit que, depuis plus d'un mois, je m'exerçais à tirer des coups de pistolets ! — J'ai répondu que c'était par amusement ; et peut-être aurait-il fallu, pour causer plus de frayeur, tirer un coup de pistolet en l'air : il fallait alors connaître l'effet des armes à feu. — On m'a demandé comment j'aurais fait, si M. Ragouleau eût eu lui-même des armes à feu ; et, parce que j'ai répondu qu'alors nous nous serions battus en duel, on a cru que c'était un aveu indiscret de mon projet de l'assassiner. — Etrange effet de la prévention ! Il n'y a plus que de la lâcheté dans le cœur d'un assassin ; il y a un courage réel à exposer sa vie dans un duel. Comment a-t-on pu me prêter et concilier deux idées aussi contradictoires ? Qui ne voit dans cette réponse ingénue, et pour ainsi dire d'un enfant, combien ma pauvre tête était fanatisée, combien j'étais folle et inconsidérée, plus digne de pitié que de blâme — On va plus loin : on me dit que, de toute manière, la mort de M. Ragouleau entrait dans mon plan ; qu'elle était indispensable. — Si M. Ragouleau ne signait pas les billets, rendu à la liberté, il allait rendre plainte de la violence ; et la tentative criminelle eût été punie. Il fallait donc lui donner la mort pour assurer l'impunité ;

il fallait également lui donner la mort, s'il signait
les billets : autrement, loin d'avoir recueilli le fruit
de mon projet, sa plainte nous exposait à un danger inévitable. — Il me semble que ce raisonne-
ment n'est pas tout-à-fait juste. — En effet, ou
M. Ragouleau signera les billets, ou il ne les signera pas. — S'il ne les signe pas, que gagnerons-
nous à sa mort? Cela nous indemnisera-t-il? N'est-
ce pas un crime en pure perte? — Est-ce parce
que nous craignions qu'il ne nous dénonçât? Mais
les préparatifs et les instrumens auront disparu
après son départ : plus de traces de violences, pas
de billets surtout. Que dira-t-il? qu'on a voulu lui
faire signer des billets; qu'il s'y est refusé. Où sera
le délit? — S'il signe, pourquoi le tuer? Il ira
dénoncer les violences; où en sera la preuve? Préparatifs et instrumens, tout aura également disparu. N'est-il pas plus naturel de penser qu'il ne
voudra pas avouer en public, que deux femmes
lui ont fait violence, l'ont amené à une restitution
forcée; qu'il ne voudra pas qu'on remonte à la
source, que l'on connaisse la nature et l'origine
des billets; qu'il cherchera au contraire à compo-
ser avec nous pour les retirer? — L'assassiner après
la signature des billets! mais c'est nous perdre. —
Daignez remarquer, Messieurs, combien le projet était insensé. Tous les billets sont écrits de la
même main, de la mienne; tous ont la même
date, la même échéance. — M. Ragouleau disparu, on aurait donc été présenter le même jour,
à sa famille désolée, quinze billets, sans doute en-

tre les mains de quinze porteurs différens. —
L'apparition inopinée de ces billets, leur importance, l'identité de date, d'échéance, d'écriture
surtout, tout cela n'aurait-il pas excité des soupçons? La famille n'aurait-elle pas interrogé les
porteurs? n'aurait-elle pas eu droit de leur demander à quel titre ils l'étaient? n'aurait-elle pas
remonté à la source? n'aurait-on pas acquis la
certitude que la main qui avait tracé les billets
était celle qui avait commis un crime? — Il aurait
fallu du moins indiquer à la justice, comment
M. Ragouleau, qui naguère se trouvait notre créan-
cier, était devenu notre débiteur de 200,000 fr.;
quelle valeur nous aurions fournie. Il aurait fallu
surtout, puisque les dernières démarches connues
de M. Ragouleau étaient dans notre domicile, expliquer ce qu'il était devenu. — En laissant au
contraire M. Ragouleau libre après la signature
des billets, nous pouvions compter sur un retour
de justice de sa part; et peut-être son amour-
propre lui commandait le silence. En tout cas, que
risquions-nous? la perte des billets. En lui ôtant
la vie, billets et nous, tout était perdu. — Non,
Messieurs, non, jamais le projet d'assassiner n'est
entré que dans la tête de la Jonard. Ma mère et
moi nous l'avons constamment repoussé.....

« Si je me suis défendue avec quelque énergie
sur la tentative d'assassinat; si je l'ai repoussée
avec indignation, et si j'ai eu le bonheur de vous
convaincre, je suis maintenant arrivée à la partie
la plus difficile de ma défense, puisque ce n'est

plus une justification, mais un aveu sincère et pénible de la faute dont je me suis rendue coupable. — Oui, Messieurs, j'ai voulu obtenir de M. Ragouleau pour 200,000 fr. de billets au porteur, l'y amener en l'intimidant, en lui présentant sous diverses faces, l'image de la mort, en employant la violence, et en le mettant dans l'impuissance de me résister. — Je l'ai d'abord voulu seule, sans ma mère, à son insu; je ne l'ai jamais nié, j'en ai encore moins tiré vanité, et je sens qu'il est difficile de l'excuser....

« Que notre projet soit en lui-même insensé et absurde, je le sens, et je confesse que le projet, quoique impraticable, n'en est pas moins un projet coupable en probité et en morale. — L'est-il aux yeux de la loi? Vous n'attendez pas sans doute, Messieurs, que j'agite long-temps une question aussi importante.... »

Elle s'appesantit néanmoins un moment sur l'examen de cette question, et continue de la sorte :

« Ces réflexions, que je vous soumets sur l'esprit de la loi, vous le sentez, Messieurs, elles ne sont pas de moi, elles m'ont été fournies par quelques personnes sensées et instruites qui ont daigné s'intéresser à mon sort. Mais ce qui est de moi, ce qui est la vérité, c'est que ma mère et moi, avant l'arrivée de M. Ragouleau, nous nous étions déjà communiqué nos agitations secrètes et nos incertitudes. C'est qu'à son arrivée, notre secret était sur le bord de nos lèvres; c'est que, s'il n'eût pas hâté le moment du départ, il nous échappait, et nous allions nous accuser ; c'est que, dans la route, nous éprouvions le même sentiment , le même besoin ; c'est qu'un instant plus tard , M. Ragouleau savait tout , du moins de notre bouche.

« Permettez, Messieurs, que je termine ici ma défense. Vous connaissez mon âme tout entière, je ne vous ai rien caché ; je n'ai rien déguisé, ni ma faute, ni sa gravité, ni mon repentir. Prononcez maintenant sur mon sort.

« Si vous me jugez coupable , et qu'il faille un exemple, que votre sévérité tombe uniquement sur moi. Je commence à peine ma carrière.... je ne connais de la vie que peines et malheurs.... Je ne tiens pour ainsi dire à rien ; je n'ai rien à perdre, rien à regretter... Mais épargnez ma mère...»

Ici Angélique Delaporte est interrompue par ses larmes et ses sanglots. Le Président l'invite à se reposer ; mais elle préfère continuer, après quelques momens de silence.

« Tant qu'elle a cru que nos projets pouvaient être ignorés, elle a tout nié, uniquement pour me sauver. Ce n'est qu'au moment où elle m'a vue compromise qu'elle a tout avoué ; qu'elle a tout revendiqué pour elle seule, conception , projet, exécution. Il n'y a que le cœur d'une mère capable d'un pareil sacrifice. J'ai tout fait ; moi seule je suis coupable ; elle a cédé uniquement par amour pour moi. Ne croyez pas à son dévouement ; ne l'écoutez pas ; par pitié soyez incrédules ! Il lui reste un fils, ordonnez-lui de vivre, pour qu'elle lui apprenne à souffrir l'adversité.

« Quant à moi, repentante et résignée, je ne murmurai pas contre ma condamnation. On donnera quelques larmes à ma mémoire; on se dira : Elle n'était pas née pour le crime. Et, en descendant si jeune au tombeau, la certitude que ma mère est sauvée sera ma consolation. »

Le discours de la jeune fille produisit une impression indéfinissable : on la plaignit, on espéra pour elle.

Après elle, M.ᵉˢ Goyer-Duplessis et Deslix présentent la défense de Lefévre et de Lucie Jacotin. — Selon eux, la veuve Morin et sa fille sont innocentes du projet d'assassinat; et quant à celui d'extorsion de signature, on ne saurait le leur imputer à crime légal, puisqu'il y a eu impossibilité de commencement d'exécution. Que si la veuve Morin et sa fille ne peuvent encourir de condamnation à ce sujet, à plus forte raison Lefèvre et la fille Jacotin, dont le rôle ne devait commencer que lorsque Ragouleau serait descendu dans la cave. Ces avocats recommandent leurs cliens à la conscience des jurés.

L'avocat général soutient l'accusation. Mᵉ Dommanget réplique. Le président ferme les débats, fait le résumé de la cause et propose aux jurés, au nom de la cour, les questions suivantes :

« 1° La veuve Morin, Angélique Delaporte, sont-elles coupables d'avoir manifesté par des actes extérieurs la tentative d'extorquer par force, violence et contrainte, les signatures et souscriptions par Ragouleau de plusieurs billets à ordre ?

« 2º Nicolas Lefèvre, Lucie Jacotin, sont-ils coupables de s'être rendus complices de cette tentative d'extorsion de signatures, en aidant et assistant avec connaissance les auteurs de la tentative dans les faits qui ont préparé l'extorsion, et qui doivent la consommer ?

« 3º Cette tentative a-t-elle eu un commencement d'exécution ?

« 4º Cette tentative n'a-t-elle été suspendue que par des circonstances fortuites, indépendantes de la volonté des accusés ?

« 5º La veuve Morin, la fille Delaporte, sont-elles coupables d'avoir manifesté par des actes extérieurs la tentative de commettre, avec préméditation et de guet-à-pens, l'homicide de la personne de Ragouleau ?

« 6º Lefévre, la fille Jacotin, sont-ils coupables de s'être rendus complices de cette tentative d'homicide avec préméditation et guet-à-pens, en assistant avec connaissance et préméditation les auteurs de cette tentative dans les faits qui ont préparé l'homicide, et qui devaient en consommer l'exécution ?

« 7º Cette tentative d'homicide avec préméditation a-t-elle eu un commencement d'exécution ?

« 8º Cette tentative n'a-t-elle été suspendue que par des circonstances fortuites, indépendantes de la volonté des accusés ? »

Après deux heures de délibération le chef du jury prononce,

Sur les deux premières questions : Oui.

Sur la troisième question : Oui, cette tentative a eu un commencement d'exécution de la part de la veuve Morin et de fille Delaporte ; mais elle n'en a pas eu de la part de Nicolas Lefévre et de la fille Jacotin.

Sur la quatrième question : Oui, cette tentative de la part de la femme Morin et de la fille Delaporte n'a été suspendue que par des circonstances fortuites et indépendantes de leur volonté.

Sur les cinquième, sixième, septième et huitième questions : Non.

La veuve Morin, Angélique Delaporte, Nicolas Lefévre et Lucie Jacotin étant ramenés à l'audience, il leur est donné par le greffier lecture de la déclaration du jury ; ensuite l'avocat-général prend la parole, et dit :

« Nous requérons, Messieurs, contre Lefèvre et la fille Jacotin l'application des art. 59 et 60, et contre tous les accusés celle des art. 2, 400, 19 et 22 du code pénal.

La cour se retire dans la chambre du conseil pour délibérer ; étant rentrée à l'audience, l'arrêt est prononcé par le président en ces termes :

« LA COUR, après avoir entendu l'avocat-général en son réquisitoire,

- « Considérant qu'il résulte de la déclaration du jury que Nicolas Lefèvre et Lucie Jacotin sont coupables de s'être rendus complices d'une tentative d'extorsion de billets, mais que, de leur part, cette tentative n'a pas eu de commencement d'exécution ; qu'ainsi, à leur égard, cette tentative n'a pas acquis les caractères indiqués par la loi pour qu'elle soit considérée et punie comme le crime ; faisant application de l'art. 364 du code d'instruction criminelle, ainsi conçu : « La cour prononcera « l'absolution de l'accusé, si le fait dont il est dé-«claré coupable n'est pas défendu par une loi pénale. »

« Déclare Nicolas Lefèvre et Lucie Jacotin absous de l'accusation admise contre eux , ordonne qu'ils seront mis en liberté, s'ils ne sont retenus pour autres causes.

« Attendu qu'il résulte de la même déclaration du jury que la veuve Morin et Angélique Delaporte se sont rendues coupables d'avoir manifesté par des actes extérieurs la tentative d'extorquer par force, violence et contrainte, les signatures et souscriptions par Ragouleau de plusieurs billets à ordre ; que cette tentative a eu un commencement d'exécution de la part de ladite veuve Morin et de la fille Delaporte, et qu'elle n'a été suspendue que par des circonstances fortuites, indépendantes de leur volonté ; que ce crime est prévu par les articles 2 et 400 du code pénal (1) ; vu lesdits ar-

_____

(1) « Art. 2. Toute tentative de crime qui aura été manifestée par des actes extérieurs et suivi d'un commencement d'exécution, si elle a été suspendue ou n'a manqué son effet que par des circonstances fortuites ou indépendantes de la volonté de l'auteur, est considérée comme le crime même.»

« Art. 400. Quiconque aura extorqué par force, violence ou contrainte, la signature ou la remise d'un écrit, d'un acte, d'un titre, d'une pièce quelconque contenant ou opé-

ticles, ensemble les articles 19 et 22 du même code, qui portent :

« Art. 19. La condamnation à la peine des travaux « forcés à temps sera prononcée pour cinq ans, au « moins, et vingt ans au plus. »

« Art. 22. Quiconque aura été condamné à l'une « des peines des travaux forcés à perpétuité, des « travaux forcés à temps, ou de la réclusion, avant « de subir sa peine, sera attaché au carcan sur la « place publique : il y demeurera exposé aux re- « gards du peuple durant une heure ; au-dessus de « sa tête sera placé un écriteau portant, en carac- « tères gros et lisibles, ses nom, sa profession, son « domicile, sa peine et la cause de sa condam- « nation. »

« Condamne Jeanne-Marie-Victoire Tarin, veuve Morin, et Angélique Delaporte, à la peine des tra- vaux forcés pendant vingt ans chacune ; ordonne que lesdites veuve Morin et fille Delaporte, avant de subir leur peine, seront attachées au carcan sur la place publique, et y demeureront exposées aux regards du peuple durant une heure ; qu'au-dessus de leurs têtes sera placé un écriteau portant en caractères gros et lisibles, leurs noms, leur profession, leur domicile, leur peine, et la cause de leur condamnation.

« Et, conformément à l'art. 368 du code d'in-

---

rant obligation, disposition ou décharge, sera puni de la peine des travaux forcés à temps. »

struction criminelle, condamne lesdites veuve Morin et fille Delaporte solidairement au remboursement envers l'état des frais auxquels la poursuite et punition de leur crime ont donné lieu.

« Statuant sur la caution exigée par l'art. 44(1) du code pénal, relativement à la surveillance à laquelle est assujetti tout condamné à la peine des travaux forcés à temps ou à la réclusion, fixe le montant du cautionnement à fournir par chacune desdites veuve Morin et fille Delaporte à la somme de 10,000 fr.

« Ordonne que le présent arrêt sera imprimé, affiché et exécuté à la diligence du procureur-général. »

Le président dit : Femme Morin, fille Delaporte, la loi vous accorde trois jours francs pour déclarer si vous entendez vous pourvoir en cassation.

---

(1) « Art. 44. L'effet du renvoi sous la surveillance de la haute police de l'état, sera de donner au gouvernement, ainsi qu'à la partie intéressée, le droit d'exiger, soit de l'individu placé dans cet état, après qu'il aura subi sa peine, soit de ses père et mère, tuteur ou curateur, s'il est en âge de minorité, une caution solvable de bonne conduite, jusqu'à la somme qui sera fixée par l'arrêt ou le jugement. Toute personne pourra être admise à fournir cette caution. — Faute de fournir ce cautionnement, le condamné demeure à la disposition du gouvernement, qui a le droit d'ordonner soit l'éloignement de l'individu d'un certain lieu, soit sa résidence continue dans un lieu déterminé de l'un des départemens du royaume. »

Elles se pourvurent en cassation. Par un arrêt du 6 février, la cour de cassation rejeta leur pourvoi.

L'avocat-général avait appelé du jugement d'acquittement de Lefèvre et de la fille Jacotin : le même arrêt admit cet appel, et renvoya ces deux accusés devant une autre cour d'assises pour être prononcé un nouvel arrêt sur la même déclaration du jury.

La veuve Morin et sa fille sont sorties, en 1833, de Saint-Lazare, prison dans laquelle elles avaient obtenu de subir le temps de leur peine.

CONSPIRATION DE MALET.

Claude-François MALET, d'une famille noble de la ci-devant Franche-Comté, naquit à Dôle (Jura), le 28 juin 1754, et, destiné à la carrière des armes, entra fort jeune dans la première compagnie de mousquetaires, où il resta jusqu'au 1er janvier 1776, époque du licenciement de cette compagnie.

Il se retira, breveté capitaine, dans sa ville natale, et s'y trouvait au moment de la révolution dont il adopta les principes avec chaleur. Appelé au commandement du premier bataillon de son département envoyé aux frontières, il se fit remarquer : il était adjudant-général au mois de mai 1793, devint général de brigade le 14 août 1799, et commanda alors une division sous les ordres de Championnet.

En l'an IX, quand Malet commandait le camp de Dijon, ce général conspira, avec quelques personnages importans, la perte du premier consul(1). On a dit que, républicain enthousiaste, il avait

(1) Le comité qui dirigeait la conspiration se composait de cinq personnes : Malet, Bazin, Gindre, Corneille et Lamare.

pressenti l'ambition de Bonaparte, et n'avait voulu s'en défaire que pour servir la république.
Mais Malet « avait besoin de subjuguer, de domi-
ner l'opinion, d'être considéré, et même d'être
craint..... Il avait le cœur austère, son ame sans
effusion était un foyer éteint, auquel on ne pouvait allumer le feu sacré de l'amitié et du dévouement ; » mais Malet, républicain en l'an IX, se fit
bourbonniste en 1812 : il est donc permis de
croire que l'esprit inquiet de cet homme, sa haine
envieuse, son ambition, en firent un conspirateur
sans conscience, toujours prêt à renverser, quel
que fût le principe à édifier sur les ruines du principe détruit.

Bonaparte, bien informé des opinions politiques
et de la conduite de Malet, l'employa pendant
quelque tems dans l'intérieur ; l'ayant ensuite envoyé à Rome, il le rappela à cause de sa mésintel-
ligence avec le gouverneur général.

M. Saulnier, secrétaire général du ministère de
la police à l'époque de la seconde conspiration de
Malet, a publié, l'année dernière, une brochure
sur les faits de cette affaire. Les révélations qu'elle
renferme ont une haute gravité, et c'est ce qui
nous a déterminés à en donner ici un long extrait.

« En général (Malet) sentit vivement sa disgrace (son rappel de Rome), et dès ce moment il
chercha l'occasion de s'en venger ; il crut même
l'avoir trouvée dans la guerre malheureuse que
nous soutenions en Espagne contre tout un
peuple ; comme elle compliquait déjà notre situa-

tion intérieure, cette guerre parut au général favoriser ses projets. Il s'associa alors à d'anciens anar-
chistes. Des réunions dans lesquelles des propositions violentes furent adoptées avaient lieu chaque
jour, mais chaque jour dans une maison différente.
Trahi cependant par un des conjurés (1), le général fut arrêté; il le fut seul : on ne fit aucune recherche sérieuse des autres agitateurs, on fit encore
moins des poursuites judiciaires. — Le ministre
servit cependant l'Empereur comme il voulait
l'être dans cette circonstance. Napoléon répugnait
en effet de faire poursuivre, par les voies légales,
les prévenus de délits politiques, s'il n'y était contraint par un danger imminent et l'éclat de l'attentat; il préférait, pour les réprimer, l'arbitraire
de sa police, malgré les inconvéniens si graves d'un
pouvoir sans limites.....»

« Quoique détenu à la Force, le général Malet ne renonça pas à ses desseins, mais il eut l'imprudence de les confier au papier. Dans un écrit
qui fut saisi, il cherchait à prouver la possibilité
de renverser le gouvernement, si l'on savait profiter de conjonctures malheureuses; c'est ce même
projet qui fut si près de son exécution en 1812.
Le ministre de la police le jugea toutefois sans importance : il ne put croire à l'influence d'un général sans gloire éclatante, sur des soldats dévoués;

_____

(1) Dans son *Histoire de la conjuration du général Malet*,
publiée en 1814, l'abbé Lafon nomme ce traître *l'ex-général Guillaume*, p. 19.

d'ailleurs à cette époque l'horizon politique était
à peu près serein....

« L'empereur, instruit par son ministre de la
saisie de l'écrit du général Malet, et des vues qu'il
renfermait, ordonna que son auteur serait désormais détenu dans une prison d'état : Napoléon fut
ainsi moins confiant que son ministre de la police.
Mais, soit oubli ou intérêt pour le général, cette
décision ne fut point exécutée. — Lorsque l'Empereur porta la guerre en Russie, le général Malet,
plein de confiance dans le climat destructeur de ce
pays, si l'on y faisait une campagne d'hiver, ne
douta pas que Napoléon ne succombât dans cette
lutte, malgré l'audacieuse habileté de ses dispositions militaires. — Pour réaliser ses projets quand
il le voudrait, le général Malet feignit d'avoir besoin d'un air plus pur que celui de la Force. Le
ministre de la police, cédant à ses instances, l'envoya dans une maison de santé où étaient déjà
MM. de Polignac, de Puyvert et l'abbé Lafon, ancien agitateur du midi. On doit croire que ces ennemis de Napoléon, rapprochés du général par la
sympathie d'un malheur commun, applaudirent
à ses desseins, car il leur importait peu par qui le
gouvernement fût renversé. L'abbé Lafon fut le
seul, toutefois, qui prit une part active à la conspiration. MM. de Polignac, craignant de risquer
une seconde fois leur vie, furent envoyés, sur
leur demande, dans une autre maison de santé,
où ils attendirent l'événement sans se compromettre.....

« Le général Malet s'échappa avec l'abbé Lafon
de sa maison de santé, vers dix heures du soir de la
journée du 22 octobre 1812, n'ayant pour moyen
de séduction que douze francs et les déceptions
imaginées pour tromper la garnison. — Le général
se rendit d'abord chez un moine espagnol qu'il
avait connu à la Force, et s'y revêtit de son habit
d'officier-général, apporté la veille par sa femme.
Il ne put toutefois commencer ses opérations
qu'après minuit, à cause des torrens de pluie qui
inondaient alors Paris. Aussi les conjurés n'arrivè-
rent-ils à leur destination que vers six heures du
matin. — Cet incident nuisit beaucoup au rapide
développement de la conspiration. Si les conjurés
eussent pu, au contraire, exécuter leurs projets
durant la nuit, ils sortaient probablement vain-
queurs d'une lutte, si inégale en apparence. Ils
avaient en effet résolu de briser, d'un seul coup,
l'action du gouvernement par la mort des ministres, mais ils n'osèrent commettre ce crime pendant le jour.

« Le général Malet, pour donner plus de poids
à ses assertions, dit dans ses allocutions aux soldats
que d'autres généraux le secondaient, entre autres
les généraux Guidal, Lahorie et Lamothe; ce dernier cependant était entièrement étranger à la
conspiration. Mais le général Malet crut utile de le
faire représenter par un de ses auxiliaires. Le général proclama ensuite dans la caserne où il était,
et fit proclamer, dans les autres casernes, de faux
décrets du sénat, annonçant la mort de l'Empe-

reur, l'abolition de son gouvernement et l'institution d'une commission de gouvernement, composée
de MM. Mathieu de Montmorency, Sieyès, Alexis de
Noailles, Destutt de Tracy, Garat et l'abbé Grégoire. Certes, ce n'était pas sérieusement que le général
avait fait un tel amalgame; il avait cru sans doute
se concilier ainsi les divers partis de cette époque.

« Malgré d'aussi brusques changemens dans le
gouvernement, les déceptions du général eurent
néanmoins un plein succès, à peine lui fit-on
quelques observations.

« Désormais rassuré sur son entreprise, le général se rendit à la Force, suivi d'un bataillon, et y
mit en liberté les généraux Guidal, Lahorie et quelques autres prisonniers. Il nomma de suite le général
Lahorie ministre de la police; le préfet de police
était déjà remplacé par un des conjurés. Après un
court et secret entretien, ces généraux partirent
avec des détachemens pour les destinations convenues entre eux.

« Dans l'espoir d'associer à la conspiration, le
général Hullin, commandant la division militaire
de Paris, le général Malet vint lui en faire la proposition. Sa négociation ayant échoué, il frappa
à l'instant le général Hullin d'un coup de pistolet.
Croyant l'avoir tué, le général fut aussitôt chez les
adjudans supérieurs de la place dans le but aussi
de les séduire. Il eut d'abord un long entretien avec
l'adjudant commandant Doucet, durant lequel sur-
vint l'adjudant Laborde. Cet officier, à qui le général proposa aussi de le seconder, s'y étant refusé,

allait être puni de son opposition, lorsqu'il s'aperçut, par le reflet d'une glace, que le général s'ar-
mait d'un pistolet. A l'instant ses adjudans se pré-
cipitèrent sur lui, et avec l'aide de trois soldats
de planton, accourus à leurs cris, le général fut
désarmé.

« La conspiration perdant son chef n'était plus
à craindre, si elle n'était ranimée par les généraux
Guidal et Lahorie; mais ils manquèrent heureusement de résolution. Le général Guidal, après avoir
conduit le duc de Rovigo à la Force, fut se cacher
chez un ancien ami qui le trahit le jour même.
Quant au général Lahorie, il fut au-dessous du
conjuré le plus vulgaire, et ne fit jouer aucun des
ressorts de l'administration de la police dans l'intérêt de la conspiration; il fut même d'une telle
incurie qu'il ignorait ce qui se passait autour de
lui et ne s'occupait que de frivolités. On a peine à
comprendre cet inconcevable abandon dans une
si périlleuse situation, et quand on jouait sa vie.

« Ces généraux, animés cependant d'une haine
furieuse contre l'Empereur, avaient saisi avec
transport l'occasion de se venger. Les ressentimens
du général Lahorie étaient anciens et profonds.
Arbitrairement détenu depuis le procès du général
Moreau, ce général venait enfin d'obtenir sa liberté. Il allait partir pour les États-Unis, lorsque,
par une coïncidence fatale, le général Malet le prit
pour un de ses auxiliaires.

« L'énergique concours du général Guidal paraissait aussi bien acquis à la conspiration, car il

n'ignorait pas que, sous peu de jours, il serait traduit devant une commission militaire, comme
prévenu d'intelligence avec des agens anglais et
des agitateurs du Midi.

« Ne logeant pas au ministère de la police, le
secrétaire particulier du ministre vint me trouver
vers huit heures du matin du 23 octobre 1812,
mais il était dans un tel désordre moral, que c'est
seulement quelque temps après son arrivée qu'il
put m'apprendre l'arrestation du duc de Rovigo
par les généraux Guidal et Lahorie, à la tête d'un
détachement. Ces généraux avaient dit agir au nom
du sénat et d'après les ordres du général en chef
Malet, l'Empereur étant mort et son gouvernement
aboli. Quoique menacé de mort, s'il se défendait,
le duc de Rovigo lutta courageusement contre ces
généraux. Mais vainement voulut-il les désabuser
ainsi que les soldats, il fut conduit à la Force par
le général Guidal. D'autres conjurés avaient déjà
arrêté M. le baron Pasquier, préfet de police, et
M. Desmarets, chef de division au ministère de la
police.

« Cette conspiration eût vraisemblablement été
comprimée à sa naissance, si un agent envoyé par
le préfet de police, quoiqu'il fût déjà prisonnier
des conjurés, eût pu prévenir le ministre, qui
était encore libre en ce moment, de l'envahissement de la préfecture de police par les rebelles.
Mais l'huissier de service ne permit pas à cet agent
de parler au ministre ou à son secrétaire ; il assu-

rait qu'il lui était interdit d'interrompre leur sommeil.

« Ne sachant si M. l'archichancelier Cambacérès, président du conseil des ministres en l'absence de l'impératrice, était instruit de cette grave perturbation, je fus m'en assurer; il l'ignorait, et quoi qu'il dût être familiarisé avec les orages politiques, le récit que je lui en fis l'émut profondément.

« Empressé d'avoir des renseignemens, je me rendis chez le général Hullin, qui peut-être avait pu agir contre les rebelles. J'appris, en entrant dans son hôtel, qu'il venait d'être frappé d'un coup de pistolet par le général Malet, pour lui avoir refusé son concours dans la conspiration. J'insistai toutefois pour voir le général; mais souffrant beaucoup, il put à peine articuler quelques mots incohérens.

« Comme j'espérais plus d'informations des adjudans supérieurs de la place, je me présentai à leur hôtel, mais sans succès; des soldats en défendaient l'entrée. Je retournai alors chez M. l'archichancelier pour prendre ses ordres.

« En entrant dans le salon, je m'aperçus bientôt d'un heureux changement dans le moral de M. l'archichancelier; il venait d'apprendre de l'adjudant Laborde l'arrestation du général Malet, aussi les traces de sa profonde émotion étaient à peu près disparues. Comme on ne s'entretenait que de la conspiration, des courtisans, accourus sur le bruit que le danger était passé, se moquaient

de ce qu'ils appelaient les dispositions insensées du
général Malet, qu'ils ne connaissaient pas, et féli-
citaient cependant M. l'archichancelier sur son
admirable présence d'esprit dans cette crise.

« Au risque, toutefois, de troubler la joie si
expansive et 'si flatteuse de ces courtisans, je leur
dis que tant que nous ne serions pas maîtres des
trois généraux, il n'y avait rien à conclure raison-
nablement sur la fin de cette rébellion. L'air sombre
et soucieux succéda rapidement à cette turbulence
joyeuse. On se parla à l'oreille et l'on médita probablement une prudente retraite, dût-on même
laisser seul M. l'archichancelier. Mais plus empressé
de savoir si le prétendu ministre de la police, le
général Lahorie, avait pris quelques mesures dans
l'intérêt de la conspiration, que de connaître la fin
de cette comédie, je me rendis au ministère de la
police avec l'adjudant Laborde; nous y arrivâmes
sans obstacle, quoique les avenues du cabinet du
général fussent gardées par de nombreux soldats.

« Le général Lahorie nous reçut avec une grande
aisance de manières; il s'informa de l'objet de notre visite: je lui appris l'arrestation du général
Malet qu'il ignorait. Il en ressentit une si vive
douleur, qu'il ne fit aucun appel à sa garde et ne
répondit plus à nos questions. Nous laissâmes le
général au ministère et nous le consignâmes à des
gendarmes de planton. Avant de nous retirer, le
détachement de garde fut renvoyé à sa caserne›

sans opposition. Certes, je n'espérais pas une soumission aussi peu contestée.

« En quittant le ministère de la police pour aller
à la Force y délivrer le ministre et le préfet de police, nous aperçûmes, en traversant la place de
Grève, un bataillon de ligne qui y était stationné.
Je demandai au commandant quelle était sa desti-
tination ; il me répondit que le général en chef
Malet lui avait confié la garde de l'Hôtel-de-Ville
et du gouvernement provisoire, qui bientôt devait
s'y réunir, l'Empereur étant mort et son gouvernement aboli. Je dis à cet officier que le général
Malet l'avait trompé, qu'il était arrêté en ce moment comme chef de rebelles. Mais cet officier,
qui avait été nommé général quelques heures auparavant par le général Malet, ne me crut pas et
résista, malgré mes instances, à toutes les injonc-
tions de retourner à sa caserne. Il est toutefois
probable que ce que je lui avais dit avait troublé
son esprit, car il ne me fit pas arrêter, quoiqu'à
ses yeux je dusse être un imposteur. Certes, cet
opiniâtre commandant, mieux instruit de ce qui
se passait, pouvait donner une vie nouvelle à la
conspiration, par la délivrance des généraux arrêtés, et l'on n'avait alors à lui opposer qu'un petit
nombre de grenadiers à cheval de la garde, quelques gendarmes d'élite, la plupart hors de service,
et des vétérans que le général Malet avait dédaigné
d'employer.

» Le comte Frochot, préfet de la Seine, apprenant que j'étais à l'Hôtel-de-Ville, vint m'y trou-

ver. En m'abordant, il me dit avec émotion : l'Empereur est donc mort! Il avait cru aux faux actes du sénat, et déjà exécuté divers ordres du général Malet ; il attendait enfin la commission du gouvernement provisoire pour l'installer. Je rassurai ce magistrat plus que je ne l'étais, car depuis vingt-cinq jours le ministère était sans nouvelles directes de l'Empereur. Je lui fis d'ailleurs observer que l'Empereur, fût-il mort, son fils vivait.— « Votre remarque est trop juste, s'écria-t-il, cette prétendue mort avait égaré mon esprit. »

« Après cet entretien, j'allai à la Force avec l'adjudant Laborde. Nous y fûmes introduits sans difficulté, quoique cette prison fût gardée en dehors et en dedans par des soldats rebelles. Sur ma demande, le concierge nous remit le ministre et le préfet de police, dont cependant il ne devait se dessaisir, ainsi que le commandant du poste, sans un ordre du général Malet. J'appris, depuis, qu'ils crurent que c'était une translation dans une autre prison que l'on effectuait.

« Nous rentrâmes au ministère de la police vers midi. La conspiration avait échoué sur tous les points, lorsqu'un incident renouvela un instant nos inquiétudes. M. le baron Pasquier n'avait pu rentrer à sa préfecture ; les soldats qui, le matin, l'avaient conduit à la Force, l'ayant reconnu lorsqu'il se présenta, le mirent en joue, et il put à peine se réfugier dans une maison voisine. L'adjudant Laborde, envoyé pour faire cesser ce désordre, fut lui-même arrêté par ces rebelles et conduit à l'état-major général, dont ils croyaient maître le général Malet. Mais l'adjudant, bientôt libre, revint à la préfecture, et renvoya cette fois, sans opposition, ce détachement à sa caserne.....

« Comme on ignorait si la conspiration embrassait dans ses réseaux d'autres villes importantes, le ministre voulut s'éclairer à cet égard, en interrogeant les principaux prévenus en présence des conseillers d'état attachés à son ministère.

« Le général Malet, que le ministre interrogea d'abord, se reconnut pour l'auteur de la conspiration, et ne désavoua pas une proclamation manuscrite, au nom de la liberté et de l'égalité. Par cet écrit, le général notifiait aux troupes et aux citoyens la mort de l'Empereur et l'abolition de son gouvernement; il déclarait aussi qu'il accordait une haute-paie d'un franc et une bouteille de vin à chaque soldat tant qu'il serait extraordinairement employé. Le général s'étant abstenu de nommer ses complices et de donner aucun éclaircissement, le ministre fit comparaître le général Lahorie.

« Interrogé sur sa complicité avec le général Malet, le général répondit qu'isolé dans sa prison, prêt à partir pour les États-Unis, il ne se fût pas exposé à perdre encore la liberté, la vie peut-être, si, confiant dans les assertions du général Malet, justifiées à ses yeux par les mouvemens des troupes de la garnison, il n'eût cru à la mort de l'Empereur et à l'abolition de son gouvernement par le sénat, et être appelé à un autre 18 brumaire.

« Craignant toutefois de n'avoir pas produit sur
le ministre l'effet qu'il désirait , le général Lahorie
chercha à réveiller dans son cœur l'amitié qui jadis
les unissait ; elle n'y était pas éteinte. Ce ne fut pas
sans émotion que le ministre apprit que le général
lui avait sauvé la vie en l'envoyant à la Force , au
lieu de le tuer , comme il en avait l'ordre du général Malet. Le ministre, en reconnaissant ce service , reprocha au général Lahorie sa persistance
dans la conspiration , malgré son empressement
à l'éclairer sur les déceptions du général Mallet.

« Le général Guidal, qui comparut ensuite, répondit d'abord en souriant aux premières questions
quoiqu'il eût menacé le ministre de son épée , s'il
se défendait , et l'eût conduit à la Force. La sécurité du général venait de ce que , depuis , il avait
abandonné la conspiration. Mais s'apercevant, par
d'autres questions, que le ministre ne lui tenait aucun compte de cet abandon , de poignantes an-
goisses contractèrent à l'instant ses traits. Le général dit cependant pour sa défense qu'il avait
favorisé l'évasion du ministre en le conduisant à la
Force , mais qu'il avait été contraint par les soldats d'escorte de le déposer dans cette prison.
Le ministre convînt d'apparentes dispositions de
fuite faites par le·général , mais elles n'avaient
rien de réel , car il n'avait pas remarqué cette
prétendue résistance de l'escorte.

«Cet interrogatoire terminé, les généraux et
quelques autres prévenus passèrent la nuit au mi-

nistère de la police, et comparurent le lendemain, devant la commission militaire.

« Comme je traversais la salle où dînait le général Malet, le général se plaignit de l'enlèvement de son couteau par le gendarme de garde ; je le lui fis rendre à l'instant, il parut touché de ma confiance.

« Je profitai de cette occasion pour lui demander quelques détails sur la conspiration, car il avait été d'un laconisme désespérant dans son interrogatoire. J'exprimai alors mes doutes au général sur le succès de sa hasardeuse entreprise, par la difficulté de rallier beaucoup de partisans à la république, rendue si odieuse par un sanglant essai. Le général me dit : « J'avais déjà pour moi les régimens que j'avais soulevés. Bientôt seraient accourus ceux qui, fatigués du joug de Napoléon, voulaient un nouvel ordre de choses ; d'ailleurs, pour en finir avec ses partisans et donner aux miens une garantie de mes résolutions, j'aurais fait fusiller Napoléon à Mayence ; car vainqueur ou vaincu, je ne doutais pas de la précipitation de son retour en apprenant la conspiration qui, au surplus, n'a échoué que par la lâcheté des généraux Guidal et Laborie.

« J'avais aussi irésolu, pour surmonter toute difficulté, de réunir cinquante mille hommes à Châlons-sur-Marne pour couvrir Paris de ce côté. Le moment de crise passé, j'aurais renvoyé ces conscrits dans leurs foyers, selon l'engagement que j'avais pris. J'y aurais été d'autant plus fidèle, que cette promesse a déterminé, plus que tout le reste, les régimens à me suivre. »

« Je terminai cet entretien en demandant au général pourquoi il n'était pas entré dans ces détails dans son interrogatoire; il me répondit qu'il n'avait pas voulu donner cette satisfaction au duc de Rovigo. »

Selon M. Saulnier, Malet voulait renverser Napoléon par sentiment républicain. Cette opinion n'estpoint celle de M. l'abbé Lafon, complice de Malet, qui cite des faits, et nous semble mieux dans le vrai que M. Saulnier.

« M. Malet avait été, dit-il, un patriote de 89 ; il avait approuvé la réforme des abus…. Mais lorsqu'il vit le système révolutionnaire s'établir sur les ruines d'une constitution sage et protectrice de la véritable liberté, il sentit que le gouvernement monarchique est le seul qui convienne aux Français. Les raisonnemens persuasifs de MM. de Puyvert et de Polignac, achevèrent de le convaincre de cette vérité…. qu'il ne peut y avoir de bonheur solide pour les peuples que sous un roi légitime, juste et bon..La nécessité d'un rapprochement fut reconnue, désirée de part et d'autre et exécutée. Cette heureuse élaboration de sentimens, d'intentions et de pensées, fut le fruit de trois ans de soins ; elle devait causer une révolution aussi douce que les précédentes avaient été cruelles; mais l'infortuné qui disposa tout pour opérer ce grand événement ne devait pas jouir de son ouvrage !… Il travailla avec une ardeur et un zèle au-

dessus de tout éloge au renversement de Buonaparte et au rétablissement de la dynastie des Bourbons ; et l'on peut dire que c'est à ses efforts et à
ceux de ses hardis collaborateurs qu'est due toute
la gloire de cette belle entreprise , à laquelle tant
de gens ont concouru sans le savoir , et qui , simple dans son plan , aurait été extrêmement facile
dans son exécution, si une des parties eût suivi les
instructions qu'on lui avait données. »

Malet , en grand uniforme et accompagné d'un
affidé costumé en officier de police , s'était rendu
à la caserne de Popincourt. Il se fit conduire à la
chambre du commandant, s'annonça comme étant
le général Lamothe , chargé d'ordres supérieurs ,
et remit à ce commandant, un paquet cacheté renfermant la lettre suivante :

« *Le général de division , commandant en chef*
la force armée de Paris et les troupes de la pre-
mière division , à M. Soulier , commandant
la dixième cohorte. »

« Au quartier-général de la place Vendôme , le
23 octobre 1812 , à une heure du matin.

« Monsieur le commandant , je donne ordre
à M. le général *Lamothe* de se transporter à votre
caserne , accompagné d'un commissaire de police,
pour faire à la tête de la cohorte que vous com-
mandez , la lecture de *l'acte du Sénat* par lequel
il annonce la mort de l'Empreur et l'abolition du

gouvernement impérial. Ce général vous donnera aussi connaissance de *l'ordre du jour* de la division, par lequel vous verrez que vous avez été promu au grade de général de brigade , et qui vous indiquera les fonctions que vous avez à remplir.

« Vous ferez prendre les armes à la cohorte avec le plus grand silence et le plus de diligence possible. Pour remplir ce double but plus sûrement, vous défendrez que l'on avertisse les officiers qui seraient éloignés de la caserne. Les sergens-majors commanderont les compagnies où il n'y aura pas d'officiers. Lorsque le jour sera arrivé , les officiers qui se présenteront à la caserne seront envoyés à la place de Grève , où ils attendront les compagnies qui devront s'y réunir, après avoir exécuté les ordres qui seront donnés par M. le général Lamothe , et auxquels vous voudrez bien vous conformer en le secondant de tout votre pouvoir.

« Lorsque ces ordres seront exécutés , vous vous rendrez à la place de Grève , pour y prendre le commandement qui vous est indiqué dans l'ordre du jour. Vous aurez sous vos ordres les troupes ci-après désignées :

« 1° Votre cohorte ;

« 2° Deux compagnies du second bataillon des vétérans ;

« 3° Une compagnie du premier bataillon du régiment de la garde de Paris ;

« 4° Vingt-cinq dragons de la garde de Paris ;

« 5° La garde que vous y trouverez déja placée.

« Vous ferez toutes vos dispositions pour garder l'Hôtel-de-Ville et ses avenues. Vous laisserez au clocher de Saint-Jean, un détachement pour être maître de sonner le tocsin au moment où cela deviendrait nécessaire.

« Ces dispositions faites, vous vous présenterez chez M. le préfet, qui demeure à l'Hôtel-de-Ville, pour lui remettre le paquet ci-joint. Vous vous concerterez avec lui pour faire préparer une salle dans laquelle devra s'assembler le Gouvernement provisoire, et un emplacement commode pour recevoir mon état-major, qui s'y transportera avec moi sur les huit heures.

« S'il se présente à vous, de ma part, des commissaires, ils seront munis d'une carte portant le même timbre que celui placé au bas de cet ordre: vous pourrez prendre avec eux les mesures que les circonstances exigeraient pendant mon absence.

« Je m'en rapporte, pour tout ce qui ne serait pas prévu dans cette instruction, à votre sagesse, à votre expérience et à votre patriotisme, dont on m'a donné le meilleur témoignage. C'est d'après ces raisons que je mets une entière confiance dans vos dispositions.

« En exécutant ponctuellement cet ordre, M. le commandant, vous serez sûr de servir utilement notre patrie, qui en sera reconnaissante.

(Ici l'empreinte d'un timbre rond portant la lettre L.)

Signé, MALET.

« *P. S.* M. le général Lamothe vous remettra un *bon de cent mille francs*, destiné à payer la haute-solde accordée aux soldats, et les doubles appointemens des officiers. Vous prendrez aussi des arrangemens pour faire vivre votre troupe, qui ne rentrera à la caserne que lorsque la garde nationale de Paris sera assez organisée pour prendre le service. Cette somme est indépendante de la gratification qui vous est destinée. »

Après que le commandant *Soulier* eut pris lecture de cette lettre; le général lui présenta les deux autres pièces suivantes :

« SÉNAT CONSERVATEUR.

« *Séance du* 22 *octobre* 1812.

« La séance s'est ouverte à huit heures du soir, sous la présidence du sénateur *Sieyès.*

« Le Sénat, réuni extraordinairement, s'est fait donner lecture du message qui lui annonce la mort de l'Empereur Napoléon, qui a eu lieu sous les murs de Moskou le 7 de ce mois.

« LE SÉNAT, après avoir mûrement délibéré sur un événement aussi inattendu, a nommé une Commission pour aviser, séance tenante, aux moyens de sauver la patrie des dangers imminens qui la menacent; et, après avoir entendu le rapport de sa Commission,

« A décrété ce qui suit :

« Art. 1ᵉʳ. Le Gouvernement impérial n'ayant pas rempli l'espoir de ceux qui en attendaient la paix et le bonheur des Français, ce Gouvernement et ses institutions sont abolis.

« 2. Ceux des grands dignitaires, civils et militaires, qui voudraient user de leurs pouvoirs ou de leurs titres pour entraver la régénération publique, sont mis *hors la loi.*

« 3. La Légion d'honneur est conservée; les croix et les grands cordons supprimés. Les légionnaires ne porteront que le cordon, en attendant que le Gouvernement ait déterminé un mode de récompense nationale.

« 4. Il est établi un *Gouvernement provisoire,* composé de *quinze* membres dont les noms suivent :

« MM. le général *Moreau,* président; *Carnot,* ex-ministre, vice-président; le général *Augereau; Bigonet,* ex-législateur; *Destutt-Tracy,* sénateur; *Florent Guyot,* ex-législateur; *Frochot,* préfet du département de la Seine; *Jacquemont,* ex-tribun; *Lambrechts,* sénateur; *Montmorency* (Mathieu); *Malet,* général; *Noailles* (Alexis); *Truguet,* vice-amiral; *Volney,* sénateur; *Garat,* sénateur.

« 5. Ce gouvernement est chargé de veiller à la sûreté intérieure et extérieure de l'Etat; de traiter immédiatement de la paix avec les puissances belligérantes; de faire cesser les malheurs de l'Espagne; de rendre à leur indépendance les peuples de Hollande et d'Italie.

« 6. Il fera présenter, le plus tôt possible , un projet de constitution à l'acceptation du peuple français réuni en assemblées primaires.

« 7. Il sera envoyé une députation à Sa Sainteté le Pape Pie VII, pour le supplier, au nom de la Nation, d'oublier les maux qu'il a soufferts, et pour l'inviter de venir à Paris avant de retourner à Rome.

« 8. Les ministres cesseront leurs fonctions, et ils remettront leurs portefeuilles à leurs secrétaires généraux. Tout acte subséquent de leur part les mettrait *hors la loi.*

« 9. Les fonctionnaires publics, civils, judiciaires et militaires, continueront leurs fonctions : mais tout acte qui tendrait à entraver la nouvelle organisation les mettrait *hors la loi.*

« 10. Les décrets sur les bans de la garde nationale sont rapportés : ceux qui ont été appelés aux armées d'après ces lois sont autorisés à rentrer dans leurs foyers.

« 11. La garde nationale sera sur-le-champ organisée dans tous les départemens par municipalités, et conformément aux anciennes lois sur ce sujet.

« 12. Les militaires de tous grades composant la garde impériale, la garde de Paris, et les troupes qui s'y trouvent actuellement en garnison, formeront la garde du Gouvernement : le congé absolu sera donné à ceux qui le demanderont.

« 13. Il est accordé une amnistie générale pour tous les délits provenant d'opinions politiques et

délits militaires, même de désertion à l'étranger :
tout émigré, déporté ou déserteur qui voudra rentrer en France d'après cette disposition, sera seulement tenu de se présenter à la première municipalité frontière, pour y faire sa déclaration, et
recevoir un passeport pour le lieu qu'il dési-
gnera.

« 14. La *mise hors la loi*, outre les peines
corporelles, entraîne la confiscation des propriétés.

« 15. La liberté de la presse est rétablie, sauf
la responsabilité.

« 16. Le général *Lecourbe* est nommé commandant en chef de l'armée centrale, qui sera assemblée sous Paris, au nombre de cinquante mille
hommes.

« 17. Le général *Malet* remplace le général
Hullin dans le commandement de la place de Paris,
ainsi que de la première division militaire. Il
pourra nommer les officiers généraux et l'état-
major qu'il croira nécessaires pour le seconder.

« Il est particulièrement chargé de faire réunir
les membres du Gouvernement provisoire, de les
installer, de veiller à leur sûreté, de prendre toutes les mesures de police qui lui paraîtront ur-
gentes, et d'organiser leur garde.

« Il est autorisé à donner des gratifications à
ceux des citoyens et des militaires qui le seconde-
ront, et qui se distingueront, dans cette importante circonstance, par leur dévouement à la patrie.

« Il est, à cet effet, mis à sa disposition une somme de *quatre millions*, à prendre sur la caisse d'amortissement.

« 18. Il sera fait une adresse au peuple français et aux armées, pour leur faire connaître les motifs qui ont déterminé le Sénat à changer le mode de Gouvernement, à les rendre à leurs droits si souvent violés, et à les rappeler à leurs devoirs trop long-temps oubliés. Il se dévoue pour la patrie : il a l'assurance qu'il sera courageusement secondé par les citoyens et par les armées, pour rendre la nation à l'indépendance, à la liberté et au bonheur.

« 19. Le présent Sénatus-Consulte sera proclamé sur-le-champ dans Paris, à la diligence du général Malet, et envoyé à tous les départemens et aux armées par le gouvernement provisoire.

« *Les président et secrétaires,*

« *Signé* Sieyès, *président.*

« Lanjuinais, Grégoire, *secrétaires.*

« Certifié conforme à la minute restée entre mes mains,

« *Le général de division commandant la force armée de Paris et les troupes de la première division militaire,*

« *Signé,* Malet. »

PREMIÈRE DIVISION MILITAIRE. — PLACE DE PARIS.

« *Ordre du jour du 23 au 24 octobre* 1812.

« Au nom du Sénat, les troupes sont prévenues que l'empereur Napoléon a trouvé la mort à Moskou le 7 de ce mois.

« Toutes les mesures ont été prises pour sauver les restes de l'armée.

« Le Sénat a saisi cette circonstance pour changer un gouvernement oppresseur, et qui ne pouvait qu'empirer sous l'influence d'un enfant. Il a établi un gouvernement provisoire, dont les membres doivent obtenir l'entière confiance des troupes. L'acte qui règle ce changement leur sera communiqué, dans les casernes, par des généraux, ou officiers de l'état-major, accompagnés d'un commissaire de police.

« Le général *Hullin*, par une conduite inconsidérée dans une pareille circonstance, a perdu la confiance du Sénat : il a été remplacé par le général *Malet* dans le commandement des troupes de la place de Paris et de la première division militaire. Ce dernier aura son quartier général à l'Hôtel-de-Ville.

« Le général de division *Desnoyers* est nommé chef de l'état-major de cette division.

« L'adjudant-commandant *Douleet* est nommé général de brigade, sous-chef de l'état-major.

« Le général de division *Payle-Hardi* est nommé commandant de l'artillerie; il prendra son quartier général au château de Vincennes.

« Le général *Guidal* prendra le commandement des troupes qui se réuniront au Luxembourg pour la garde du Sénat.

«Le général *Soulier*, chef de la dixième cohorte, prendra le commandement des troupes qui se trouveront réunies pour la garde de l'Hôtel-de-Ville.

« Les cohortes des gardes nationales devant être licenciées, le général *Chiner* aura le commandement des dépôts d'infanterie légère de la division.

« Le général *Rabbe* aura le commandement des dépôts d'infanterie de ligne.

« Tous les autres généraux actuellement employés dans la division y continueront leurs services.

« Le général *Lecourbe* est nommé commandant en chef de l'armée centrale qui va s'assembler sous Paris.

« Le général de division *Lahorie* en sera chef de l'état-major.

« Les officiers d'état-major de la place et de la première division, ainsi que les officiers des troupes qui s'y trouvent, seront susceptibles d'obtenir un grade supérieur à celui qu'ils occupent actuellement, si le général *Malet* les en trouve dignes par leur conduite civique.

« Les sous-officiers jouiront de la même faveur.

« Lors du licenciement des cohortes, les offi-

ciers et sous-officiers qui les commandent, et qui
voudront continuer leur service, seront attachés à l'état-major-général, en attendant qu'ils
aient obtenu un emploi.

« Les troupes de toutes armes qui feront le service dans Paris recevront, à dater de ce jour, une
haute-solde de vingt sous par jour pour le fusilier;
de vingt-cinq sous pour le caporal ou brigadier; de
trente sous pour le sergent ou le maréchal-des-
logis. Les officiers auront doubles appointemens.

« Les troupes se tiendront dans leurs casernes,
prêtes à marcher au premier ordre : s'il s'y présentait quelques ministres ou généraux non désignés dant le présent ordre, ils encourraient la peine
de la *mise hors la loi* indiquée dans les art. 2 et 9
du sénatus-consulte en date d'hier.

« Les gardes ne seront point relevées : les vivres
leur seront portés de la caserne.

« Les légionnaires ne porteront que le ruban,
en attendant une nouvelle décoration.

« Le nouvel ordre de choses exigeant de la sagesse et de la prévoyance du Gouvernement provisoire qu'il s'assure de quelques hommes dangereux et corrompus qui voudraient se servir de
leur influence pour contrarier sa marche, le général Malet invite les troupes qui seront employées
à ce service à le faire avec ordre et modération,
mais avec toute l'énergie qu'exige une mesure
commandée par la sûreté et la tranquillité publique.
C'est par une pareille conduite qu'il jugera les of-

ficiers, sous-officiers et soldats dignes de l'avancement et des récompenses promises.

(Ici l'empreinte d'un timbre
rond portant la lettre *L*.)

   « *Le général de division commandant en chef
la force armée de Paris et les troupes de la
première division militaire.*

                        « Signé, MALET. »

Le commandant Soulier, ne doutant pas de
l'authenticité de ces deux pièces, se mit aussitôt
en devoir de faire tout ce qui lui était commandé.

Même chose eut lieu à la caserne des *Minimes*,
place Royale au Marais, et à celle de *Picpus*.

Le sénatus-consulte, l'ordre du jour ci-dessus,
et la proclamation suivante, furent lus aux flambeaux dans les divers quartiers.

   « *Le général de division commandant la force
armée de Paris et les troupes de la première
division militaire.*

    « Citoyens et Soldats,

    « Buonaparte n'est plus ! le tyran est tombé sous
les coups des vengeurs de l'humanité ! Grâces leur
soient rendues ! ils ont bien mérité de la patrie et
du genre humain.

    « Si nous avons à rougir d'avoir supporté si

long-temps à notre tête un étranger, un Corse, nous sommes trop fiers pour y souffrir un *enfant bâtard*.

« Il est donc de notre devoir le plus sacré de seconder le Sénat dans sa généreuse résolution de nous affranchir de toute tyrannie.

« Un sincère et ardent amour de la patrie nous inspirera les moyens nécessaires pour opérer cette urgente et dernière révolution ; mais c'est à votre courage, à votre parfaite union, à une confiance réciproque, que nous devrons un glorieux succès.

« Citoyens, dans cette journée à jamais mémorable, reprenez toute votre énergie ! arrachez-vous à la honte d'un vil asservissement ! L'honneur et l'intérêt se réunissent pour vous en faire la loi : c'est un régime oppressif qu'il faut renvoyer ; c'est la liberté à reconquérir pour ne plus la laisser perdre.

« Terrassez tout ce qui oserait s'opposer à la volonté nationale ; protégez tout ce qui s'y soumettra.

« Soldats, les mêmes motifs doivent vous animer ; il en est encore un plus pressant pour vous : celui de ne plus prodiguer votre sang dans des guerres injustes, atroces, interminables, et contraires à l'indépendance nationale. Prouvez à la France, à l'Europe, que vous n'étiez pas plus les soldats de Buonaparte que vous ne fûtes ceux de Robespierre. Vous êtes et serez toujours les soldats de la patrie, qui saura vous restituer le juste

avancement dû à vos services, et dont vous êtes
frustrés depuis trop long-temps.

« Légionaires civils et militaires, on conserve
votre institution ; nous devons, n'en doutez pas,
cette faveur insigne au serment que nous avons
fait de défendre la liberté, l'égalité, et de combattre la féodalité de tous nos moyens. Tel est
notre serment, il doit être gravé dans vos cœurs.
Comme l'un de vos commandans, je vous requiers
de l'accomplir. Mais souvenez-vous qu'il n'y a de
vraie liberté que celle qui est le fruit de la raison, des vertus ; d'autre égalité que celle qui provient des lois. Toute autre idée ne serait qu'une
folie qui finirait toujours par rendre la tyrannie
inévitable, et il se trouverait encore des hommes
assez lâches, assez pervers pour dire qu'elle est
nécessaire.

« Travaillons tous de concert à la régénération
publique ! Pénétrons-nous de ce grand œuvre, qui
méritera à ceux qui y participeront la reconnaissance des contemporains, l'admiration de la postérité, et qui lavera la Nation, aux yeux de l'Europe,
des infamies commises par le tyran.

« Réunissons nos efforts pour obtenir une
constitution qui assure le bonheur des Français !
Qu'elle soit basée sur la raison, sur la justice, et
nous sommes certains d'y parvenir.

« Mes braves camarades, le champ de la véritable gloire vous est ouvert ; de celle qui vous
fera estimer, chérir de vos concitoyens ; de celle
enfin qui vous vaudra de justes récompenses na-

tionales. Saisissez une si belle occasion pour vous montrer dignes du nom français ; mourons , s'il le faut , pour la patrie et la liberté , et rallions-nous toujours au cri de *vivela nation !* »

Signé , MALET.

Des placards de. ces trois pièces avaient été affichés dans plusieurs carrefours , mais presque aussitôt arrachés.

Après avoir obtenu , à l'aide de ses trois pièces supposées , les troupes dont il avait besoin , et les avoir réparties selon ses vues , le général *Malet* s'était transporté , vers six heures , à la prison de *la Force* , toujours sous le nom du général *Lamothe ;* et en vertu du sénatus-consulte et de l'ordre du jour ci-dessus , dont il avait donné lecture au concierge , il s'était fait remettre les généraux *Guidal et Lahorie* , nommés dans l'ordre du jour ainsi que plusieurs autres officiers , auxquels il assigna diverses destinations , notamment celle d'aller arrêter le ministre et le préfet de police , qui furent en effet amenés à cette même prison trois quarts d'heure après.

Ce qui paraît avoir perdu le général Malet , c'est l'imprudence qu'il commit d'envoyer à l'adjudant *Doulcet* , à peu [près à la même heure et avant d'arriver lui même à l'hôtel de l'état-major , la lettre dont voici le texte :

« *Le général de division , commandant en chef
la force armée de Paris et les troupes de la première division militaire , à M.* Doulcet *général
de brigade , sous-chef de l'état-major-général.*

« Au quartier général de l'Hôtel-de-ville le 23
octobre 1812 , à 5 heures du matin,

« Monsieur le Général ,

« Vous avez été promu au grade de général de
brigade. Cet avancement vous était dû autant par
vos longs services que par la rare probité qui vous
a toujours distingué dans le cours des orages révolutionnaires. Il faut espérer que celui-ci sera le
dernier ; pour cela , il faut l'union et le concours
de tous les braves militaires : je compte sur vous.

« Je vous envoie ci-joint *l'acte du Sénat* qui annonce la mort de l'Empereur et l'abolition du Gouvernement impérial , *l'ordre du jour* que je donne
à ce sujet , et qui indique les généraux qui vont
être employés dans la division , et ma *proclamation.*

« Vous voudrez bien donner lecture de ces
pièces aux officiers de l'état major , ainsi qu'aux
soldats de garde et d'ordonnance. Cette mesure est
d'urgence pour prévenir tous les froissemens qui
pourraient être la suite de son ignorance.

« J'envoie un détachement pour s'assurer de
la personne du général *Hullin.* Quoique cette mesure ne soit que de pure précaution , je n'ai pas

cru devoir vous charger de surveiller l'exécution
de cet ordre , soit par délicatesse , soit à cause des
relations de service que vous avez eues avec ce
général. J'attends seulement que vous n'entraverez
pas l'exécution.

« Quant à M. *Laborde*, il est trop en exécration
militaire pour qu'il soit prudent qu'il se fasse
voir. Pour lui éviter tout désagrément, et peut-être
quelque chose de pis , vous lui ordonnerez de suite
les arrêts forcés , avec un factionnaire à sa porte.
Je vais vous envoyer le général *Desnoyers* , désigné pour remplir les fonctions de chef d'état-major.
Cette mesure n'est que momentanée , et vous
rsprendrez bientôt ces fonctions en chef.

« En attendant, vous préparerez les ordres ci-
après indiqués :

« L'ordre à chacune des quatre cohortes n° 1 ,
8 , 9 , 12 , d'envoyer sur-le-champ chacune trois
cents hommes au Luxembourg pour la garde du
Sénat. Ils s'y trouveront sous les ordres du général de division *Guidal*. Le restant de ces quatre
cohortes resteront sous les armes dans leurs casernes avec le commandant, pour attendre les ordres
que je pourrai leur expédier.

« Vous ferez renforcer les gardes des barrières,
depuis celle de Clichy jusqu'à celle des Bons-Hom-
mes , et sur la gauche de la Seine, depuis la barrière de la Cunette jusqu'à celle de la Gare, c'est-
à-dire, toutes les barrières de cette partie. J'ai fait
occuper les autres par le régiment de la garde de
Paris.

« Vous donnerez la consigne à toutes ces barrières de ne laisser sortir personne que les gens de la campagne qui apportent des comestibles, qu'il faut protéger. On laissera librement entrer, à l'exception des troupes armées, qui ne pourront le faire sans mon ordre. Vous enverrez des officiers d'état-major faire la ronde de toutes ces barrières pour voir si les ordres sont bien exécutés, et s'il ne se commet pas d'actes arbitraires.

« Mais, pour l'expédition de tous ces ordres, vous attendrez l'arrivée du général *Desnoyers*, qui y apposera le cachet désigné, et qui donnera des cartes pour que vos ordonnances puissent circuler librement dans Paris, et que les officiers d'état-major soient reconnus; car l'ordre est donné d'arrêter tous ceux qui ne seront pas munis de ce cachet, et vous le renouvellerez dans tous vos ordres.

« La 10e cohorte, le dépôt du 32e régiment, et le régiment de Paris sont déjà employés, soit dans des postes de sûreté dans Paris, soit aux détachemens qui ont exécuté l'ordre d'arrestation du préfet de police, du ministre de la police, du ministre la guerre et de Cambacérès; mesures nécessitées autant par la prudence que pour leur propre sûreté.

« Vous ne compterez donc pas sur ces troupes pour envoyer aux barrières.

« Vous donnerez l'ordre au régiment des dragons de Paris d'envoyer vingt-cinq hommes au Luxembourg pour la garde du Sénat, sous les or-

dres du général Guidal; vingt-cinq à la maison de
ville pour la garde du gouvernement provisoire,
dix à la préfecture de police pour les ordonnances.
Il sera bon d'en mettre quelques-uns aux princi-
pales barrières, pour être averti promptement de
ce qui pourrait y arriver.

« Dans les ordres, vous préviendrez tous ces détachemens que les vivres leur seront fournis, et
une bouteille de vin par homme, par les soins de
leurs commandans. Vous préviendrez ceux-ci que
je leur ferai des fonds extraordinaires pour sub-
venir à cette dépense.

« Aussitôt que vous aurez expédié tous ces ordres avec le général Desnoyers, vous viendrez me
trouver à l'Hôtel-de-Ville avec quelque officier
d'état-major pour y établir momentanément un
bureau.

« Le général *Desnoyers* vous communiquera les
instructions particulières qu'il aura à vous donner,
et je le charge de vous remettre un bon de cent
mille francs pour vos dépenses extraordinaires.

« Vous devez sentir, M. le général, l'importance de toutes les mesures que je vous indique. Je
ne doute pas qu'elles ne soient prises avec toute la
prudence et la célérité qu'elles exigent, et dont je
vous crois très-capable.

« J'ai l'honneur de vous saluer.

« *Signé*, MALET.

« *P. S*. Vous donnerez l'ordre au second ba-

taillon des vétérans d'envoyer de suite deux compagnies à la place de Grève pour la garde du gouvernement provisoire. »

Il paraît que c'était lui-même qui se proposait
de se rendre, peu d'instans après, à l'état-major,
sous le nom du général *Desnoyers*, comme en effet il s'y rendit, après avoir passé chez le général
Hullin, qu'il croyait avoir laissé mort dans sa
chambre, mais qui ne fut que blessé du coup de
pistolet qu'il lui tira dans la figure, sur son refus
de se laisser conduire en prison.

L'intervalle de temps qui se passa entre la réception de cette lettre et l'arrivée effective de Malet
laissa à l'adjudant *Doulcet* le loisir de réfléchir tant
sur la teneur de cette lettre que sur celle des trois
pièces y jointes. Il eut le temps d'en donner communication à l'officier *Laborde* et d'en conférer
avec lui. Ils se doutèrent de la conspiration. Ils
étaient à délibérer sur le parti à prendre, lorsque
Malet se présenta.

Quand le danger fut passé pour eux, et qu'ils
furent un peu remis de leur première stupeur, les
ministres et autres grands fonctionnaires du gouvernement impérial se réunirent en conseil d'état
chez l'archichancelier, où ils rédigèrent un arrêté
portant que les auteurs et complices de la conspiration, seraient traduits sans délai devant une
commission militaire, dont les membres furent à
l'instant désignés et convoqués. En même temps,
sur les murs des places et carrefours, on fit afficher

le placard suivant, dans lequel on évita de prononcer le mot de conspiration.

« MINISTÈRE DE LA POLICE GÉNÉRALE.

« Paris, le 23 octobre.

« Trois ex-généraux, *Malet*, *Lahorie* et *Guidal*, ont trompé quelques gardes nationales et les
ont dirigés contre le ministre de la police générale,
le préfet de police et le commandant de la place
de Paris. Ils ont exercé des violences contre eux.
Ils répandaient faussement le bruit de la mort de
l'empereur. Ces ex-généraux sont arrêtés; ils sont
convaincus d'imposture; il va en être fait justice. »

Le lendemain le journal officiel se contenta
d'annoncer ce qui suit :

« Paris, le 24 octobre.

« Les individus arrêtés hier et leurs prévenus de
complicité ont été transférés aujourd'hui à l'Abbaye. Une commission militaire est formée pour
prononcer sur leur sort. Elle s'est réunie aujour-
d'hui et a entendu la lecture des pièces et des interrogatoires. »

Toutefois on ne publia aucune de ces pièces.

La commission tint sa première séance publique,
le 28 octobre, à neuf heures du matin, dans la

salle ordinaire du conseil de guerre permanent, rue
du Cherche-Midi.

Elle était ainsi composée :

Le comte Dejean, grand-officier de l'empire,
grand-aigle de la Légion-d'Honneur, premier inspecteur-général du génie, *président ;*

Le général de brigade baron Deriot, commandant les dépôts de la garde impériale, etc., *juge ;*

Le général baron Henry, major de la gendarmerie d'élite de la garde impériale, etc., *juge ;*

Genéval, colonel de la 18e légion de la gendarmerie impériale, etc., *juge ;*

Le colonel Moncey, premier aide-de-camp du
premier inspecteur-général de la gendarmerie impériale, *juge ;*

Thibault, major du 12e régiment d'infanterie
légère, etc., *juge ;*

Delon, capitaine-adjoint à l'état-major de la 1re
division militaire, *juge,* nommé par décision de
la commission militaire pour remplir les fonctions
de rapporteur.

La séance est ouverte à sept heures et demie du
matin. Le comte Dejean dit : M. le juge rapporteur, veuillez donner à la commission lecture des
pièces de la procédure, tant à charge qu'à décharge.

Le juge rapporteur. Je vais vous donner lecture
des pièces de la procédure dirigée contre les conspirateurs Malet, Lahorie, Guidal et leurs complices. Ledit Malet, prévenu de *conspiration et attentat à la sûreté de l'État.*

Il lit, 1° deux rapports du général Doulcet, un rapport du général Hulin au ministre de la guerre, et une lettre d'un aide-de-camp du comte Hullin;

2° Une lettre adressée par Malet, soi-disant général de division, à Doulcet;

3° Un prétendu sénatus-consulte, du 22 octobre 1812;

4° Un prétendu ordre du jour, du 23 octobre;

5° La proclamation du précédent sénatus-consulte;

6° Une lettre signée Malet, et qui s'est trouvée dans le portefeuille de cet accusé, adressée à Rabbe, colonel du premier régiment de la garde de Paris;

7° Une lettre du même au colonel du 32e regiment;

8° Le procès-verbal du commissaire de police Chopin, relativement à la descente qui fut faite à la Force le 23 octobre;

9° Les interrogatoires subis par l'accusé Malet devant le magistrat du parquet de la haute Cour impériale, au ministère de la police et devant le juge impérial, etc., etc.

On introduit ensuite les accusés, libres et sans fers. Ils sont au nombre de vingt-quatre, savoir :

Claude-François *Malet*, général de brigade, l'un des commandans de la Légion-d'Honneur.

Victor-Claude-Alexandre *Fanneau-Lahorie*, ex-général de brigade;

Maximilien-Joseph *Guidal*, ex-général de brigade;

Gabriel *Soulier*, commandant la 10ᵉ cohorte des gardes nationales, etc. ;

Gomont, dit Saint-Charles, sous-lieutenant à la 10ᵉ cohorte ;

Antoine *Piquerel*, adjudant-major à la 10ᵉ cohorte, etc. ;

Louis-Charles *Fessard*, lieutenant à la 10ᵉ cohorte ;

Louis-Joseph *Lefebvre*, sous-lieutenant à la 10ᵉ cohorte, etc. ;

Nicolas-Josué *Steenhouver*, capitaine à la 10ᵉ cohorte ;

Louis-Marie *Regnier*, lieutenant à la 10ᵉ cohorte :

Joachin-Alexandre *Lebis*, lieutenant à la 10ᵉ cohorte ;

Joseph-Louis *Boccheiampe*, prisonnier d'État ;

Pierre-Charles *Limozin*, adjudant sous-officier au régiment d'infanterie de la garde de Paris ;

Jean-Charles-François *Godard*, capitaine au même régiment ;

Hilaire *Beaumont*, lieutenant au même régiment ;

Jean-Joseph *Julien*, sergent-major au même régiment ;

Pierre *Borderieux*, capitaine au même régiment ;

Jean-Henri *Caron*, adjudant sous-officier au même régiment ;

Georges *Rouff*, capitaine au même régiment ;

Jean-François *Rabbe*, colonel du même régiment,

Amable-Aimé *Provost*, lieutenant à la 10ᵉ cohorte;

Joseph-Antoine *Viallevielhe*, adjudant sous-officier au régiment de la garde de Paris;

Jean-Baptiste *Caumette*, sergent-major au même régiment;

Jean-Auguste *Rateau*, caporal au même régiment.

Lahorie obtient la parole et dit :

« M. le Président, les papiers qui ont été saisis chez moi ont été déposés à la police; ils me sont indispensables pour que je puisse m'occuper de ma défense. Je ne crois pas que l'on soit capable de me condamner sans m'entendre; et comme ce serait ne pas m'entendre que de m'ôter les moyens de me défendre, je vous prie de donner l'ordre qu'ils me soient renvoyés. Ce sont les papiers dans lesquels se trouve l'exposé de ma vie, et particulièrement relatifs à une imputation qui m'a été faite. »

Le Président. Dans ce moment, il s'agit d'un fait, et d'un fait unique; vous n'aurez à vous défendre que sur ce fait unique, et je ne crois pas que ce qui s'est passé antérieurement à ceci, quelle qu'ait été votre conduite, puisse influer en aucune manière sur le fait actuel. Vous n'aurez à vous défendre que sur le fait dont vous êtes accusé, qui est celui d'avoir attenté à la sûreté intérieure de l'Etat.

Lahorie. Dans l'interrogatoire que j'ai subi, M. le conseiller d'Etat Réal m'a accusé d'avoir été le pivot d'une conspiration. Dans les pièces que je demande se trouve la justification de ce fait-là. Je ne crois point que, dans un moment aussi solennel, on me refuse d'établir un caractère tel que je désirerais le montrer à tout le monde.

Le Président. Il n'est nullement question d'une conspiration antérieure à ce jour : La Commission n'insistera nullement sur cette ancienne affaire; elle n'insistera que sur le fait actuel, l'attentat contre la sûreté intérieure de l'Etat.

Lahorie. Si on me le refuse je n'ai rien à dire.

Le Président à Malet. Il résulte des pièces soumises à la commission et de vos interrogatoires : que vous avez reconnu avoir été envoyés par vous et signés, le sénatus-consulte, l'ordre du jour; la proclamation et les différens ordres adressés aux commandans des troupes de la garnison; je vous invite à reconnaître ici ces pièces-là.

Malet. M. le président je les reconnais toutes.

Le Président. Il y a aussi deux pistolets sur ce bureau que l'on dit avoir été saisis sur vous, et les voilà.

Malet. Je les reconnais.

Le Président. Il y a également un sabre, que voilà, un paquet de cartes timbrées de la lettre L. et le cachet qui a servi à les timbrer.

Malet. Je les reconnais.

Le Président. Dès que l'accusé reconnaît ces pièces et constate qu'il a signé et reconnu le résultat de l'interrogatoire; je juge inutile de faire aucune nouvelle question.

Accusé *Lahorie*, quels sont vos noms, prénoms, âge et qualité?

Lahorie. Victor-Claude-Antoine Fanneau de Lahorie, âgé de quarante-six ans, ex-général de brigade.

Le président. Il résulte des pièces jointes au procès, et en même temps de vos réponses, que, sorti de la Force, vous auriez eu connaissance du sénatus-consulte, d'une proclamation, de l'ordre du jour et des ordres donnés par le général Malet aux différens corps; il résulte en même temps des interrogatoires et de vos aveux, que vous avez été conduit au ministère de la police, que vous avez concouru à l'arrestation du ministre de la police afin de servir à vos vues; qu'après l'arrestation du ministre de la police, vous avez pris sa place et signé plusieurs pièces en ladite qualité de ministre de la police : vous êtes convenu de ces faits. Avez-vous quelques motifs d'excuse à produire à la Commission pour ces différens faits?

Lahorie. C'est une justification tout entière que l'on me demande.

Le juge rapporteur. Si le prévenu veut parler de sa défense en remplaçant le défenseur officieux, ce ne peut être qu'après le rapport qu'il doit prendre la parole.

Le président. Alors, veuillez vous borner à répondre aux questions que je vous ai faites.

Lahorie. Vous m'avez demandé, M. le président,

quels moyens d'excuse je pourrais donner pour
avoir arrêté le ministre de la police, et pour avoir
pris part aux projets dont l'accusé Malet est censé
l'auteur. Je n'ai point cru que l'accusé Malet fût
l'auteur du projet; j'ai cru obéir aux ordres du
général Malet, comme ayant un pouvoir supérieur
sur moi, en allant arrêter le ministre. Quant au
titre de ministre qu'on m'a vu prendre, c'est parce qu'après avoir arrêté le ministre, la fermenta-
tion qui régnait autour de lui, l'inquiétude que
j'avais pour ses jours, et que lui-même a montrée,
m'ont obligé de prendre un titre quelconque pour
l'envoyer dans une maison de sûreté, qui était à
mes yeux le seul moyen par lequel ses jours pussent
être mis à l'abri du danger. N'ayant pas d'autre
titre à prendre, je l'ai pris. Voilà le seul motif
pour lequel j'ai usurpé ce titre, et le seul objet que
j'ai eu dans la circonstance : ce qui ne laisse pas de
doute, c'est que je n'ai pas exercé les fonctions de
ministre de la police. Si j'avais cru l'être effectivement, j'aurais voulu en jouir au moins dès le premier moment, ne fût-ce que pour faire sortir quelques prisonniers avec lesquels je me trouvais à la
Force. On ne pourra citer de moi aucun acte qui
appartienne à ces fonctions, sinon ceux qui résultaient de la situation où je me suis trouvé, ou plutôt d'une extrême générosité de ma part; car c'est
par une grande générosité que j'ai consenti à usur-
per un titre qui pouvait seul me mettre à même
de sauver les jours du ministre. Aussitôt qu'il a
paru devant moi et qu'il a été à ma disposition,

ma première parole a été : *Tu n'as rien à craindre, Savary, tu tombes dans des mains généreuses.* Cependant il régnait une grande agitation ; alors je lui dis (et je prie mes juges de vouloir bien s'en assurer, si ces déclarations n'existent pas de la part du ministre), je dis : Tu ne peux rester en sûreté ; je ne vois d'autre parti que de t'envoyer à la Force. Ne sachant comment le faire recevoir par le concierge, il me fallait prendre un titre quelconque; si on me cite un autre exercice des fonctions de ministre de la police, des fonctions réelles.....

Le président. Vous êtes trop instruit pour que l'on croie que vous avez pu vous méprendre sur la contexture des actes, qui vous ont été présentés par l'accusé Malet. Il serait difficile qu'un homme aussi instruit que vous l'êtes eût pu se méprendre sur la falsification de ces actes, qui ne portaient aucun caractère ni aucune vraisemblance.

Lahorie. M. le président, je suis sorti de la Force dans la forme commune; le concierge m'a annoncé ma liberté comme on l'annonce ordinairement. A ma sortie de la Force, j'ai trouvé le général Malet; il m'a remis un paquet; il m'a parlé d'un sénatus-consulte et de tout ce qui existait très-rapidement, car je ne l'ai pas lu dans ce moment-là. J'ai ouvert ce paquet, et je n'ai vu que les titres des actes, avec l'indication de l'objet qu'ils renfermaient. Je supposais la formation d'un nouveau gouvernement; je supposais que ce nouveau gouvernement se formait et cherchait à détruire l'ancien; je croyais enfin concourir à une révolution commencée, et non à une conspiration. Dans cette supposition, vous ne pouvez trouver extraordinaire que j'aie exécuté des ordres qui me paraissaient légaux, comme on voudra l'entendre; j'ai cru à l'existence de deux gouvernemens qui se combattaient, et dans ce moment-là je n'ai pas coopéré à une conspiration. J'ai cru que le général Malet était général de division et commandait la force armée, et que je pouvais recevoir de lui un ordre.

Le président. Mais vous deviez connaître l'ex-général Malet; vous saviez qu'il avait été à la Force avec vous?

Lahorie. Non; je n'ai pas vu le général Malet depuis douze années, et je n'ai entretenu avec lui, depuis ce temps, aucune liaison directe ni indirecte; j'ignorais tout ce qui se passait; j'étais à la veille et au moment de partir quand on est venu m'annoncer ma liberté; je suis peut-être plus excusable qu'un autre d'avoir adopté avec crédulité l'espérance d'un état de choses qui m'offrait au moins un changement dans les malheurs que je souffre depuis tant d'années. Après avoir été proscrit pendant neuf ans dans ma patrie, sorti d'une prison d'Etat pour être banni en laissant mes biens, et jeté sur une terre étrangère, j'avais peut-être quelques droits à désirer un nouvel ordre de choses; je ne l'ai point préparé, et je n'ai eu aucun rapport avec le général Malet antérieurement à l'événement. Je ne prétends pas que ma crédulité soit excusable à vos yeux; je dis que ceux qui connaissent le cœur humain savent que l'on doit excuser un premier moment d'erreur, dans l'homme surtout qui n'a eu qu'une minute de réflexion. Le général Malet me dit : Il n'y a pas un moment à perdre. Je le prie de confirmer ce qu'il m'a dit. Cette confiance peut paraître ridicule ; elle suppose assez peu de réflexion pour que je ne doive pas m'en honorer ; mais, puisque c'est la vérité, je l'avoue avec la franchise qui constitue mon caractère.

J'avais vu, le 18 brumaire, une révolution qui s'était faite de la même manière. En effet, un grand nombre de troupes obéissaient au général Malet, non pas comme un rassemblement tumulteux, mais comme une troupe accoutumée à obéir à un gouvernement qui ne se croit pas dans un état de fausse position ; tous les officiers qui sont ici peuvent l'attester : il n'y avait rien qui supposât dans ce corps la moindre hésitation, le moindre doute ; ils obéissaient comme on obéit communément. Paris était dans un état de tranquillité absolue. Il était grand jour : j'ai pu traverser Paris avec quelques compagnies, aller à l'Hôtel-de-Ville et à la police sans rencontrer le moindre obstacle. D'autres troupes passaient à droite et à gauche, dans tous les sens, sans faire la moindre opposition. J'ai pu me tromper ; j'ai pu croire le Sénat assemblé ; j'ai pu croire qu'il formait un gouvernement nouveau ; je me suis trompé. Demandez à un corps entier d'officiers qui sont ici ; je ne doute pas de leur bonne foi à tous ; ils étaient dans un état de crédulité absolue. Si l'on veut se servir de la supposition de talens et de mérite pour dire que je ne me suis pas trompé, c'est abuser contre moi de l'erreur dans laquelle un homme peut se jeter.

Le Président. Il ne résulte ni de votre interrogatoire, ni des interrogatoires de vos coaccusés, que vous soyez reconnu comme l'auteur de la conspiration ; mais il résulte de faits positifs que vous y avez concouru.

Lahorie. Je ne nie pas que je n'y aie concouru, que je n'aie concouru à un acte qui, par l'effet matériel, se trouve être une conspiration ; je n'ai point cru concourir à une conspiration ; j'ai cru concourir à la formation d'un nouveau gouvernement, comme j'ai concouru au 18 brumaire : c'était dans Paris un même état de tranquillité. Trompé par ce souvenir, j'ai pu, plus qu'un autre, tomber dans l'erreur ; j'avouerai franchement mes torts : je sais que ma tête est dévouée, je ne parle pas pour la sauver ; je dis franchement ce que je pense et ce que je crois. On dira peut-être, en supposant que j'affecte une crédulité factice, on dira que j'avais des arrière-pensées, que je savais tout. J'ignorais tout. S'il se trouve dans tous les interrogatoires, dans toutes les dispositions, dans toute ma conduite, dans tous les papiers que l'on a trouvés chez moi, un fait, un indice qui suppose ma connaissance sur ce fait, qu'on le cite.

Le Président. J'ai déjà dit à l'accusé qu'il n'existait point de preuves matérielles qu'il fût l'auteur du complot, mais qu'il existait la preuve positive qu'il a coopéré à ce fait, qui est l'objet du procès.

Lahorie. Je ne croyais point conspirer; je croyais obéir à un gouvernement formé : je croyais à l'existence du sénatus-consulte ; je croyais l'Empereur mort. Le Sénat assemblé formait la base et le type d'un gouvernement nouveau. Pourquoi ne veut-on pas que je l'aie cru ? Je n'avais aucun moyen de vérifier ce que croyait tout un corps d'officiers; pourquoi ne veut-on pas que j'aie été trompé, quand tant d'autres étaient dans ce même état d'erreur? J'en reviens à ce qui tient au titre de ministre de la police. Le ministre me rend la justice que j'ai fait tout ce que j'ai pu pour conserver ses jours, que je n'ai eu que cela en vue; ce n'était point un acte de reconnaissance, car j'ai au contraire beaucoup à me plaindre de la police.

Le président. — Il n'y a aucune action dans le sens contraire à ce que vous annoncez. Au reste, j'ai déjà dit à l'accusé qu'il ne s'agissait pas ici du ministre, mais de l'attentat contre la sûreté intérieure de l'Etat : le ministre n'est qu'un être secondaire.

Lahorie. Mais, dans la supposition qu'il n'y ait point de relation entre l'attentat contre le ministre et l'attentat contre la sûreté de l'Etat, dans la supposition de la commission qui les distingue, je déclare sur mon honneur et sur ma conscience, que j'ai cru positivement à l'existence du sénatus-consulte; je ne l'ai pas lu assez pour le juger, j'en conviens. Tout le corps d'officiers qui est présent ici, et devant lequel on m'a remis ce paquet, peut

attester si j'ai eu le temps, une minute seulement
pour en faire la lecture. Vous direz à cela que,
dans des choses d'une importance aussi grave, une
erreur semble ne pouvoir être excusée; que je devais m'en assurer. J'en conviens, j'ai eu tort, j'ai
eu tort; plus qu'un autre je suis coupable; mais
je le suis avec une erreur capitale et première, qui
provient de la situation politique dans laquelle je
suis.

L'accusé, interrompu par le président, insiste
sur le besoin qu'il a d'avoir *l'exposé de sa vie* pour
sa défense. Je puis avoir besoin, ajoute-t-il, que
vous me jugiez tel que je suis. Les apparences,
d'après le rang que j'ai pu avoir autrefois sur la
terre, toutes ces circonstances peuvent mieux
faire apprécier le rôle que j'ai joué dans une opération qui est un acte de démence, quand on
la juge telle qu'elle était; mais quand on ne l'a
pas vue telle qu'elle était, ce n'est plus la même
chose.

Aux questions qui lui sont adressées, *Guidal*
déclare s'en référer aux réponses de ses interrogatoires, et enfin reconnaît les pièces aux dossiers.
Il se plaint de n'avoir pas de défenseur, quoiqu'il
en ait désigné un au rapporteur, qui répond avoir
prévenu l'accusé qu'il était libre d'appeler qui bon
lui semblerait.

Le président ordonne aux accusés *Regnier* et
Fessard de se lever, et demande à *Guidal* s'il reconnaît, dans ces deux accusés, ceux qui sont soup-

çonnés d'avoir tenu devant lui, au ministère de la
police, ce propos : *Qu'y a-t-il tant à faire? on
enfile cela comme des grenouilles.* L'accusé déclare ne pas les reconnaître.

Soulier, interrogé, déclare n'avoir su que de la
veille, que le général qui se présenta chez lui le 24
octobre était le général Malet.

Le Président. Vous avez pris lecture des actes?

Soulier. Non, monseigneur, on m'a lu les
actes; dans l'état de fièvre et de tremblement où
j'étais, je ne pouvais rien entendre. J'ai eu l'honneur de déclarer, devant son excellence le ministre
de la police, que *je n'y avais rien compris.*

Pendant tout le cours des débats, Soulier manifeste la plus vive inquiétude, et convient avoir
autorisé qu'on assemblât la cohorte; il cherche
à justifier son erreur en disant que la nouvelle de
la mort de Napoléon l'avait tellement troublé, que,
dans l'intervalle d'un quart d'heure, il changea
quatre fois de chemise.

Piquerel. J'ai été réveillé à trois heures et demie
du matin par mon adjudant, qui m'a dit : M. le
major, dépêchez-vous de vous lever, le commandant vous demande chez lui... A trois heures et
demie ou quatre heures du matin, je me suis
rendu chez le commandant, qui m'a dit : Mon
capitaine, j'ai une triste nouvelle à vous annoncer.
— Qu'est-ce que c'est, mon commandant? — La
mort de l'empereur. Je fus extrêmement surpris;
je ne me tenais plus sur mes jambes. Il dit : On
va vous donner lecture d'un sénatus-consulte dont

le général qui est ici a autorisé quelqu'un de vous donner connaissance. C'est ensuite que le commandant me dit : Allez prendre vos épées. J'observe que l'adjudant ne m'a point quitté. Il dit ensuite : Rendez-vous au quartier, faites prendre les armes à la cohorte : aussitôt qu'elle sera réunie, vous demanderez qu'on lise le sénatus-consulte : ce que je fis. L'adjudant fit prévenir MM. les officiers, d'après l'ordre. Le moment d'après, le général vint au quartier, et donna l'ordre de former non pas le carré, mais le fer à cheval, pour donner connaissance à la troupe assemblée : ce qui fut fait. J'ai eu connaissance de l'ordre du jour du 23 au 24. La troupe fut très-tranquille, et entendit sans murmures. Ensuite, j'ai l'honneur d'observer que le commandant me dit : Aussitôt que les hommes seront prêts, vous partirez avec cinq compagnies ; vous m'en laisserez une au quartier, parce que je vais partir aussi ; elle me servira d'escorte....

Sur l'observation faite à l'accusé par le président qu'il résulte de sa déclaration qu'il n'aurait agi que d'après les ordres de son commandant, Piquerel répond affirmativement. Aux questions que le président adresse à cet égard au commandant Soulier, celui-ci dit, après que Malet, placé à ses côtés, lui eut suggéré sa réponse : « J'ai si peu de « mémoire, que M. Malet observe que c'est lui « qui a donné l'ordre. »

Malet. C'est moi qui ai donné l'ordre du départ de la caserne.

Soulier. J'ai donné l'ordre pour lire le sénatus-consulte. Je n'ai pas donné d'autre ordre : la personne qui l'a donné est là.

Le rapporteur (à Soulier). N'êtes-vous pas allé à la préfecture du département de la Seine ? — *Rép.* Oui Monsieur. — Vous êtes-vous transporté de votre personne ? — *Rép.* Oui, Monsieur ; loin de là, je n'ai pas donné l'ordre de faire sortir la troupe.

Le président. Dès que vous vous êtes transporté de votre personne, avec une compagnie, à la Préfecture, il est plus que probable que vous avez donné les ordres antérieurs qui se liaient à celui-là: vous n'auriez pas laissé cinq compagnies dans la caserne ; il résulte de cette conduite une grande probabilité que vous êtes l'auteur seul du premier ordre.

Malet interrompt le débat qui s'est élevé sur cette difficulté, et dit : Voulez-vous me donner un instant la parole pour éclaircir la chose ? Quand je suis arrivé chez le commandant (tout ce qu'il a dit est exactement vrai), je l'ai trouvé au lit malade ; pendant le peu de temps que j'ai resté là, il a changé deux fois de linge ; j'ai demandé que l'on fît prendre les armes à la cohorte pour lire le sénatus-consulte, l'ordre du jour et d'autres actes. Là, il a fait venir l'adjudant-major, et lui a dit de faire prendre les armes, de mettre la cohorte à ma disposition quand les actes seraient lus. Puisque j'avais donné les ordres à M. le commandant de faire marcher la cohorte, c'était dans mon ordre

écrit. M. le commandant se trouvait sous mes ordres, aussi bien que si j'avais été un général envoyé par le sénat : j'en jouais le rôle dans ce moment-là ; il devait m'obéir, parce que je me serais
fait obéir s'il ne l'avait pas fait.

Le président. S'il avait suivi la consigne et la loi,
il vous aurait fait arrêter.

Malet. J'ai pris tous les moyens pour prouver
que j'agissais d'après des ordres supérieurs : je crois
qu'il devait obéir comme il l'a fait. C'est moi seul
qui ai mis M. le commandant dans l'erreur ; j'ai
pris pour cela tous mes moyens, comme ma déposition le constate.

Le président. Accusé Piquerel, vous avez été au
ministère de la police ; vous étiez présent à l'arrestation du ministre ; le ministre vous a adressé la
parole et vous a dit : *Vous êtes un bon garçon?*

Piquerel. Oui, il m'a dit : *Si vous êtes un bon
garçon.* Il fit un mouvement : je n'ai pu comprendre ce qu'il voulait dire. Il dit : Je suis le ministre
de la police. — Je n'ai pas l'honneur de vous connaître. Il dit : Qui vous a envoyé ici ! Je dis:
Monseigneur, je sais qu'on nous a donné connaissance d'un sénatus-consulte, à trois heures et demie du matin, dans la cour du quartier ; j'ai été
conduit par un général ; je ne savais pas même où
j'allais, je ne connais pas Paris.

Le président demande à Piquerel si c'est lui ou
Guidal qui a fait conduire le ministre à la Force.
Celui-ci répond négativement.

Lahorie. Par l'ordre du ministre, c'est moi qui
l'ai donné; c'était convenu avec lui (le ministre);
je l'en ai prévenu avant de le faire partir; je lui
dis : *Tes jours ne sont pas en sûreté ici, il n'y a
pas d'autre moyen que de t'envoyer en prison.* Le
général Guidal n'a été que l'exécuteur de ma volonté.

Piquerel. Je n'ai pas vu sortir Son Excellence :
c'est un instant après que j'ai rencontré M. Laborde, qui dit : *Rendez-vous à vos quartiers,
l'empereur est vivant.* Alors nous criâmes : *Vive
l'Empereur!* Et je suis parti sur-le-champ, très-
content d'apporter cette nouvelle-là.

Le président passe à l'interrogatoire des accusés
*Fessard, Gomont, Lefèbre, Regnier, Steenhouver,
Lebis* et *Prevost;* instrumens passifs du général
Malet, leurs interrogatoires sont sans importance.

Après avoir entendu ces accusés et *Boccheiampe*,
prisonnier d'État depuis longues années, le président s'adresse au colonel *Rabbe*.

Dem. On vous a donné lecture du sénatus-consulte, de l'ordre du jour et de la proclamation? —
Rép. En partie, oui, Monseigneur. Voici comment cela s'est passé. Sur les sept heures et demie
ou huit heures moins un quart, l'adjudant s'est
présenté chez moi, extrêmement essouflé, tenant
un paquet à la main. — Nous avons beaucoup de
nouveau. — Il ne pouvait pas parler; il se trouva,
un peu de temps sans pouvoir commencer sa lecture; il commence à lire. Aux premiers mots ,
j'entends qu'il dit que l'Empereur avait perdu la

vie sous les murs de Moscou, et qu'on cherchera à
sauver les débris de l'armée.... À ce mot-là je fis
un mouvement ; je ne savais pas dans quelle position je me trouvais ; je m'appuyai contre la cheminée. Quand j'en ai entendu une partie, j'étais dans
une position que je ne puis vous rendre. Je dis :
Qu'allons-nous faire? Nous sommes perdus!....
Après avoir rendu compte des dispositions qu'il
prit, il poursuit : A l'instant où je m'habillai pour
aller à la place Vendôme, sur-le-champ M. Laborde vint chez moi et dit : Comment! je viens de
rencontrer plusieurs de vos compagnies qui s'en
vont de côté et d'autre. Je dis : Qu'est-ce que c'est
donc? Je cours à la caserne. En arrivant à la caserne, M. Laborde avait déjà fait rentrer des compagnies ; je trouvai plusieurs officiers ensemble, et
dis : Qu'a-t-on fait? je vous donne un ordre, vous
ne l'exécutez pas. Le *disponible* se dispose à droite
et à gauche. Je dis : Faites rappeler ce qui est ici...
En arrivant à la place Vendôme, le général Doulcet me dit : Qu'avez-vous donc fait, Rabbe? Je dis:
Mon général, j'en suis tout saisi ; mais j'ai envoyé
ordre à tous les détachemens, pour qu'ils rentrent...
Ici l'accusé rend compte des mesures qu'il a prises
pour réunir ses soldats.

Dem. Pourquoi n'avez-vous pas retenu les ordres ? — *Rép.* Voilà ma faute; je l'ai reconnue sur-
le-champ; ma tête n'était pas tout-à-fait à moi. Je
ne peux pas vous exprimer le mouvement que
cela m'a fait ; je n'ai pas même touché ces ordres ;
l'adjudant les a lus. Mais aussitôt qu'on a parlé de

la mort de l'Empereur, et qu'on allait employer des moyens pour sauver les débris de l'armée, cela m'a donné un coup de foudre ; j'ai dit : Nous sommes perdus ! On a continué à lire, et au lieu de retirer les ordres, j'ai perdu ma présence d'esprit ; j'ai fait une faute ; je m'en suis aperçu trop tard.

Les accusés *Godard, Borderieux, Beaumont, Limosin, Rouff, Viellavielhe, Caumette, Caron,* font successivemeut leurs déclarations, qui ne se portent que sur les détails militaires qui ont concouru à l'exécution du complot.

Le président à Rateau. Vous avez déclaré, dans votre interrogatoire, avoir vu plusieurs fois l'accusé Malet ? — *Rép.* Oui, Monseigneur.

Le président. Ceci est en opposition avec la déclaration de l'accusé Malet, qui a affirmé ne vous avoir jamais vu. — *Rép.* Je l'ai vu cinq ou six fois chez lui : je n'allais pas chez lui pour cela.

Le président. Il s'agit seulement du fait que l'accusé vous connaît et vous avait déjà vu. On peut conclure, avec assez de vraisemblance, dans la supposition même que l'accusé Malet ne vous aurait pas fait part de tous ses projets, qu'il vous en avait annoncé une partie ? — *Rép.* Je vous demande pardon, Monseigneur.

Le président. Il vous a dit : Vous serez mon aide-de-camp. — *Rép.* Je vous demande pardon : il ne m'a jamais rien dit qu'après l'affaire. Il y a plus de trois semaines que je n'y ai été.

Le président. Il vous a donné rendez-vous ? — *Rép.* C'est le nommé Boutreux qui m'avait dit que

nous passerions une soirée à nous amuser, que
nous prendrions une permission de vingt-quatre
heures, et que nous irions nous amuser dans Paris : c'est le soir que nous nous sommes rendus rue
Saint-Pierre (je ne me rappelle pas bien le nom de
la rue), où le général Malet s'est rendu.

Le président. La seule question importante à
vous faire était de constater si vous aviez vu plusieurs fois l'accusé Malet. — *Rép.* Je l'ai vu cinq
ou six fois ; je ne l'ai vu que par l'intermédiaire de
M. *Lafon.*

Le président. Votre déclaration le porte. Vous
avez dû cependant être prévenu que vous deviez,
soit la veille, soit le jour, être affublé d'un habit
d'aide-de-camp ? — *Rép.* Je vous demande pardon : ce n'est que dans le moment que le général
me dit, après que j'eus dîné assez bien : Vous allez
endosser un habit d'aide-de-camp ; vous serez
mon aide, vous serez à mes ordres, et vous m'o-
béirez.

Tous les accusés étant interrogés, et le juge-
rapporteur ayant établi les faits, le président dit :
La commission donne la parole aux accusés et aux
défenseurs.

Accusé Malet, vous avez la parole.

Malet se lève et prononce ces mots : *Un homme
qui s'est constitué le défenseur des droits de son
pays, n'a pas besoin de défense : il triomphe ou il
meurt.*

Lahorie reproduit les considérations qu'il a dé-
veloppées lors de son interrogatoire : son princi-

pal moyen de défense, ainsi que des autres accusés, roulant sur un seul point discuté par Me Caubert, chargé des intérêts de quelques-uns d'entre eux, nous nous bornerons à présenter les principaux passages du plaidoyer de cet avocat.

« Chargé depuis quelques heures seulement de la défense d'une partie des accusés, et dans une affaire aussi importante, certes, je n'aurais point osé paraître devant vous, si je n'avais été convaincu, comme je crois que vous l'êtes vous-mêmes, que la plupart ont été égarés par l'imprudence, et que jamais dans leur cœur il n'est entré le moindre germe de culpabilité...

« Un point important d'abord, je le crois, est de faire remarquer ici qu'à la réserve peut-être de quelques chefs, il n'y a point eu de conspiration méditée ; qu'il s'est agi seulement d'un coup de main ; et alors la défense des accusés va devenir plus simple. La crédulité avec laquelle ils se sont livrés va devenir naturelle ; et vous pensez bien que c'est à des gens éloignés par état du gouvernement, qui n'ont pu avoir connaissance des signatures des principaux sénateurs qui avaient dû être apposées au bas du sénatus-consulte, qui n'ont pu même les vérifier, que l'un des accusés a été s'adresser ; et vous en avez vu le refus.

« Ainsi donc, et ce premier point est important, je le crois, il s'agit d'un coup de main ; coup de main qui résulte même de la manière dont les choses se sont passées ; car il est impossible de ne pas penser que si la conspiration eût été méditée ;

que si la conspiration eût été projetée entre un assez grand nombre d'individus, la police, active comme vous la connaissez, ne fût pas parvenue à la découvrir et à l'anéantir avant même qu'on eût pu en commencer l'exécution.

« Un second point important à observer, c'est de remarquer dans quelle circonstance les individus que je défends ont été prévenus. On les réveille à trois heures du matin, dans un instant où le repos n'est pas encore entier pour eux..... Une autre circonstance a dû aussi écarter toute idée lucide ; c'est l'affreuse nouvelle qu'on leur apportait. Quelle nouvelle pour les Français ! quelle nouvelle surtout pour des braves ! c'était la mort de leur chef ; et ce chef mort, le père mort pour ses enfans ! Comment croire, messieurs, qu'ils aient pu conserver cette saineté d'esprit nécessaire pour juger ce qu'on leur faisait faire ! Vous savez maintenant comment se sont passées les choses, et je ne crains pas de le dire : Tous ceux que je défends, ainsi que cela résulte des débats, ont obéi aux ordres des supérieurs.

« Jusqu'à quel point l'obéissance dans un militaire doit-elle aller ? Ce n'est point à moi de le décider : vous connaissez mieux que moi, vous tous qui avez commandé des hommes ; vous connaissez que le militaire est essentiellement obéissant, qu'il ne juge point, qu'il ne peut pas délibérer. Et dans le moment où la conspiration est présentée, où la conspiration a eu lieu, ont-ils pu agir immédiate-

ment? ont-ils pu délibérer? ont-ils pu raisonner?
cela était impossible!...

« Il reste une objection qui peut paraître importante : c'est celle qui a été faite, dans la supposition que tout militaire, en même temps qu'il jure
fidélité à l'empereur, jure aussi fidélité à la constitution, jure aussi fidélité à celui qui doit hériter
du trône.

« Comment, messieurs, l'empereur est-il venu
sur le trône? Il est venu sur le trône par le vœu de
tous les Français, vœu manifesté par suite d'un
sénatus-consulte; c'est au sénatus-consulte qu'il
fallait obéir, au sénatus-consulte véritable aux yeux
de ceux qui n'en connaissaient pas la fausseté; un
sénatus-consulte a pu égarer des gens qui ne connaissent point les affaires ni les lois; c'était à un
sénatus-consulte qu'ils obéissaient. »

Le défenseur examine ensuite les charges relatives à chacun de ses cliens, et termine en ces termes:

« Que résultera-t-il de cette affaire? la punition sans doute de quelques-uns des coupables,
mais l'indulgence pour des gens qui n'ont été
qu'imprudens; il en résultera, pour Sa Majesté,
que cette conspiration, la plus grande folie qu'on
ait pu imaginer, servira à manifester de plus en
plus l'amour que lui ont témoigné tous ses sujets
et tous les braves militaires. »

Après cette plaidoirie, le président s'adresse
aux différens accusés. Tous se recommandent à
l'équité et à l'indulgence de la Commission. Un
d'eux, Rouff, se lève, et sa voix expire sur ses

lèvres. Monseigneur dit un autre accusé, depuis notre arrestation ce malheureux capitaine (Rouff)! son sort l'a tellement affecté que maintenant il ne sait plus ce qu'il dit.

Rateau articule pour sa défense qu'il est tombé dans un piège qu'on lui a tendu. Malet prend aussitôt la parole :

« Président, la défense de M. Rateau me regarde
« plus personnellement que la mienne : M. Rateau
« est venu dans la maison de santé où j'étais, y voir
« un ami de son pays ou bien un parent ; je crois
« qu'on m'avait dit un parent. Je l'ai vu là quatre
« ou cinq fois : il s'est trouvé une circonstance où
« son ami me dit : Si vous pouvez, tâchez par
« vos connaissances de le faire avancer, vous me
« rendrez un service personnel. La circonstance
« s'est présentée : sans rien dire à M. Rateau, je lui
« ai demandé s'il avait bien envie de s'avancer ; il
« me dit que c'était l'envie de tous les militaires,
« et qu'il ne servait que pour cela. Je lui dis : Mon
« ami l'occasion s'en présentera peut-être, je vous
« le dirai ; le soir où je l'ai rencontré, je lui ai
« fait mention que j'étais chargé par le *Sénat*
« de mettre à exécution des ordres, et que s'il
« voulait être mon aide-de-camp, je lui donnerais
« de l'avancement que j'avais promis. Il a accepté ;
« les choses s'ensuivirent. Il est venu avec moi dans
« la maison ; il a mis l'uniforme d'aide-de camp : il
« ne savait pas venir pour autre chose. Voilà la vé-
« rité pour Rateau. »

Les débats terminés, le président invite le commandant des militaires préposés à la garde des prévenus à prendre des mesures pour faire sortir les accusés. La plupart ne dissimulent pas le trouble qui les agite. *Monseigneur*, s'écrie Soulier, *nous avons été égarés ! nous sommes tous malheureux, tous anciens militaires, tous pères de famille nous n'avons pas de fortune ! nos femmes, nos enfans, tout est perdu pour nous! ayez pitié de pauvres militaires!!!* Borderieux proteste de son attachement à Napoléon, au milieu de la douleur où il est : *Que vais-je devenir, moi qui suis né sous les drapeaux?* dit-il d'abord ; puis aussitôt il ajoute : *Je suis dévoué à l'empereur, vive l'empereur* !

La commission se retire dans la chambre des délibérations. A quatre heures du matin, elle rentre en séance, et, par l'organe du président, prononce son jugement en l'absence des accusés.

Après la lecture de cet acte, le président fit ramener à l'audience ceux des accusés qui étaient décorés de la légion d'honneur, et leur dit, conformément à la loi :

« Accusé *Malet*, accusé *Rabbe*, accusé *Soulier*, accusé *Piquerel*, accusé *Borderieux*, accusé *Lefebvre*, vous avez manqué à l'honneur ; je déclare au nom de la légion d'honneur, que vous avez cessé d'en être membres. »

Tous écoutèrent en silence ; mais à peine le président eut-il fini de prononcer la formule de dégradation, que le colonel Rabbe se livra au plus violent désespoir.

A dix heures, le juge-rapporteur, assisté du

greffier, se rendit à l'Abbaye et donna aux accusés réunis lecture du jugement dont voici le texte :

« LA COMMISSION MILITAIRE délibérant à huis clos,

« SON EXCELLENCE le comte DEJEAN, président, a posé la question ainsi qu'il suit :

« Le nommé Claude-François *Malet*, ci-avant qualifié, accusé de crime contre la sûreté intérieure de l'état, par un attentat dont le but était de détruire le gouvernement et l'ordre de successibilité au trône, et d'exciter les citoyens ou habitans à s'armer contre l'autorité impériale, est-il coupable ?

« Le nommé Victor-Claude-Alexandre-Fanneau *Lahorie*, ci-avant qualifié, accusé de complicité avec l'ex-général Malet, est-il coupable ?

« Le nommé Maximilien-Joseph *Guidal*, ci-avant qualifié, accusé de complicité avec l'ex-général Malet, est-il coupable ?

« Le nommé Gabriel *Soulier*, ci-avant qualifié, accusé de complicité avec l'ex-général Malet, est-il coupable ?

« Le nommé Jean-François *Rabbe*, ci-avant qualifié, accusé de complicité avec l'ex-général Malet, est-il coupable ?

« Le nommé Pierre-Charles *Limozin*, ci-avant qualifié, accusé de complicité avec l'ex-général Malet, est-il coupable ?

« Le nommé Pierre *Borderieux*, ci-avant qualifié, accusé de complicité avec l'ex-général Malet, est-il coupable?

« Le nommé Hilaire *Beaumont*, ci-avant qualifié, accusé de complicité avec l'ex-général Malet, est-il coupable?

« Le nommé Antoine *Piquerel*, ci-avant qualifié, accusé de complicité avec l'ex-général Malet, est-il coupable?

« Le nommé Georges *Rouff*, ci-avant qualifié, accusé de complicité avec l'ex-général Malet, est-il coupable?

« Le nommé Nicolas-Josué *Steenhouwer*, ci-avant qualifié, accusé de complicité avec l'ex-général Malet, est-il coupable ?

« Le nommé Louis-Charles *Fessart*, ci-avant qualifié, accusé de complicité avec l'ex-général Malet, est-il coupable ?

« Le nommé Louis-Marie *Régnier*, ci-avant qualifié, accusé de complicité avec l'ex-général Malet, est-il coupable ?

« Le nommé Jean-Joseph *Julien*, ci-avant qualifié, accusé de complicité avec l'ex-général Malet, est-il coupable?

« Le nommé Joseph *Lefebvre*, ci-avant qualifié, accusé de complicité avec l'ex-général Malet, est-il coupable?

« Le nommé Jean-Charles-François *Godard*, ci-devant qualifié, accusé de complicité avec l'ex-général Malet, est-il coupable?

« Le nommé Jean-Baptiste *Caumette*, ci-avant qualifié, accusé de complicité avec l'ex-général Malet, est-il coupable?

« Le nommé Amable-Aimé *Provost*, ci-avant qualifié, accusé de complicité avec l'ex-général Malet, est-il coupable?

« Le nommé Joachim-Alexandre *Lebis*, ci-avant qualifié, accusé de complicité avec l'ex-général Malet, est-il coupable?

« Le nommé *Gomont*, dit Saint-Charles, ci-avant qualifié, accusé de complicité avec l'ex-général Malet, est-il coupable?

« Le nommé Joseph-Antoine *Viallevielhe*, ci-avant qualifié, accusé de complicité avec l'ex-général Malet, est-il coupable?

« Le nommé Jean-Henri *Caron*, ci-avant qualifié, accusé de complicité avec l'ex-général Malet, est-il coupable?

« Le nommé Jean - Auguste *Rateau*, ci-avant qualifié, accusé de complicité avec l'ex-général Malet, est-il coupable?

« Le nommé Jean-Louis *Boccheiampe*, ci-avant qualifié, accusé de complicité avec l'ex-général Malet, est-il coupable ?

« Les voix recueillies sur chacune des questions, en commençant par le grade inférieur, son excellence M. le comte Dejean, président, ayant émis son opinion le dernier,

« LA COMMISSION MILITAIRE DÉCLARE, à l'unanimité, l'ex-général *Malet* coupable de crime contre la sûreté intérieure de l'état, par un attentat dont le but était de détruire le gouvernement et l'ordre de successibilité au trône, et d'exciter les citoyens ou habitans à s'armer contre l'autorité impériale ;

« A l'unanimité, l'ex-général *Lahorie*, coupable de complicité avec l'ex-général Malet ;

« A l'unanimité, l'ex-général *Guidal*, coupable de complicité avec l'ex-général Malet ;

« A l'unanimité, le chef de bataillon *Soulier*, coupable de complicité avec l'ex-général Malet ;

« A la majorité de six voix contre une, le colonel *Rabbe*, coupable de complicité avec l'ex-général Malet ;

« A l'unanimité, le sieur *Limozin*, non coupable de complicité ;

« A l'unanimité, le sieur *Borderieux*, capitaine, coupable de complicité avec l'ex-général Malet ;

« A l'unanimité, le sieur *Beaumont*, lieutenant, coupable de complicité avec l'ex - général Malet ;

« A l'unanimité, le sieur *Piquerel*, adjudant-major, coupable de complicité avec l'ex - général Malet ;

« A la majorité suffisante de trois voix contre quatre, le sieur *Rouff*, capitaine, non coupable de complicité ;

« A l'unanimité, le sieur *Steenhouwer*, capitaine, coupable de complicité avec l'ex - général Malet ;

« A l'unanimité, le sieur *Fessart*, lieutenant, coupable de complicité avec l'ex-général Mallet ;

« A l'unanimité, le sieur *Régnier*, lieutenant, coupable de complicité avec l'ex-général Malet ;

« A l'unanimité, le sieur *Julien*, sergent-major, non coupable de complicité avec l'ex - général Malet ;

« A l'unanimité, le sieur *Lefebvre*, lieutenant, coupable de complicité avec l'ex-général Malet ;

« A l'unamité, le sieur *Godard*, capitaine, non coupable de complicité ;

« A l'unanimité, le sieur *Caumette*, sergent-major, non coupable de complicité ;

« A l'unanimité, le sieur *Provost*, lieutenant, non coupable de complicité ;

« A l'unanimité, le sieur *Lebis*, lieutenant, non coupable de complicité ;

« A l'unanimité, le sieur *Gomont*, dit *Saint-Charles*, sous-lieutenant, non coupable de complicité ;

« A l'unanimité, le sieur *Viallevielhe*, adju-
dant-sous-officier, non coupable de complicité ;

« A l'unanimité, le sieur *Caron*, adjudant-
sous-officier, non coupable de complicité ;

« A l'unanimité, le sieur *Rateau*, caporal,
coupable de complicité avec l'ex-général Malet ;

« A la majorité de cinq voix contre deux, le
sieur *Boccheiampe*, prisonnier d'état coupable de
complicité avec l'ex-général Malet ;

« Les voix recueillies de nouveau, dans la forme
ci-avant indiquée,

« La Commission militaire condamne, savoir :

« 1° A l'unanimité, le nommé Claude-François
Malet, ex-général de brigade, en réparation du
crime contre la sûreté intérieure de l'État, par un
attentat dont le but était de détruire le Gouvernement et l'ordre de successibilité au trône, et
d'exciter les citoyens ou habitans à s'armer contre
l'autorité impériale, *à la peine de mort*, et à la
confiscation de ses biens ;

« 2° A l'unanimité, les nommés Victor-Claude-
Alexandre Fanneau *Lahorie*, et Maximilien-Joseph *Guidal*, ex-généraux de brigade ; Gabriel
Soulier, chef de bataillon ; Nicolas-Josué *Steenhouwer*, Pierre *Borderieux*, Antoine *Piquerel*,
capitaines ; Antoine *Fessart*, Louis-Joseph *Lefebvre*,
Louis-Marie *Régnier*, Hilaire *Beaumont*, lieutenans ; Jean-Auguste *Rateau*, caporal, en réparation du crime de complicité avec le nommé Malet,
à la peine de mort, et à la confiscation de leurs
biens ;

« 3° A la majorité de six voix contre une, le nommé Jean-François *Rabbe*, colonel, en réparation du crime de complicité avec le nommé Malet, *à la peine de mort*, et à la confiscation de ses biens ;

« Et 4° à la majorité de cinq voix contre deux, le nommé Joseph-Louis *Boccheiampe*, prisonnier d'État, en réparation du crime de complicité avec ledit Malet, *à la peine de mort*, et à la confiscation de ses biens ;

« Lesdites peines prononcées contre les ci-avant nommés, en conformité des art. 87 et 88 du Code pénal de 1810, lesdits articles ainsi conçus :

« Art. 87. — « L'attentat ou le complot dont
« le but sera,

« Soit de détruire ou de changer le Gouverne-
« ment ou l'ordre de successibilité au trône,

« Soit d'exciter les citoyens ou habitans à s'ar-
« mer contre l'autorité impériale,

« Seront punis de la peine de mort et de la
« confiscation des biens. »

« Art. 88. — Il y a attentat, dès qu'un acte est
« commis ou commencé pour parvenir à l'exé-
« cution de ces crimes, quoiqu'ils n'aient pas été
« consommés. »

« La Commission militaire décharge et ac-
quitte, 1° à l'unanimité, les sieurs *Gomont*, dit *Saint-Charles*, sous lieutenant; Joachim-Alexandre *Lebis* et Amable-Aimé *Provost*, lieutenans ; Jean-Charles-François *Godard*, capitaine; Joseph-Antoine *Viallevielhe*, Jean-Henri *Caron*, Pierre-Charles *Limozin*, adjudans sous-officiers; Jean-

Joseph *Julien* et Jean-Baptiste *Caumette*, sergens-
majors, du crime de complicité dont ils étaient
prévenus; 2° à la majorité suffisante de trois voix
contre quatre, le sieur Georges *Rouff*, capitaine,
du crime de complicité dont il était prévenu, conformément à la loi du 13 brumaire an 5.

« La Commission militaire ordonne que les acquittés ci-avant nommés seront mis à la disposition
de S. Exc. le ministre de la guerre;

« Ordonne, en outre, que le présent jugement
sera imprimé au nombre de deux mille exemplaires en placards, pour être affiché partout où
besoin sera;

« Enjoint à M. le juge-rapporteur de lire le présent jugement aux condamnés et aux acquittés, et,
au surplus, de le faire exécuter dans tout son contenu, et cela dans les vingt-quatre heures.

« Ordonne encore que copie du présent sera
adressée à LL. EE. les ministres de la guerre et de
la police générale de l'Empire.

« Fait, clos et jugé sans désemparer, en séance
publique et permanente, à Paris, le 29 du susdit
mois d'octobre, an que devant, et les membres
de la Commission ont signé la minute du présent
avec le greffier.

« *Signé* à la minute *Thibault*, *Moncey*, *Géne-
val*, *Henry*, *Deriot*, comte *Dejean*, président;
Delon, juge-rapporteur, et *Boudin*, greffier.

« Collationné, le greffier, L. P. M. *Boudin*.

« Pour copie conforme, le président de la Commission, comte *Dejean*. »

L'exécution ayant été fixée à quatre heures, les condamnés à mort furent conduits dans la plaine de Grenelle, excepté *Rabbe et Rateau* qui avaient obtenu un sursis, et reçurent la mort avec courage.

Nous empruntons encore à la brochure de M. Saulnier les passages qu'on va lire :

« Les généraux et les autres condamnés qui, tant de fois, bravèrent la mort sur le champ de bataille, montrèrent la même intrépidité au moment fatal, quelques-uns aux cris de Vive l'Empereur ! d'autres en plus petit nombre, aux cris de Vive la république !

« C'est à l'occasion de ces immolations qu'à son retour de Russie, l'empereur dit à M. l'archichancelier : « Qu'avez-vous fait du sang de mes soldats, si légèrement, si imprudemment versé ? ne vous avais-je pas autorisé à suspendre l'exécution de condamnation à mort ? Je sais que vous l'avez fait à l'égard du colonel Rabbe ; mais cela ne suffisait pas, les chefs seuls du complot devaient périr.

« L'Empereur apprit cette conspiration pendant sa retraite de Russie, dans le moment où il n'avait plus d'armée. Il l'appela un malheur honteux ; et quoiqu'il en fût profondément affecté, il n'en parlait qu'avec dédain ou une sombre gaîté. Il résolut alors de revenir à Paris, contre le sentiment de quelques-uns de ses généraux ; mais l'Empereur ne changea pas d'opinion, malgré cette espèce d'opposition si nouvelle pour lui.

« Lorsque ce sinistre événement fut bien connu,

il eut un lugubre retentissement dans l'intérieur ;
l'Empereur en eut bientôt d'irrécusables preuves.
Des intrigues politiques surgirent en effet simul-
tanément de Paris, Lyon, Marseille, Bordeaux,
Montauban, Toulouse ; le but était le même, le
rappel de l'ancienne dynastie. L'Empereur, pressé
d'agir contre les chefs de ces intrigues, dont quelques-uns étaient à sa cour, s'y refusa constamment.
C'est à la victoire, dit-il, à résoudre la difficulté,
puisque l'on en fait une question de dynastie.

« Lorsque la coalition connut la journée du 23
octobre et les dispositions de quelques villes du
midi, elle redoubla d'efforts et accéléra sa marche,
certaine qu'elle était d'être secondée par nos ennemis de l'intérieur et par quelques-uns des rois qui
devaient leur couronne à Napoléon ; car, lorsque
la fortune cessa de lui sourire, ces rois ne lui furent pas plus fidèles que la victoire ! »

Nous l'avons dit déjà dans le récit du procès de
Moreau, et nous ne craignons pas de le répéter
ici : Malet n'a pas seulement cédé à la haine qu'il
portait à Napoléon, il a subi l'influence étrangère ;
les Anglais lui ont mis les armes à la main. Qu'on
vante le courage de Malet, nous y consentons ;
mais son patriotisme ! jamais nous ne prêterons la
voix à ce mensonge.

TABLE DES MATIÈRES.

FIN DE LA TABLE.

www.ingramcontent.com/pod-product-compliance
Lightning Source LLC
Chambersburg PA
CBHW031607210326
41599CB00021B/3082